水文化教育读本丛书

中华水文化通论

（水文化大学生读本）

主　编　靳怀堾
副主编　尉天骄

中国水利水电出版社
www.waterpub.com.cn

内 容 提 要

本书是对中华水文化作出最新阐释的著作，凝聚了最近十几年间水文化理论研究与实践应用的最新成果和新收获。全书共九章，集中阐述了水文化领域的基本理论问题，有对水与社会的宏观认识，也有对水文化不同层面进行的细致深入的剖析。本书探讨了物质形态、制度形态、精神形态水文化的丰富内容，并从横向拓展角度对水与地域文化的关系、水文化在水工程实践中的应用，以及水文化的传播作了深入研究。本书还从纵向历史维度着眼，探讨了水文化遗产的保护与开发，以面向世界的眼光介绍了国际视野中的水文化。本书的作者队伍是在全国水文化研究队伍中精选而出的，他们努力将理论成果生动地推向大众，力求深入浅出，文字畅达。全书体系周密、观点新颖、理论融通、凝聚精华。

本书可作为大专院校水文化教材，水利系统学习、培训用书，也可作为社会读者的理论读物和文化研究者的学术参考书。

图书在版编目（CIP）数据

中华水文化通论 : 水文化大学生读本 / 靳怀堵主编
. -- 北京 : 中国水利水电出版社, 2015.6(2021.3重印)
（水文化教育读本丛书）
ISBN 978-7-5170-3332-5

Ⅰ. ①中… Ⅱ. ①靳… Ⅲ. ①水－文化－中国－青年读物 Ⅳ. ①K928.4-49

中国版本图书馆CIP数据核字(2015)第136713号

责任编辑 淡智慧 李 亮
文字编辑 刘 佼
书籍设计 李 菲

丛 书 名 水文化教育读本丛书
书 名 中华水文化通论（水文化大学生读本）
作 者 主编 靳怀堵 副主编 尉天骄
出版发行 中国水利水电出版社
(北京市海淀区玉渊潭南路1号D座 100038)
网址: www.waterpub.com.cn
E-mail: sales@waterpub.com.cn
电话: (010) 68367658 (发行部)
经 售 北京科水图书销售中心 (零售)
电话: (010) 88383994、63202643、68545874
全国各地新华书店和相关出版物销售网点

排 版 中国水利水电出版社微机排版中心
印 刷 天津嘉恒印务有限公司
规 格 184mm×260mm 16开本 20.75印张 438千字
版 次 2015年6月第1版 2021年3月第3次印刷
印 数 6001—9000册
定 价 48.00元

水文化教育读本丛书

《中华水文化书系》编纂工作领导小组

顾 问：张印忠　**中国职工思想政治工作研究会会长**

　　　　　　　中华水文化专家委员会主任委员

组 长：周学文　**水利部党组成员、总规划师**

成 员：陈茂山　**水利部办公厅巡视员**

　　　孙高振　**水利部人事司副司长**

　　　刘学钊　**水利部直属机关党委常务副书记**

　　　　　　　水利部精神文明建设指导委员会办公室主任

　　　袁建军　**水利部精神文明建设指导委员会办公室副主任**

　　　陈梦晖　**水利部新闻宣传中心副主任**

　　　曹志祥　**教育部基础教育课程教材发展中心副主任**

　　　汤鑫华　**中国水利水电出版社社长兼党委书记**

　　　朱海风　**华北水利水电大学党委书记**

　　　王　凯　**南京市水利局巡视员**

　　　张　焱　**中国水利报社副社长**

　　　王　星　**中华水文化专家委员会副主任委员**

　　　王经国　**中华水文化专家委员会副主任委员**

　　　靳怀堾　**水利部海委漳卫南运河管理局副局长**

　　　　　　　中华水文化专家委员会副主任委员

　　　符宁平　**浙江水利水电学院党委书记**

领导小组下设办公室

主　任：胡昌支

成　员：李　亮　淡智慧　周　媛　杨　薇　李晔韬　王艳燕　刘佳宜

《中华水文化书系》包括以下丛书

《水文化教育读本丛书》

《图说中华水文化丛书》

《中华水文化专题丛书》

《水文化教育读本丛书》编委会

《中华水文化通论》（水文化大学生读本）编委会

丛书各分册编写人员

水是人类文明的源泉。我国是一个具有悠久治水传统的国家，在长期实践中，中华民族创造了巨大的物质和精神财富，形成了独特而丰富的水文化。这是中华文化和民族精神的重要组成，也是引领和推动水利事业发展的重要力量。面对当前波澜壮阔的水利改革发展实践，积极顺应时代发展要求和人民群众期盼，大力推进水文化建设，努力创造无愧于时代的先进水文化，既是一项紧迫工作，也是一项长期任务。

水利部党组高度重视水文化建设，近年来坚持从水利工作全局出发谋划水文化发展战略，着力把水文化建设与水利建设紧密结合起来，与培育发展水利行业文化紧密结合起来，与群众性宣传教育活动紧密结合起来，明确发展重点、搭建有效平台、突出行业特色，有力发挥了水文化对水利改革发展的支撑和保障作用。特别是2011年水利部出台《水文化建设规划纲要（2011-2020年）》，明确了新时期水文化建设的指导思想、基本原则和目标任务，勾画了进一步推动水文化繁荣发展的宏伟蓝图。

水文化建设是一项社会系统工程，落实好规划纲要各项部署要求，必须统筹协调各方力量，充分发挥各方优势，广泛汇聚各方智慧，形成共谋文化发展、共建文化兴水的强大合力。为抓紧落实规划纲要明确的编纂水文化丛书、开展水文化教育等任务，中国水利水电出版社在深入调研论证基础上，于2012年组织策划"中华水文化书系"大型图书出版选题，并获得了财政部资助。为推动项目顺利实施，水利部专门成立《中华水文化书系》编纂工作领导小组，启动了编纂工作。在编纂工作领导小组的组织领导下，在各有关部门和单位的鼎力支持下，在所有参与编纂人员的共同努力下，经过一年的艰辛付出，《中华水文化书系》终于编纂完成并即将付梓。

《中华水文化书系》包括《水文化教育读本丛书》《图说中华水文化丛书》《中华水文化专题丛书》三套丛书及相应的数字化产品，总计有26个分册，约720万字。《水文化教育读本丛书》分别面向小学、中学、大学、研究生和水利职工及社会大众等不同层面读者群，《图说中华水文化丛书》采用图文并茂形式对水文化知识进行了全面梳理，《中华水文化专题丛书》从理论层面分专题对传统水文化进行了深刻解读。三套丛书既有思想性、理论性、学术性，又兼顾了基础性、普及性、可读性，各自特色鲜明又在内容上相互补充，共同构成了较为系统的水文化理论研究体系、涵盖大中小学的水文化教材体系和普及社会公众的水文化知识传播体系。《中华水文化书系》作为水利部牵头组织实施的一项大型图书出版项目，是动员社会各界人士总结梳理、开发利用中华水文化成果的一次有益尝试，是水文化领域一项具有开创意义的基础性战略性工程。它的出版问世是水文化建设结出的丰硕成果，必将有力推动水文化教育走进学校课堂、水文化传播深入社会大众、水文化研究迈向更高层次，对促进水文化发展繁荣具有十分重要的意义。

文化是民族的血脉和灵魂。习近平总书记明确指出："一个国家、一个民族的强盛，总是以文化兴盛为支撑的，中华民族伟大复兴需要以中华文化发展繁荣为条件。"水文化建设是社会主义文化建设的重要组成部分，大力加强水文化建设，关系社会主义文化大发展大繁荣，关系治水兴水千秋伟业。我们要以《中华水文化书系》出版为契机，紧紧围绕建设社会主义文化强国、推动水利改革发展新跨越，认真践行"节水优先、空间均衡、系统治理、两手发力"新时期水利工作方针，不断加大水文化研究发掘和传播普及力度，继承弘扬优秀传统水文化，创新发展现代特色水文化，努力推出更多高质量、高品位、高水平的水文化产品，充分发挥先进水文化的教育启迪和激励凝聚功能，进一步深化和汇集全社会治水兴水共识，奋力谱写水利改革发展新篇章，为实现"两个一百年"奋斗目标和中华民族伟大复兴的中国梦提供更加坚实的水利支撑和保障。

是为序。

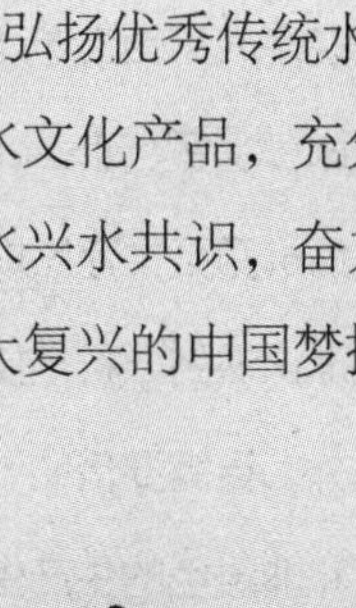

2014 年 12 月 28 日

进入 21 世纪，原本不太起眼的“水文化”在赤县神州忽然有了热度，这一字眼频频出现在有关著述、文件、研讨会（论坛）和培训中，特别是在水利行业，水文化的研究、教育、传播、实践等更是风生水起，形成了不小的声势，产生了广泛的影响。放眼世界，同样有水文化的清风吹皱一池春水，其中最大的波澜来自联合国教科文组织，它们把 2006 年“世界水日”的主题确定为“水与文化”。

社会存在决定社会意识。作为人水互动酿造出的文化——水文化之所以越来越为世人重视，是因为水与人类的关系实在太密切了——水是生命之源、生产之要、生态之基、生活之需，而且人与水发生关系，早在“人猿相揖别”的时候就有了，可谓源远流长。自古迄今，不同国家、民族和地区的人们根据自己的文化价值和传统去管理水、使用水、鉴赏水，必然会衍生出丰富多彩、博大精深的水文化。正如 2006 年联合国教科文组织发布的世界水日主题宣言所说的:“全世界有多少种文化传统就有多少看待、使用、歌颂水的方式。水之神圣，在于它处于许多宗教的核心，并被用于不同的典礼与祭祀中。水是具有强大魅力的，在不同国家都被表现在艺术中，诸如音乐、绘画、文学、电影等，同时它也是很多科学探索的基础要素。世界上每一个地区都有一种崇敬水的途径，但是就其共性而言，在于它的价值及其在人类生活中的核心地位……人们在不同的地区、国家总是基于他们对水的理解、价值、宗教、习俗、政治、经济去认识与管理水，这是一种水管理的文化基础。”与此同时，人类创造的水文化还是人类文明进步的重要推动力量，特别是当代，由于人水关系对立造成的种种不和谐，使得人们更加渴望先进水文化的引领，从而找到破解问题的路径。

相对于农耕文明“日出而作，日落而息”的田园牧歌而言，工业文明登堂入室后迅速改变了世界，给人类带来十分丰厚、眼花瞭乱的物质财富；但随之而来的，是人类与自然的矛盾越来越尖锐，尤其是人水矛盾（可说是人与自然矛盾的一个缩影）的愈演愈烈。由于人们抱定征服自然、人定胜天的宗旨，对水的侵害日益加剧，水多、水少、水脏、水浑等问题先是在发达国家后是在发展中国家，无一例外地出现了，人类面临的水危机乃至生存危机使得享受现代文明的人类不得不改弦更张，重新审视人与水的关系。在痛定思痛中，人们逐渐认识到，科学技术并非包治百病的灵药，要实现人水和谐，进而促进经济社会可持续发展，在科技手段之外，更需要借助于文化（尤其是正确的世界观、人生观、价值观）的力量，来改变人们对待水的不友好态度和非绿色的生产生活方式。然而水文化的渗透和普及，需要教育和传播，尤其是学校教育中更不能少了“水文化”这堂大课。

如何打造覆盖面广且积极有效的水文化教育体系呢？我们认为应该积极开展学校层面、社会层面和水利行业层面三方面的教育，从而改变目前水文化教育滞后的状况。就大专院校水利专业教育的现状而言，当前面临的问题是，工科思维大行其道，科技教育与人文教育割裂，只强调水利科技知识的武装，而忽视水利史、水文化等“形而上”知识的传授。殊不知，这正是造成不少水利专业毕业生人文素养不高、知识面较窄、眼界不够宽的重要原因之一，以致于一些水利专业的大学毕业生走上工作岗位后，成了水工图纸加工、钢筋水泥构件码放的“机器人”——所思所做无非是水工程如何坚固耐用，并使防洪、供水、发电等实在效益最大化，至于工程是否会带来生态环境问题，工程形象是否“傻大笨粗”，就不在考虑之列了。

要使水文化教育进高校，把学习水利的莘莘学子领进水文化的殿堂，当务之急是要编写一部适合他们的水文化教材。2013 年年初，根据水利部领导的指示，“水文化高校教材”的编写工作列入了水利部精神文明建设领导小组办公室（以下简称“文明办”）的工作日程。2013 年春节过后，水利部文明办便组织开展了《中华水文化通论》框架大纲的编写工作。之后，多次召集编写人员对大纲进行研讨修改，在集思广益的基础上确定了编写大纲、编写要求和任务分工。2014 年，该教材又被纳入“水文化教育读本丛书”，又称《水文化大学生读本》。

这本教材的读者对象是普通高等院校尤其是水利院校的学生，内容定位为通识教育读本，旨在为大学生们了解、认识水文化打开一扇门，如果进而能点燃他们对水文化的爱，成为水文化的研究者和实践者，那就再好不过了。因此，在这部教材的编写中，我们力求从总体上把水文化的基本理论与实践方向两大问题说清楚。其中理论层面包括水文化内涵与外延、水与社会（地域）关系、物质形态水文化、制度形态水文化、精神形态水文化等方面的研究，实践层面包括工程建设中的水文化应用、水文化遗产的保护与开发、水文化教育与传播等方面的探讨；同时为了开阔学生的眼界，还加入了国际视野中的水文化等方面的内容。作为高等院校水文化的通识教材，为了提高可读性我们力求在编写上深入浅出、图文并茂、通俗易懂、简明扼要、逻辑清晰，让老师易教、学生易学。

本教材作者分工如下：绪论、第一章和第四章第一节、第四节由靳怀堾撰稿；第二章和第四章第二节、第三节由尉天骄撰稿；第三章由饶明奇撰稿；第五章由靳怀堾撰稿；第六章由董文虎撰稿；第七章由王英华撰稿；第八章由闫彦撰稿；第九章由郑晓云撰稿。

初稿形成后，又几经讨论修改，最后由主编定稿。由于众手成书，著者的学养、风格不尽相同，加之对一些问题研究的深度、广度尚有不小的差距，因而书稿中不尽如人意之处在所难免，敬请读者批评指正。

靳怀堾

2015 年 1 月 12 日于津门乐水书屋

目录

水文化教育读本丛书

绪论

第一节　文化与水文化

相对于文化而言，水文化是一个下位概念（子概念）。如果说“文化犹如许多细胞构成的一个整体”，那么水文化可以说是文化的众多“细胞”之一。不过这个“细胞”不但体量巨大，而且活力十足、魅力四射，是文化家族中的大块头和佼佼者。当然，要论起水文化，必须从文化说起。

一、文化概说

文化，是人们经常提及的词语。不过，如果要深究一下它的内涵、外延等，似乎又很难说清楚。迄今为止，世界上的文化研究著述数以万计，有关文化的解释不下千种。据统计，仅正式的文化定义就有 200 多种，谈起对文化的理解，人们视角不一，阐述各异，可谓仁者见仁，智者见智。

文化是人类社会特有的现象，是社会实践的产物，是人类历史的积淀和智慧的灵光。

据专家考证，“文化”是中国语系中古已有之的词语。其本义是指“以文教化”，表示对人情操的陶冶、品德的锤炼，本属精神领域的范畴。而现在的“文化”，已成为一个内涵丰富、外延宽广的多维概念。

从我们老祖宗造字的角度看，“文”字的本身有两层意义。“亠”是一个象形符号，表示火苗，或表示太阳刚刚从地平线上升起。如此，这个符号图示便具有光芒普照，使世界从黑暗走向光明的指归。“乂”是个会意字，指治理，引申为使天下安宁、稳定。如此，这个“文”字便有了用普照世界的太阳一般的思想去治理天下，从而使天下得以安宁的涵义。“化”字是个意象化的符号，它形象地表示出“人的武器”（匕首）或“折服人的武器”的意义。如果将文与化并列成“文化”一词，则表达出这样的涵义：有一种光芒普照的思想是人类用以治理世界的有力武器。

先秦时，“文”与“化”尚未组合在一起。“文”，本义指各色交错的纹理。引申为文物典籍、礼乐制度、人文修养以及美、善、德行之义。

“物相杂，故曰文。”❶“五色成文而不乱。”❷这里的文，指各色交错的纹理。

“周监于二代，郁郁乎文哉。”❸“文王既没，文不在兹乎？”❹这里的“文”，指文物典籍、礼乐制度。

---

❶ 《易·系辞·下》
❷ 《礼记·乐记》
❸ 《论语·八佾》
❹ 《论语·子罕》

"经天纬地曰文"[1],"质胜文则野，文胜质则史，文质彬彬，然后君子"[2]。这里的"文"，指人文修养。

"礼减而进，以进为文。"（减，犹倦也；进，促进、增强，意思是说，礼节、礼数上有厌倦了，就应该促进增强；促进增强了，就完善了）郑玄注曰"文犹美也，善也"。这里的"文"，指美、善。

"化"，本义为改易、生成、造化，指事物形态或性质的改变，引申为教化迁善之义。如："化而为鸟，其名曰鹏"[3]，"男女构精，万物化成"[4]。

"文"与"化"并联使用最早出现在我国古代一部文化经典——《周易》（由《易经》和《易传》两部分组成）中，是书《贲卦·彖传》说："刚柔交错，天文也；文明以止，人文也。观乎天文，以察时变；观乎人文，以化成天下。"这里的"文"，是从纹理之义演化而来的概念。关于"天文"，通常的解释是：刚柔交互错杂形成天的文饰。还有一种解释，指日月往来交错文饰于天，引申为天道的自然规律。关于"人文"，通常的解释是：内心灿烂光明而言行外表止于（遵循）礼义，是人的文饰。还有一种解释，指人伦社会规律，即社会生活中人与人之间的关系，如君臣、父子、夫妻、兄弟、朋友等，构成纵横交织的复杂社会网络。这段话的意思是说：（治国者）观察天的文饰，可以了解（耕作渔猎）时序之变化；（又须）观察人文（君臣、父子、夫妇、朋友等关系），可以用教化的手段来治理天下，使天下人均能遵从文明礼仪，行为止其所当止。这里，"人文"与"化成天下"紧密联系，"以文教化"的思想已十分明确。

西汉时，"文"与"化"合成一个整词。汉语中"文化"一词，最早出现于刘向《说苑·指武篇》："圣人之治天下，先文德而后武力。凡武之兴，为不服也；文化不改，然后加诛。"

由此可见，中国最早的"文化"，是与"武化"相对的概念，指"文治与教化"，即以伦理道德教化世人，使人"发乎情止于礼"的意思。中国传统的"文化"内涵，偏重于精神方面。

在西方，文化一词起源于拉丁文，原意是指耕作土地及对植物的培育，引申为对人的兴趣、品德、能力的培养。1871 年，英国人类学家爱德华·泰勒在《原始文化》一书中，首次将文化作为一个概念提出来，并对其含义做出了这样的表述："文化是一种复杂体，它包括知识、信仰、艺术、道德、法律、风俗，以及社会成员个人获得的各种能力与习惯等。"

《中国大百科全书·社会学卷》对文化是这样定义的："广义的文化是指人类创造一切物质产品和精神产品的总和。狭义的文化专指语言、文学、艺术及一切意识形态在内的精神产

---

[1] 《尚书·舜典》
[2] 《论语·雍也》
[3] 《庄子·逍遥游》
[4] 《易·系辞》

品。”而我们一般所指称的文化，是就狭义的文化而言。

《汉谟拉比法典》

按照广义的文化定义，我们中国的万里长城、北京的故宫、黄河大堤、都江堰、京杭大运河、儒道学说、二十五史、《永乐大典》等，外国的埃及金字塔、狮身人面像，古巴比伦的《汉谟拉比法典》，古印度的印章文字，古希腊的神话和《荷马史诗》等，都是举世公认的文化瑰宝。

那么，如何进一步理解文化这个概念呢？

《中国传统文化散论》的作者李士奇认为，文化是由“人化”和“化人”两个方面共同构成。所谓人化，就是“包装自然”，即指人参与自然、适应自然和改造自然的成果。换言之，完全由自然形成的，没有打上人工烙印的东西，就不能称之为文化。所谓化人，就是“改造人类自己”的成果，即努力消除人的“兽性”，使人的行为更加文质彬彬。对此，法国大文豪雨果说过这样的话：“有了物质，人才能生存；有了理想，人才能生活。生存和生活有什么不同？动物是生存，而人则应该是生活。”如果用一言诠释雨果的话，就是：人离动物越远越“文化”。

我国现代著名哲学家贺麟认为文化是“人生的花样”。所谓花样，指在满足果腹、蔽体、居所、出行等实际功利需求之外，追求一种“有意味的样式”。比如，丰富多彩的饮食、样式多样的服饰、姿态缤纷的艺术、种类繁多的体育活动等，这些都是人类追求“人生的花样”的结果；而这些“人生的花样”越多，人类的生活越有情趣和意味。

文化水平的高低，是衡量一个国家和社会文明程度的重要标准。在人类文明的发展进程中，文化，如同润物无声的春雨，渗透并影响着人类物质和精神生活的各个方面；又如同奔流不息的江河，推动着人类社会向更高的文明阶段迈进。

文化有优秀和糟粕之分。优秀的文化构建了人类共有的精神家园，有了这种普照人类共有精神的文化，人类的最高理想——“世界大同”才会逐步成为现实。

当今时代，文化在综合国力竞争中的地位日益重要。谁占领了文化的制高点，谁就能掌握发展的主动权。人类文明进步的历史表明，没有先进文化的积极引领，没有人民精神世界的极大丰富，没有全民族创造精神的发挥，一个国家、一个民族，不可能屹立于世界先进民族之林。

二、水文化的概念

“水者，何也，万物之本原也，诸生之宗室也。”[1]水，是我们人类居住的地球上分布最广的一种物质，浮天载地，高高下下，无处不在。水是生命之源，是包括人类在内的万千生物赖以生存的物质基础。现代人经常仰望星空，不断叩问：“哪个星球上有人？”如此发问的背后，其实隐喻了一个重要的前提，那就是这个星球上必须存在水。因为有水的地方才会有生命的存在。“水生民，民生文，文生万象”。水养育了人类，它给万民带来的恩惠远远超过世间其他万物；同时，人类作为大自然的骄子，不但繁衍生息须臾离不开水，创造文化也少不了水的滋润和哺育。

考察中华文化的发展史，不难发现，水与中华文化的孕育、发展的关系实在是太密切了，可以说，中华文化中的许多地方都有水文化的光芒在闪耀。比如，人们习惯把黄河称为中华民族的母亲河和中华文明的摇篮，这从一定意义上道出了中华文化与水关系的真谛。

水文化是一个非常古老而又十分新颖的文化形态。说它非常古老，是因为自从我们这个星球上有了人类的活动，有了人类与水打交道的“第一次”，就有了水文化；说它十分新颖，是因为在中国把水文化作为一种相对独立的文化形态提出来进行研究，是 20 世纪 80 年代末期以后的事。

那么，何谓水文化呢？

水文化，是指人类在生存生活过程中与水发生关系所生成的各种文化现象的总和，是民族文化以水为载体的文化集合体。水文化的实质是人在涉水活动中产生的人与水的关系，以及人水关系影响下人与人之间的关系。人水关系不但伴随着人类发展的始终，而且几乎涉及社会生活的各个方面。经济、政治、科学、文学、艺术、宗教、民俗、军事、体育等各个领域，无不蕴含着丰富的水文化因子，因而水文化具有深厚的内涵和广阔的外延。

水是生命之源、生产之要、生态之基、生活之需。如果把各种文化现象放在人类历史的长河中去衡量，相对于钢铁、煤炭、机械、石油、电力等而言，水文化与人类社会的历史一样悠久并将贯穿于人类社会发展的始终——人类早期的历史可以没有钢铁、煤炭、石油等，但须臾离不开水——没有水，人类就失去了生存与发展的物质基础，也就谈不上繁衍生息和文化创造了。与此同时，相对于水而言，钢铁、煤炭、机械、石油等与人类生产生活的关联面不但比较狭窄，而且其蕴含的文化内涵也相对简单，不能衍生出丰富多彩、摇曳多姿的文化现象。由于水与人类生产生活息息相关、密不可分，因此，人类的各种文化创造都或多或少地打着水文化的印迹，比如农耕文化、渔业文化、饮食文化、茶文化、酒文化、花卉文

[1] 《管子·水地》

化、垂钓文化等，无不以水文化为基础或前提，从这个角度看，水文化具有“母体文化”的性质。

需要指出的是，水文化是人类社会实践的产物，人是创造文化的主体，涉水活动是产生水文化的源泉。而水作为一种自然资源，自身并不能生成文化，只有当人类的生产生活与水发生了关系，人类有了利用水、治理水、节约水、保护水以及亲近水、鉴赏水等方面的实践，有了对水的认识和思考，才会产生文化。同时，水作为一种载体，通过打上人文的烙印即“人化”，可以构成十分丰富的文化资源，包括物质的——经过人工打造的水环境、水工程、水工具等；制度的——人们对水的利用、开发、治理、配置（分配）、节约、保护以及协调水与经济社会发展关系过程中所形成的法律法规、规程规范以及组织形态、管理体制、运行机制等；精神的——人类在与水打交道过程中创造的非实在性财富，包括水科学、水哲学、水文艺、水宗教等。与此同时，这些在人水关系中产生的特色鲜明、张力十足的文化成果，反过来又起到“化人”的作用——通过不断汲取水文化的养分，能滋润我们的心灵世界，培育我们“若水向善”“乐水进取”等品格和情怀。

同文化的概念一样，水文化也有广义和狭义之分。

广义的水文化是指人们在社会实践中，以水为载体创造的物质财富和精神财富的总和。狭义的水文化是指通过对水的认知和涉水实践活动所形成的各种意识形态，包括政治、法律思想和科学、哲学、文学、艺术、宗教以及伦理道德、风俗习惯等。

同其他文化现象一样，水文化也有先进和落后之分。

龙王庙

中国古代，“借助神力治水”的意识和做法，如铸铁牛以镇洪水，干旱祈雨拜龙王，为河伯（水神）娶妇以祈求江河安澜等，是当时一种普遍的社会心理和社会现象，积淀为一种颇为流行的文化传统。但从今天科学的角度看，这些完全属于封建迷信，无疑是落后的水文化。至于水文化价值的转化，比如古代的镇水铁牛、龙王庙等遗物，今日已变成文化遗产，则是另外一个话题，此处不多讨论。

因此，对于水文化遗产，我们必须采取扬弃的态度，取其精华，去其糟粕，为促进社会的文明进步添砖加瓦。

三、水利文化与水利行业文化

“水利”一词是中国所特有的。

翻开中华典籍，会在《吕氏春秋》中找到“水利”这个词汇。是书《慎人》在记述舜之事迹时说：“以其徒属掘地财、取水利、编蒲苇、结罘网，手足胼胝不居，然后免冻馁之患。”这是我国古代文献中最早出现“水利”一词之处。不过，其中的“取水利”，是指汲取地下水和捕捞鱼虾等水产品而言，与现在所说的“水利”不是一回事。

真正赋予“水利”一词丰富深刻内涵，并至今仍在沿用的，这个“水利”专有名词的发明者当为西汉伟大的史学家司马迁。

《史记·河渠书》是中国第一部水利通史，记述从大禹治水到西汉元封二年（公元前109年）堵塞黄河瓠子决口及其后各地大兴开渠灌溉工程等重大史实。司马迁在用较大篇幅动情描述了汉武帝亲临瓠子指挥封堵黄河决口这件惊天地、泣鬼神的大事后，写道：“自是之后，用事者争言水利。”——自此以后，那些当权的官员们在汉武帝面前争着言说兴修水利之事。司马迁曾感慨道：“甚哉，水之为利害也！余从负薪塞宣房，悲《瓠子》之诗而作《河渠书》。”感叹水在为利与为害两方面的力量都太大了，表明了他之所以作《河渠书》的动因。

司马迁所言的水利，已具有“穿渠”“溉田”“堵口”等含义，并蕴含了兴利与除害两方面较为完整的概念了。

传统的中国水利，主要包括三个方面的内容：一是防御洪水，以确保人类生存安全；二是农业灌溉，以弥补雨养农业之不足；三是开挖运河，以借水行舟。

现代社会，水利的内涵比古代大大拓展了，除了上述三个方面的内容外，还包括水力发电、给排水、水土保持、水污染防治、水景观营造、水生态保护与修复等。

2009年版的《辞海》，对水利这个名词的表述是：“采取人工措施控制、调节、治导、利用、管理和保护自然的水，以减轻或免除水旱灾害，并开发利用水资源，适应人类生产，满足人类生活，改善生态和环境的活动。”这一表述增加了“改善生态和环境需要”的内容，突出了水利的生态环境功能。

2011年，中共中央一号文件《中共中央　国务院关于加快水利改革发展的决定》更加明确地指出：“水利是现代农业建设不可或缺的首要条件，是经济社会发展不可替代的基础支撑，是生态环境改善不可分割的保障系统，具有很强的公益性、基础性、战略性。加快水利改革发展，不仅事关农业农村发展，而且事关经济社会发展全局；不仅关系到防洪安全、供水安全、粮食安全，而且关系到经济安全、生态安全、国家安全。”这是对现代水利性质和作用的最新诠释。

远古时代，由于人类自身能力十分低下，“缘水而居，不耕不稼”[1]，对水旱灾害等自然现象无能为力，只好听之任之。到了新石器时代，伴随着农业、畜牧业和制陶业等的发明，人类改造自然的能力得到空前提高，为了更好地生存与发展，产生了防治水旱灾害和开发利用水资源的意识和实践活动。就是说，面对洪水威胁、干旱缺水、交通阻塞等挑战，人类奋起应对，自强不息，通过兴修防洪、灌溉、水运工程等活动改变生存的危机和困境，开辟出更加理想的生存空间。

由此可见，水利文化发轫于人类开始形成除水患、兴水利的意识的时候，它是人类在兴水利、除水害的过程中所创造出的物质和精神财富的总和。

水利文化源于人类兴利除害的实践，同时这些实践活动所积淀升华出的理念、精神和科学方法、技术手段等，又指导和帮助人类在更高层次上从事水利活动。

所谓水利行业文化，是指水利行业内部的从业人员在长期的工作实践过程中形成的行业价值观念、行业标准、行业规范、行业道德、行业传统、行业习惯、行业礼仪等，是水利行业内部成文或不成文的规定、规则、习惯等。比如，“献身、负责、求实”的水利行业精神，就是水利行业在长期的水利实践中所形成的独特的行业价值观念。

四、水文化与水利文化的关系

水文化与水利文化，绝不是同一概念的不同提法，它们之间既有联系又有区别。

（一）联系

（1）母体相同。水文化和水利文化都脱胎于人类文化这个巨大的母体，是从文化这个“老祖母”身上衍生出来的“子孙”。

（2）实质相同。水文化和水利文化都是人与水发生关系生成的文化，尽管涵盖的范围有大有小，生成的数量有多有少。

（3）载体相同。水文化和水利文化都是以水为载体，通过人类的活动作用于水这个载体而生成的文化现象。

（二）区别

（1）形成的时代不同。“水文化”的产生，可追溯到“人猿相揖别”的人类起源阶段，产生于人类与水打交道的“第一次”，距今约 200 万年左右。“水利文化”的时空距离很短，其生发的基石是“水利”，它始于人类萌发“水利”意识的时候。具体时间应该在距今七八千

[1] 《列子·汤问》

年前后，人类进入农耕和定居时代，有了防洪、排涝、灌溉及凿井等想法并付诸实施之时。而大规模的水利活动则始于距今4000多年前的尧舜时代，以鲧、禹治水为代表。

（2）涵盖的内容不同。水文化作为母体文化，其内涵十分丰富，外延非常广泛，可以说包罗“人水关系”所生成的文化万象。水利文化只涉及除水害、兴水利的领域，其内涵比水文化浅得多，外延也窄得多。

需要指出的是，水利作为水文化的重要组成部分，是“水文化”的特殊形态。由于以除水害兴水利为目的的水利文化对经济社会发展意义重大，影响深远，因此，水利文化在水文化中居于主体的、核心的地位。我们通常所称的“水文化”，有时特指“水利文化”。

如同水文化和水利文化这对概念一样，水利文化与水利行业文化同样是一对既有联系、又有区别的概念。

相对于水利行业文化而言，水利文化有着更为丰富和广阔的内涵和外延，它源于水利又高于水利，它包含水利行业文化；而水利行业文化是水利文化的重要组成部分，但远不是水利文化的全部。

总之，从逻辑上说，水文化、水利文化、水利行业文化三者之间是包含与被包含的关系，或者说是“大文化”与“小文化”的关系。水文化包含水利文化及水利行业文化，水利文化包含水利行业文化，他们是从大到小的从属关系。

第二节　水文化的基本结构

要弄清水文化的内涵，须从水文化的结构分析之手。美国著名人类学家鲁思·本尼迪克特（Ruth Benedict）在其《文化模式》一书中指出：每一种文化都存在着一种基本结构，即有一种单一的原理，这一原理通过某种主导地位的文化模式体现在构成文化的人们的个性之中。所谓文化结构（亦称架构），一是指文化元素或文化丛之间具有一定秩序的关系；二是文化结构由文化特质、文化丛、文化区、文化模式等概念构成。关于文化的结构，有物质与精神两层次说；物质、制度、精神三层次说；物质、制度、行为、精神四层次说；物质、社会关系、精神、艺术、语言、风俗习惯六大子系统说等。

水文化的基本结构，是指各类水文化内容之间彼此交错联系而形成的一种系统的框架和结构。水文化作为人类文化的重要组成部分，是一个庞大的文化体系。在此，我们把水文化的基本结构界定为物质水文化、制度水文化、精神水文化三个层次，并以此为前提展开讨论。

一、物质水文化

物质水文化，是指以人类在饮水、用水、治水、管水、赏水等实践活动中创造的物质财富的总和，是一种有形的可视、可触的客观存在，是人们水观念的外在、具体的表现形式。物质水文化主要包括经过人工的实践活动而发现或建造的水景观、水环境、水工程、水工具等。

水景观是指经过人工影响而形成的各种水体的存在形式。河流、湖泊、水库、井泉、池塘、瀑布等，经过打上人文的烙印，体现出的奔腾向前、浩瀚无垠、汩汩涌冒、一泓清流、飞流直下等形态面貌，构成了多彩多姿的水景观，在物质和精神上影响着人们的生活。

水环境是指经过人工干预过的水体对人类的生存产生的直接或间接的影响，这种影响是通过人们对水体的视觉、听觉、嗅觉等反射到身上的。好的水环境就是人们常说的风水宝地，其产生的良好气场对动植物的生长发育大有裨益，正所谓“物华天宝，人杰地灵”；反之，水生态环境恶劣的地方，不但人的身体健康和寿命会受到极大的影响（如长期饮用富含氟、锰等对人体有害元素的水，会引发甲状腺肿大、氟骨病等多种疾病），而且经济社会发展也会严重滞后。

引滦入津工程修建场景

辘轳

水工程是指在江河、湖泊和地下水资源上开发、利用、控制、调配和保护水资源的各类工程建筑。人类为了创造更加理想的生存环境，在与水相依的同时，还要与水害灾害进行抗争，在除害兴利的过程中，水工程应运而生。著名的有：以郑国渠、都江堰为代表的灌溉工程；以黄河大堤、荆江大堤、洪泽湖大堤为代表的防洪工程；以兴安灵渠、京杭运河为代表的水运工程；以江浙海塘为代表的海塘工程等，这些都是中华先民用勤劳和智慧铸就的水利丰碑。20 世纪 80 年代以来兴建的引滦入津、黄河小浪底、长江三峡、南水北调等大型工程，堪称现代水利工程中的经典之作。

水工具是指人们在用水、治

水、管水、护水、节水等过程中创制出的各种器皿、用具。比如，人类为了繁衍生息，必然要饮水、用水，这就发明了汲水、贮水、饮水等工具。汲水工具早期有竹筒、木桶、葫芦、皮口袋、陶器等，后来发展为铁筒、辘轳、桔槔、压水井、机电抽水机等；贮水工具早期主要有独木水槽、石水槽、陶瓮等，后来发展为水缸、水箱、水壶等；煮水器具早期有陶罐、陶壶、陶釜、竹筒等，后来发展为铁锅、铁壶等；饮水用具有陶碗、陶杯、陶壶、葫芦瓢、竹筒等，后来发展为瓷（铁）碗、瓷（铁）杯等。

二、制度水文化

制度水文化，是指人们对水的利用、开发、治理、配置、节约、保护以及协调水与经济社会发展关系过程中所形成的法律法规、规程规范以及组织形态、管理体制、运行机制等构成的外显文化，是水文化的格式化和规范化。

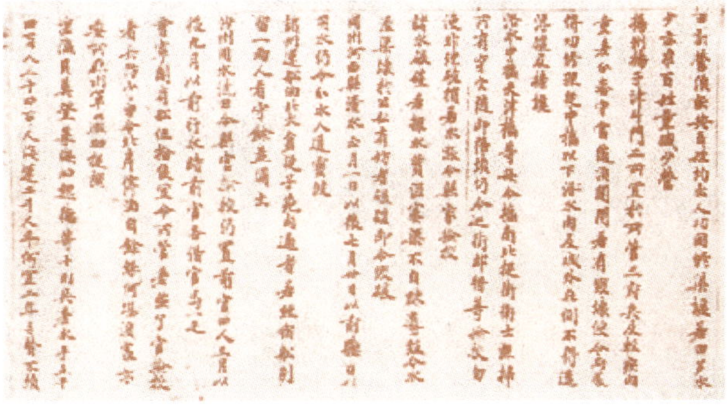

唐代《水部式》（局部）

江南河道总督府

制度水文化中最显要的部分是法律法规体系。据文献记载，中国历史上最早的水法规诞生于公元前656年。当时，楚国侵宋，在睢水、汴水下游分别修筑了高大的拦河坝，“要宋田，夹塞两川，使水不得东流。东山之西，水深灭垝，四百里而后可田也”（《管子·霸形》），使地处睢水、汴水上游的宋国水灾严重。为了拯救宋国，遏制楚国扩张的野心，当时列国的霸主齐桓公亲自统率“多国部队”出兵干涉，拆除了拦河坝，并迫使楚国在召陵（今河南省漯河市召陵区境）订立盟约，其中有“毋曲堤”（即不允许修建危害别国防洪安全的不合理堤防）的条文。秦汉以后，出现了专门的水利法律法规，比如汉朝的《水令》、唐朝的《水部式》、北宋的《农田水利约束》、金朝的《河防令》等。当代，经过多年的努力，形成了以《中华人民共和国水法》为核心的较为完备的水法规体系。

中国古代的水利职官制度，包括管理水利的政府机构、官职设置、权力授予、决策程序和运行机制等，相沿成袭，代有发展，深深渗透到国家机器之中。比如，夏商周三代，我国司水的官称为冬官或水官。秦汉时，中央政府水利事务分别由太常、少府、大司农掌管，地方的郡县也“置水官，主平水”，称都水缘或都水长；还有由皇帝临时指派的河堤都尉、河堤使者、河堤谒者等，或负责赈济水灾工作，或主持堵复决口等事宜。隋唐以后，逐渐形成了条块结合、分工明晰的水行政与专业管理体系。再如，明清时，鉴于黄河、淮河、运河等河道管理和漕运的重要性和复杂性，创立了河漕总督制度，并逐渐形成了完备的管理体系。从清代起，河道总督与漕运总督的责任严格分开，漕运总督只管漕粮运输，河道总督负责黄河、运河、永定河等河道的治理。

哈尼梯田分水木刻

在我国，民间以乡规民约形式实施的用水分配与管理，也是水制度文化的重要组成方面。例如，我国古代对农田灌溉渠道的管理，除干渠外，支渠、斗渠以下，一般由民间管理，管理者多为乡村德高望重者，称渠长、堰长、头人、会长、长老等。渠长等管理人员的主要职责，除了调配水量，保证公平外，还有组织渠道维修养护劳动、征收水费等。再如古代哈尼族创立的梯田“木刻分水”制度，一直沿用。所谓“木刻分水”，是为了保证分水的公平公正，计量准确，选用质地坚硬木材刻出开口宽度大小不同的横木，制成了明渠流量计——“木刻分水”器，将其安放在渠道的分水口处，让水分别流入各条水沟。依此类推，进行再次乃至多次分水。

三、精神水文化

精神水文化是指人类在与水打交道过程中创造的非实在性财富，包括水科学、水伦理、水哲学、水文艺、水风俗等。

在漫漫的历史长河中，水不仅是哺育人类生命的乳汁，也是滋润人类精神与灵魂的甘泉。

百家争鸣的先秦时代，是中华思想文化的奠基时期，一经横空出世，便奇峰高耸，让后人“高山仰止”，难以企及。举凡哲学、文学、史学、美学、政治学、军事学、心理学，以及后来日趋细化的许多学科，都可以在那个光芒四射的时代寻找到源头。其时，涌现出的老子、孔子、孟子、庄子、孙子、墨子、荀子等，都是中华文化史上的巨擘。耐人寻味的是，先秦诸子大都爱在水边思考问题，他们的奇思妙想常常是从水中获得的。

《管子·水地》的作者视水为“万物之本原，诸生之宗室也”。儒家的创始人孔子，有“见大水必观”的习惯。“逝者如斯夫，不舍昼夜！”这是孔子站在河边望着滔滔流逝的河水发出的深沉感慨，充满了人生况味。孔子还有一句名言：“知者乐水，仁者乐山。”孔子之所以乐水，除了水具有赏心悦目的审美情趣和洗涤身心以使洁净的作用外，更因为水的品性堪与君子之风“比德”——“知者达于事理而周流无滞，有似于水，故乐水”[1]。真正把水放在哲学层面审视的当为道家的开山鼻祖老子，以至于有人说老子的哲学就是水性哲学。在老子眼中，水性如“道”，他说：“上善若水，水利万物而不争，处众人之所恶，故几于道。”最高的善像水一样，利万物而不争，甘处卑下的地位，这就是“道”的境界啊！兵圣孙子说：“夫兵形象水，水之形，避高而趋下；兵之形，避实而就虚。”墨家的创始人墨子说：“江河不恶小谷之满己，故能成其大。”战国末期的大儒荀子说：“冰，水为之，而寒于水。”“不积小流，无以成江海。”强调学习做事循序渐进，终将实现从量变到质变的突破。

黔首百姓也从水中悟出了许多做人做事的道理，诸如：“流水不腐，户枢不蠹”“海纳百川，有容乃大”“防民之口，甚于防川”“毋临渴而掘井，宜未雨而绸缪”“易涨易落山溪水，易反易复小人心”“水至清则无鱼，人至察则无徒”“出淤泥而不染，濯清涟而不妖”“落花有意，流水无情”“滴水之恩，涌泉相报”“饮水思源”……

国学大师南怀瑾十分推崇水，他说：“一个人如果效法自然之道的无私善行，便要做到如水一样，保持至柔之中的至刚、至净、能容、能大的胸襟和气度。”当代佛学高僧星云大师也有关于水的高论：“水的仁慈能沐浴众生可以泽及万物；水的义气能扬清激浊可以荡涤污垢；水的勇猛能柔而坚强可以弱而克刚；水的智慧能疏通江河可以自成盈满。”“人之美德应如水之流通，水之澄清，水之深邃，水之广阔。”

南怀瑾

在中国人的心目中，水分明已由自然之水升华为文化之水、哲学之水了！

值得注意的是，治水活动不仅参与了中华物质文

❶ 朱熹《四书集注》

明的创造，而且参与了精神文明的创造。古代的大禹治水精神——“身执耒锸，以民为先，抑洪水十三年，三过家门而不入”的献身精神，疏堵结合、以疏为主的科学治水思想等，现代的红旗渠精神、“’98抗洪精神”，都已成为中华民族精神的重要组成部分。

红旗渠

水文化的三大基本结构互相联系，互相作用，互相促进，构成一个有机联系的整体。物质水文化是水文化的外在表现和载体，是制度水文化和精神水文化的物质基础；制度水文化是水文化的规范化和格式化，对物质水文化和精神水文化的形成具有重要影响；精神水文化是一种观念形态的水文化集合，在整个水文化体系中处于核心和灵魂的地位。物质层面的文化是“易碎品”，很容易在自然和人为的风吹雨打下“风化”、改变甚至消失；制度层面的文化具有相对的稳定性，革故鼎新需要较长的时间；精神层面的文化则最为稳定，变化缓慢，甚至千年不易，历久弥新。

第三节　水文化的功能与属性

同任何其他文化一样，水文化作为反映涉水活动的社会意识形态，有其独特的功能与属性，并形成一股其他强大的力量，深深融入国家、民族的生命力、创造力和凝聚力之中，对经济社会发展和文明进步产生重大影响。

一、水文化的功能

所谓功能，是指某一事物或某种方法所发挥的有利作用或效能。

辩证唯物主义和历史唯物主义认为，物质决定意识（精神），意识（精神）又反作用于物质。一个社会的存在和发展，既需要以生产力的发展为物质基础，也离不开精神的支撑、文化的滋润。文化是“道”，居于“形而上”的位置。它贯穿于国家、民族和社会发展的始终，又潜行于各个方面、各个环节之中，如润物无声的春雨。文化具有陶冶、引领、教化、规范等功能，虽然无形却比有形之物更具力量。和文化一样，水文化主要有以下几个方面的功能，即价值导向功能、社会教育功能、行为规范功能等。

（一）价值导向功能

水文化作为一份逐步积淀起来的物质和精神财富，一旦形成，便蕴含着自己独特的价值体系和规范标准，对人们涉水活动的价值取向和行为方式产生导向作用。

比如，中国古代在水的治理与利用上以“天人合一”为主导思想，有节、有度地开发利用江河湖泊，人水关系总体上处于和谐状态。西方的工业文明登堂入室后，伴随着人类改造自然能力的空前提高，人类开始以自然的主人自居，形成了“征服自然、改造自然”“让高山低头，让河水让路”的思维观念。在这种意识的主导下，人类试图通过工业文明的强势，一劳永逸地驯服江河，近乎掠夺性地开发改造江河，但却违背了江河的自然规律，导致了“有河皆干，有水皆污”等一系列生态恶果，也加大了解决水危机的难度。20 世纪末以来，经过深刻反思，人们意识到：要化解中国的水问题，不仅需要从技术上寻找办法，更要从文化观念上寻找答案。通过向中国传统文化的精髓——“道法自然”和“天人合一”的宇宙观和哲学观学习，逐渐树立起“人与自然和谐相处”的正确理念，并以此为指导，根据我国的国情、社情和水情，提出了可持续发展的治水新思路，即从传统水利向现代水利转变，以水资源的可持续利用保障经济社会的可持续发展。可持续发展水利是在对人与自然关系深刻认识的基础上，针对以往水利建设中存在的问题形成的治水新思路，是人水观念和实践方式的重大转变，是对传统治水思路的扬弃，有着深刻的哲学内涵和现实指导意义。经过多年的探索，这一治水思路不但得到了丰富和完善，而且在实践中收到了良好的效果，对促进水资源的可持续利用和

天人合一

重构人水和谐的社会起到了积极的引导作用。

（二）社会教育功能

水文化作为一种观念形态的文化，既是一定社会政治经济的反映，同时又反作用于一定的社会政治与经济，是人们精神需求的反映。

水文化作为中华传统文化的重要组成部分，具有不可忽视的社会教育功能，千百年来，对人们思想观念、道德情操、意志品质的养成等，起到了潜移默化的作用。比如，大禹治水所体现的“劳身焦思”“三过家门而不入”的奉献精神，已成为中华民族宝贵的精神财富，激励着一代又一代中华儿女为国家的富强、民族的福祉而拼搏奋斗。再如，道家的“上善若水”和儒家的“知者乐水”“君子以水比德”（水具有德、仁、义、智、勇、察、贞、善、正等“品质”）以及“饮水思源”“君子之交淡如水”等观念，已成为中国人师法于水，追求高尚道德情操的圭臬。又如，由治水实践产成的“疏堵结合，以疏为主”，由水运实践产生的“水则载舟，水则覆舟”等辩证思想，后来被升华为治国理政的智慧。

（三）行为规范功能

同其他文化一样，水文化一经形成，便会以一种客观力量规范和约束着人们的思维方式和生产生活方式。如果说涉水的法律法规是一种非情感、超意志的外在强制的话，那么观念形态的水文化则是一种有情感、有意识的“软强制”，不过，其作用却如滴水穿石，不可低估。

比如，有关涉水的信仰民俗一经形成，便世代相传而形成一种对人们心理、语言和行为都具有持久、稳定的约束力的规范体系。中原农耕地区对神龙顶礼膜拜，广大城乡到处建有龙王庙，是因为龙为司水的水神，主宰着世间的风调雨顺和五谷丰登；东南沿海地区崇拜妈祖，是因为妈祖是人们信奉的海上保护神，事关出海人的平安。再如，一些缺水地区经过千百年积淀形成的节水文化，潜移默化地规范着人们的用水行为。我国西北一些极度干旱缺水地区，农民生活用水是将雨水储存到水窖里，一年四季就靠吃水窖的水度日。由于雨水稀少，窖水有限，人们惜水如命，饮水、用水十分节俭，甚至表现得非常悭吝。各家各户每天早上从水窖中打出半桶水，先洗菜，澄清后倒到盆里洗脸，再用洗脸水擦桌子，最后用擦桌水拌饲料喂牲口。还有就是洗澡对西北极度缺水的农村人而言是一件奢侈的事情，最极端的情形是一辈子只洗三次澡：出生的时候，结婚的时候，还有去世的时候。

水窖

二、水文化的属性

所谓属性，是指某种事物所具有的性质和特点。从认识论的角度而言，对属性的认知就是对事物本质的认知。就水文化的属性而言，至少有社会属性、地域属性、民族属性、时代属性、政治属性等方面。

（一）社会属性

在大千世界中，水作为生命之源，从来都不是纯自然的物质，它与人类社会的生产生活关系最为密切，由人类涉水活动而生的水文化，可谓色彩斑斓，洋洋大观。举凡生产生活的各个方面，无不直接或间接蕴含着丰富的水文化因子。无疑，水文化具有广泛的社会性。

在经济领域，水的重要性不言而喻。水是农业的命脉——雨露滋润禾苗壮，风调雨顺的结果是五谷丰登；干旱缺水，粮食产量就会大大降低，严重时甚至会颗粒无收。水是工业的血液——现代工业中水是不可或缺的介质或“原料”，特别是电力、冶金、化工、纺织、造纸等，无不是用水的大户。水是交通的载体——水运自古以来就是交通的重要方式，尤其在陆路不发达的古代，水运更是占有半壁江山。中国古代为了发展水运，不惜动用大量的人力、物力和财力来开凿运河，以满足漕运和人员、商品流通等需要。

运河

护城河

在军事领域，江河（护城河）等水体具有重要的军事防御功能，以水防守、绝水御敌、以水代兵的战例可谓屡见不鲜。在以水防守方面，典型的以水防守形式是在筑城的同时开濠（护城河），因而中国古代的城大多是城池并重。绝水困敌方面，主要是通过筑坝拦断河水或开渠将河水改道以断绝敌军水源或凿暗道泄放敌军用水等方式，使敌方因缺水无力抵抗时对其战而胜之。水攻的主要形式有“筑坝淹城”“决堤冲敌”等。无论是古代还是现代，以水代兵都产生过强大的冲击力，因为水攻——借助于洪水的威力，可以给敌方以致命的打击。

在医学领域，中国人视水为百药之王，认为饮水可以治疗某些病症，把水疗作为廉价、简单、实用的保健措施。汉代医学家张仲景在《伤寒论》中说：“水入于经，其血乃成。”明代医学家李时珍则提出：“水为万物之源，土为万物之母。饮资于水，食资于土，饮食者，人之命脉也，而营卫赖之。故曰：‘水去则营竭，谷去则卫亡。’”把“饮”置于“食”之前，把“水”置于“谷”之先。他还创造了“小儿惊癫，磁石炼水饮之”的磁水治疗法。现代社会，人们越来越重视“水疗”“水补”及“水药”在养生和调治某些病中的作用。

李时珍

在哲学领域，水在人类探索世界万物本源时扮演着十分重要的角色。成书于春秋战国及秦汉时期的《管子·水地》认为“水是万物的本原”；春秋战国时期盛行的“阴阳五行”学说，则强调宇宙万物分属水、火、木、金、土五种动态功能（所谓五行，是指水、火、木、金、土五种动态功能，而不是最初意义的具体元素或物质），其中水代表流动的功能，并被赋予润下、处柔、养育等涵义。春秋末的老子哲学是典型的“水性哲学”，认为“水几于道”，即以水作为本喻，论述构成世界的本原及自然和社会发展的普遍规律和基本原则。

观音菩萨像

在宗教领域，水被赋予清洁身心、净化灵魂等寓意。如基督教，把洗礼即教徒加入教会的仪式作为新生的象征，施行方式主要有洒水（或称点水）礼和受浸（或称浸）礼；佛教中的观音菩萨的形象是一手执柳枝、一手执净瓶（内储甘露水，有起死回生的功效），表示观音能普施甘露，普度众生；道教视水为灵物，以画符箓或烧符箓于水中称之为符水，饮此水可以祛病驱邪。

在文学艺术领域，水对中国传统文学艺术的影响是直接而巨大的。水既是文学艺术表现的对象，又是启迪文心和艺术匠心的源泉。而自然形态的水，经过文学艺术的描绘，更能充分展示出深蕴其中的美。以文学中的诗为例。诗是中国古代文学最早出现也是最重要的表现形式之一，水入诗，应追溯到《诗经》时代。在中国文学史上第一部诗歌总集的《诗经》中，记述古代劳动人民在江河两岸劳动生息的诗篇有六七十首之多。“坎坎伐檀兮，置之河之干兮，河水清且涟猗”“蒹葭苍苍，白露为霜。所谓伊人，在水一方”“关关雎鸠，在河之洲”“淇水悠悠，桧楫松舟。驾言出游，以写我忧”，诸如此类的水之吟咏，真是不胜枚举。

在体育领域，与水相关的体育活动有游泳、垂钓、滑冰、滑雪、赛龙舟、拔河、跳水等，体育与水文化在交融中迸发出神奇的魅力。

在风俗领域，由于水与人们的生产、生活息息相关，因而衍生了砂“水味十足”的民风民俗，如天旱祈雨、三月三水边祓禊、端午节龙舟竞渡、七夕沐浴汲圣水、中元节（俗称鬼节、七月半，又称盂兰盆节）放河灯等。

端午节赛龙舟

（二）地域属性

地域文化是指特定区域源远流长、独具特色，传承至今仍发挥作用的文化现象，是特定区域的生态、民俗、传统、习惯等表现。人是环境的产物。可以说，包括地形地貌、气候水文因素和生产方式在内的各种自然与人文环境是区域文化形成的内在机制；特定的自然环境对于生活在这一环境中的人的心理素质、性格行为，甚至风俗习惯、生活情态等均有着不可低估的影响。生态环境决定文化形态，一定的生态类型与一定的文化形态相对应，正所谓一方水土养一方人、一方水土孕育一方文化。

中元节放河灯

水是自然环境的决定性要素之一。降水量的大小不仅是划分农耕区和游牧区的基本依据，同时也是划分东部季风气候区内南方水田与北方旱作区的基本依据。一般以 400mm 等降水线为界，此线以东为东亚季风控制的湿润区，此线以西，基本不受季风影响，除新疆北部及一些山地降水稍多外，其余均为干旱地区，是中国主要的牧业区。在降水较丰沛、湿润的东南部地区发展起的农耕文化与降雨稀少、干燥的西北部地区发展起来的游牧文化，差别甚大。前者，过着“日出而作，日落而息，凿井而饮，耕田而食”[1]的定居生活；后者，过着“行国，随畜逐水草往来”[2]的游牧生活。而且，同在农耕区内，降雨大于800mm的秦岭—淮河以南与降雨小于800mm的秦岭—淮河以北人们的生产生活方式也不尽相同；东临沧海、山海兼备的齐鲁文化与处于四塞之地的三秦文化亦有较大的差异；同在长江流域而分处上游、中游和下游的巴蜀文化、荆楚文化、吴越文化也各有其鲜明的个性。

就饮食习惯而言，有南稻北粟的不同。干旱缺水的中国北方和湿润多雨的中国南方，分别形成了以种粟饭粟和种稻饭稻的饮食偏好。距今5000年左右小麦从西亚传入中土后，在中国经历了由西向东、由北向南的扩张过程，也改变了中国人的饮食习惯。由于秦岭淮河以南的地区，湿润多雨，并不适合小麦的生长，因而水稻一直是南方农业的主打，这也造成南北方饮食的差别很大——北方人喜食面食，且种类丰富多彩；南方人喜食稻米，做法同样五花八门。

虎座凤架鼓（巴楚文化的代表）

就居住方式而言，有南干栏、北窑洞的差异。原始农业诞生后，人类进入定居时代，先民们开始营建土木结构的居所。长江中下游地区多江河湖泊，地势卑湿，高温多雨，蛇虫繁滋，因而流行用竹木将楼下架空的干栏式建筑。李京在《云南志略》中称，傣族“风土下湿上热，多起竹楼，居濒江，一日十浴”。地处西北黄土高原的先民，由于世代生活在气候干燥、雨水较少的黄土高坡，便充分利用黄土直立不塌（干燥状态下）的性质和洞穴冬暖夏凉的特点，发明了窑洞、地窖式住所。另外，在以打鱼为生的渔家那里，则以船为家，这些漂泊在江河湖海上的船屋，一般在底舱分隔为不同空间，按辈分及已婚、未婚分舱居住。

干栏式建筑

就交通方式而言，有“南船

❶《帝王世纪·击壤歌》
❷《汉书·西域传》

北马”之说。南方水多，河网密布，水道纵横，故多以船为交通工具，可谓“不可一日无舟楫”。北方水少，河道发育不够，且不少为季节性河流，人们出行大多以陆路交通为主，故耐力好、速度快的马匹被北方人驯化为代步工具。

（三）民族属性

民族是指一群基于历史、文化、语言、宗教、行为、生物特征而与其他有所区别的群体。由于不同民族所处的特殊地理环境和生存方式，使他们在适应水、治理水、利用水的过程中，产生了一系列的亲水、敬水、节水、护水等行为，并以宗教、习俗、禁忌和乡规民约等形式表现出来。

傣族、纳西族、回族等少数民族在用水风俗习惯方面尽显不同的特色。泼水节是傣族最富民族特色的节日。泼水节这一天，人们要先拜佛，姑娘们用漂着鲜花的水为佛洗尘，然后彼此泼水嬉戏，相互祝愿。纳西族人的庭院前有泉井，泉井旁设有三个连在一起的四方池，一池低于一池，第一个水池用来饮用，第二个水池用来淘米洗菜，第三个水池用来洗衣服——这是纳西族人世代沿袭的用水习俗。受《古兰经》教义的影响，沐浴成为回族最重要的风俗之一，既是爱清洁、讲卫生的需要，也是修养心性、德性的要求。回族的沐浴有三种，即大净、小净和土净。大净，就是清洁的水按程序洗遍周身；小净是指洗四肢和下身；土净只洗面和手。洗浴时，每洗一个部位，还要联想到一个实际行动，如洗手时，要想到戒偷盗、赌博和莫取不义之财等，而要靠自己的双手勤劳致富。

泼水节

（四）时代属性

任何文化都是历史长河中不断继承、发展和积淀的产物，由于不同时代所处的生产力水平以及世情、水情等方面的差异，水文化在不同的时代也呈现出不同的样式和特征。下面以人水关系为例来说明这个问题。

漫长的原始社会时期，人类的智能十分低下，既享受大自然恩赐的物产，又对强大的自然力充满恐惧，只能被动地适应。出于生存的本能，人类既利用自然，通过采集渔猎等手段获取生活资料；又匍匐在自然的脚下，逆来顺受，看自然的脸色行事，对江河泛滥、风雨雷电等自然力敬畏有加又无可奈何。人类为了生存，既想利用水，依江河而居，又害怕水灾，尽量在江河的台地或离江河稍远的丘陵高地一带居住。其文化特征是消极地“趋利避害”。这一阶段，水多人少，水强人弱，水和自然界其他自然力共同主宰着人类的命运，人被动地适应水，与水的关系处于一种原始的和谐状态。

进入农业文明社会后，随着生产力水平的提高，人类在敬畏自然、顺应自然的基础上，开始在一定范围内能动地改造自然，以营造理想的生存空间。就人水关系而言，即在遵循水的自然规律的同时，变消极为积极，变被动为主动，通过治水活动防水之害取水之利。就具体水利工程而言，这一时期，已开始建设较大型的防洪、灌溉和航运工程。黄河大堤、都江堰、京杭大运河，堪称中国古代水利工程的典范，分别代表农耕文明时代水利的三个重要功能：防洪、灌溉、航运。尤其是都江堰工程，其工程的设计和营建，充分体现了人力与自然相协调、顺应客观规律的文化特征。纵观整个农业文明时代，人类对水的利用和改造给人类的生产生活状况带来了明显改善，虽然也有局部的人水与争地（如围湖造田）等问题，但就总体而言，自然环境、水文条件并没有受到明显的破坏，人水关系仍处于和谐状态。

都江堰工程

在西方传统哲学观念中，人与自然的关系是主要是征服与被征服的关系，即认为自然是人类社会的外物，是供人类利用的。随着工业文明率先在西方出现，人类改造自然的能力得到空前的提升，这种观念进一步被强化。后来，工业文明在坚船利炮的陪伴下登陆古老的神州大地，中国的许多方面发生了剧变，特别是人与自然的关系从一种较为和谐的状态逐渐发展为一种以人为中心的征服与被征服的关系。就人水关系而言，在“让高山低头，让河水让路”的观念主导下，一度对水的侵害达到了无以复加的地步，不但与河湖争水争地，而且大肆向河湖排污，致使不少地方有水皆污。

面对资源紧缺、环境污染严重、生态系统退化的严峻形势，人类在痛地思痛之后，开始自觉地调整天人关系，并向中国传统文化的精华——道法自然和天人合一归复，逐渐变征服自然、改造自然为尊重自然、顺应自然、保护自然。在中国，进入新世纪后，鲜明地提出了生态文明建设的奋斗目标，强调既要金山银山，也要绿水青山，以重构“天人和谐”的新境界。就人水关系而言，人们开始意识到，对水资源的开发利用，既要“水利”，也要做到“利水”，从而形成良性循环，使水可持续地“利人”，进而达到“人水相应”，实现人水和谐。在“人水和谐”文化思想的指导下，人们的治水理念和和涉水行为正在发生深刻地改变。比如，在对待洪水上，提出了“给洪水以出路”“水灾害具有双重性”的理念；在对待江河上，提出了“河流辩证法”“维护河湖健康生命”的理念。

（五）政治属性

政治是指对社会治理的行为，是人类历史发展到一定时期产生的一种重要社会现象，它起源于人类原始社会的氏族公社阶段，出现在产生阶级对立和产生国家的时候，并随着社会从低级到高级进程而发展。文化本来是与政治、经济、军事并列的，并非所有的文化门类都与政治有关，但水的特殊性决定了水文化与政治有着无法分割的关系，突出表现在治水、祭水和水情折射政情等方面。

“河灾衍溢，害中国也尤甚。”❶ 中国自大禹治水催生了中国历史第一个王朝国家以后，我们的祖先通过治理江河，兴修水利，才逐渐在平原地区扎下根来，进一步开拓疆土，繁衍人口，发展经济，推动社会的文明进步。善治国者必先治水。中国历史上各个王朝的统治者，从来不把“治水”作为单纯的技术问题，而是作为重大的政治问题来对待。纵观中国数千年的历史，那些有作为的君主、官员，无不把兴修水利作为施政的要务，而且每次大规模的治水活动，如大运河的开凿、治理黄河工程等，都是由中央政府来主持，甚至要举全国之力来实施。

大规模的治水活动，对中国政治的走向特别是专制政治的形成产生了深远影响。由于治水活动需要政府的强有力组织、需要中央的权威，这种集权的意识逐渐强化和深化，并深深地积淀到中国人的心中，成为“集体无意识”，极大地影响了中国社会政治制度和人们的文化心理以及生活方式。

治理黄河

“国之大事，在祀与戎。”❷ 早在商周时代，祭祀与战争就成国家政治生活中的两件最为重要的大事，祭祀的对象是天地日月、名山大川、祖先等，祭祀的目的是祈求各路神灵保佑农业丰收、六畜兴旺、战争胜利、工程告成、健康长寿等。《礼记·王制》中说：“天子祭名山大川，五岳视三公，四渎视诸侯，诸侯祭名山大川在其地者。四渎者，江、河、淮、济也。”可见，早在周代，长江、黄河、淮河、济水（唐代以后逐渐被黄河袭夺，不复存在）等四条独流入海的河道就成了周天子祭祀的对象。秦汉以降，祭祀依然是历代王朝的重要政事活动之一。在对水神的祭祀方面，除地位

❶ 《史记·河渠书》
❷ 《左传·成公十三年》

崇高的大江大河之神外，海神、湖神、泉神、井神等也成了人们崇拜的对象，官民同祭，一直延续至近代。

值得提出的是，在中国古代社会，水情一直是王朝政治兴衰的“晴雨表”。“昔伊、洛竭而夏亡，河竭而商亡。……山崩川竭，亡之征也。”[1]本来，不论是伊水、洛水还是黄河断流枯竭，都是因所在流域大面积干旱引发的自然现象，由于当时人类抵御自然灾害的能力有限，加之统治者救灾不力和政治腐败，遂使大旱成为导火索，引发社会动荡，导致了政权的垮台，但古人却在“天人感应”的观念下，把河川枯竭与夏、商的灭亡联系起来。有此前车之鉴，后世不少统治者颇重视“天意”，如果老天示警降下水旱等灾害，帝王就会深刻反躬自省（“视天时而布政令”“察灾祥而省得失”），并采取斋戒、祭天、减膳、释放宫女、救济饥荒、罢免有过官员、平反冤狱、大赦天下、求直言甚至下《罪己诏》等方式，来弥补政治缺失，并求得老天的宽恕。老天示警，修德免灾，政治与水情就这样挂起钩来。

洛水

第四节　水文化研究的对象、原则和方法

水文化作人类文化园地的重要组成部分，有必要将其列为一门科学加以研究，并最终形成一门崭新的学科——“水文化学”。那么，如何开展水文化的研究和探讨呢？这就涉及水文化的研究对象、原则和方法等问题。

一、水文化研究的对象

从总体而言，水文化研究的对象是人水关系互动过程中生成的文化现象及其发展、演变的规律，既包括理论的探索和创新，也包括实践的运用和升华，从而构成双轮驱动、两翼齐飞的格局。鉴于人水关系又涉及人与经济社会的方方面面。因此，研究水文化，不仅要探讨

[1] 《国语·周语》

水文化的内涵外延、功能形态、结构层次、传播渠道、教育途径、实践要求等，揭示水文化的形成、发展及其变化规律，还要研究在不同水环境下人与人之间的关系。与此同时，不但要回答有什么，更要回答为什么，找出水文化现象背后的原因和水文化存在的“历史逻辑”。

值得注意的是，因为水文化具有广泛的社会性，具有母体文化的鲜明特征。所以，如果水文化的研究对象主要拘泥于水利文化或行业文化，那么它不仅涉及面过于狭窄，而且很难揭示出水文化中所涵盖的广泛而深刻的意义，它的生命力和影响力也将是有限的。

需要正视的是，由于水文化研究起步较晚，总体上仍处于起步阶段，还存在着不少问题，如水文化研究队伍比较单薄、力量分散，水文化理论构架还没有形成，更缺乏有影响力、震撼力的“鸿篇巨制”；水文化研究与解决中国现实水问题的结合不够紧密，存在“两张皮”的现象等。可以说，水文化研究的征程任重而道远。

由于水文化是一种社会文化，研究的范围十分广阔，研究的对象丰富多彩，是每一位研究者很难用一己之力穷尽的。因此水文化研究需要有更多的有志有识之士加盟，共襄盛举。水利部水文化专家委员会、中国水利文协水文化研究会等社团组织和中国水利史研究所、水利高等院校水文化研究机构等，应通力协作，优势互补，资源互济，形成合力。同时，要善于借助社会力量，加强与水利系统以外的高等学校、科研院所及国（境）外学术界的合作与交流，建立开放的和以科研项目为纽带的科研管理体制。要抓紧建立水文化研究的项目库，积极争取并承担国家或地方有关水文化的研究课题。除了鼓励个人著书立说外，还要根据经济社会和水利发展的需要，有计划地选择一些重要课题组织水利系统内外的专家学者联合进行研究攻关。各级水文化研究组织，要充分发挥研究会的组织、协调和服务功能，积极组织开展水文化征文研讨和学术考察等活动，推动水文化研究工作的深入开展；定期组织开展水文化科研成果评估工作，并对优秀科研成果进行表彰奖励。

二、水文化研究的原则

（一）以辩证唯物论和历史唯物论为指导

运用正确理论指导水文化研究是十分必要的前提和重要的基础。如果把水文化研究比作一个人，有了骨架和皮肉，具备了人的形体，这固然重要，但还远远不够，更为不可或缺的是要有灵魂。学术研究的“灵魂”就是能够正确指导实践的理论。我们知道，人类告别蒙昧和野蛮时代，进入文明社会，经历漫长的历史过程，积淀了深厚的文化，其中有许多优秀的成果，也不乏糟粕。但由于没有科学理论的指导，人们对许多文化信息并不能透过现象看到本质，甚至有不少错谬的理解和认识。直到马克思主义的辩证唯物主义和历史唯物主义理论横空出世，才使我们有了观察、分析、解决问题最根本的世界观和方法论，成了指导人们认识世界、改造世界的最基本也是最有力的思想武器。当前，指导水文化研究的理论利器必然是辩证唯物论和历史唯物论。

和其他文化一样，水文化中也有精华与糟粕、先进与落后之分。如果没有正确的理论思维，就难以得出客观科学的结论。比如“借助神力治水”，是古代社会科学不发达的情况下，人们把摆脱水旱灾害的希望寄托在幻想出的“战胜自然的力量”——神灵身上，这种文化现象虽然反映出人们对美好生活的向往，但无疑是一种愚昧和迷信，是唯心主义的东西。因此，运用辩证唯物主义和历史唯物主义原理指导水文化的研究，有助于我们从纷繁的水文化信息、现象中找到本质的东西，辩证地看待问题，正确对待祖先留给我们的水文化遗产。

辩证唯物主义和历史唯物主义认为，历史是人民创造的。水文化的实质是人类活动中人与水之间的关系。人民是水文化的创造者和拥有者，又是水文化最为基本的载体和传承者。离开了具体的人，抽象地来研究水文化，就成了无源之水，无本之木。因此，水文化研究，要注重人在创造水文化中的主体地位，揭示人水关系中人的作用，包括积极方面和消极方面，以利于今人的借鉴和扬弃。同时在水文化研究中，还要强化“人民”的观念，重视人民群众在水文化创造中的作用，特别是要从民间丰富多彩的水信仰和习俗等方面找出形成的机理及对民族心理、思维方式和价值观念产生的影响。

（二）继承与创新相结合

水文化研究，既要从中华传统水文化中吸取营养，又要从世界各民族创造的优秀水文化中汲取精华，古为今用，洋为中用，从而进一步把古今中外人民群众在水事活动——用水、治水、管水、赏水、亲水等实践中创造出来的水文化加以挖掘、整理和总结，并进行“形而上”的升华。但仅有继承是远远不够的，还要坚持解放思想、实事求是、与时俱进，努力推进理论创新。特别是要从以往对水文化狭隘片面的理解中解放出来，打破“就水利论水利”的思维定势，树立“大水文化”的观念，重点围绕水是生命之源、文明之母、生产之要、生态之基、生活之需等主题，用现代视野探究水与政治、经济、军事、交通、哲学、文学、艺术、体育以及生态环境、风俗习惯等方面的关系，并力求透过现象看本质，揭示其发展演变的轨迹、规律与影响。要强化“问题”意识，密切关注水文化理论研究领域的进展、动态，不断发现新情况、新问题，并努力予以回答或加以解决，从而推动理论研究不断向纵深发展。要强化“比较”意识，通过古今中外及不同地区、民族水文化的比较，找出异同性，并揭示这些差异的内在动因，以利于吸收各方水文化的营养，打通相互之间理解、沟通与融合的桥梁，在构建水文化理论大厦的过程中对一切思想资源保持开放的心态。

（三）理论与实践相结合

研究水文化、探索水文化的理论问题，目的是经世致用，绝不是单纯为了构筑所谓理论的“象牙塔”。因此，水文化研究既要说清历史文化资源的“过去”，梳理出它们的来龙去脉；又要努力从历史文化中寻找到它们与现实社会相联系的桥梁，致力于研究解决当代水问题，把构建人水和谐的生产生活方式和服务于水利改革发展作为出发点和落脚点。要立足于水与经济社会发展中的矛盾和问题，开展历代治水得失的研究，为现代水利发展提供历史镜鉴；开展人水和谐的生产生活方式的研究，为建设水生态文明社会提供理论支撑；开展河流伦理文化的研究，为维护河流健康生命提供理论支撑；开展水文化与水工程有机结合的研究，为提升水工程文化内涵与品位提供理论支撑；开展节水文化研究，为建立节水型社会提供理论支撑；开展制度水文化研究，为构建现代涉水制度体系提供理论支撑；开展精神水文化研究，为形成水利行业核心价值体系提供理论支撑；开展水文化教育、传播体系研究，为促进水文化的普及和深入人心提供理论支撑。

三、水文化研究的方法

水文化是研究人、水、社会相互关系的科学，涉及多学科的知识。因此，在研究上应该是多维度考量，跨学科分析，多种方法并用。

（一）跨学科研究法

跨学科研究法是指运用多学科的理论、方法和成果，从整体上对某一课题进行综合研究的方法，也称“交叉研究法”。水文化本身既包含着自然科学因子，也包含着社会科学元素，涉及许多门类和学科，具有较强的复杂性和广泛性。采用单一的方法进行研究，难以收到理想的效果。因此，要综合利用文化学、哲学、地理学、历史学、美学、水利学、考古学、生态学、管理学、政治学、法学、文学、民俗学、教育学、传播学等多学科研究方法和分析模式，进行综合研究，优化求解，方能有“集大成”者的问世。

（二）文献分析法

文献分析法是指搜集、鉴别、整理文献，并通过文献的研究，形成对事物科学的认知的方法。水文化的概念提出虽然是“昨天”的事，但水文化现象却是很久很久以前的事——始于距今 200 万年左右的“人猿相揖别”时期，有了人类与水打交道的“第一次”，而且在浩如烟海的古今中外图书、期刊、论文、调研报告中，蕴含着丰富的水文化信息。要通过各类图书馆和文献数据库中，搜集、鉴别、整理文献，并通过对众多的但又支离破碎的水文化文献资料加以系统整理，去粗取精、去伪存真，进行综合分析，概括出一些特点，抽象出一些规律，从而为水文化研究的学术大厦增添更多基础性的砖瓦。

（三）田野调查法

田野调查法又称实地调查或现场研究法。人类在与水打交道的过程中，留下了大量的水文化遗产，包括物质的、非物质的。如古代水利工程遗产，大多散落于古河道、古陂塘、古泉井中间，有的至今还在发挥作用。如果要对它们进行深入的研究和解读，必须把田野调查法作为重要方法之一。就是说，调查者与调查对象之间要共同“生活”一段时间，从中观察、了解和认识水文化遗产的现状、科技文化内涵及与经济社会发展的关系等等，从而获取到客观、准确的第一手资料。不过，田野调查花费的时间和精力较大，付出的成本较高，同时要求调查者具有较高的综合素质。

（四）比较研究法

比较研究方法是指对两个或两个以上的事物或对象加以对比，找出他们之间的相似性和差异性的一种分析方法。水对人类的生产生活影响无处不在，但由于气候和地理环境特别是水环境的不同，使不同国家、不同地域、不同民族的“人水关系”具有独特的认知和创造。有比较才有鉴别，通过对古今中外和不同国家、不同地区、不同民族水文化的生成背景及对各自文化的影响等方面进行研究比较，找出共通的地方和差异所在，探求普遍规律与特殊规律。比较研究法在水文化研究上具有极高的价值，但该方法在目前的水文化研究中运用的还远远不够，亟待补充和加强。

（五）定性与定量相结合的分析法

任何事物都是质与量的统一，所以在科学研究中既要把握事物的质，也要把握事物的量。比如，就对某个水文化现象而言，进行定性分析，可以确定其内在性质；对其进行的定量分析，可以准确把握其发展变化的趋势。而把二者有机结合起来，就能对这一文化现象由表及里有个客观全面的认识。定性分析和定量分析各有长处，但由于水文化是一门自然科学与社会科学交融紧密的学问，其中的许多东西并不能像人工制造的产品那样完全可以量化，因而不能盲目追求定量的累积。但也不能没有数量的观念，有时用数字说话最有说服力。而且，当一个水文化现象有了大量的积累，往往容易透过现象看到本质，达到认识的飞跃。现在的问题是：我们的许多水文化研究者运用定性的方法多，定量的方法少，原因在于定量的方法要进行调查统计，成本较高，麻烦较大。因此，建议水文化研究者要做好定性分析与定量研究相结合的文章，既有定性分析，从宏观上把握事物的本质；又要有数量分析，尽可能能做到心中有“数”，用数字来说明问题。

第一章　水与社会

水是地球上最常见的物质之一，是包括人类在内的所有生命生存的重要资源，也是生物体中最重要的组成部分。地球上自从有了人类，就有了人与地球、人与自然和人与水的关系。作为万物之灵的人类，不但繁衍生息须臾离不开水，而且创造文化、推动文明也离不开水；与此同时，人以什么样的态度和行为处理与包括水在内的自然关系，也影响和决定着人类自身的生存和发展的命运。

第一节　水与生命

水是生命之源，是人类和一切生物赖以生存的基本条件。水是地球上所有生命的孕育者、保护者和滋养者。一切生命活动都离不开水。

一、地球其实是“水球”

我们人类所繁衍生息的星球，可以被称为“水球”。从远离地球的高空遥望，地球是一个蔚蓝色的水晶球。地球的表面一片汪洋，水连着水，而陆地则像水中的几个岛屿。地球上的水由三大部分组成，即大气水、地表水及地球内部的水。其中，地表水包括海洋水、冰川水和永久积雪、河流水、湖泊水和沼泽水；地球内部的水包括地壳深层水、地壳活动水和土壤水。地球 70.8% 的面积被海洋覆盖着，全球藏水总量约 13.7 亿 km^3。

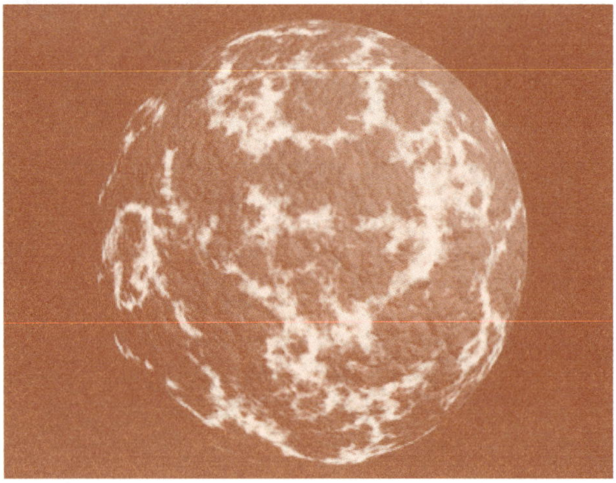

早期的地球（假想图）

整个自然界分为五个圈，即大气圈、水圈、土壤圈、岩石圈和生物圈，以水圈最为活跃。“太一生水，水反辅太一，是以成天。”[1] 表明了华夏先民对宇宙起源的看法。

科学研究表明，作为太阳系八大行星之中唯一被液态水所覆盖的星球，地球生成演进的历史约有 46 亿年左右。早期的地球是一个炽热的球体，温度很高，既没有水，更没生命。地球从原始

[1] 《太一生水》

星云凝聚成行星时，释放出大量的氢气和氧气，加上太阳发出的粒子流，也给地球带来了氢气和氧气。这些气体通过化学反应，形成了水。也就是说，地球的原始水圈是由大气圈分解出来的，由于水圈滋润了万物生长，约在 31 亿年前形成了生物圈。

水圈是地球表面水体的总称，包围地球表面表层的液态、固态和气态水的闭合圈。水圈中的上界可达大气对流层顶部，下界至深层地下水的下限，包括大气中的水汽、地表水（海洋、河流、湖泊、沼泽、冰川、积雪）、土壤水、地下水和生物体内的水等。水圈是一个非常活跃的圈层，一方面，它是塑造地球表面的重要角色，如沟谷、河谷、瀑布都是由流水的侵蚀作用所形成，溶洞、石林、石峰等喀斯特地貌也是由流水溶蚀的杰作；另一方面，通过水循环和水平衡作用，对各圈层的演化特别是对生物圈的形成、深化以及人类的起源与演化，都起到了关键作用。

水圈内全部水体的总储藏量为 13.86 亿 km^3，其中海洋为 13.38 亿 km^3，占总储量的 96.5%。陆地上的淡水总量仅占地球上水体总量的 2.53%，其中固体冰川约占 67%，主要分布在南极、北极地区，以人类目前的科技水平，还很难利用。目前人类比较容易利用的淡水资源，主要是河流水、淡水湖泊水以及浅层地下水，储量约占全球淡水总储水量的 0.3%，占全球总储水量的十万分之七。由于受太阳辐射热和物理作用，水圈不停地进行水循环，引起地球各圈层的地质作用和地壳运动。从陆地到海洋，从天空到大地，一次大的水循环耗用时间约为 9 个月。

水是地球上可以三态（固态、液态、气态）并存的物质，浮天载地，无处不在，其化学成分主要是氧和氢。水的运动变化规律是千变万化的，呈多功能特点。通过全球的水循环，促使地球表面物质能量转换，成为自然界的内在驱动力量。氢氧原子形成钝角和正定极，具有很强的溶解能力。

宇航员在太空回眸地球时，看到的是一颗蓝色的星球——这蓝色就是地球上水体的颜色。可以说，在茫茫宇宙中，由蔚蓝色大洋为主体构成的球外色彩，形成了地球形象识别系统的显著标志。

二、生命起源于水

液态水是形成生命的最重要的基础条件之一。早期的地球是温热的，没有任何生物。因为，大气是还原性的，不含氧气，紫外线可以大量地达到地球；常有闪电和火山爆发，为可能发生的化学反应提供能量。在这样的环境条件下，原始生命不大可能起源于陆上，而海洋（海水开始是淡的，后来才变咸；海水能调节气候，又能溶解许多化合物质）的条件却得天独厚，成为孕育原始生命的摇篮。

寒武纪（假想图）

生物进化的历程表明，地球上生命起源的基础是化学进化，它至少包括以下几个方面的演化过程。第一，元素的相互作用产生许多无机化合物，进而产生多种简单的有机化合物。这些化学反应可以发生在大气中、陆地上的水域里和海洋中。但由于雨水的冲刷，各种化合物最终汇集到海洋中。由于海水阻挡了紫外线的照射，使海洋表面以下的有机物有条件进一步复杂化。第二，由简单的有机物发展为各种生物小分子，如氨基酸、糖分、有机碱基、嘌呤、嘧啶等。第三，由生物小分子发展成多种生物大分子，如蛋白质、核酸、脂质等。第四，有一定结构的隔离系统在水中出现，这种隔离系统逐渐进化成原始生命——原核细胞，时间约为 34 亿年左右。第五，距今 14 亿 ~ 18 亿年前，真核生物在海洋中进化出来。真核生物出现后，生物进化速度大大加快，生命由低级逐渐向高级演化。先是在水中生成了植物，后又出现了动物，继而植物登上陆地，为动物登陆创造了条件。大约 10 亿年前，又出现了多细胞的动物；距今 5 亿 ~ 5.7 亿年的寒武纪，海洋中长满了海藻，而且带有骨骼的各门类无脊动物、脊椎动物相继出现；在前寒武纪的末期，大气层逐步出现和形成臭氧层，为生物上陆创造了条件。古生代出现昆虫，中生代出现爬行类动物，到了新生代出现哺乳动物。经过几十亿年的演变，直到第四纪（距今 200 万年左右），人猿相揖别，人类——这一充满智慧和情感的高级动物横空出世，地球的面貌从此焕然一新。

可以说，地球从诞生初期的一个荒凉寂寞毫无生机的星球，到万物生长、生机勃勃的世界，水是地球奇迹的真正创造者。

三、万物依水而生

水造就生命以后，还承担着保护生命的重要职责。不仅生命的孕育过程要有水，而且整个生命过程也离不开水的保护。地球依靠水圈，凭借水特有的极大热容量和汽化热，维持适宜生物生存的相对恒定温度，并对生物内的体温起着调节作用。与此同时，水作为自然界中最佳的溶解剂和其特有的稳定性，成为生物体内进行新陈代谢的最优良介质。生物依靠水为媒介通过新陈代谢不断与外界进行物质和能量的交换，保持其旺盛的生命力。水的历程造就了生命的历程，却又隐身于生命之内。有相当于全球河流一半的水，流淌在人类和动物的血管里，蕴藏在植物的根茎、叶脉中。

人的孕育生存，一刻也离不开水。“人，水也。男女精气合，而水流行。”[1] 即是说人也是由父精母血这种特殊的“水”交融而生成的。水是人体最重要的组成成分。在人体中，水的含量最高，大约占到体重的 60% ~ 70%。人体的新陈代谢离不开水这个载体。医学证明，成年人每天要从饮食中摄取 2.5L 左右的水。同样，也要通过呼吸、排泄，以及皮肤表面散发，排出 2.5L 左右的水。只要失掉 15%的水，生命就有危险。“人可三日无餐，不可一日无水。”人在有水无食的情况下可能能存活 1 个月，但是倘若没有水连 1 个星期也活不下去。

水对于人类生命生存的重要意义自不必言，单就对于人类维持生存所需要的物质产品而言，水同样是不可或缺的极为重要的资源保障。江河湖海等水域蕴藏的丰富的水产品，一直是人类生存的重要食物之源；而粮食、果蔬等农业产品的生产，更离不开天水（主要是雨水、雪水）、地水（主要是江河之水）的滋养哺育。

第二节　水与文明

无处不在的神奇的水，不但是生命之源，而且也是文明之母。人类文明的孕育和发展与水息息相关。一部人类的发展史，在很大程度上就是一部人水相依、相搏而又不断进步的历史。自古迄今，人类都是逐水而居，这不是习俗，而是生存的选择。于是在水滨泽畔便率先升起了文明的曙光。对此，有人打了这样一个生动的比喻：对于人类数千年的文明经历，按照生物进化的过程，只不过相当于长距离游水的人，免不了要爬上岸喘口气，在上岸喘气的过程中，如孩童游戏一般，创造了引以为豪的“岸边文明”。

在河流、湖泊（沼泽、湿地）、海洋等各种水域中，对人类繁衍生息和文明发展影响最大的，无疑是河流，其中又以流程长、水量大、流域广的大江大河为执牛耳者。可以说，在人类迈入文明门槛之际，大江大河所承载的文明基因和发挥的作用，往往是决定性的、无可替代的。

一、江河是人类文明的摇篮

翻开世界历史，你会发现，文明的创造总是与河流有着不解之缘——大江大河滔滔不绝，人类文明生生不息。

日月经天，江河行地。在邈远的洪荒时代，人类繁衍生息的地球上，无数条江河犹如大地的血脉，滔滔不息地流动着，载浮载沉，一路滋润，一路养育，最后投入大海的怀抱。就是它们，冲开了天地玄黄，宇宙洪荒，冲出了人类文明的新纪元。或许是某种巧合，或

[1] 《管子·水地》

许有一种规律性的东西隐含其中，人类古老文明的发展无一例外的都是与一条或两条大河结伴而行。

古巴比伦空中花园

西亚的幼发拉底河与底格里斯河孕育了古巴比伦文明。在《圣经》故事所发生的两河流域，幼发拉底河与底格里斯河从白雪皑皑的群山中涌出，在奔向波斯湾的曲折历程中，把两河之间的美索不达米亚（希腊语，指两河之间的地方）的苦旱之地变成了宜农宜牧的人类理想家园。距今6000年左右，两河文明的曙光就已冉冉升起。最早开发两河流域的苏美尔人就已种植大麦、小麦和其他农作物。苏美尔人为了抵御两河流域经常发生的洪涝灾害，发明了堤坝用来挡水，开出了沟渠进行农业灌溉——至今仍能看到文字记载的第一条水渠的部分遗迹。通过治理江河不但促进了农业的发展，也促进了文明进步，特别是古巴比伦人以非凡的智慧创造出世界上最早的较为完备的成文法典——《汉谟拉比法典》，建造了令人叹为观止的享有世界七大奇迹之一美誉的古巴比伦空中花园。

非洲的尼罗河孕育了古埃及文明。埃及地处非洲的东北部，尼罗河自南向北贯穿埃及的全境。每年的7—11月，汹涌的尼罗河水就会溢出河谷，含有大量矿物质和腐殖质的泥沙顺流而下，浸灌着两岸干渴的土地，使之成为肥沃的黑土壤，从而催生了埃及辉煌灿烂的古代文化——诞生了以泛滥农业为依托的包括天文学、几何学、象形文字和建筑艺术在内的古代埃及文明。古希腊历史学家希罗多德说："埃及是尼罗河的赠礼。"

印度的印度河和恒河孕育了古印度文明。印度早期的文明发祥地在印度河流域。距今6000年前，在印度河的冲积平原这片肥沃的土地上，通过灌溉等方式，兴起了原始的农业文明。大约距今4500年左右，印度河两岸产生了灿烂的城市文明，20世纪20年代考古发现的两座著名的古代城市分别是摩亨佐·达罗（Moenjodaro）和哈拉帕（Harappa）（现在这两个地方都属于巴基斯坦），方圆都超过5km，人口都在4万人以上。大约在公元前18世纪前后，印度河文明突然衰落。之后，恒河文明崛起。恒河，从喜马拉雅山起步，途经一个被阿拉伯海和印度洋环抱的亚洲半岛，形成了世界最大的三角洲——恒河三角洲，在恒河哺育下的古印度人，为世界文明史贡献了史诗、因明学（古印度的逻辑学说）、计数法和令人叹为观止的城市文化。恒河也因此被印度人视为"圣河"，尊为"河妈"。

中国的黄河孕育了中华文明。黄河是中国第二大河，它在中华文化的演进过程中，占有极为重要的地位，有母亲河和中华民族摇篮之誉。先秦时期，黄河流域气候温和，雨量丰沛，植被茂盛。黄河流经世界最大的黄土高原，黄土由黄灰色或棕黄色的尘土和粉沙细粒组成，质地均匀，含大量钙质或黄土结核，从农业生产而言，黄土高原和黄土冲积平原土质疏松肥沃，利于耕作和农作物生长。气候、土壤和耕作条件之间的优化组合，为文明之花的绽放提供了得天独厚的条件，也使黄河文明在宋以前一马当先，成为领跑者。正如一位考古学家所说：黄河流域以外的文化区都紧邻或围绕着黄河文明，很像一个巨大的花朵。这些外围文化是花瓣，而黄河文化是花心。正是花心的不断绽放，才形成了华夏文明这朵绚烂的文明之花。

恒河

在遥远的旧石器时代，黄河流域中游是人类繁衍生息的主要区域。180 万年前，在黄河岸边（今山西芮城一带），出现了西侯度人渔猎采集的身影；100 多万年前的蓝田猿人，生息于灞河两岸——“灞河流程较长，水量较大，河床平缓，河滩宽阔”（黄尉文《蓝田人》），便于蓝田人取水；30 万年前的大荔猿人，7 万年前的丁村早期智人……相继在黄河支流侧畔的林莽中挥动着石块、木棒踽踽而行，为摆脱蒙昧，开辟通往成“人”的道路，艰辛地跋涉着。

灞河

距今 1 万年左右，人类的历史步入了新石器时代，伴随着原始农业、畜牧业和早期聚落及制陶技术的发明，黄河文明的曙光开始照亮华夏大地。黄河文明的形成期大体为公元前 4000—前 2000 年之间。前后经历了磁山—裴里岗文化、仰韶文化、龙山文化等发展序列。

距今约 5000—7000 年前，仰韶人用自己超凡的智慧和创造力奏响了古老黄河文明中最响亮的序曲。黄河中下游目前已发现的仰韶文化遗址有一千多处，主要分布在渭河、泾河、汾河、洛河、沁河等河谷台地上。那时，在黄河及其交流的侧畔，我们的祖先已过上了农耕定居生活——除了从事锄耕农业生产之外，渔猎、采集和饲养家畜也是重要的生活来源。最能代表仰韶文化水平的是制陶业，彩陶文化绽放出光彩夺目的光芒。继仰韶文化之后的是龙山文化。龙山文化的年代，在公元前 2500—前 2000 年，处于新石器时代的晚期。城的出现是龙山文化的最大亮点，是黄河流域文明时代到来的重要标志。

这一时期，神州大地邦国林立，而且到处燃烧着区域文明的火焰，长江流域有巴蜀文明、江汉文明、太湖文明，黄河流域有甘青文明、中原文明、海岱文明，东北方则有燕山文明等。随着岁月的涤荡，有的文明中断了，有的文明走向低谷，只有黄河文明，就像来自天边的黄河之水，尽管发轫之初不过涓涓细流，但在愈行愈远的过程中，吸纳百川，愈流愈宽，终成汪洋浩荡之势。可以说，中华文明最终是在黄河流域的中原地区集大成的！

纵观大河文明的发展史，我们会发现，幼发拉底河、底格里斯河、尼罗河、印度河、恒河、黄河这些大江大河之所以成为孕育伟大文明的母亲河并非偶然，而是自然和人文环境交互作用的结果。

首先，河流是人类繁衍生息的温床。大江大河源远流长，从源头到入海口，一般要流经高原、山脉、丘陵、平原。他们的不舍昼夜的流淌过程，也是滋养哺育的过程，还是造地的过程——在滋养森林、草原和各种动植物的同时，还将从高原上挟裹而下的泥沙，造就成广袤的冲积平原，给人类和各种动植物制造出生存的舞台和条件。于是，依傍着一条大河，先民们在大河上下采集、渔猎，进而在河畔台地上聚族而居，从事农业、畜牧业和手工业，创造出辉煌的“台地文明”。比如，“半坡村遗址靠着白鹿原，濒着浐河的东岸。在原与河之间是一片肥沃的台地。古代遗址就是建立在这个台地的中间。遗址的位置距离浐河东岸约八百公尺，所在的台地高出河床约九公尺。像这样的遗址正符合当时一般村落的情况。既在河流旁边，又可不受河水暴涨的淹没。”[1]。后来，随着社会的文明进步，人们又在聚落的基础上构筑城池，成为城市人，创造出更加美好的生活。

其次，河流是人类交通的重要通道。高山峻岭、丛林荆莽，往往成为人类迁徙流动的阻隔，但河流却能切开峡谷、穿越荆莽或沙漠，进入一片新奇的谷地，引领人们进入新的境地。特别是在生产力水平十分有限、地理知识贫乏的年代，要在重峦叠嶂、荆莽丛生或茫茫沙漠中穿行是相当困难和危险的。沿河而下或溯河而上，不但可以沿河采集食物果腹，而且不会迷失方向，便于与“家”保持联系，这就为人类拓展生存空间提供了极大的便利。与此同时，大江大河最终要通向海洋，海洋为人类沟通四海五洲、走向世界提供了更为广阔的通道。

[1] 史念海．河山集［M］．北京：生活·读书·新知三联书店，1963.

第三，河流给人类以灌溉之利。进入新石器时代后，人类发明了农业并逐渐学会了利用河水灌溉农田。“灌溉之利，农事大本”。例如战国末期，秦国蜀守李冰修建都江堰，郑国开凿郑国渠，都堪称引江河水灌溉的伟大工程，前者引岷江水灌溉川西平原，使其成为水旱从人、沃野千里的“天府之国”；后者从泾河引水，“溉舄卤之地四万余顷，收皆亩一钟。于是关中为沃野，无凶年，秦以富强，卒并诸侯”[1]。

郑国渠

由此可见，造物主生成的江河，为人类开辟创造文明的舞台。英国现代历史学家汤因比（Arnold Joseph Toynbee）认为，历史运行的基础是文明，而文明则产生于挑战。四大文明古国之所以能够创造出辉煌的河流文明，原因在于繁衍于大河两岸的先民很好地掌握了治水的能力或者说制河权。所谓制河权，主要指控制河流、治理河流的能力和保护、利用河流的能力。这两种能力越高，文明程度就越高。否则，纵然有江河奔流，也不可能产生文明。亚马逊河、莱茵河、伏尔加河、密西西比河，都是世界上著名的大河，但在大河的两岸却没有绽放出古老的文明之花，原因是生活在那里的先民没能掌握制河权。

二、治水与中华文明的肇始

中华文明源远流长，博大精深。耐人寻味的是，中华文明的肇始，发端于大规模的治水活动。

为了驾驭江河，过上稳定的农耕安居生活，传说从尧舜时代开始，我们的祖先便开展了艰苦卓绝的治水平土活动，“筚路蓝缕，以启山林”。经过累世的不屈不挠的奋斗，终于为文明的发展开辟了道路。

一般认为文明形成的主要标志或“文明的要素”主要有四个，即国家的形成、文字的产生、都城的出现和青铜器的发明。其中，权力的强化及其结果——国家的出现是最基本的特征或标准。恩格斯在《家庭、私有制和国家的起源》一书中也提出了“国家是文明社会的概括”的著名论断。

[1] 《史记·河渠书》

本来，原始部落以血缘为纽带过着群居生活。随着社会的发展，这种血缘关系的群居生活严重阻碍了人类的进一步进化，要使不同血缘关系的人群固定在一个地域，并在这一地域中共同从事生产劳动和分享劳动成果，就必须有一个权力组织机构来协调和维持生产和生活秩序，于是一种新的社会组织形式破壳而出，那就是超越血缘关系的国家。国家的出现标志着人类开始有了政治生活，从而把人类从野蛮的漫漫长夜中带入了文明时代。

下面，首先从中国第一个王朝国家——夏朝的形成，简述治水与中华文明形成的关系。

（一）大禹治水催生了中国历史上第一个王朝国家

在距今4000年前的龙山文化时代，中国连续出现特大洪水。《尚书·尧典》中说："汤汤洪水方割（害），荡荡怀山襄陵，浩浩滔天。下民其咨。"汹涌的洪水淹没了平原，包围了丘陵和山冈，吞噬了人们的田地和房屋。大水经年不退，农耕生产无法进行，人们被迫跑到高山丘陵中栖身，无奈地回到了采集渔猎时代。在安阳殷墟出土的甲骨文中，往昔的"昔"字写为""和""，俨然是一幅洪水滔天的图画，可见洪水留给先民的记忆是何等的刻骨铭心！

相传那时中国处于原始社会晚期的尧舜时代。经过部族联盟议事会的推举，部族联盟首领尧任命夏部族的酋长鲧总揽治水之事。当时，夏部族作为黄帝和颛顼的后裔，主要活动在今嵩山附近的伊水、洛水一带和山西南部等地，古书称之为夏后氏，其首领叫"崇伯鲧"❶。鲧用"障"和"堙"的办法，组织民众修筑堤防，欲挡洪水于家门之外。他历尽艰辛整整干了九年，天下依然是"洪水滔天，无所止及"。鲧死之后，他的儿子禹又担起治水的重任。禹吸取了父辈治水失败的教训，以水为师，针对水往低处流的特点，采用"疏"的办法（实际上是疏堵结合，以疏为主），率领民众疏川导水，"劳身焦思，居外十三年，过家门不敢入"❷，经过多年艰苦卓绝的奋斗，终于平息了水患。

大禹治水促进了华夏各部族的融合与团结。原始社会末期，人们仍以血缘为纽带过着群居生活，部族林立，即所谓"执玉帛者万国"。这些部族都比较小，而且各自为政，按照宗法制度来管理公共事务，各有各的酋长。大禹在治水过程中，除了提出正确的治水方略外，另一个重要的工作就是将原来一盘散沙状况的各部族组织起来，投入治水斗争中去。因为他知道，要战胜滔天的洪水，在"人民少而禽兽众"的情况下，仅仅依靠某一部族或几个部族的力量是远远不够的，需要动员起全社会的力量，共同对付滔天的洪水。

经过大禹及其助手有效的联络、组织和动员，各部族都派出有生力量参加治水活动，组成了一支浩浩荡荡的治水大军。也正是由于治水的需要，才打破了原始氏族社会各部落之间老死不相往来的封闭状态，把这些受尽洪水之害的部族——"万国"联系起来，组成一支强

---

❶《国语·周语下》

❷《史记·夏本纪》

大的治水大军，为取得治水斗争的伟大胜利奠定了基础。

著名历史学家徐旭生先生在《中国古代史的传说时代》中提出了氏族部落“三大集团”的观点，认为古代中国部族的分野，大致可分为华夏、东夷与苗蛮三大集团。华夏族地处今黄河中游两岸的中原地区，东夷族地处今山东、安徽及其东部沿海地区，苗蛮地处今长江中游两岸的两湖及江西地区。三大部族不断接触，或争斗、或融合，血统与文化逐渐交互错杂，最后归于同化。到了秦汉，中华大地上各个氏族集团已经融合成一个混血的民族——华夏族，并形成一种较高层次的文化——华夏文化。

涂山氏是东夷族的一个重要部落，在东夷各部族中人多势众。本来，华夏族和东夷族之间较少往来，自从发生代表华夏族的黄帝与代表东夷族（九黎部落）的蚩尤之间争斗于涿鹿之野的惨烈战争后，东夷人被迫沦为“黎民”。然而在面对共同的天敌洪水猛兽时，华夏族与东夷族化干戈为玉帛，谱写了一曲氏族和解携手治水的动人乐章。为了得到涂山氏部族的强力支持，大禹娶涂山部落的女子为妻，从而使涂山族成为夏后族最为倚重的力量。

可以说，这种以血缘关系为纽带的氏族部落的大联合，为后来以地缘为纽带的氏族大融合乃至国家的形成开辟了道路。

大规模的治水活动，需要各氏族部落的广泛参与，需要有统一的意志、统一的步调、统一的行动，需要对各氏族部落的人力、物力、财力进行集中调配，因而大禹在治水过程中逐步建立了一个组织严密和高度集权的指挥机构，从而确保了治水的成效。

在治水过程中，治水的组织机构逐渐得到完善和强化，也造就了一批善于治国理政的精英人物，为后来大禹开创夏王朝奠定了坚实的组织和人才基础。

大禹作为治水机构的“一把手”，在指挥治水的过程中，必然要行使对各部落的人力、财力、物力资源进行统一调配的权力，甚至强制干预，从而形成凌驾于各部族之上的权威。《山海经·大荒北经》中说：“共工臣名相繇（也作相柳）……禹湮洪水，杀相繇。”这说明，大禹在治水过程中，已有权对那些不服从指挥的部落首领施以刑罚。

禹是原始社会末期由民主选举（当时，部落联盟的总首领由各族部落首领组成的部落联盟议事会推举产生，后人把这种推举制度称为“禅让”）产生的最后一位部落联盟领袖。禹治水的成功，建立了崇高的威望，得到了各部族的拥戴。后来，人们把这位治水英雄推举为政治领袖——虞舜去世后，禹接替他成为部落联盟的总首领。

禹成为部落联盟首领后，“致群神于会稽之山，防风氏后至，禹杀而戮之”[1]，禹以开会迟到为借口杀掉防风氏，说明他已具有了凌驾于其他部落首领之上的“公共权力”。而国家的本质特征，就是首领具有和人民大众分离的“公共权力”。

本来按照部落联盟禅让制的规制，皋陶，这位东夷部族的首领，禹治水时的得力助手，舜帝时就被任命为大理，掌管部落联盟的司法大权。禹受禅为帝后，皋陶成为仅次于禹的第

[1] 《国语·鲁语下》

二号人物，是禹的法定继承人，然而皋陶先禹而逝，他死后，另一位协助大禹治水的功臣益被推举为大禹的继承人。不过，随着私有制的发展和氏族制度的瓦解，历史的发展轨迹没有沿着原始民主——禅让的传统运行下去。禹死后，益并没有顺理成章地取得部落联盟的领导权，君临天下者却是大禹的儿子启。于是，原始的部落联盟的民主制度被打破了，一种新的社会组织形式——家天下的世袭君主制破壳而出。

大禹传位给他的儿子启，建立了我国第一个王朝国家——夏朝。可以说，大禹是夏王朝的奠基者，启则是夏王朝的建立者。

（二）城市是治水的产物

城市是社会生产力发展到一定历史阶段形成的政治、经济、文化中心，在人类文明发展史上具有里程碑式的意义。真正意义上的城市，是指商业性质的“市”在城中出现，当在西周时期，有“前朝后市”之说。因此，“城”和“市”在春秋以前，是分开使用的——“城”，指修有墙垣保护的地方，“城者，所以自守”，即以防守为基本功能；“市”，指货物交换的地方，开始时物物交换，货币产生后就变为买卖的场所，即市场。设市之城邑为城市，这一概念到战国时期才出现，如《韩非子·爱臣》中就有“城”“市”连用的字眼：“是故大臣之禄虽大，不得藉威城市。”意思是说，大臣的俸禄虽然很多，但不能让他们凭借城市来逞威势。宋元之际史学家胡三省说：“城市者，言邑之有市者，指言大邑也。”

龙山文化遗址

据一些学者考证，“城”实际上起源于古人防范洪水的活动。早在龙山文化时代，先民与洪水抗争最初的办法，就是“水来土挡”，即用泥土石块将氏族成员居住地筑起一道道堤埂式的土围子，以拦阻洪水（兼有阻挡野兽和外敌入侵的职能），以保护部族成员的居所及土地、财产的安全。这种用以防水的土围子就是“城”的雏形。《吕氏春秋》和《淮南子》都说“鲧作城”，而《吴越春秋》更具体地说：“鲧筑城以卫君，造郭以守人，此城郭之始也。”看来在原始社会末期，城就出现了。而“城”的发明者就是鲧。正是由于鲧善作“城”来“障洪水”，后来他才被“四岳”（四方部落诸侯长）举荐担当领导治水的重任。

大禹成为天下共主后，建都于何处，是史学家们一直努力探寻的问题。

据文献记载，“有夏之居”——夏王朝统治的中心在今黄河中游的晋南和豫西地区，即今山西南部的汾、浍、涑流域和河南西部的伊、洛、颍水流域。其都城有安邑（今山西夏县西北）、阳城（今河南登封告城镇）、阳翟（今河南禹州市）等不同说法。

根据夏商周断代工程最新考古研究成果，在今河南登封告城镇王城岗一带发现了一处龙山文化晚期的古城遗址。城址位于两水交汇的河谷岳陵地带，北依嵩岳，南临颍河且与箕山隔河相望，东傍五渡河，西边则是一片开阔地。城垣自龙山时期至夏商一直延续下来，没有中断。城垣大部一度被五渡河及西来的大水冲毁。后来，人们在紧傍原城的西部再筑新城，又遭洪水袭击，北垣外出现一条东西向的大冲沟，致使城垣东北隅被毁。结合文献所记，考古学家认为王城岗古城遗址很可能就是当年的“禹都阳城”之所在。诚如是，阳城堪称真正意义上的华夏第一都。

至于史书上说“禹都安邑”“禹都阳翟”的说法，也并非空穴来风。一般认为，由“尧都平阳（今山西临汾尧都区）、舜都蒲坂（今山西永济）”的记载可知，原始社会末期，今晋南一带为尧舜活动的核心区域。而大禹接受舜的禅让成为天下共主后，很可能始建都于晋南的安邑（今山西夏县西北），后来为了便于驾驭四方，又迁都于天下之中的嵩山一带。“夏居河南，初在阳城，后在阳翟”[1]，即禹始迁都阳城，后又迁都至阳翟（今河南禹州）。

（三）文字、原始测量学、数学等发明与治水关系密切

文明产生于挑战。大禹治水的时代，由于治水斗争的需要，造就了中华大创造、大发展的态势，产生了一系列石破天惊的伟大发明，开创了中华文明发展的新纪元，为中国跻身于“世界四大文明古国”之列奠定了基础。

文字的发明是人类文明史上具有划时代意义的重大事件，它的创造价值超过了其他任何成就。文字发明后，使人类创造的思想和经验可以保存，他们历经千辛万苦得来的智慧可以世代相传。文字产生前，人类在幼年时所学知识主要由父母和其他家族成员言传身教，所获得的知识是零散的、孤立的、简单的，这就导致了思想观念的各不相同，难以形成被全社会所有人共同遵守的普遍道德观念。只有产生文字后，人类才可以接受全面而系统的教育。

汉字起源于图画。远古时，人类对重大事件的记载采用结绳记事的方式，后来又采用图画的方式，后来又把图画加以简化、整理和充实，使之成为语言符号，并有了读音，最终产生了文字。一般认为，汉字始发明于距今 6300 ~ 6800 年的半坡文化时期——在西安半坡村遗址出土的陶器上发现了 22 种符号，应该是一种原始文字。又相传仓颉“始作书契，以代结绳”。仓颉是黄帝的史官，相传是汉字的创始人，被尊为“造字圣人”。其实，造字者肯定不止仓颉一人，而是一批人，只不过仓颉是他们中的杰出代表。这说明，至少在距今

[1] 《史记·周本纪·集解》

5000 年前，汉字就发明了。

西安半坡村遗址

著名历史学家徐旭生认为，文字的普遍运用始于鲧禹治水时期，他在《中国古史的传说时代》中写道：“到了尧舜时代，治理洪水是刻不容缓、超过一切的大事，各氏族间的往来、商酌一定很频繁，不但算工计数需要符号帮助记忆，就是召集、约束恐怕需要符号帮助……因为事的促迫，它被推广使用，成为各族间的信号。文字的比较普遍运用和统一，就在这个时期开始的。”徐先生的见解是深刻的，值得信服。

夏代虽然已迈入文明社会的门槛，但系统的文字还没有被发现。不过，有个别字还是被“洛阳铲”从地下挖了出来。如河南偃师二里头遗址骨片上发现了一个象形的“鱼”字。再如更早的河南登封王城冈城堡遗址中，发现了陶器底片上刻有一个“共”字，是较象形更抽象的会意字。19 世纪末在河南安阳小屯发现的甲骨文，是迄今我国发现最早的成熟汉字，时间为公元前 1300—前 1100 年殷商时代的产物。

度量衡是指在日常生活中用于物体计量长短、容积、轻重的统称。据学者考证，度量衡的发明大约在原始氏族社会末期。

《史记·夏本纪》说禹“身为度，称以出”，即是说大禹在领导这次大规模治水活动中，把自己的身长作为当时的长度标准，以自己的体重作为重标准，制造出了统一的测量工具——“度”和测定重量的“称”。还说大禹在治水查勘时，“左规矩，右准绳”——用规画圆，用矩作方，用准定平，用绳量长短；“行（随）山表木，定高山大川”——沿着山岭砍削树木，以树为标，把测量数据一一记录下来，从而确定山川的高下及走势。

有了测量数据，还要对这些数据进行记录和比较、分析和运算——后人藉此推断，大禹和民众在治水的过程中，逐渐创造了古测量学，并催生了原始数学。《周髀算经》说：“故禹所以治天下者，此数之所由生也。”汉代人赵君卿注释说：“禹治洪水，决疏江河，望山川之形，定高下之势，除滔天之灾，释昏垫之厄，使东注于海而无浸逆，乃勾股之所生也。”[1]就是说，“勾三股四弦五”这种关系，是在大禹治水时发现的，这大概也是数学的

[1] 《算经十书》

由来。

第三节 水与经济

水是生命之源、生产之要、生态之基。联合国发表的《21 世纪议和程》指出："水不仅为维持地球一切生命所必须，而且对一切经济问题都有生死攸关的重要意义。"

一、水是农业的命脉

国以民为本，民以食为天，而食又从水土中产生。

大约距今 1 万年左右，伴随着筑房定居、谷物种植、家畜饲养、制陶术和纺织术的相继发明，人类告别了蒙昧的旧石器时代迎来了迈向文明社会的新石器时代。其时，生产工具以磨制石器取代了打制石器，生产经济取代了采集经济，原始农业迅速发展起来。不过，那时的农业是不折不扣的靠天收（雨养农业），天然降水的多寡、时空分布在很大程度上主宰着农业的收成。与此同时，降水的情况也决定着种植的品种和方式，干旱缺水的北方，以种植粟（小米）为主，水量丰沛的江南，以种植稻（大米）为主。位于太行山东麓、河北省武安市磁山村东约 1km 处的南洺河北岸台地上，有一处被命名为磁山文化的新石器时代早期文化遗址，总面积 14 万 m^2，分上下两个文化层，距今约 7400 ~ 8100 年。在此处遗址中，不但出土了石器、陶器、骨器和家鸡残骸等，还发现了发掘灰坑 468 个，其中 88 个长方形窖穴底部堆积有粟（黍）灰，层厚 0.3~1m，数量之多、堆积之厚，实属罕见。这说明早在 7000 年前，这里就有了发达的农业，而且以种植耐旱的粟（俗称小米）类作物为主。位于浙江余姚镇的河姆渡，有一处新石器中期的聚落遗址——河姆渡文化遗址。在考古发掘中，发现了大面积的稻谷、谷壳、稻秆、稻叶等构成的稻谷堆积层，经鉴定为人工栽培的水稻，说明早在 7000 年前，先民们就利用这里土地肥沃、气候湿润、水源丰富的条件，种植了喜水的水稻作物。

原始社会末期，中国进入了沟洫农业时期。为了解决水旱灾害对农业生产的影响，古人在生产实践中受到水往低处流特性的启发，发明了农田排涝系统，大大促进了农业的发展。史载，在原始的"火耕水耨"阶段，先民们便"烧薙行水，利以杀草；如以热汤，可以粪田畴，可以美土强"❶。大禹治水成功后，又带领民众"尽力乎沟洫"❷，"浚畎浍距（达）川"❸，

❶ 《礼记·月令》
❷ 《论语·泰伯》
❸ 《尚书·益稷》

即在田间开挖沟洫，把农田修成高垄，以排涝、除盐、洗碱。后来，又发明了灌溉工程，《诗经》中“彪池北流，浸彼稻田”的句子，表明西周时农田灌溉已达到了一定的水平。

芍陂

从春秋战国开始，进入精耕细作的农业时期。这一阶段，随着铁农具的普及和耕牛的使用，极大地促进了农业生产的发展。楚庄王时，楚国令尹孙叔敖于楚庄王十六年至二十三年（公元前598年—公元前591年）主持兴办了我国最早的大型蓄水灌溉工程——芍陂（今安徽省寿县南），灌田万顷，使淮南寿春一带成为楚国的经济重地。战国初期，魏国邺令西门豹在邺（治今河北临漳邺镇）西漳河右岸“发民凿十二渠，引河水灌溉民田”（《史记·滑稽列传》），灌溉漳河南岸（今河南安阳县北）旱渴的土地。由于漳水浑浊多泥沙，既能灌溉又能肥田，大大提高了粮食产量，“亩收一钟”（1亩约合今0.69亩，1钟等于6斛4斗，合今约125kg），邺地遂成富饶之乡。

秦国从一个荒蛮小国发展为国富民强的春秋五霸之一，再到战国七雄之首，最后卒并诸侯，一统天下，原因有很多方面，但有一点毋庸置疑，就是秦国经济的强盛与兴修水利关系密切。秦昭王时，秦国的势力已向南扩展到今四川一带。当时流经蜀地的岷江经常泛滥成灾，给两岸人民带来了深重的灾难。秦昭王任命著名的水利专家李冰作蜀郡郡守，主持兴建了都江堰水利工程，使水旱灾害不断的成都平原一跃成为“水旱从人，不知饥馑”的天府之国，成为秦国重要的粮食供应基地。秦嬴政继位后，“续六世之余烈，振长策而御宇内”，[1]全力推行国家统一的战略。为了满足战争对粮食物资的大量消耗，嬴政十分重视发展关中水利，批准兴建郑国渠，渠成之后，瘠薄的渭北平原成为膏壤，仓廪丰实，为肥田，“秦以富强，卒并诸侯”[2]。成都平原和关中平原灌溉系统的建设，大大增强了秦国的经济实力，有力地支撑了秦国的统一大业。

秦汉以降，历代王朝大兴水利，伴随着一批水利灌溉工程相继兴建，灌区农业不再是“望天收”，而成为旱涝保收的稳产高产田。“兴水利，而后有农功；有农功，而后裕国”，这是清朝康熙时著名大臣慕天颜说的一句极有见地的话，深刻阐明了治水、农业生产与经济发展、国家富强的关系。

---

[1] 《史记·秦始皇本纪》
[2] 《史记·河渠书》

我国作为一个人口众多的农业大国，农业的兴衰不但关系到人民的温饱，而且关系到国家的长治久安。研究表明，在影响粮食生产的诸要素中，水的作用最为突出，水利对农业的贡献率达到 40%以上。加强农田水利基础设施建设，实现旱能浇、涝能排，是农业稳产增产的根本保障。目前，我国已建成灌溉面积超过 30 万亩的大型灌区 447 个，农田有效灌溉面积从新中国成立初期的 2.4 亿亩扩大到 8.89 亿亩，灌区成了我国重要的商品粮基地。

当前，我国面临着推进现代农业的繁重任务。发展现代农业，同样离不开水的扶持和水利的保障。由于我国是个水资源严重紧缺的状况，今后要大力发展节水农业，即通过建立综合节水农业技术系统，把节水灌溉措施和农艺节水措施有机融合，从而大大提高水的利用效率；同时要研发需水量少的作物和能依靠微咸水茁壮成长而又不减产量的作物品种。

二、水是工业的血液

工业是社会文明进步的产物。统观整个世界，工业经过了手工业、机器大工业、现代工业三个发展阶段。

工业用水是指工矿企业的各部门，在工业生产的过程中，制造、加工、冷却、空调、洗涤、锅炉等使用的水及厂内职工生活用水的总称。现代工业中，水是不可或缺的介质或“原料”——没有一个工业部门不用水，也没有一项工业不和水发生直接或间接的联系。根据工业用水的多少，工业可以分高用水工业、一般工业和火（核）电工业。根据水在工业生产中的不同用途，可分为冷却水、工艺水、洗涤水等。我国高用水工业有电力、冶金、石油、化工、纺织和轻工业等。火电作为我国工业用水的最大用户，冷却水用量巨大，同时也消耗一定量的水。冶金、机械、化工等工业部门的生产，虽然原料不是水，但在生产过程中，要用水来冷却设备和产品，消耗的水量同样巨大。如钢铁生产过程中，水的作用主要体现在：设备和产品的冷却，蒸汽供热力，除尘洗涤和工艺用水（如轧钢除鳞等）。据中华商务网的报道，我国钢铁工业行业工业新水单耗由 1988 年（当年产钢 5233 万 t）的 $58m^3/t$（厂区），降至 1997 年（当年产钢 1.04 亿 t）的 $34m^3/t$（厂区）；工业水的重复利用率由 71%提高到 83%；吨钢外排废水由 $47m^3/t$（厂区）降至 $23m^3/t$（厂区）。但相对于发达国家钢铁企业的新水单耗和吨钢外排水均在 $10m^3/t$ 以内的数值，这一数字仍然相当惊人。还有许多工业部门，要利用水做输送介质，如水力采煤、石油钻井、高炉排渣等，都需要大量的水。

造纸和纺织工业更是离不开水。造纸过程中，纸浆的蒸煮、漂白、染色和洗涤，每道工序都需要大量的水。纺织、印染、人造纤维，都少不了用水来洗涤产品。制药、酿酒、食品加工中，水要么被用作溶剂，要么直接作为生产原料。比如食品加工，和面、蒸馏、煮沸、腌制、发酵都离不开水，酱油、醋、汽水、啤酒等，干脆就是另类的水。

同农业一样，工业节水的潜力也是巨大的，需要不断改进生产工艺和用水技术，提高水的循环利用率和用水效率。

三、水是交通的载体

交通运输是经济发展的基本需求和先决条件。水运以经济、便捷、运量大等优点，成为重要的交通方式，尤其是陆路不发达的古代，水运的地位更加突出。而江河湖海等水域，自然成了交通的载体。

中国是一个陆疆广大、河湖众多、海域辽阔的国度，有着发展水陆交通的优越条件。千百年来，中华民族在繁衍生息的生产实践中不仅写下了陆路交通的悠久历史，而且开创了水上交通的光辉历程。中华民族自古以来就十分重视发展交通尤其是水上交通事业，而且较早掌握了制造和驾驭舟楫的能力。借助于舟楫，江河湖海等水域便成为联系上下游、左右岸各地区之间的天然纽带。一切能通航的水域为人类提供了最为经济、便利的交通条件。

孙宝瑄

由于中国的地势西高东低，自西向东构成了高度渐降的三级台阶。纵观长江、黄河、淮河、海河、珠江等大江大河，几乎都是“一江春水向东流”。这些河流对于连接东西、沟通山海，提供了极大的便利，但与此同时，却也为南北间的交通设置了层层障碍。在古代交通极不发达且主要依靠水运的情况下，这种大自然留下的缺陷大大影响了南北之间经济、文化的交流和政治的统一。于是，运用人的智慧和力量开凿出一条贯通南北的人工水道，就成了华夏民族孜孜以求的奋斗目标。

中国最早的人工运河的开凿，肇始于春秋战国时期。春秋末年，吴国开凿的邗沟是中国历史上第一次有明确记载的人工运河，也是我国第一条沟通江淮两大水系的人工水上通道。秦汉之后的封建王朝，无不致力于运河的开发经营。隋代开凿的隋唐运河和元代在隋唐运河的基础上形成的京杭运河，开创了南北经济、文化交流的新纪元，形成了蔚为大观的运河经济文化带。

发达的交通，是经济发展、社会进步的先决条件。孙宝瑄在论及中国西北与东南贫富差异时，说过这样的话：“我国富饶之区，首推东南，其所以致此者，以水道四通八达，物产易流通，农商之业易兴也。西北无水道，故地方贫瘠异常。”这里，孙氏把西北的落后和东南的发达归结为水运交通状况，虽有些片面，但也有一定的道理。事实上，在陆路交通落后的古代，水路交通状况的好坏确实对一个地区的经济社会发展有着很大的影响。

城市是社会文明进步的产物。纵观中国城市发展史，有这样一个现象，即除了个别军事重镇外，绝大多数城市都坐落于江河的两岸。究其原因，除了利于城市供水、排水外，还取决于水运交通的便利。比如我国历史上著名的古都开封，处于一马平川之地，不利于防御，但之所以被五代的后梁、后晋、后汉、后周和北宋选为都城（称之为东京、汴梁），主要是因为有汴、蔡（惠民）、金水、五丈（广济）四条运河流贯城中，构成“漕运中心”的优越地位，促进了城市的发展和繁荣。北宋张择端的《清明上河图》描绘的就是汴河流经开封商业街区的繁盛景象。

长江经济带

现代交通运输方式主要有铁路运输、公路运输、水路运输和管道运输。五种运输方式在技术上、经济上各有长短，各有自己适宜的范围。水运以运量大、投资少、运营成本低等特点，对长距离或者超长距离的大宗物资运输仍有重要意义。比如，长江是世界第三、中国第一长河，水量丰沛，四季皆可行船，干流通航里程超过 3600km，自古以来就是我国东、中、西交通的大动脉，著名的黄金水道。进入 21 世纪，长江航运发展迅猛，目前已成为世界运量最大、航运最繁忙的通航河流。2009 年，长江干线完成货运量 13.3 亿 t，创造 GDP 近 800 亿元。值得指出的是，长江航运不仅是沿江经济发展的引擎，还是抗击重大自然灾害的“排头兵”，在 2008 年南方雪灾、汶川地震等重大自然灾害中，长江航运以其特有的优势，在救灾物资运输中发挥了巨大作用。2014 年 9 月，国务院下发了《关于依托黄金水道推动长江经济带发展的指导意见》，从国家层面提出了“依托黄金水道，打造长江经济新支撑带”的宏伟布局。海洋的交通功能更为重大，不仅具有经济价值，也对政治、军事、文化有多重影响。中国十分重视海洋“连接五洲、通达四海”的战略意义。2005 年，中国政府设立了“中国航海日”；2013 年提出了建设“21 世纪海上丝绸之路”的战略构想。

四、水是能源的“富矿”

水能，是指水流动产生的能量资源，包括动能、势能和压力能等。广义的水能资源包括水热能、水力能、水电能、海水能等；狭义的水能资源仅指河流的水能。水能是一种可再生能源，也是一种清洁、绿色能源。

人类利用水能资源的历史可以追溯到二三千年前。

水热能资源（温泉）利用。古人很早就知道利用天然温泉的水热能资源用以治病健身。例如，陕西临潼的骊山一带自然风光优美，温泉资源丰富，周幽王在骊山修建“幽王城”和“骊宫”，并开辟了露天沐浴处，因其“上无尺栋，下无环墙”，昂首见星辰，名曰“星辰汤”。之后，历代建都关中的帝王都对这里情有独钟，广建汤池，逐渐形成独特的帝王沐浴文化。唐玄宗最为迷恋骊山温泉，在位期间，几乎年年到骊山华清池（温泉宫）沐浴疗养。后来，玄宗还携宠妃杨玉环在这里沐浴嬉乐，故白居易《长恨歌》中有“春寒赐浴华清池，温泉水滑洗凝脂”的句子。现代人也利用水热资源进行发电、取暖和治病健身。如冰岛，利用地热（水热能资源）发电量达 14 亿多度，全国 86%左右的居民利用地热取暖。

龙骨水车

水力能（包括动能和势能）资源的利用。早在汉代，中国就有了水能资源开发利用的记载。水碓（碓为舂米工具）大约出现在两汉之际，东汉初桓谭《新论》有“复设机关，用驴骡牛马及役水而舂”，其原理是用水力转动水轮，带动短横木旋转，连续拨打碓尾木，使碓不断起落，从而完成舂米任务。魏晋时期，水碓、水磨（磨亦称硙，用来磨面，与碓同为中国古代重要的粮食加工工具，利用水力磨面始于曹魏）已成为水乡人广泛使用的粮食加工工具。东汉初年，南阳太守杜诗发明的水排（水力鼓风机），以水力转动机械，鼓风入炉，“铸为农器，用力少，见功多，百姓便之”[1]。翻车，亦称踏车或龙骨水车，是一种既能灌溉又能排水的机械。在翻车之前，古人主要使用桔槔进行灌溉。翻车的发明者，是曹魏时的马钧。翻车的构造，主要为一长形木槽，槽的两端各安装齿轮，之间用木板叶连接成一组木链条。灌溉时，将小齿轮一端放在河中，大齿轮一端架在岸上，人跳动踩动大齿轮上的踏板，带动链条反复运动，刮水而上，“其巧百倍于常”，用时极其轻便，连小孩都能转动。到了隋唐，人们在翻车的基础上，又发明了“水转筒车”，可以日夜不停车水浇地，不用人畜之力，功效甚高。18 世纪 30 年代，欧洲出现了集中开发利用水力资源的水力站，为面粉厂、棉纺厂和矿山开采等大型企业提供动力。现代出现的用水轮机直接驱动离心水泵进行灌溉的水轮泵站，还有通过水流产生水锤压力进行提水灌溉的水锤泵站等，同样是直接开发利用水能资源。18 世纪 60 年代，英国人瓦特在前人大量实践的基础上，对原来的蒸汽机进行了重大改进，将其变成“万能原动力”，从而引起动力革命，

[1] 《后汉书·杜诗传》

导致了火车、轮船等大工业机器的发明。蒸汽机的原理是：在汽缸中装满水，加热后通过高压水蒸气推动活塞运动，使其不断传导动力。

水电能资源的利用，是伴着工业革命的大潮出现的，是人类文明史上具有里程碑意义的重大事件。19 世纪 80 年代，电被发现后，人们根据电磁理论制造出发电机，建成了将水能转化为电能的水力发电站，并将电能输送到千家万户，使水电资源一跃成为水能资源开发利用的主角。

从狭义的角度讲，水电能资源指利用江河水流据有的势能和动能做功，推动水轮发电机转动发电产生的电能。构成水能资源的最基本条件是水流和落差，流量大、落差大，所包含的能量就大。与煤炭、天然气和核能发电需要消耗不可再生的燃料资源相比，水电最大的优势是不消耗水资源，清洁、环保。

据有关部门统计，全世界江河的水能资源蕴藏量总计约为 50.5 万亿 kW，年发电量可达 44.28 万亿 kWh；可开发量为 22.6 亿 kW，年发电量可达 9.8 万亿 kWh。1878 年法国建成世界上第一座水力发电站，装机 25kW。迄今为止，全世界水电装机容量已超过 7.6 亿 kW，年发电量达 3 万亿 kWh。

我国水能资源丰富，开发潜力巨大。由于中国地形向差悬殊，河流落差巨大，因而虽然国土面积和年径流量不是世界第一，但水能资源蕴藏不论是总量还是可开发量，均居世界第一位。2005 年调查结果表明，我国江河水能资源理论蕴藏装机 6.94 亿 kW，理论蕴藏电量 6.08 万亿 kWh，可开发装机 5.42 万亿 kW，可开发电量 2.47 万亿 kWh。1905 年 7 月，中国第一座水电站——台湾省龟山水电站建成，装机 500kW。1912 年，中国内地第一座水力发电站——云南昆明石龙坝水电站建成，装机 480kW。据统计，1949 年，全国的水电装机为 16.3 万 kW；2014 年我国水电装机总量约 3 亿 kW，年发电量约 1 万亿 kW。中国水电站的巨无霸——三峡水电站，装机容量达 2250 万 kW，2014 年发电量达 988 亿 kWh（相当于武汉市两年半的用电量），居全球各大水电站之首。当然，如何将不尽然多的水能资源转换为清洁的电能，更好地造福于中华民族，水电建设者任务而道远。

从广义的角度讲，在水能资源中，除河川之外，海洋中蕴藏着巨大的潮汐、波浪、盐差和温差能量。据统计，全球海洋水能资源为 760 亿 kW，是陆地河川水能理论蕴藏量的 15 倍以上，其中潮汐能为 30 亿 kW，波浪能为 30 亿 kW，温差能为 300 亿 kW。目前，世界上最大的潮汐电站是法国朗斯潮汐电站，装机容量为 24 万 kW。我国第一座潮汐电站是广东鸡州潮汐电站，装机 40kW。我国最大、世界第三的潮汐电站是 1985 年建成的浙江江厦潮汐电站，装机容量 3200kW。当前，人类对海洋水能资源的开发利用还只停留在潮汐能上。面向未来，海洋作为水能资源的巨大宝藏，开发利用的前景无限广阔。

第四节　水与政治

民以食为天。在中国这样一个传统农耕国度里，农业既关乎国计民生，又关乎政权的兴衰成败；而农业的丰歉，则主要取决于是否风调雨顺、江河安澜。由是，水便通过农业这个中介，与政治牢牢地挂起钩来。水与政治联姻，主要体现在以下几个方面：第一，历代有作为的统治者无不把治水活动作为治国安邦的要务，通过兴水利、除水害的活动，促进经济发展、社会进步和政权的巩固；第二，古代崇尚天人感应说，往往将水情与政治兴衰联系在一起，以水情来推测、说明国家的治与乱；第三，由水崇拜引发的对江河湖海和雨水等水神的祭祀活动，为历代王朝“有谨不敢怠”的重要政务之一。

一、善治国者必先治水

成书于战国前后的《管子》一书，借春秋时齐国名相管仲之言，说过这样的话：“善治国者，必先除五害。……水，一害也；旱，一害也；风雾雹霜，一害也；疠，一害也；虫，一害也，此谓五害。五害之属，水最为大。五害已除，人乃可治。”就是说，水旱害是国家重大灾害，善于治理国家者，必须高度重视水旱灾害的治理。

中国古代的政治，总与治水有着不解之缘。4000 年前的大禹治水，促进了中华各部族的团结与融合，推动了经济社会的发展；适应大规模治水斗争的需要，禹建立了一个组织严密和高度集权的治水机构，为催生中国历史上第一专制国家——夏王朝的建立奠定了坚实的基础。

秦灭六国，建立起中国第一个大一统帝国后，各个王朝基本上沿袭的是中央集权的政治体制，历代王朝无不把江河的治理作为治国安邦的要务，而且每一次大规模的治水活动，都是由中央政府主持，并投入巨大的人力、物力和财力。例如，如汉武帝时，为了堵住泛滥多年的黄河瓠子决口，朝廷组织数万大军鏖战瓠子，汉武帝还亲临现场指挥堵口会战，终于毕其功于一役。东汉王景治河理汴，“发卒十万。……景虽简省役费，然犹以百万计”[1]，“发卒十万”不说，一次性投入到治黄河和汴河的经费相当于当时两年多的财政收入，投入之巨，令人咋舌。隋代大运河和元代京杭大运河的开凿，如此庞大的水利工程如果不是由中央政府主持，并举全国之力实施，要取得成功是难以想象的。以开“康乾盛世”著称的康熙皇帝，尝言：“听政以来，三藩及河务、漕运为三大事，夙夜廑念，曾悬之宫中柱上。”所谓“三藩”，指的是清初被封为藩王的三个显赫人物——吴三桂、耿精忠和尚可喜，他们自视对清王朝有功，盘踞云南、广东、福建等地，不听号令，搞独立王国，成为清朝的心腹大患；所谓“河务”，指的是黄河的治理问题；所谓“漕运”，指的是通过运河转输南方的粮食到北方的问题。除“三藩”属政治问题外，“河务”和“漕运”都属水利问题，康熙

[1] 《后汉书·王景传》

皇帝一度将河务、漕运与平叛三藩并列，作为施政的三件最要紧的大事，足见其对水利的重视达到了无以复加的程度。

值得提出的是，由于治水事关王朝的命运和苍生的福祉，因而至少自周代开始，从中央到地方都设有专职或兼职的“水官”，负责江河湖泽乃至井泉的治理与开发，而且官职和地位不断攀升，相沿成袭，深深渗透到国家机器之中，成为国家政治制度的有机组成部分。同时，为了加强对涉水事务的有效管理，逐渐建章立制，到明清时，已形成了一套较为完备的水利法律法规体系。由于后面有专章阐述，这里不再展开。

二、水情是政治优劣的“晴雨表”

中国古代笃信“天人感应”说，这种学说的主旨：一方面是把自然社会的一切看作是“天”的有目的、有意识的安排，特别是自然变异更被视为“天意”的突出表现；另一方面是把“天意”与社会政治的兴衰紧密结合起来，把风调雨顺与政治昌明视作互相感应的关系，以此昭示江山社稷的灾福祸祥、治乱兴衰。

“川竭国亡”是中国古代政治的一个重要命题。《国语·周语》中记下了周大夫伯阳父的一段话：“昔伊、洛竭而夏亡，河竭而商亡。今周德若二代之季矣，其川原又塞，塞必竭。夫国必依山川，山崩川竭，亡之征也。”《汉书·五行志》中也说：“河，大川象；齐，大国；(齐)桓（公）德衰，伯（霸）道将移於晋文（公），故河为徙也。”夏代的统治中心在“河洛之间”，伊水、洛水枯竭而夏朝灭亡；距商末都城朝歌不远处的黄河出现断流现象，而商朝灭亡。显然，由于连续多年的大旱引发了剧烈的社会危机，导致了改朝换代。而春秋初期，由于黄河大水，造成了黄河下游段的决口和迁徙。但古人却不这样看，认为是“山崩川涸”是“亡国之征”[1]，黄河迁徙是晋文公失德所致。

类似的观点在古籍中俯拾即是。如：《魏书·灵征志》引《洪范论》说：“大水者，皆君臣治失而阴气蓄积盛强，生雨水之灾也。”《春秋考异邮》中说：“国之大旱，冤狱结。旱者，阳气移，精不失，君上失制奢淫僭差，气乱感天，则旱征见。”

在古人眼里，君王受命于天，但如果君王不能顺天而为，出现政治昏暗、民不聊生等过失，那么上天就会以日食、月食、地震、水旱灾害等异象，给予警示和谴责。如汉文帝前元元年（公元前179年），“齐、楚地震，二十九山同日崩，大水溃出”。汉文帝惊恐，下令赈济灾民，各郡国免进贡品，又下达了几项惠民政令。唐贞观十一年（637年）夏，洛阳一带大水泛滥，水入洛阳宫，冲毁百姓房屋七百余所。唐太宗李世民得知情况后，对大臣说：“是我缺乏德行，所以皇天才会降灾。原因是我视听不明、刑罚失度，致使阴阳错乱，雨水反常。现在应该抚恤百姓，反省我的过失，我还有什么心情独享珍馐美味呢？”遂传令尚食

❶ 《淮南鸿烈集解》

（负责帝王膳食的官员）断绝肉料，只进素食。

当然，也有不少关于国泰民安、君主贤明出现的所谓“祥瑞”记载。最著名的当属“黄河清，圣人出”的说法。黄河流经黄土高原，挟带大量泥沙滚滚而下，河水浑浊，难得一清。因此，“黄河清”被古人视为祥瑞的象征。至于圣人，当然不是指孔夫子那样道德学问超一流的人，而是指君临天下的帝王，寄托着广大人民群众希望出个圣明的皇帝，能够带来“河清海晏”太平盛世的美好愿景。

还有一个“风祥露甘”的说法，即以风调雨顺为政治昌明、社会安定的象征。何为风调雨顺呢？王充《论衡》给出的答案是“风不鸣条，雨不破块”（没有吹响树枝的大风，没有冲破农田土块的大雨）。《尚书大传》中则说：“天久无烈风淫雨，意中国有圣人乎。”认为无烈风淫雨是圣人出现的标志，而圣人的出现又是政治昌明的保障。《礼斗威仪》中说：“君乘金而王其政象平，则喜雨时至。”《管子》中说：“春秋察五政……五政顺时，春雨乃来。”这些记述都表明古人已把水情与政治兴衰、为政者的德行政绩紧密地结合在一起了。

古籍中关于风调雨顺与政治昌明关联的记载很多。《尸子》中说：“神农氏治天下，欲雨则雨，五日为行雨，旬为谷雨，旬五日为时雨，正四时之制，万物咸利，故谓之神。”《盐铁论》中说：“周公太平之时，风不鸣条，雨不破块，旬而一雨，雨必以夜间。”神农是中华农业的始祖，是人们心目中的古代圣王，而周公则是人们心目中的贤相和圣人，他们治理天下，自然会要风得风，要雨得雨，风调雨顺了。在古人看来，即使遇到水旱灾害，如果君明臣贤，也可以化解。《后汉书》载：“郑弘为驺令，勤行德化。鲁国当春大旱，五谷不丰，驺独致雨……迁淮阳太守，消息徭赋，政不烦苛，行春大旱，随车致雨。”郑弘以“其勤行德化”，感动上苍，他所治理的地方都能甘雨时降。《盖部耆旧传》中说：“赵瑶为阆中令，遭旱，请雨于灵星，应时大雨。”有德行的官祈雨都特别灵验，因为他的德政能感应或感动神灵，类似的记载还有不少。

上述记载都突出强调了水灾、旱灾与政治黑暗之间的因果关系。用现代科学的眼光看，把水情与政治挂起钩来是毫无道理的，甚至是荒谬的，但也不乏积极的正面意义：首先，天灾与人祸往往相伴相随，与政治并非毫无干系，尽管天灾不可避免，但只要统治者以积极有为的态度对待，还是能够大大减少人民生命财产的损失。反之，如果预防不到位、救助不及时、处理不得当，同样会把天灾演变成人祸，灾上加灾。其次，按照天人感应说，把水旱灾害发生归结为“政令逆时，水失其性”[1]，虽属牵强附会，但客观上却对专制帝王起到了警示和制约作用。

三、祭水是古代政治生活中不可或缺的内容

“国之大事，在祀与戎。”[2]就是说，一个国家政治生活中最重大的事情，莫过于祭祀和战

[1] 《汉书·五行志上》
[2] 《左传·成公十三年》

争。早在商周时期，祭祀成了国之大事，祭祀的对象除了祖先外，还包括天地日月、名山大川等，祭祀的目的是祈求祖先和自然界的各路神灵保佑农业丰收、六畜兴旺、战争胜利、工程告成、健康长寿等。《周礼》中说："天子祭名山大川，五岳视三公，四渎视诸侯，诸侯祭名山大川在其地者。四渎者，江、河、淮、济也。"这就反映了周天子与诸侯不但要举行祭祀"大川"的活动，而且还要讲究祭祀的等级，换言之，政治地位决定着祭祀的对象，不按礼制行事，就是违礼和僭越，有时会招致杀身之祸。

自秦汉开始，各个王朝祭祀河神的活动沿袭不衰。例如，汉武帝时，黄河决口频繁，为了堵住泛滥横行达 23 年之久的"瓠子（今河南濮阳县西南）决口"，朝廷命汲仁、郭昌带领数万民工进行堵口会战。为了表示虔诚，汉武帝还亲自到决口处沉白马、玉璧祭祀黄河之神，祈求其保佑堵口成功。再如，始建于秦代的淮河源头桐柏山太白顶的淮祠（淮神庙），历代都有修葺，而且规模越来越大，千百年来香烟不绝，享祭不已。汉宣帝神爵元年（公元前 61 年），第一次在淮水发源地的平氏县（今河南桐柏县平氏镇）举行了祭祀淮渎神仪式。隋文帝加封淮河之神为"东渎大淮之神"，并于开皇十六年（596 年）下诏敕建淮神庙。唐玄宗封淮渎之神为"长源公"，并多次举行祭祀"长源公"活动。宋仁宗康定元年（1040 年）下诏封淮渎神为"长源王"。明清时因黄河夺淮，造成淮河出口严重不畅，致使淮河经常泛滥为害，因而祭祀淮神活动也随之骤增，甚至连皇帝即位、出巡、寿诞、驾崩等重大事件，朝廷都要派员祭告淮神。

祭祀河神

除"河神"享有很高的地位被人们隆重祭祀外，海神、湖神、泉神等水源神也是古人崇拜祭祀的对象，为的是祈求这些神灵保佑一方风调雨顺，五谷丰登。

水是农业的命脉，中国作为古老的农业社会，在"雨养农业"为主旋律的情形下，雨水崇拜成为一种最普遍、重要的现象之一，并由此生出了各种各样的祈雨活动。祈雨，又叫求雨，是围绕着农业生产祈禳丰收的巫术活动。《周礼·春官·宗伯下》中说："若国大旱，则率巫而舞雩。"雩祭之礼，天子、诸侯都要举行，天子雩于天，称为"大雩"；诸侯雩于境内山川，只能称为"雩"。雩祭的对象，除了上天外，还有"山川百源"[1]，神祇及祖先等。古代除了天旱祈雨外，每当淫雨不止、构成洪涝之患时，还要举行去雨、退雨、宁雨之祭，如

[1] 《礼记·月令》

“宁雨于社”，即向土地之神献祭止雨。

四、以水悟政鸣警钟

在中国政治史上，有一个十分有趣的现象，就是政治家通过治水和对水的观察，悟出了不少治国理政的真谛。

早在鲧禹时代，就有堵与疏的治水方略之争。鲧用“堵”（“障”和“堙”）的办法，以失败而告终。禹吸取了父辈治水失败的教训，以水为师，针对水往低处流的特点，采用“疏”的办法（实际上是疏堵结合，以疏为主），率领民众疏川导滞，终于平息了多年的水患。鲧采用主的办法治水，失败了；禹采用疏堵结合、以疏为主的办法治水，成功了。后世，许多高明政治家从治水堵与疏的经验教训中得到启示，在治国理政上更加注重“疏”的作用，因势利导，顺势而为，按客观规律办事，收到了良好的效果。

《周语·周语上》记载了召穆公劝谏周厉王的话：“防民之口，甚于防川，川壅而溃，伤人必多，民亦如是。是故为川者，决之使导；为民者，宣之使言。”西周第十代国君姬胡（即后世所称的周厉王）在位时，横征暴敛不说，还下令禁止国人谈论国事，违者杀头。在周厉王的高压政策下，国人不敢在公开场合议论朝政了，但反抗的烈焰却在心中燃烧着。于是正直的大臣召穆公劝谏周厉王道：“用强制手段堵住人民的嘴，就像堵住一条河流。河一旦壅水过高，就会溃决，造成灭顶之灾；国人的嘴被堵住了，带来危害远甚于河水！治水要采用疏导的办法，治民也如此，必须让天下人畅所欲言。”周厉王根本听不进逆耳忠言，依然我行我素。结果导致“国人暴动”，厉王被逐，周王室从此江河日下。后世许多政治家从中汲取教训，强调兼听则明，偏信则暗”，在决策时注意听取臣民的意见和建议，集思广益，开创了政治清明的局面。

还有一句大家耳熟能详的成语，叫做“水能载舟，亦能覆舟”，这也是由观水得出的治世格言。发明者是战国晚期大思想家、政治家荀子。在君民关系的问题上，荀子提出了著名的“君民舟水”论：“君者，舟也；庶人者，水也。水则载舟，水则覆舟。”[1]意思是说，统治者像是一条船，而广大民众犹如河水，水既能让船安稳航行，又能将船推翻沉入水中，这就强调了人民力量的强大。荀子对君民互动关系做出的这种理性思考，不仅在当时很了不起，而且对后世产生了积极的影响。一代明君唐太宗李世民在与魏征、房玄龄等大臣讨论群与民的关系时，一再强调“载舟亦覆舟，所宣深慎”“为君之道，必须先存百姓”[2]。李世民还意味深长地说：“天子者，有道则人推为主，无道则人弃而不用，诚可谓也。”[3]“水则载舟，水则覆

---

[1] 《荀子·王制》
[2] 《贞观政要·论君道》
[3] 《贞观政要·论政体》

舟”，历代高明的统治者无不以此为镜鉴，正确处理惠民与使民的关系，从而获得民心，巩固政权，实现国家的长治久安。

耐人寻味的是，在论及水与治国理政关系时，《管子·水地》中说过这样的话：“是以圣人之化世也，其解在水。故水一则人心正，水清则民心易。人心正则欲不污，民心易则行无邪。是以圣人之治于世也，不人告也，不户说也，其枢在水。”水影响人的性格和社会风气，各地的水情不同，人的性格和风气也有很大差别，所以水是治理国家的枢纽。这就强调了解水、认识水对治理国家、改造世俗的重要作用，并认为圣人（明君贤臣）治国理民，关键在于掌握水的情况，以有的放矢，对症下药。

第五节　水与军事

水是一种无常形的自然物质，具有利与害、柔与刚、防御与进攻的双重特性和功能，因而常常被引入到军事中作为防御或攻击敌人的锐利武器；水能载舟的特性，也使江河湖海等水体成为敌对双方水军博杀的战场。纵观中国古代历史，水曾无数次与军事结缘，演绎出波澜壮阔的场景。需要指出的是，由于“兵形象水”且具有“以水代兵”等军事作用，故成为历代兵家关注的对象，特别是中国的兵家之祖孙武所著的《孙子兵法》十三篇中，有七篇论及水与战争的关系，令人叹为观止。

下面，分别就以水御敌、凿河攻敌、以水代兵、水上争雄、以水助战、绝水困敌等方面，简述水与军事的不解之缘。

一、以水御敌

以水御敌，即以水为防守的“长城”，拒敌于门外。在冷兵器时代，水的防御功能可谓大矣。其主要形式有三。一是利用江河湖海等天然水域构成防御屏障，据险而守。在中国历史上，黄河、长江、淮河等大江大河都曾被视为防御的长城。如春秋战国时期，齐与赵、魏以黄河为界，依河而守；如东吴、东晋、南朝，无不依恃长江或淮河天堑而偏安南方。三国时，魏国实力最强，魏文帝曹丕几次欲发兵灭吴，都因长江天险挡住了去路。据《资治通鉴》记载，“黄初六年，帝（曹丕）以舟师，自谯（今安徽亳州）循涡入淮。……冬十月，如广陵城（今扬州），临江观兵。……帝见（长江）波涛汹涌，叹曰：‘嗟乎，固天所以限南北也！’遂归”。面浩荡的大江，魏文帝也是英雄气短，长叹而归。南宋时，则以淮河、长江、汉水为防线，抵御金、蒙的南侵。二是利用天然河湖，筑堤壅水，构筑水上防御体系。这方面最典型事例是北宋所筑的“塘泊防线”。其时，宋辽对峙，为了阻挡契丹铁蹄南下，北宋王朝倾尽力量，西自保州（今河北保定），东至泥沽海口（今天津津南区泥沽一带），东西九百里、南北六七十里的区域，利用这一带地势低洼的特点，将一些河湖连通起来，并筑堤蓄水，水深五尺至一丈不等，形成了“深不可舟行，浅不可徒涉，虽有劲兵不能渡也”的水域，史称“塘泊防线”。三是筑垣挖濠，城池并重。纵观中国古代城市，大多在城垣之外挖一道深深的护城河，河中灌水，构成“金城汤池，不可攻也”[1]的防御体系。《墨子·附篇》总结出 11 种守城方法，而把修筑城池列为首位。

海防炮台

与此同时，人们还依托江河、海洋等水体构筑防御工事，以强化防守的能力。比如，明清时，为了抵御外东洋倭寇和西方列强从海上的入侵，逐渐在沿海地区构筑起海防壁垒——明代在海防要地设置卫所、巡检司，建筑墩台和烽堠；清代在海防前线驻有八旗兵和绿营兵，并配置海防炮台和墩台、烽堠，构筑了海疆纵深防御体系。

二、凿河攻敌

军事斗争的胜负，往往取决于兵马粮秣的运输能力。在古代陆路交通十分落后的情况下，水上运输备受重视。受地理形势的限制，我国的大江大河几乎都是“一江春水向东流”，往往难以形成四通八达的水上运输网，于是凿河开渠以运输兵马军需的方式便应运而生。如春秋时吴王夫差为北上中原争霸开凿的邗沟，秦代为统一岭南所开的灵渠，东汉末曹操为统一北方开凿的白沟、平虏渠、泉州渠和新渠，隋代为征辽东开凿的永济渠，都是凿河攻敌的代表性工程。

古邗沟

以吴王夫差开凿邗沟为例。春秋时，处于长江下游河网地带的吴国，“以船为车，以楫为马”，舟师最

❶ 《汉书·蒯通传》

为强大。但江淮之间没有沟通的水道，北上伐齐，需沿江入海北上，绕入淮河。这样一来，不但路途遥远，而且海上风涛莫测，险象环生。为了既走捷径又走坦途，公元前 486 年，野心勃勃的吴王夫差下令在长江北岸“筑邗城，开邗沟”——“筑邗城”，即在位于今扬州市西北的蜀冈上筑起一座城池，作为劳师远征、屯兵储粮的基地；“开邗沟”，则是为了沟通长江与淮河，使兵马粮秣能够源源不断地运抵前线。开邗沟时，聪明的吴国人为了尽可能减少工程量和工期，充分利用江淮之间湖泊密布的自然条件，分段开挖，把武广、陆阳（均在今高邮南）、樊梁（今高邮北）、博芝（今宝应东南）、射阳（今宝应、淮安两县东）等几个湖泊连接起来，达于末口（今淮安市淮安区北水关一带）入淮，虽然运道迂回曲折，但毕竟实现了江淮两大水系的沟通，堪称壮举。邗沟开成不久，公元前 484 年春夏之交，夫差便御驾亲征，率吴国大军沿邗沟北上，会师鲁军，大举攻齐，两军大战于艾陵（今山东莱芜东北），吴军大胜，歼敌十万。凯旋之时，中原鲁、宋、卫诸国，诚惶诚恐，均表示臣服于吴。

三、以水代兵

以水代兵，主要利用水力、水能为手段攻击敌人，即水攻的战法，达到取胜的目的。春秋战国时，以水攻敌的战争此起彼伏，以至出现了专门针对水攻的专著，如《墨子·备水》。墨子作为先秦诸子百家中墨家学派的创始人，极力反对侵略战争，力主并实践防御，即用防御战争来反对侵略战争，实现“武装和平”，他的《备水》比较系统地提出了对付水攻的办法。

据《左传》《战国策》《史记》《水经注》和《竹书纪年》等记载，公元前 512 年，吴国筑坝壅山水，水灌徐都，灭掉了徐国。公元前 453 年，晋国上卿智伯联合韩、魏曹家围攻赵襄子于晋阳（今太原），攻城 3 年未克。智伯下令在晋水上游筑坝壅水，下游开挖引水渠道。待水蓄满后，智伯下令掘坝，人造洪水直灌晋阳城。智伯以为胜券在握，得意洋洋地说：“吾乃今知水可以亡人国也。”韩、魏两家闻之心惊肉跳，为了自保，联合赵氏反戈一击，并决开晋水淹向智军，最后赵、韩、魏三国里应外合灭了智氏，瓜分其土地人民，史称“三家分晋”。在相当长的历史时期，黄河成了以水代兵的主角。公元前 358 年，楚国伐魏，决黄河大堤水淹长垣。公元前 332 年，齐魏联军攻打赵国，赵国决开黄河南堤淹灌敌军，在滚滚浊流的冲击下，齐魏大军只好仓皇而退。公元前 225 年，秦国攻打魏国，因魏都大梁（今开封）久攻不下，大将王贲掘开黄河堤坝，引黄河、鸿沟之水淹灌大梁城。3 个月后，大梁城破，魏国灭亡。

春秋战国以后，以水代兵的战例屡见不鲜。但以水代兵往往容易淹及周边及下游，酿成惨绝人寰的严重后果。其中利用黄河以水代兵最悲惨的，当属明末李自成与明军在开封互相淹灌，1938 年国民党军炸开黄河花园口用滔滔黄水阻遏日军西进。明末，闯王李自成三打开封城，上演了一出兵祸水厄的双重悲剧。崇祯十五年（1642 年）四月底，李自成第三次攻打开封，采取了长期围困的策略。守城官军认为开封城高大坚固，而开封城外地势平坦，一旦在开封附近掘开黄河，将水淹农民军而解开封之围，于是策划了一场水淹农民军的计划。是年六月底，悄悄派兵于六月底掘开了黄河南岸大堤，开始的时候，由于黄河水量不大，以水代兵并未达到预期效果；到了九月中旬，黄河因秋汛大涨，决口处波涛汹涌，势不可当，开封城遭受灭顶之灾，“城中百万户皆没”，37 万城内军民有 34 万葬身鱼腹，“得脱者惟周王、妃、世子及抚按以下不到二万人”——这是中国历史上以水溺杀人最多的一次水攻，惨绝人寰！1938 年 6 月上旬，日军侵占开封，逼近郑州，准备进攻武汉。为了阻止日军的长驱直入，蒋介石下令扒开郑州市北的花园口河堤，企图利用洪水阻敌西进。这场人为制造的大洪水，虽然暂时阻滞了日军西进，但却付出了无比惨重的代价。滚滚黄水倾泻而下，使河南、安徽、江苏 3 省的 44 个县市约 54000km^2 的土地变成了荒无人烟的黄泛区（自此以后，“黄泛区”这个象征苦难的地理名词出现了），89 万人葬身鱼腹，1250 万人流离失所，挣扎在死亡线上。

四、水上争雄

水能载舟的特性，使得江河湖海等水域不但能让人们享有舟楫之利，而且也是各路英豪逐鹿争雄的战场，因而水战成为古代战争的主要作战形式之一。

早在春秋时期，地处南方、水网密布的吴国、越国、楚国以及面临大海的齐国，纷纷发展舟师，为侵略扩张服务。据《左传》载，襄公二十四年（公元前 549 年）夏，“楚子为舟师以伐吴”，这是有文字记录的中国古代最早的一次水战。之后，吴越、吴楚争战经常把战场放在江河之上，仅吴楚两国，就发生了 17 次江河水战。秦汉时，出现了专司水战的独立兵种——水军。

东汉末年发生的赤壁之战，堪称中国古代战争史上最为著名的水战。建安十三年（208 年）冬，共约 5 万人的孙权、刘备联军与曹操 30 万大军（号称百万）对峙于长江中游赤壁一带。曹操将战船首尾相连，结为一体，伺机进攻；周瑜采纳部将黄盖所献火攻之计，曹军船阵被烧，火势延及岸上营寨。孙吴联军乘势出击，大败曹军。此战使曹军元气大伤，从此形成了魏、蜀、吴三国鼎立的局面。其他水上著名的战役还有：东晋时晋军与前秦苻坚之间的淝水之战，南宋初年宋金的黄天荡之战，南宋末年宋与元的焦山之战，元朝末年朱元璋与陈友谅之间的鄱阳湖之战等。

在中国历史上，除了江河湖泊是水战的主战场外，波涛汹涌的大海一度也成为敌对双方争强斗狠的广阔舞台。公元前 485 年春，吴王夫差命大夫徐承率主力舟师从海上攻齐，齐国舟师则南下迎敌，双方在今山东琅琊台附近的黄海海域展开激战，最终这场中国历史上有确切文字记载的第一次大规模海战，以吴军惨败和齐军全胜而告终。唐高宗时，唐朝与新罗联军与日本军队在白江口（今韩国锦江口）海域展开水战，唐军四战四捷，迫使日本势力退出朝鲜半岛。南宋绍兴三十一年（1161 年），宋金两军在唐岛（今山东日照附近）一带的海域发生大战，宋将李宝以 3000 水军，采用火攻战术，全歼了 20 倍于己的金军舰队，创造了我国古代海战史上以少胜多的光辉战例。清朝晚期，腐败无能的清政府面对坚船利炮的列强，屡战屡败，毫无招架之力。其中，中法马尾海战、中日甲午海战都是以中国水师惨败而告终，给中华族留下了“落后就要挨打”的沉痛教训。

五、以水助战

水作为自然界中唯一的能够以固态、液态、气态同时存在的物质。不论是冰、雪、霜、雹等固态形式，还是流水、降雨、露水、潮汐等液态形式，还是以雾为代表的液态形式，都会对军事行动和战争进程产生或大或小的影响。中国古代军事将领在指挥作战时，常常能利用水的不同形态，“以水助战”，作为战胜敌人的武器。

宋咸平二年（999 年）秋冬之际，萧太后和辽圣宗统帅 20 万契丹大军南下攻宋。此时处于抗辽前线的边关大将杨延昭（杨六郎）赶至遂城（今河北徐水县东）迎敌。当时，遂城守军不满 3000 人，被辽军围得水泄不通。杨延昭临危不惧，把全城丁壮全部调集到城上，日夜坚守，决心与城池共存亡。危急时刻，老天来帮忙了。天气骤变，降至 0℃以下。杨延昭命令兵士乘着夜晚汲水浇城，使土城成了冰城，既坚固又光滑。第二天，辽军再次发动进攻，辽军冲到城边，便纷纷滑倒，更难以爬上冰城。辽军见遂城难以攻下，只好瓦解巡去。杨延昭乘势开城反击，辽兵仓皇溃逃。这就是历史上有名的“遂城之战”。应该说，遂城之战的胜利，除了主将杨延昭指挥有方，全体军民拼死抵抗外，“冰”的功劳不可小视。

郑成功收复台湾（假想图）

郑成功收复台湾和施琅攻克澎湖，都是巧妙地利用潮汐一举而成功的。明天启四年（1624 年），荷兰殖民者占领台湾。南明永历十五年、清顺治十八年（1661 年），郑成功亲率 2.5 万兵将，分乘百艘战船，直取台湾。荷兰人听说郑成功要进攻台湾，十分惊恐，连忙把军队集中在台湾城（今台湾东平一带）、赤嵌城（今台南一带）两座城堡，同时在港口沉船阻止郑成功战船登岸。郑成功审时度势，乘四月初一海潮大涨时，率大小战舰顺利通过鹿耳门航道，进入台江内海，登岛台湾，将荷兰侵略者盘踞的台湾城、赤嵌城分隔包围。接着，郑成功首先攻打赤嵌城，并切断通往赤嵌城的水源，迫使城内敌人投降。这样，郑成功在登陆台湾岛的第四天，就收复了赤嵌城。之后，郑成功又率大军将台湾城团团围住，8 个月后，走投无路的荷兰侵略者只好扯起白旗投降，沦陷 38 年的台湾重又回到祖国的怀抱。

楚汉相争时，项羽破釜沉舟、韩信背水一战，皆是利用大河挡路，来表达决一死战的决心和勇气，可称“以水助战”的另一种表现形式。

六、绝水困敌

水是生命之源，人可以一日无食，但不可一日无水。战争中，一些军事将领往往采用切断敌军水源的办法，从而获得战争的胜利。就“绝水”的办法而言，有在河流上游筑堰阻绝来水、修明渠或暗渠将水源引开、水中投毒等方式。

汉武帝太初三年（公元前 102 年），朝廷派贰师将军李广利率军征大宛国。军至大宛城时，大宛军出城迎击，被汉军打败，龟缩城中固守。因大宛城内无水井，生活用水取自城外流入城内的溪流，汉军乘机断其水源，使城内无水可用。因城内无水，40 余天后，大宛军只好献出良马和粮食求和。

三国时，诸葛亮为了实现北伐中原、恢复汉室的宏愿，于 228 年大举伐魏。蜀军出祁山（今甘肃礼县东），一路势如破竹，攻下祁山北面的天水、南安、安定等三郡。在这样的大好形势下，诸葛亮决定以参军马谡为主将、王平为副将，率领 2 万人马抢占并扼守军事要地街亭（今甘肃秦安县东北陇城镇一带），这样即可以卡住魏军西进的道路，又可以作为北伐大军进退时的接应。来到街亭以后，马谡察看了地形，对王平说：“这一带地形险要，街亭旁边有一座山（今龙山），山高谷深，形势险要，正好在山上扎营扼守。”王平提醒马谡：“丞相临走时嘱咐过，要坚守城池，稳扎营垒，在山上扎营太过冒险。”马谡不听王平的劝告，坚持在山上扎营。不久，魏将张郃率大军赶到街亭。张郃不愧为魏之良将，他见马谡在山上扎营，心中不禁暗喜，马上指挥魏军将山上的蜀军团团围住；更为要命的是，他还派人把蜀军下山取水的道路截断了。不经意间，水源便成了这次战争胜败的关键。蜀军在山上断水，不但饭做不成，而且口渴难熬，时间一长，军心大乱。张郃看准时机，发起总攻，山上的蜀军又饥又渴，战斗力衰弱，一触即溃。马谡见无力回天，只好率领少数亲随拼命杀出重围。后来的结局大家都清楚，就是诸葛亮“挥泪斩马谡”。

南北朝时期，一次，北魏大举向南朝刘宋把守的虎牢关进攻，虎牢关守将毛祖德率兵困守孤城，奋勇抵抗，多次打败北魏军的疯狂进攻。战斗进行了二百多天，城池仍固若金汤。后来北魏军队探知，虎牢之所以历久难克，全赖城中一口老井为守军提供水源保障。于是，北魏军队在城外挖掘地道，直达井的底部，使井水泄干，断了城内唯一的水源。这一招果然致命，城内无水，守城人马“渴乏饥疫，体皆干燥”，北魏军乘势猛攻，一举破城。

现代社会，一些战争则是由争夺水源而引发。比如，戈兰高地是叙利亚、以色列交界处的一块狭长山地（位于叙利亚西南部、约旦河谷东侧），具有丰富的水资源，每年降水量约 500 ~ 800mm，被称为中东的“水塔”，以色列国内使用的 40% 的水源都来自这里。戈兰高地西部与以色列接壤，居高临下，是叙利亚边陲的战略要地。后来，因为中东局势紧张，以色列担心叙利亚和约旦在约旦河上游修建工程而切断以色列的水源，遂于 1967 年第三次中东战争中用武力控制了戈兰高地和约旦河河道，并占领了河流发源地的大部分地区。戈兰高地被以色列占领后，叙、以双方就戈兰高地归属问题争斗不休，至今烽烟未息。

戈兰高地

第六节　水与社会生活

社会生活有广义和狭义之分。广义的社会生活，指人类整个社会的物质和精神活动。狭义的社会生活指社会的物质生产活动和社会组织的公共活动领域以外的社会日常生活方面。内容主要表现为个人、家庭及其他社会群体在物质和精神方面的消费性活动，包括吃、穿、住、用、行、文娱、体育、社交、学习、婚姻、风俗习惯、典礼仪式等广泛领域。本节在论及水与社会生活的关系时，取其狭义范畴，并重点就食、住、行及体育娱乐方面加以讨论。

一、食以水为先

民以食为天，食从土中生，也从水中生。水中生长的水产品十分丰富，除了鱼、虾、蟹、贝外，还有菱、藕、芡实、茭白等，都是人们餐桌上的美味。仅就鱼类而言，我国淡水鱼约有 800 多种，常见的有几十种，主要有鳙鱼、鲢鱼、草鱼、青鱼、鲫鱼和鲤鱼。其中鳙鱼、鲢鱼、草鱼和青鱼广泛分布于我国的江河湖塘等各种水域，通常被称为四大家鱼。

水产品的营养价值很高，以鱼类而言，它是蛋白质的重要来源，一般含量在 18%左右，且含氨基酸的种类比较齐全；脂肪的含量为 6%左右，而且多由不饱和脂肪酸组成，易于消化吸收，是寻常百姓家的常见菜肴。

进入新石器时代后，随着原始农业和陶器的发明，人类告别了茹毛饮血的时代，逐渐向高层次的饮食文化方向发展。中国传统饮食烹饪的突出特点是“蒸煮加工”，这与西方盛行的“烧烤加工”方式迥异。比如，同样是肉类，中国以煮炖为主，西方则以烤食为主；同样是面食，中国以蒸食为主，制出馒头，西方则以烤食为主，制出面包。水性平和，火性猛烈。“蒸煮文化”强调以水为媒介，水与谷、肉、蔬等交相融合，反映了中国人温和包容、清淡恬静的性情追求。

味是饮食文化中重要的元素之一，“凡味之本，水最为始”[1]。清代王士雄所撰的《随息居·饮食谱》，是一部食疗养生著作，书中列食物 331 种，分水饮、谷食、调和、蔬菜、果食、毛羽、鳞介等七类，并强调“人之饮食，首重为水”。中国几千年来的饮食发展史表明，水不仅是烹饪中和面、蒸饭、煮粥、熬汤等需要水作为溶剂，烹饪加热需要水作传导，调味需要水作介质，而且在进行蒸、煮、焖、氽、烫、烩、泡、涮等各种烹调技法也离不开水。

中国人自古就有爱喝粥的习俗。“黄帝始烹谷为粥”，中国喝粥至少有四五千年的历史。清代大诗人袁枚在《随园食单》中指出：“见水不得米，非粥也。见米不见水，非粥也。必使水米融合，柔腻如一，而后谓之粥。”可见，熬粥还是颇有讲究的，以稀稠适度为宜。直到现在，粥还是广大城乡居民一日三餐尤其是早餐的必备之食。当然，人们爱喝粥，除了粥具有易消化、健脾胃等好处外，还与生存的状况有关。如果说富家人偏爱粥着眼的是养生的话，那么穷人家喝粥，则往往出于无奈——古代人靠天吃饭，粮食产量也不高，小户人家为了节省粮食，在农闲季节往往一日三餐以粥为食；遇到天灾人祸人们流离失所，吃不上饭是常有的事，有时，政府或一些大户人家或大的寺庙便以施粥的方式赈灾救饥。

各种各样的汤面也是中国人喜欢的食品。如山西的刀削面、陕西的臊子面、河南的烩面、兰州拉面等，汤面一体，热气腾腾、营养丰富、吊人胃口。

“宁可食无馔，不可食无汤”，中国人自古吃饭有喝汤的习惯。而汤品的制作，水是最主要、最基本的物质。论起中国各地的做汤方法，最讲究的当属广东人，他们喝汤不仅是为享受汤汁的鲜美，更为了保健，因而制作时用料、用水、用时很讲究，称为“煲汤”。煲汤一般用特制的瓦罐，在罐中加足食料和水，在不同的温度中慢慢煨制，中途不加水不开盖，使各种食料精华慢慢溢出，浓缩在汤汁里。

火锅，中国独创的美食，源于古代烹饪方法中的“煮”。早在南北朝时期，使用火锅（铜鼎）煮食就已渐成风气，之后，随着经济社会的发展，烹调技术的进步，各式火锅相继

[1] 《吕氏春秋·本味篇》

闪亮登场。特别是现代，方便快捷、别具风味的火锅风靡各地，尤其是寒冷干燥的北方，以涮羊肉为代表的火锅堪称冬天里的“席上春风”，为食客们所津津乐道。典型的火锅食材包括各种肉类、海鲜类、蔬菜类、豆制品、菌菇类、蛋制品等，将其放在煮开的清水或特制的高汤中烫熟后食用（有的还要蘸上调料）。火锅不但好吃，而且吃火锅时，亲朋好友围着热气腾腾的汤锅，举箸大啖，气氛浓烈，充溢着大团圆这一中国传统文化的意蕴。

吃饭之外，人还要喝水以满足身体的需要。科学证明，对人体健康而言，最理想的饮料不是别的，而是水。适度多喝水、喝好水，可以提高人体的代谢力、免疫力，同时对某些慢性病具有预防保健及辅助治疗的作用。对一般百姓而言，最好的饮料就是白开水。

中国是茶的故乡，中国人则对茶饮情有独钟。相传，“茶之为饮，发乎神农”[1]，可见中国饮茶历史之悠久。据晋代《华阳国志》记载，早在商周之际，就出现了人工栽培的茶园了。唐代陆羽的《茶经》问世后，国人饮茶之风大盛，成为一时之风尚。宋代，出现了品茗的茶社，并兴起了民间斗茶之风，带来了茶叶采、制、烹的一系列变化。到了元代以后，茶饮更为普及，成为寻常百姓家的饮料。茶为水之母，“精茗蕴香借水而发，无水不可论茶也”，就是说，好茶需要好水来烹、来泡，方能体现出色香味俱佳的独特风格。如茶圣陆羽就认为，“山泉水为上，江水为中，井水为下”；唐代有“扬子水沏蒙顶茶”的说法，明代有“虎跑水泡龙井茶”的讲究。

茶圣陆羽

二、依水而居的家园

居住是社会生活的重要环节和表现形式。水是生命之源，生活之需，因而人类逐水而居便成了必然的选择。

一般而言，人类的繁衍生息历程为“山林文化—山麓文化—河谷文化”三个连续序列，从山区走向平原是人类聚居发展的普遍规律，而且一定会沿着河从上游到中游再到下游。在漫长的旧石器时代，原始人以渔猎和采食为生，常选择洞穴或树上作为栖身之所，即所谓的“穴居”和“巢居”。到了新石器时代，出现了最初的农业和原始聚落。仰韶文化时期的聚落，大多分布在河流两岸的黄土台地上，特别是河流转弯或两河交汇的地方，更是人们首选的聚居之所。而且，这些古代农耕聚落点大多被现代村落或城镇所叠压，如关中沣河中游沿

[1] 陆羽《茶经》

岸的古代聚落大体与现代村落相等，10km 距离内发现遗址 10 多处。

这些古聚落选址最鲜明的特点是靠近水源且处于高的台地上，好处至少有以下几个方面：一是处在河谷的台地上，既可躲避洪涝灾害的侵袭，又可得肥田沃土之利，得于发展农业、牧业；二是接近河流水源，既便于生活用水，又利于依靠天然河湖维持原始的采集和渔猎生活；三是位于河流边上，可"刳木为舟"，享水上交通之利。后来，伴随着文明进步的脚步，城市出现了。纵观中国的城市发展史，除了极少数军事重镇外，这些城市无不依傍着一条甚至几条河流，以享有用水和交通、防御、美化环境等方面之利。

随着生产力水平的提高，人类发明了凿井取水。古籍上有"黄帝见百物，始穿井""伯益作井"等说法。考古表明，距今 7000 年前的河姆渡文化遗址中发现了人工水井。水井的发明，在人类进步史具有里程碑意义。它表明，人类不仅能饮用清洁卫生的地下水，而且大大拓展了生存的空间——可以在远离江河的地方繁衍生息。近代，有学者制作的人口分布模型表明：点状水资源（如湖泊、水井等）密度线是一个围绕水源的同心圆，而线型水资源（如江河）附近则形成了与之平行分布在两岸的环绕带；与此同时，流域（区域）气候越干燥，人口居住密度越趋近水源。可以说，"凿井而饮，耕田而食"一直是古人理想的生活状态。"耕田"和"凿井"都是古人繁衍生息极为重要的方面。守着一眼井，耕作几亩田，一家老小就有了维持生存的基本要素，看似简单，其实并不简单。井的周围，往往就是一幅世俗生活画：你汲水、我洗菜、她淘米、说东家、道西家，欢声笑语，邻里情浓。

就住宅而言，西北黄土高原地带因干旱少雨，多为窑洞式建筑；南方由于多雨、潮湿、炎热，多为"干栏"式建筑，即利用当地丰富的竹木资源，构筑成楼下架空的房屋。

三、水路交通赖舟桥

在古代陆路交通落后的情况下，水路交通一直受到青睐。不过，行于水上，必须借助于载体。据考证，原始的水上交通工具是桴和舟。桴即竹筏和木筏，是由几根粗竹或树捆扎而成；舟即独木舟，用火和石斧把大圆木挖成凹型而成，所谓"刳木为舟，剡木为楫"[1]。先民们就是靠这样的工具涉水和捕鱼，开始了最原始的水上活动。浙江余姚河姆渡新石器时代遗址有木桨出土，表明至少在距今七千多年前，我们的祖先已掌握了制造独木舟的技术。后来，随着生产力水平的提高，发明了各式各样的船，还有使船如虎添翼的帆。

"南船北马"，尤其是在南方水乡，舟楫就是人们出行不可或缺的交通工具，犹如北方的车、马。船还是渔家的家，比如生活在两广和福建沿海一带的疍民，自古以来就终生漂泊于水上，以船为家，以渔为业。一些上岸定居的疍民，往往在海滩、江岸上兴建干栏式民居，

[1] 《易·系辞下》

即先在地面上打木桩，然后将船架于其上作为房屋，或在木桩上铺设木板作为房屋。由于长期“浮家江海”，过着水上“游牧”生活，且又很少与陆上居民往来，因而形成了一系列独特的生活方式和文化习俗。

渡口，是人们以船渡的方式越过河流的地方。对江河之畔聚居的人们来说，渡口是再熟悉不过的地方。岸边的船埠头、摆渡的艄公，你来我往的两岸过渡人，构成日常生活的场景。

渡口

然而，渡口毕竟不能满足人们便捷跨越河流的需要，于是，随着经济社会的发展，人类发明了桥梁，开启了“遇水架桥”的历史，一些渡口逐渐被桥梁所代替。比如，古代永嘉人为了涉过水位较浅的溪涧，以“步”为间距，用条石或大小砾石在水中筑起了一个接一个的石磴，形成一座堤梁式的石桥，当地人称之为碇步桥、过水梁等。但是，大川大河的横渡，这种原始的桥梁就不行了，于是各种浮桥、木桥、石桥、铁索桥便应运而生。

中国古代最著名的桥梁当属赵州桥（又称安济桥，俗称大石桥），横跨河北赵县城南的洨河上，为隋大业年间（605—618 年）著名工匠李春设计和建造，距今已有约 1400 年的历史。赵州桥是一座空腹式的圆形石拱桥，是世界上现存最早、保存最完善的古代敞肩式石拱桥。保存至今还在使用的其他名桥还有：始建于北宋皇祐年间福建泉州的跨海石桥——洛阳桥（又名万安桥），始建于金大定年间北京西南永定河上的卢沟桥，始建于南宋乾道年间广东潮州韩江上的广济桥（为中国乃至世界第一座封闭式浮桥），始建于南宋嘉泰年间的浙江绍兴八字桥（为我国最早的“立交桥”），始建于清代康熙年间四川泸定县大渡河上的泸定桥（又称铁索桥），等等。江南水网密布，多桥，直到今天，“小桥流水人家”依旧是典型的江南景致。

四、体育与水早结缘

“体育”一词，是人类社会进入近代以后才出现的，但是体育现象古已有之，而且与人的娱乐生活紧密相连。中国古代体育丰富多彩，种类繁多，与水相关的有游泳、垂钓、春游、滑冰、滑雪、赛龙舟、拔河等，体育文化与水文化在交融中迸发出无限的生机与活力。

冰雪运动是水上运动的一种特殊形式。滑冰和滑雪是冰雪运动的主要项目之一。在中国的北方，尤其是东北一带，一到冬天，便是一派“千里冰封，万里雪飘”的景象。冰雪造就的广阔天地，为人们开展冰雪运动提供了良好的条件。滑冰、滑雪最初是人类为了取得生活资料所掌握的一种劳动技能。早先，生活在中国北方的一些少数民族为了适应冬季的交通和狩猎的需要，就已掌握了滑雪滑冰的技能。宋代人沈括在《梦溪笔谈》中提到了一种叫做“冰床”“凌床”的冰上游戏。这种游戏即在木板上铺上一些垫褥之类的轻软暖和的物件，两三人坐在上面，让一人拉着在冰上滑行。20 世纪 30 年代以来，现代滑冰和滑雪运动先后从西方传入中国，并在北方特别是东北一些城市逐步展开。近几十年来，滑雪和滑冰运动得到了很大的发展。

冰床

竞渡，即划船比赛，是春秋战国时期兴起的一项水上运动，其由来与祭祀河伯、纪念伍子胥与屈原等有关。后来演变为一项季节性体育娱乐项目。每年的农历五月初五端午节，在我国各地特别是南方有龙舟比赛的习俗，俗称“龙舟竞渡”或“竞渡”。清光绪二十二年《叙州府志》载：“府城（治龙标县，今湖南省怀化市洪江区）濒临大江，‘端午节’有‘龙船会’。船长三丈许，底尖面窄，首尾雕刻龙矩，绘以五彩。每船以十余人执短桡坐而划之，船头一人执小红旗，中一人击鼓，舵尾一人击小锣。炮声一发，金鼓鉴鞫，棹讴齐作，绝流上下，其行如飞。两岸观者林立。好事者悬彩扇于江滨，则两船并划，先到岸者得彩。竟以为荣，后者耻之，必赌胜并划数次乃已。”

春游胜地

春游，也是中华民族一项重要的季节性民俗体育娱乐活动。春游的时候，正是春风鼓荡、万物萌发的季节。此时，大地到处都是生机勃勃的一片青绿，因此，春游又叫“踏青”，踏青的地方，一般都在风景秀丽的水滨泽畔。汉代以后，春日郊游已成为十分流行的体育娱乐活动。每到清明时节，人们便呼朋唤友去郊游。唐代的长安，人们春游的好去处主要是春水荡漾、绿草如茵的河湖侧畔；文人墨客们更是春游的积极分子，他们还常常即景赋诗，写下春游的感受。如杜甫的“江边踏青罢，回首见旌旗”，白居易的“最爱湖东行不足，绿杨阴里白沙堤”，表达的都是对春游恋恋不舍的心情。

五、民俗习惯多关水

民俗是人们在一定的自然环境和生产生活方式下，世代相传而形成的一种对人们心理、语言和行为都具有约束力的规范体系。风俗习惯表现的背后，潜藏着民族的心理性格、思维方式和价值观念。

生老病死、婚丧嫁娶是人生的必由之路。围绕着生育、婚姻、死亡等现象，出现了一系列相应的民俗，且不少与水关系密切。

水是生命之源，故古代有“水生万物及人类”的原始信仰，这就产生了女子沐浴就能致孕的民俗。如云南永宁纳西族的乞子习俗是：先由巫师作法，然后乞子妇女和伴娘跳入山洞中的水池沐浴，之后来到洞旁一处叫“久木鲁”（乞子石）的石头旁，吸饮石凹中的水，认为这样一来可使久婚不孕的妇女怀上宝宝。

仡佬族婚庆

为新生儿举行诞生礼，是中国古老的风俗之一，其中流传最广泛的是各种形式的浴婴礼仪。如汉族的“洗三”，自唐代开始盛行。婴儿出生后的第三日，要举行沐浴仪式，会集亲朋好友为婴儿祈福，这就是“洗三”。其用意是洗去婴儿从“前世”带来的污秽，祈求新生儿吉祥如意。“洗三婆”在为婴儿洗浴时，口中还会念念有词，如“洗洗腿，长大以后当侍卫；洗洗腰，健康长大身体好；洗洗头，辈辈做王侯”之类的吉祥话。今天，随着生活条件的改善，妇女多到医院生育，“洗三”风俗逐渐消失了。旧时，中国台湾的一些少数民族中流行一种古老的洗婴习俗，不论春夏秋冬，都会将生下不久的新生儿带到山溪、河流中用冷水洗浴。之所以如此，是当地风俗认为水中有仙气和神力能保佑小孩安康。直到近现代，随着科技的昌明，人们认识到户外冷水浴婴对新生儿的危害，才逐渐改为在室内用温水洗浴。

婚姻是人生的大事，婚典向来被人们所看重。我国不少民族的婚典有泼水的仪式。如广东潮阳汉族新娘离开娘家上轿时，她的母亲要端上一盆清水，边往轿上洒水边说："钵水泼上轿，新娘变新样。"所谓"变新样"，就是希望新娘早日变成孕妇的模样，早生贵子。贵州一带的仡佬族婚典上有泼水仪式，称"打湿亲"。娶亲之日，男方家要在大门口边放置两个盛清水的窝锣，由青年妇女守候。新娘跨进屋时，妇女们便向她泼水，如此可获得吉祥。

在中国古代的葬式中，有一种把尸体投于水中的葬法——水葬。之所以流行这样的葬法，是因为古人相信死者能再生，水有使死者再生的功能。水葬主要流行于生活在南方水乡泽国的一些民族，他们以水为生，以鱼虾为食，视江河为自己生命的源泉与归宿。东汉时，由于五斗米道在江南地区广为传播，使很多民众成为信徒，而五斗米道的教义中就有水死成仙的观念，故东晋南北朝时期，水葬在南方地区一度盛行。如东晋五斗米教首领孙恩在会稽（今浙江绍兴）聚众起事时，"其妇女有婴累不能去者，囊簏盛婴儿投于水，而告之曰：'贺汝先登仙堂，我寻后就汝。'"起事失败后，孙恩"乃赴海自沉，妖党及妓妾谓之水仙，投水从者百数"。孙恩的后继者卢循，在兵败后同样"自投于水"[1]。再如四川甘孜地区的藏族，除奴隶主实行火葬、天葬外，一般平民均行水葬。水葬有固定的场所，多设在江河急流处。人死后，在家停放 1 ~ 3 日，请喇嘛念经，然后将尸体运至水葬场，由水葬师将尸体屈体捆扎，胸前缚石沉水，或以斧断尸投水。

另外，古代一些地区虽然实行土葬，但葬式往往关系到水。如旧时许多地方的风俗是：人死后，孝子要担桶（或其他器皿）去河中"买水"（认为只有投钱币于河向水神买水才灵验），然后用此水替死人揩拭，叫"开光"。据说"开光"之后的亡灵，才会在走向冥府途中不致迷失方向从而得到安宁归宿。白族也有一种奇特的葬式：棺木放入墓穴之前，要在墓穴底中央安置一个水罐，内装水与鱼，用红木封口。其用意在于借用水与水神（鱼）的生命力帮助死者转世再生。古代湖南衡阳一带还有洗骨葬的风俗，这是一种二次葬，将墓掘开，取出遗骨，拿到河里洗干净，置于瓮或木匣内，再进行安葬。这样做的目的在于除祟，让遗骨通过洗浴与水接触而获得再生的能力，促使亡灵早日转世。

中国古代还有以水治病的风俗。道教作为中国土生土长的宗教，在民间有着广泛的群众基础。道教认为，水具有驱邪治病的功能，故乡间百姓家有人得病，常常请道士采用"符水施咒"的法术来治病。其基本方法是，让病人饮用经过道士画过符、施过咒的水，以此来驱邪除病。广东陆丰一带，旧时有打"午水"的风俗。所谓午水，是指端午节中午 11 点到中午 13 点从井中汲上的水。传说午水用来泡茶、酿酒特别香醇，生饮还有治病的奇效。民谚云："午时洗目睭（眼睛），明到若乌鹙。"又云："午时水饮一嘴，胜过补药吃三年。"

古代中国是一个农业社会，农业社会最显著的一个特点就是随着自然界的春、夏、秋、

[1] 《晋书·孙恩卢循传》

冬的季节变化而改变生产生活的节奏。因而，相当一部分岁时的划定和岁时民俗的形成，都与农事活动相关，如二十四节气的划分。由于水对农业生产起决定性作用，因此不少农事性岁时风俗的划定与形成又与雨水（雪水）有着密切的关联，如春节舞龙灯、龙抬头节祭龙接龙祈丰年、春社祭社神祈雨、三月三水滨浴洗、端午节龙舟竞渡、七夕沐浴汲圣水等。

春节舞龙，又称舞龙灯，是春节到元宵灯节期间中国城乡广大地区重要的习俗之一。龙是中国传统观念中的司雨水神，我国民俗中至今仍把龙当作行云布雨、消灾降福的水神进行崇拜。春节是一年的岁首，过了春节（初一至正月十五），一年的农事活动便开始了。所以，春节期间舞龙，与农事活动密切相关，无非是想通过做龙形和模拟龙的动作，以祈求一年丰调雨顺、五谷丰登。故舞龙时，用作先导的灯牌上常书“风调雨顺”“五谷丰登”“国泰民安”等字样，旗帜鲜明地突出了舞龙祈雨求丰年的主题。

农历二月二的龙抬头节是我国民间又一重要的传统节日，而且是专门祭祀龙神的日子。寻根溯源，“龙抬头节”可能是上古“龙见而雩”的风俗演化而来。一般来说，过了农历二月二，雨水逐渐多起来，农事活动由此而次第展开。龙抬头节，便是根据这种季节、气候变化现象，为满足农业生产适应气候的需要而设立的节日。此时正值惊蛰、春分时节，大地逐渐转暖，民俗认为蛰伏一冬的龙正是在这天抬头活动的。龙抬头意味着它从冬眠中复苏，即开始行使播云散雨的职能。为了使龙能够顺利结束冬眠回到人间，并尽快履行起降雨的职责，民间便形成了一系列祭龙和接引龙的俗事活动。各地龙抬头节习俗的内容十分丰富，按其内容可以分为活动和禁忌两大类，其性质反映了人们对雨水的渴望与祈求。

春社，是古代农历二月祭社神（土地神）以祈丰年的节日。由于农作物的丰收，在很大程度上取决于雨水的作用，故祈丰年最重要的内容就是祈雨活动。春社所祭祀的社神，主要是大禹、句龙，他们都是人物水神，都有司雨的神性。另外，在古人的观念中，一些地方性的社神，如土地神、树神等，也具有兴云生雨的神性。由此可见，古人选择具有司雨水神性的神为社神，是由社的祈雨性质决定的。

春社

农历三月三，古称上巳节。在这个节日，人们要举行祓禊活动。《风俗通》云：“禊者，洁也，故于水上盥洁之也。”当初，这个节日的日期为春三月上旬的巳日，故称“上巳”。每到这一节日，人们都要到流水中除垢洁身，并用香薰草药沐浴，以除病禳灾。魏晋以后逐渐固定为三月初三。三月初三的中心活动是水滨浴洗。魏晋以后，这种祓禊活动成为一年中重要的娱乐活动之一。是时，人们纷纷带着酒肉干粮出城，到郊外的水滨泽畔观光游览。文人墨客们更是在水边曲水流觞、宴饮赋诗、陶然自乐。

农历五月初五端午节，又称龙船节、端阳节等。按地支推算，“五”为“午”，“端”即“初”，故而得名。端午节的历史极为悠久，节日风俗也极为丰富，其中龙舟竞渡是端午节最重要的民俗活动之一。据考证，端午节龙舟竞渡的原始意义，当是人们祭神娱神以祈获保佑的一种宗教活动。作为一种发端于荆楚稻作地区的岁时风俗，其深层次的文化内涵与水稻生产的农事活动息息相关。五月仲夏时节，而此时正是水稻生长的关键时期，农家对雨水的期盼心情可想而知。人们用龙舟竞渡的形式，模拟龙的形象，显现龙的神威，其用意是为了激发龙的神性，使其保佑一方风雨遂人，稻作物丰收。

农历七月初七，俗称七夕，传说是天上牛郎织女相会的日子。因这一节日的主要活动为妇女乞巧，所以又称为“乞巧节”。这一天，还有七夕沐浴汲圣水的习俗。相传七夕这天，天上的仙姬织女要下天河沐浴，因而天河之水便有了仙灵之气。在古人的自然信仰中，认为天、地、人是相互感应的，天河的水与地上的水是相通的，因而地上的水便也具有了仙灵之气。可见，七夕汲圣水与沐浴习俗表现了对水之神秘力量的崇拜。七月七日洗浴净身的习俗，在我国浙江一带后来演变成洗头的习俗，所以该地区又称七夕节为“洗头节”。是日，妇女们一大早就到井边打水，采摘槿叶搓碎和水，调成胶水状，用以洗头。而七夕汲水贮存的习俗，主要流布于两广地区。《广东新语·水语》载：“广州人每以七夕鸡鸣初，汲江水或井水贮之。是夕水重于他夕数斤，经年味不变，益甘，以疗热病，谓之圣水，亦称天孙水。”

第二章　物质形态水文化

物质形态水文化，指的是以直观形态存在的水体以及与水事活动有关的实物形象所体现的文化内容，主要包括水工程、水环境、水景观及水工具等，它们都具有可视、可触的物质实体，又融入了人类的体力和智力劳动，是水文化最直观的表现。

第一节　水工程

水工程通常称为水利工程，是人类为了克服与水的矛盾而创造出来的物质实体，旨在除水害，兴水利。历史上任何一项水工程都是一定政治、经济和社会发展的产物，都在一定程度上满足了当时生产发展和人民生活的需求，也体现了工程组织者和参与者的知识、观念、思想、智慧。一些著名水工程因此而成为水文化的重要载体，其形象、文化内涵具有人文教化功能，对人的意识、感情产生影响，在精神文明建设中发挥着积极的作用。

以下选取历史上有代表性的几类水工程，对其文化底蕴作简要阐述。

一、防洪工程——黄河大堤

防洪工程是人类为克服人与自然的矛盾，防御洪水对人的危害而建造的水工程，防洪工程包括堤防、河道整治、分洪工程和水库等，其中堤防是最早的、最基本的防洪工程。公元前 2000 多年的“鲧障洪水”，就是筑堤挡水。中华民族在治水进程中修建了许多著名的防洪工程，如荆江大堤、洪泽湖大堤等，防洪工程中最有代表性的是黄河大堤。

黄河大堤历史悠久，始建于西周，全面建设于春秋时期，大成于战国。习惯上把黄河下游建在“悬河”两岸的堤防称为黄河大堤。黄河大堤北岸自孟县以下，南岸自郑州铁桥以下，全长约 1370km，犹如“水上长城”，约束住滚滚东流的河水。黄河大堤是黄河下游防洪工程体系的重要组成部分，是物质形态水文化的典型代表。从科技角度看，历史上黄河大堤的建造、维护，在材料、工程手段等方面有很多继承和发展创新，此处不多论述。从人文文化角度看，在几千年历史发展过程中，黄河大堤逐渐积淀成为一条包含璀璨内容的文化长廊。主要体现在以下四个方面。

（一）黄河大堤是中华民族几千年治水实践的生动舞台

黄河大堤是中华民族与黄河泛滥抗争 4000 多年的工程成果，与众多著名历史人物、历史事件紧密相连，在它身边演出了许多威武雄壮的历史事件，显示出中华自强不息的民族精神。据史书记载，汉武帝曾亲临黄河瓠口指挥堵口抢险，君臣同心，官民合力，终于制服洪水，并创作了著名的《瓠子歌》二首。太史公司马迁亲身经历了瓠子堵口，为壮观场面和武帝《瓠子歌》所感动，在其所著《河渠书》中有“甚哉，水之为利害也”的感慨。潘季驯、靳辅、林则徐、李仪祉、王化云……古今众多治水名人的业绩都与治黄事业紧密相连，载入史册。抗日战争期间黄河花园口大堤被人为扒开，以水代兵，成为中国现代史上的重大事件。解放战争时期，刘邓大军强渡黄河，揭开了中国人民解放战争从战略防御转向战略进攻的序幕。新中国成立前夕，周恩来领导解放区军民开展黄河归故斗争，使黄河最终迎来新中国的曙光。1952 年 10 月，毛泽东主席第一次出京视察的地方就是黄河，他登上黄河大堤，发出“要把黄河的事情办好”的深情嘱托，由此揭开了当代中国治黄事业新的一页。新中国成立 60 多年来，经过精心治理，黄河大堤成为稳固的千里堤防，尽管黄河多次发生超大流量、超长时限的洪峰，但千里堤防巍然屹立，没有发生决口泛滥，黄河大堤成为新中国治黄新成就的见证。

（二）黄河大堤的建造蕴含着丰富的创造性智慧

黄河大堤

黄河是一条特殊的河流，治河之法必须从实际出发才能成功有效。春秋战国时期，就有了对黄河筑堤的经验总结。如《管子·度地篇》中曾指出：修堤的时间以春天三月最好，此时土料较干，易于坚实。而其他季节，夏季农忙劳力紧；秋季多雨土料湿；冬季土料冻结修堤不实。五代北宋时期则已经有了双重堤防，并按险要与否分为“向著”、“退背”两类，每类又分三等。到明代，堤防工程的施工、管理和防守技术都达到了相当高的水平，把堤防分为遥堤、缕堤、格堤和月堤四种，按照各堤的作用，因地制宜修建。潘季驯治理黄河采取“筑堤束水，以水攻沙”的方略，遵照水沙关系的自然规律，利用水流自身的力量来刷深河槽，减少淤积，增大河床的容蓄能力，从而达到防洪保运的目的。在建造堤防实践中，还有“蓄清刷浑”和“淤滩固堤”等措施，都体现了顺应客观规律，因地制宜的创造性智慧。

（三）黄河大堤的原型物质载体包含着丰富的精神文化内涵

黄河大堤不仅是防御洪水的工程建筑物，同时也是一条文化长廊，内容极其丰富。大堤两边分布着众多历史文化遗迹，如御坝碑、林公堤、仓颉墓、铜瓦厢决口改道处、花园口扒堵口处、刘邓大军渡河处、小顶山毛泽东视察黄河纪念地、将军坝、镇河铁犀等众多人文景观，还有著名的嘉应观等古代水利官署建筑。黄河大堤还孕育了浩瀚的治黄文献、典章制度，诞生了数量众多的文学艺术作品。特别是“黄河号子”，是先民在与黄河激流的抗争中，逐渐形成的有一定节奏、一定规律、一定起伏的声音，曲调高亢激奋，节奏沉稳有力，调式调性变化频繁，具有较高的艺术价值，是中国人民在劳动中创造的最古老、最原始的民间艺术之一。经过数千年的完善，逐步发展为抢险号子、夯硪号子、船工号子等不同类别，并在不同地区形成了不同的流派，具有较高的艺术价值。“黄河号子”作为黄河文化的重要组成部分，已于 2008 年入选国家级非物质文化遗产名录。鉴于黄河大堤的历史文化内涵丰厚，有专家建议将黄河大堤申报世界文化遗产。

黄河大堤成为绿色长廊

（四）黄河大堤是生态水利的直观展示

治理黄河的历史进程也是生态水利思想发展的过程。古代治黄筑堤，最直接的动力是出于安全性需求（免遭洪水之灾）。新中国成立后，特别是改革开放以来，在有效控制洪水的基础上，黄河大堤发展出经济型需求，利用大堤种植树木，养殖家畜，把千里大堤建成林带、果园、牧场。21 世纪民众对水利的需求，已经从安全性需求、经济型需求，进一步发展为舒适型需求。[1] 作为公共设施的水利工程，不仅要安全，有实用功能，还要为民众提供优美的生态环境，成为赏心悦目的公共景观。现在的黄河大堤就是这种理念的真实样本，它不仅保证了黄河的安澜祥和，为沿岸人民的生命财产提供了安全保障，而且成为绿树浓荫的生态长廊，具有鲜明的美学价值，成为人民群众休闲、活动、旅游的好去处。目前，千里黄河大堤内已建成多个国家级水利风景区。从这个意义上说，黄河大堤不仅是坚固的堤防，安全的屏障还是一道蜿蜒千里的壮美景观。

二、引水工程

引水工程是人类为从别处引来水源而建造的水利工程。古代的引水工程，除了生活饮用之外，更主要的是用于农业灌溉。在历史上，中华民族建造了众多引水工程，如秦代三大著名水工程之一的郑国渠，将泾水引入关中平原，工程竣工后，浇灌农田 4 万余顷，“于是关

❶ 王亚华，胡鞍钢．中国水利之路：回顾与展望（1949—2050）［J］．清华大学学报（哲学社会科学版），2011（5）．

中为沃野，无凶年，秦以富强，卒并诸侯。”[1] 还有战国时期的引漳十二渠、汉代的白渠、宁夏古灌渠、近代以来的“关中八惠”等，都是以“水润田畴”促成了当地的经济发展和社会进步。以下选取两个著名水工程——坎儿井和红旗渠作为代表，揭示蕴含其中的文化内涵。

（一）坎儿井

坎儿井是干旱、半干旱地区人民创造的一种独特的水利工程形式。在我国，坎儿井主要分布于新疆的哈密、吐鲁番盆地。西北内陆地区严重缺水，大量的雪山融水是宝贵的水资源，但融化的雪水在长距离的自流过程中容易蒸发、渗漏。当地人民群众学习借鉴关中地区的井渠法，并融入了创造性的智慧，建造了在地下开挖引水渠的特殊水利工程。新疆坎儿井创始于汉代，明清时期大量修建，现存的坎儿井多为清代建造。繁盛时期的坎儿井总数达1100 多条，全长约 5000km，被誉为“地下万里长城”。

坎儿井工程结构一般包括竖井、暗渠、涝坝和明渠四部分，竖井和暗渠主要在地下施工建造。竖井用以开挖暗渠、维护管理；暗渠截取地下水，送入明渠；涝坝用途是蓄水、晒水；明渠则自流输水灌溉农田。这种自流引水、减少蒸发的水利设施，对于干旱少雨地区的农业生产有着极为重要的价值。[2]

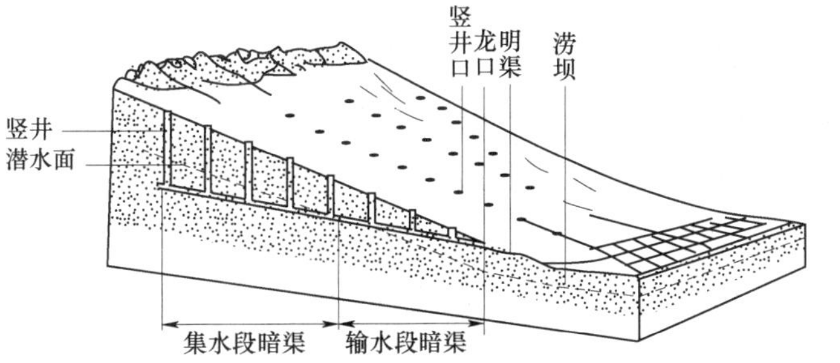

坎儿井示意图

从文化角度看，坎儿井的文化意义主要体现在以下几个方面：

（1）坎儿井是世界水利史上的奇观。坎儿井是特殊自然条件下的杰出创造，显示出中华民族强大的创造力。坎儿井因其独特的施工工艺及深厚的历史文化享誉世界。2006 年 5 月 25 日，“坎儿井地下水利工程”被列入国务院公布的第六批全国重点文物保护单位名录。

（2）坎儿井是财富的标志。在吐鲁番、哈密这样的干旱地区，田地有了水才能生产财富。坎儿井引来天山雪水，在干旱之地形成了富庶的绿洲，因此坎儿井在新疆成为财富的标志。旧时新疆财主计算财产，往往不举田亩之数而举坎儿井之数，拥有坎儿井多者即为富有。这种有意味的历史文化现象，显示出水在当地社会生活中的重要价值。

---

[1] 司马迁《史记·河渠书》

[2] 顾浩．中国治水史鉴［M］．第二版．第五篇“坎儿井的创造与发展”．北京：中国水利水电出版社，2006.

（3）坎儿井具有历史纪念意义。林则徐在贬谪新疆期间，非常重视坎儿井的价值，大力推进坎儿井的开掘和改进，对新疆水利事业产生了巨大影响，给人民群众带来福祉，新疆人民群众感念林则徐，称坎儿井为“林公井”。

坎儿井暗渠

坎儿井明渠

（4）坎儿井是民族文化交融的结晶，中外文化交流的载体。在伊朗、哈萨克斯坦等中亚国家及干旱的非洲国家，也有坎儿井这种特殊的水工程。法国汉学家伯希和据此认为，坎儿井的工程技术是自波斯（伊朗）传入中国。中国近代学者王国维在《西域井渠考》中认为，“（伯希和）所言与汉井渠之法无异，盖东来贾胡（注：经商的西域人）以此土之法传之彼国者，非由彼土传来也。”坎儿井技术最早起源于我国汉代关中地区的“井渠”，《史记·河渠书》已有记载。井渠之法经河西走廊传到新疆，融入了新疆少数民族的智慧。哈密、吐鲁番在盆地边上，有一定的坡降可以自流引水，含水层里有大量融化的天山雪水，当地劳动人民就是利用了自然条件，用“井渠”之法开挖坎儿井的。古代新疆，技术条件和施工手段都比较简陋，但坎儿井能够有效解决暗渠的坡降，地下暗渠畅通，其中融入了技巧和智慧。关中地区的“井渠”引水没有“涝坝”，但在新疆建造坎儿井时，因天山雪水凉，不宜直接浇灌，便在暗渠与明渠之间创造性地增设了“涝坝”，既起到晒水作用，又可以蓄水调节水位，体现了民族文化的融合。而后，坎儿井技术再经丝绸之路传到中亚诸国及非洲国家。由此可见，坎儿井作为一种特殊的水工程，还承载着中外文化交流的历史使命。

（二）红旗渠

红旗渠是新中国劳动人民建造的著名引水工程，位于河南省林州市（原林县），蜿蜒在太行山崇山峻岭之上。林县处于河南、山西、河北三省交界的太行山区，土薄石厚，历史上严重干旱缺水。“水缺贵如油，十年九不收”是旧林县的真实写照。新中国成立后，全县人民以“重新安排林县河山”的决心，在 20 世纪 50 年代先后建成了一些引水渠、水库等水利工程。但由于水源有限，仍不能解决大面积灌溉问题。1960 年 2 月，林县人民开始修建红旗渠（原称“引漳入林”工程），以浊漳河为源，渠首在山西省平顺县石城镇侯壁断下。经过 10 年艰苦奋战，到 1969 年 7 月完成干渠、支渠和斗渠配套建设，以红旗渠为主体的灌溉体系基本形成。红旗渠灌区渠道（包括总干渠、干渠、支渠、斗渠）总长 1500 多 km。加上农渠，总长度达 4000 多 km，南北纵横，贯穿于林州腹地。沿渠共建有“长藤结瓜”式水库 48 座，利用居高临下的自然落差，兴建小型水力发电站 45 座，已成为“引、蓄、提、灌、排、电、景”相结合的大型灌区。

红旗渠总干渠开凿在峰峦叠嶂的太行山腰，工程艰险。1960 年动工之际，正是全国严重经济困难时期。修渠的干部民工生活艰苦，施工条件简陋。他们在艰难困苦的条件下，奋战于太行山悬崖绝壁之上、险滩峡谷之中，靠自力更生、艰苦创业的愚公精神，坚持苦干 10 个春秋，削平了 1250 个山头，架设了 150 多座渡槽，凿通了 200 多个隧洞。挖砌的土石如果垒筑成宽 2m、高 3m 的墙，可以把广州和哈尔滨连起来。红旗渠的建成，给林州人民带来了巨大的经济效益。同时，红旗渠精神也成为一笔珍贵的文化财富。

红旗渠总干渠（局部）

（1）红旗渠是新中国水利事业的光辉旗帜。红旗渠的建设，国家投资很少，主要依靠集体经济力量，自力更生创造了奇迹。林州人民不等、不靠，抱定一个坚定志向——“苦干一辈子，给后代创造幸福”，体现了中华民族艰苦创业的勇气和智慧，新时代劳动人民主动创造历史的主人翁精神。周恩来总理称赞红旗渠是“人工天河”，认为它与南京长江大桥同为新中国社会主义建设成就的杰出代表。国际友人誉之为“世界第八大奇迹”。改革开放以来，红旗渠风景区先后获得“国家重点风景名胜区”“国家水利风景区”“全国爱国主义教育基地”等称号。2006 年，红旗渠作为当代水工程，被国务院批准列入第六批全国重点文物保护单位，足以表明红旗渠重要的文化价值。

（2）红旗渠精神是民族精神的丰碑。当年红旗渠的建设者把红旗渠精神总结为四句话：“为了人民，依靠人民；敢想敢干，实事求是；自力更生，艰苦奋斗；团结协作，无私奉献”，这四句话得到了周总理的肯定和赞扬。江泽民概括的红旗渠精神是：自力更生、艰苦奋斗、团结协作、无私奉献。党和国家领导人称赞红旗渠精神体现的是“中华魂，民族魂”。在精神价值上，红旗渠不仅属于林州一地，更属于新中国全体人民。红旗渠精神培育和鼓舞了一代又一代创业者，每年有数十万人到红旗渠参观、旅游，他们从工程的伟大气概和豪迈精神中受到鼓舞和振奋。2004 年，“红旗渠精神展”在北京、广州、西安等地展出，引起热烈反响。红旗渠的建设，体现了为民造福，带领人民创造新生活的执政理念；体现了建设者既满怀雄心壮志，又尊重科学的精神。红旗渠表明，中国人民不愧为伟大的人民，有豪迈的意志和无限的创造力。红旗渠蕴涵的中华魂、民族魂，在实现民族复兴的宏伟大业中是一座永恒的精神丰碑。

（3）红旗渠精神成为代代相传的文化传统。红旗渠精神形成于 20 世纪 60 年代，现在已经积淀为一种文化传统，培育了一代又一代红旗渠儿女。当年的林县人民“千军万马战太行”，引来幸福水，创造美好生活。改革开放以后，他们“十万大军出太行”，凭着精湛的建筑工艺和认真负责的精神，在全国各地甚至到国外承包建筑工程，使林州成为富有盛名的工匠之乡，创造了良好的经济效益，促进了林州的第二次起飞。到 21 世纪初，林州人民又开始“千军万马美太行”，绿化、水土保持、节水、蓄水，发展生态农业和旅游。当年的红旗渠精神已经成为一种文化传统，一代又一代传承，发扬光大。

三、航运工程

自然的河流是人类文明的摇篮，运河作为人工建造的航运工程则是人类文明的进步结晶。从古至今，世界各国人民开掘了数量众多、规模不等的运河。中国航运工程的著名范例如广西的灵渠、江苏的通扬运河（盐运河）、隋唐运河、京杭运河、浙东运河等。目前，一般意义上的大运河是指京杭运河。以下以京杭运河为例论述航运工程的文化内涵。

京杭运河是古代沟通我国南北的交通大动脉，贯通海河、黄河、淮河、长江、钱塘江五大水系，流经北京、天津、河北、山东、江苏、浙江六省（直辖市），全长 1794km。它是世界上最长的人工河流，也是最古老的运河之一，至今已有 2500 多年的历史，其部分河段至今仍是繁忙的水运航道。京杭运河是中国古代劳动人民创造的一项伟大工程，

京杭大运河苏北高邮段

是中国文化的象征性符号。京杭运河对中国南北地区之间的经济、文化发展与交流，特别是对沿线地区工农业经济的发展起了巨大作用。在中国历史上，京杭运河对经济发展、国家统一发挥过巨大的作用。唐代诗人皮日休评价京杭大运河："尽道隋亡为此河，至今千里赖通波。若无水殿龙舟事，共论禹工不需多。"皮日休还说："（大运河）在隋之民，不胜其害；在唐之民，不胜其利。"

中国的大运河是世界运河史上最伟大的工程。评价大运河的文化内涵，不能忽略其科技方面的光辉成就。英国作家、科学家 C.P. 斯诺在其著名的《两种文化》一书中，把科技文化、人文文化并称为两种文化。广义的文化应当包括科技文化。

从科技文化角度看，大运河包含很多重要的科技创造。运河不可能像天然河流一样依地势汇集众水由高向低自然流淌，跨越几个流域的千里河道要顺利通航，面临地形、水源、水量、泥沙、与他水交汇等诸多技术难题。在大运河的开凿和维护史上，我国古代劳动人民以卓越的聪明才智和巨大创造力，解决了许多重大难题，实现运河流水千里畅通。其代表性的成就为：其一，建闸（坝）节水。古代劳动人民在河道上设置堰埭以调节水量，控制水位差，是中国水利史上的重大创举，而用闸（斗门）尤其是复闸代替堰坝，具有里程碑的意义。西方直到 13 世纪，才在荷兰最早出现了简单的船闸。17 世纪意大利人建设的米兰船闸，与我国北宋初出现的复闸原理和设施几乎一致，但时间却晚了几百年。其二，开源济运。如郭守敬从北京昌平东南白浮村的神山泉引水入昆明湖，解决通惠河水源的难题。山东汶上白英老人引汶济运，并实现水量的科学调节，即民间所称的"七分朝天子，三分下江南"。其三，设弯降坡。即在水流落差较大的河段，开挖弯道以降低河床坡度，所谓"三弯顶一闸"。其四，打造水利枢纽。最著名的是山东南旺水利枢纽，有效翻越了运河的"水脊"，使运河水"翻山越岭"，被誉为京杭大运河的"心脏"，是世界水利史上的杰出创举。还有淮安清口—洪泽湖水利枢纽，有效解决了黄河、淮河、运河水流交汇的难题。

从人文文化角度看，大运河有很多珍贵的历史遗产和重要的文化价值。

（一）运河促进了漕运文化的发展

漕运即利用水道调运粮食（主要是公粮）的一种专业运输。广义的漕运包括河运、水陆递运和海运三种，狭义的漕运仅指通过运河并沟通天然河道转运漕粮的河运。明中期以前，漕运是大运河第一位的功能，由此形成了独特的漕运文化。最具有历史延续性的是"漕运优先"制度，即当水量或其他船只影响漕运通路时，统治阶级就以制度的力量首先保证漕运畅通，任何情况下都要保证漕运的优先地位，这是历代统治者尊奉的"金律"。古代水利典籍记载的"国之大事在漕，漕运之务在河"，河务之要为"治河保漕"而非"治河保农"，反映出历代中央政府对运河水权的强力控制。为保漕运安全畅通，历代统治者建立了漕卒队伍，后来发展到建立专门的漕军，还建造漕运船只（漕船），设立漕运管理机构——漕运总督与河道总督。这些都曾经在历史上产生过重要作用，属于运河管理的历史文化遗产。

（二）运河文化是一部流动的长卷

从文化角度看，京杭大运河的开凿和通航，大大促进了南北文化交流，增强了民族文化的融合。也带动了运河文化的发展，一座座城市、城镇在运河沿岸兴起、发展，形成了沿河城市带。在沿河城市、城镇，历代建成的码头、驿站、商号、会馆、戏院、茶楼等，一处处古迹及艺术珍品至今仍熠熠生辉。运河孕育了数量众多的文学艺术作品，无数文人墨客为大运河留下了传世杰作。贯穿东西方向的隋唐运河也曾有过历史的辉煌，唐宋诗词的许多名篇佳句是写隋唐运河的舟船旅行，如宋词名句“今宵酒醒何处？杨柳岸，晓风残月。”明清小说戏剧，凡写到江南与北京的旅途故事，多以京杭大运河为背景，如著名的《杜十娘怒沉百宝箱》。运河沿岸还串联着很多水景观和风景区，如同一长串美丽的珍珠，如山东的微山湖，江苏的高邮湖，扬州的瘦西湖。如果说万里长城是凝固的历史，那么京杭运河就是流淌着的文化长卷。

（三）当今时代运河文化依然焕发光彩

随着历史的发展、时间的推移，人们越来越深刻感受和认识到运河的文化意义。2007年9月，在扬州举办了世界运河名城市长论坛，会议将运河与沿河城市的关系作了富有诗意和情感的表达：“运河养育了沿河的城市。运河对于它身边的这些城市来说，不是生母便是乳娘。”[1] 会议还概括了沿运河城市在文化上的共性：第一，尊重历史、饮水思源的感恩情结；第二，善于沟通、包容开放的宽广胸怀；第三，永不停歇、不断更新的创造力；第四，天人合一，人与自然互动感应、友好相处的和谐。2013年9月，扬州又举办了以“水生态、水文明与名城”为主题的“2013中国·扬州世界运河名城博览会”。京杭运河不仅带来了经济效益，还给人们留下了深邃的文化智慧和思想启迪。

（四）运河文化拥有世界性声誉

中国大运河早已在世界文明史上拥有广泛影响。山东“戴村坝南旺闸”不仅被国内水利界奉为典范，也一直受到国外专家的高度重视和推崇，认为是京杭大运河科技含量最高的节点，是大运河的“心脏”。2006年，国家将大运河列入全国重点文物保护单位，同年底，启动大运河“申遗”。2014年6月22日，中国大运河被联合国列入世界文化遗产名录，获得了世界性声誉。

---

[1] 胡敏，姜垠．运河之于城市，不是生母便是乳娘［N］．扬州日报，2007-09-27.

四、综合工程

很多水工程的作用是综合性的，集多种功能（防洪、引水、航运、发电）于一体。中国古代综合水利工程的典型代表是都江堰。

都江堰工程鸟瞰

都江堰建造于战国时期。其时秦国在西部崛起，蜀守李冰修建都江堰，起初出于战略目的，为了打通与长江的航运通道，沿长江向东方扩张，建成之后成为综合性的民生工程——防洪排涝、引水浇灌、发展航运。都江堰位于岷江上游与中游分界处，岷江发源于岷山，上游坡降很大，洪水季节水势凶猛。未修建都江堰之前，成都平原每到雨季饱受洪涝之苦，而需要浇灌农田时，又缺乏足够的水源。都江堰建成，有效控制了岷江的洪水，引水浇灌成都平原万亩良田，使岷江造福于人类，使成都平原成为富庶的天府之国，所谓“一堰开天府”。古籍记载都江堰建成之后，成都平原“水旱从人，不知饥馑，天下谓之‘天府’也。”[1]至今仍发挥着滋润大地、惠泽苍生的作用。它既是水利工程的典范，也闪烁着传统文化的光芒，蕴藏着启迪后人推进水利可持续发展的大智慧。

都江堰的基本技术格局是无坝引水，自动调水调沙。都江堰的文化智慧在于它体现了中国传统哲学“天人合一、道法自然”的思想，乘势利导，因地制宜。突出特点是实现了工程与周围环境相协调，恰当地做到了顺应自然与利用自然的统一，其特点主要表现在以下 3 个方面。

（一）表现在工程选址上

都江堰选址在岷江上游和中游的交汇处，恰好是岷江上游“自然之区”和岷江中游“人文之区”的联结点。都江堰渠首枢纽布置在岷江出山口处，这里群山环抱，大江中行，形成了环状的地势和环流的水势，又因 730m 的海拔高程，使这里对处于海拔 450 ~ 500m 的成都平原和川中丘陵区具有居高临下的建瓴之势，为修建无坝引水、自流灌溉的水利工程创造了得天独厚的自然条件。

（二）表现在工程营构上

渠首三大主体工程（鱼嘴、飞沙堰、宝瓶口）的设置，巧妙利用了地形、地势，运用

[1] 《华阳国志・蜀志》

"凹岸取水"原理，以"鱼嘴"四六分水，并利用河流弯道"凸岸排沙"的水流势态，筑"飞沙堰"泄洪排沙；凿"宝瓶口"限洪引水。三大工程相辅相成，浑然一体，协调运行，达到引水灌溉、分洪减灾、排沙防淤的神奇功效。灌区内各级渠道的分布，也都采用渠首枢纽的模式，形成了一个庞大的系统工程，把岷江的水资源有效地分配到灌区各地，进而达到全灌区均衡受益的目的。

（三）表现在工程技术和措施上

都江堰治水的经典六字诀"深淘滩，低作堰"，以及"遇弯裁直，逢正抽心"的概括，已经超越了直观经验，上升到了科学理论高度。都江堰的岁修制度，以竹笼、杩槎筑"软堰"挡水，以卧铁标示高程等工程技术手段，也都显示出高超的治水智慧。在都江堰工程实体的基础上，还产生了"放水节"这样的民俗文化，规模宏大，具有浓郁的民族文化特色和古蜀文化韵味，营造出隆重、热烈、喜庆、祥和的节日气氛，体现了中华水文化的传承和弘扬。都江堰"放水节"已成为中国非物质文化遗产。

联合国世界遗产委员会于 2000 年将都江堰列入世界文化遗产名录，并对都江堰作出极高的评价："全世界至今为止，年代最久、唯一留存、以无坝引水为特征的宏大水利工程。2200 多年来，至今仍发挥巨大效益，李冰治水，功在当代，利在千秋，不愧为文明世界的伟大杰作，造福人民的伟大水利工程。"都江堰这一举世闻名的水利工程，不仅成为水利工程的典范，也是优秀水文化的突出表现，给后人留下了丰厚的精神财富。

第二节　水环境

水环境主要指地面的水体（河流、湖泊、池塘、沼泽、海洋等）在自然和社会生活系统中所处的状况和作用。科技意义上的水环境，包括地上水环境和地下水环境。文化意义上的水环境，主要就地上水环境而言，一般不包括地下水环境，而是由水发挥主要作用的社会生活环境，是可视、可触的物质性存在。水环境具有不可或缺的经济效益，同时也有着重要的文化价值。

一、水环境是社会发展的基石

众所周知，游牧时期的生活方式是缘水而居，不稼不穑。畜牧业对水环境有着极大的依赖性，水草丰美是畜牧业发展的基础。新疆罗布泊、内蒙古居延海，历史上曾经是风吹草低见牛羊的牧场，后来，水环境恶化，人口迁徙，最终成了荒凉的沙漠。传统农业社会，水利是农业的命脉。马克思曾经指出，东方农业很大部分是灌溉农业而非雨养农业，利用运河和水利灌溉是东方农业的基础，灌溉条件好的地方就是上等的农业生产区。即使在今天，增加灌区面积依然是发展农业的重要途径。现代社会，水的重要性更加凸显，正如 2012 年中共中央一号文件指出的："水是生命之源，生产之要，生态之基。"现在社会的经济发展和城市繁荣更加需要依赖水资源和水环境。2000 多年前管子就提出，建立都城要充分考虑水的因素："凡立大都，非于大山之下，必于广川之上。高毋近旱，而水用足；下毋近水，而沟防省。"[1]这是我国历史上最早论及城市建设与水的重要关系的。古代城市的发展，除了日常生活用水之外，漕运、防卫（护城河）和城市园林，也都需要依赖水环境条件。现代城市在工业、商业、基本建设方面，比古代城市用水量更大。"在知识经济时代之前，工业用水是现代城市用水的主要组成部分，约占整个城市用水量的 70%。"[2]由于大环境的变化，北方许多城市水资源严重短缺，制约了城市的发展。从 20 世纪 80 年代以来，我国连续进行了引滦济（天）津、引黄济青（岛）、引黄济太（原）等水利工程建设，大大改变了城市原来的水环境，促进了城市的繁荣发展。目前正在加紧建设的南水北调工程，也是为了改善北方的水环境，促进经济发展和社会繁荣。

二、水为国之财富

中华民族的传统观念是重土，《诗经·北山》里就写道："溥天之下，莫非王土。"那个时候对国之财富的重视，体现在土地和土地之上的城池。当时的战争叫"攻城掠地"，打败了仗，就要割地赔城。孟子说战争是"争城之战，杀人盈城；争地之战，杀人盈野。"可见土地和城池是当时战争主要的争夺目标。

即使在古代，也有一些思想家、政治家，在重视土的同时也同样重视水的价值。《管子·水地》说："夫民之所生，衣与食也。食之所生，水与土也。"汉语有"一方水土养一方人"的俗语，是说水和土共同构成人的生活基础，水里也能出产物质财富。"水"在民众心目中就成为"土"之外另一种可以供养生息的经济资源，"靠水吃水"被认为是合乎自然规律的生活方式。政府也开始对水中的出产进行管理，春秋时期就开始有把水比照土来收取赋税的例证。《管子·乘马》篇中就说："流水，网罟得入焉，五而当一。泽，网罟得入焉，五而当一。"凡是能进行捕捞的流水与低洼地，都需要按土地的折算比例（1/5）交税。这就表明，社会的管理阶层看到水里和土地一样也能生产物质财富，因此要收取赋税。

大约到了战国时候，水为国之财富的意识更加明确。往往一个诸侯国水域的大小成为衡

[1] 《管子·乘马》
[2] 李宗新．水文化文稿［M］．内蒙古：远方出版社，2002.

量国之财富的重要标志。《墨子·公输》篇讲到，楚国要攻打宋国，墨子去劝说楚王不要攻宋。他把两国的基本资源做了对比，除了说到楚国方圆五千里，宋国才五百里之外，还特别说道：“荆（即楚国）有云梦，犀兕麋鹿满之，江汉之鱼鳖鼋鼍为天下富，而宋所谓无雉兔鲋鱼者也。”（你的水资源和水产那么丰富，像宋这么一个贫穷、弱小的诸侯国，你去打它，不像富人去偷穷人一样吗？）可见，在墨子的思想里面，一个诸侯国水域的大小已经成为衡量国之财富的标准。这种意识在汉代司马相如的《子虚赋》《上林赋》里，表现得更为充分。《子虚赋》写楚国的子虚出使齐国，在夸耀楚国时特别说到“楚有七泽，……臣之所见，盖特其小小者，名曰云梦。云梦者，方七百里。……”并大力渲染云梦的浩瀚，以及其中物产的丰富，旨在炫耀楚国的强盛和富有。齐国的乌有先生则不甘示弱，针锋相对地举出齐国的“渤澥”（渤海的港湾）、“孟诸”（大泽），说它们可以把八九个云梦吞于胸中，以本国拥有水域的更广、气魄更大，来压倒对方的气势。《上林赋》里的亡是公，极力夸耀汉天子上林苑里的水：“丹水经其南，紫渊径其北，终始灞、浐，出入泾、渭，荡荡乎八川分流，相背而异态，东注大湖，衍溢陂池。”言下之意，跟汉天子的上林苑相比，你们的水还能值得一提吗？文学是社会生活的反映，尤其是社会心理的反映。这两篇著名的辞赋作品，内容虽为虚构，但体现了把水环境作为社会财富看待的意识。从作品中可以看出，在当时人的心目中，水域面积与土地面积一样，是国之疆域的重要部分，“水”域之大和水产之丰盛标志着国之财富，是国家“硬实力”的标志之一。

三、水是另一种生活环境

在中国传统的文化认同模式里，土地的地位至高无上，人在土地上生活是最基本的规律。“土”之外的其他空间就被认为带有低下意味。像《水浒传》里的“阮氏三雄”，没有一寸土地，只能在水面上打鱼为生，属于社会边缘人。而在有意回避主流社会的人看来，水是城市、山野之外的另一种可以寄托身心的生活空间。古代的隐士，起初是归隐于山林乡野，如商周之际的伯夷、叔齐就隐于首阳山。从文化意味上看，归隐山林虽然隐蔽，但还是居于“土”之上，空间上也受到局限，是“静态的隐居”。大约从春秋时期的范蠡泛舟江湖开始，产生了另一种“隐于水”的方式，后来，“归隐江湖”就成为与“归隐山野”同质而异形的一种生活方式，并在人文意义上逐渐超过了前者。归隐江湖脱离了“土”，且具有空间上的流动性，属于“动态的隐居”，是一种带有自由性的“边缘化生存”，因此在古代为很多文人所向往。隐士离开了土地之后，在“水”上找到了另一种生活空间。古代文艺家的创作中对此类生活有很多反映。现代社会的人不可能去做隐士，但是现代人的亲水旅游，与古人“隐于水”有着某些内在心理的相似，是在短时间内体验一种“隐居”的生活，追求生活环境的转换：从喧嚣的城市转换到乡村；从柏油马路、高楼、汽车之类刚性的“土环境”转换到柔性的水环境，寻找一种软性的、流动的、有意味的生活氛围。亲水旅游体现了现代人希望回归自然的追求。

20 世纪 50 年代之前的很长历史时期内，中国东南沿海地区生活着一类特殊的人群——疍民。他们一般在江海沿岸聚居，其生活习俗的最大特点就是“浮家江海”“以舟为居”，数百年来一直过着水上的“游牧”生活，也被称为“水上吉普赛人”。他们不是有意回避主流社会，而是被主流社会排斥在外。疍民在岸上没有一寸土地，终日生活在船上，水面就是他们的基本生活环境。依照“人必与土地相附”的传统观念看来，水居生活不是正常的生活方式，相当于被主流社会惩罚、流放。因此，疍民被当时社会视为贱民、异类，饱受歧视和欺凌。但换一个角度看，正是水为这些失去了土地的社会边缘人提供了生存的基本条件和空间。新中国成立后，疍民的社会地位和生活状况发生了根本性改变。自 20 世纪以来，疍民特殊的生活环境引起了学者们的注意，并对此进行了很有深度的学术探讨，这也是水文化应当关注的有意义的话题。

在文学作品中，水环境通常还是展现英雄风采的另一种诗意空间。中国古代战争主要是陆战，文学作品如《三国演义》《水浒传》，凡写到水战的内容，往往都别有意味。如《水浒传》里的“蓼儿洼水泊”，现代作家孙犁笔下抗日战争时期的“白洋淀”，文艺作品中的“洪湖”“沙家浜”，都成为英雄驰骋的疆场。水域的斗争更有一种别样的韵味，在活跃于水域的英雄们看来，波浪起伏的水面好像宽广的路，“我”熟悉而敌人陌生；水域是展现英雄本领的杀敌战场，水中的芦荡、荷田既是屏障，也成为诗意的背景；水还相当于农民的田地，出产美味食物（鱼、虾、菱、藕等）。这些虚构的文艺作品都具有现实基础，反映了社会生活的实际状况。

四、水环境具有美学价值

水环境除了经济价值之外，还具有赏心悦目的美学价值。有水就有灵气，“智者乐水”是中华民族的文化传统，亲水是人的自然本性，人类生活的理想境界都包含对美好水环境的追求。目前社会大众追求高品质生活的愿望越来越强烈，美好水环境的建成，总是直接拉动周围房地产升值，这已是众所周知的事实。旅游休闲的通常选择是山水佳处，凡有水资源的地方，总会努力在水环境上做文章，努力为人民群众提供美好和谐的休闲娱乐场所。水对于城市的重要价值，不仅体现在水资源的提供上，还为城市营造着景观形象和人文环境，承载着城市的历史传统和文化特色，水之美会给城市增加灵气和韵味。许多著名的水景点，如杭州西湖、济南大明湖、南京玄武湖、哈尔滨松花江沿岸，都成为城市的文化名片。

杭州西湖

济南大明湖

五、美好水环境是珍贵的文化遗产

水环境对于社会、城市的价值不是短暂的，而是长期的。水环境不仅属于当代人，更具有代代相传的历史延续性。我国几个省（直辖市）联合将大运河申报世界文化遗产获得成功，彰显了水环境的文化遗产价值。对于城市来说，街区、道路、建筑布局可以在短时间内有很大变化，但水环境的改变却相对缓慢。水环境延续时间越长，越具有文化遗产性质。例如，从古到今，提起济南，就令人想起“家家流水，户户垂杨”；提起南京，总让人联想起“桨声灯影里的秦淮河”；提起苏州，总是让人想到“人家尽枕河”的生活画面；提起杭州，人们总是将其与西湖紧密相连。古代吴越国王钱镠，方士曾劝告他填平西湖建造宫殿以使王业延续千年，他拒绝了方士的劝告，为杭州保留了西湖，后人写诗赞扬钱镠的功绩是“留得西湖翠浪翻”。假如当年西湖在钱镠手下消失，杭州还是今天意义上的杭州吗？唐代的白居易在杭州居住之后不愿离开，其《春题湖上》诗中写道:“未能抛得杭州去，一半勾留是此湖。”现在，杭州西湖已成为世界文化遗产。同样，黄浦江与上海，海河与天津，松花江与哈尔滨，秦淮河、玄武湖与南京，东湖与武汉，大明湖、泉水与济南，滇池与昆明，大运河、瘦西湖与扬州，太湖与沿岸城市群，运河与沿河城市带……都是在文化上结为一体，并代代传承。很多地方，把某一条河流称为“母亲河”，或者把某条河、某个湖称为当地的“名片”，充分表现了水环境作为一个城市文化遗产的价值。

六、当今水环境的状况和治理

以历史眼光看，我国的水环境从古到今有着很大变化。特别是在北方，河流水量比古代普遍减少，大部分湖泊沼泽萎缩乃至消失，许多地区严重缺水。这里有气候变化的自然原因，也有人口增长、过度开发等人为原因。人们无法要求水环境永远不变，但对于水环境的变化要引起充分的警觉，积极主动地应对环境变化，努力保护水环境，建设美好水环境。水利专家指出："未来水利工作的重要内容之一就是努力营造清新优美的水环境，提高人居环境质量，为构建和谐社会提供重要支撑。水环境只有突出文化品位，才能满足人们的精神文化生活需求；水景观只有注入文化内涵，才能展示水的个性与魅力；水工程只有发挥审美效应，才能更生动、更和谐、更富有活力。"❶

党的十八大提出生态文明建设的任务，将其与政治、经济、文化、社会建设并提，五位一体。水是生命之源，生产之要，生态之基，水生态文明建设是生态文明建设的基础。城市水环境建设的任务尤其紧迫，这是因为，一方面，城市的繁荣和发展需要水资源供给和良好的水生态作为基础；另一方面，城市现代化进程中的建设、消耗、污染又对水生态环境造成不利影响。

水环境建设的理想目标是人水和谐，人水和谐的对立面是人水关系紧张。在目前的城市环境中，人水关系紧张的一种情况是供需关系的紧张，主要由水资源短缺引起；另一种情况是相处关系的紧张，主要因人伤害水而引发。当前，城市人对水的伤害主要有以下三种行为：一是侵占。人水争地为获得建设（开发）的地盘和空间，填平水面修马路、建房屋；覆盖河面，把敞开的河渠变成下水道式的暗沟；因为填河而任意截断水流，毁坏千百年来形成的自然水道、水网，形成众多"断头河"，很多原本连接、贯通的水网成为一段段封闭的死水，河水变质、变臭。二是污染。据资料显示，2010 年全国排放生活污水 379.8 亿 t，工业污水 237.5 亿 t，大部分集中在城市。而目前全国城市污水集中处理率仅为 16%，全国超过 80% 的城市污水未经任何有效的收集处理就直接排放到附近的水体。❷还有垃圾倾倒入河（湖），造成水质污染，使得原本具有美化景观作用的河渠变成了天然污水沟。特别在南方，变质的水体不仅造成环境形象污染，而且成为苍蝇蚊子的孳生地，直接影响城市卫生和市民身心健康。三是损坏。又分为"建设性损坏"和"开发性损坏"。前者主要体现为高高的混凝土防波堤（"睡堤"），把人与水生硬地隔离开来。只从工程上着眼，忽视了生态需要，损坏了水生态环境。后者是指毁坏与水有关的历史文化遗迹，开发成现代风格的商品房，历史人文环境大受损伤，而且一旦毁坏，往往无法复建。

秦淮河是南京的"母亲河"，在历史上盛名远播。秦淮河分为内秦淮和外秦淮。外秦淮在历史上也曾经繁华过，但后来因为战争而凋落、破败，成为入江的运输通道，河面荒落、凌乱。20 世纪 80 年代以后，河道虽经过治理，但是河水污染严重，很多河流成为市区的主要排污通道，沿河两岸乱搭乱建，凌乱不堪。

---

❶ 刘宁. 文化视野中的中国水资源问题［J］. 求是，2006, 23.

❷ 《2010 年中国环境状况公报》

外秦淮河旧貌

21世纪初，南京市花大力气投入巨资整治外秦淮河，建成数十里文化风光带，注重发掘沿河历史文化资源，优美的风景与沿岸文化遗迹结为一体，相映成趣，秦淮河真正成了南京市民珍爱的文化名片，现在已经成为国家水利风景区。

秦淮河的治理，大大改善了南京市的人文环境。2008年，联合国人类住区规划署授予南京人类居住特别荣誉奖。颁奖词是:“鉴于南京市大力的、独特的、值得仿效的、全面的治理并开发了流经市区的秦淮河，特授予人类居住特别荣誉奖。”特别荣誉奖在联合国人居署属于“钻石级”的奖项，而且是第一次授予一个城市，可见水环境对于一个城市的重要价值。

外秦淮河新貌

第三节　水景观

水景观即作为人审美观赏对象的水体。水从自然之物而成为景观，是从物质性的存在上升为审美意义的存在。在人的意识中，水景观主要体现的不是它的实用价值、科学价值和经济价值，而是其审美价值和生态价值。本节所说的水景观，主要是指存在于地面的液态水形成的稳定性景观，不包括空中的液态水、固态水、气态水形成的变化性景观（如降雨、下雪、起雾等）。水景观的范围大小不一，如池、潭、泉、井属于“点状”的水景观，一段河流属于“线状”的水景观，湖泊、大海属于“面状”的水景观。

一、水景观的类别

水景观具有美的属性。美学上常常根据美的内容划分美的类别，由此出发，可以将水景观之美分为以下 3 类。

（一）自然美的水景观

自然美就是主要由自然造化而形成的美。自然美的水景观主要是指那些较多保持水的本原状态，没有经过明显人工改造和加工，呈现出来的是自然美状态的水景观。四川黄龙、九寨沟的水，新疆喀纳斯湖的水，是很典型的、集中的自然美的水景观。但自然美的水景观不仅限于著名风景区，很多保持自然形态的水体，如河水的清洌，瀑布的壮观，潭水的澄澈，山溪的淙淙作响，大海广阔而又深邃的蔚蓝……都可以成为美丽的水景观。自然美并非绝对与人的劳动完全不发生联系，像九寨沟、黄龙等地的水，看似自然形成，但在当今时代也含有人类的保护和管理等实践劳动，只不过就其本源来说仍以自然形成为主。现代社会，工业化、城市化进程加快，水的自然美形象越来越显得珍贵。尤其在城市，一片洁净的水塘，一条清澈的小河，便可以形成美的景观。在水利风景区建设中，自然美的水景观是风景区的重要依托。

（二）社会美的水景观

四川黄龙水景观

社会美是人类的社会实践创造出来的美。自然美固然值得珍惜，但人类创造的美也同样不可忽视。马克思曾经说过：大自然固然壮观，人类创造的历史和现实比大自然更加壮观。社会美的水景观就是经由人的劳动而创造出来的具有美的属性的水。生活中的很多水景观经过了人类的劳动改造，使得水的形象比原来的自然状态更加美好，这些水景观是人类实践劳动的成果，具有社会美的性质。如云南元阳的梯田，江苏兴化的垛田，都是劳动人民在改造自然的过程中创造出来的美，而且又是以水为主体的。以江苏兴化的垛田为例，它是以最常见的农田水工程为基础的。这里属于里下河地区，是苏北的“锅底”，要挖河、挖沟、排水，河沟相连，挖出来的泥堆成一小块、一小块的垛田，当地群众在垛田上面遍种油菜，春季油菜花盛开之际，远看一片金黄，近看宛如绚丽的千岛，小船沿河沟摇进花海，只听对面欢声笑语却不见游人踪影，形成一种独特的景观。当地的旅游开发，称为“千岛油菜花旅游”。垛田中的河流沟岔，好像是大地的血脉一样分布着，印证了《管子》中“水是土地的血脉”的观点。很多水利工程，由于注重美学价值，工程建成后也就成为一处美的景观。

江苏兴化垛田

（三）科技美的水景观

科技美也是人类劳动的创造，与社会美不同的是，科技成果在一定程度上改变了事物的自然本性。如，水的自然本性是趋下的，但人类运用科技手段造成喷泉，使水向上喷涌。水的自然本性是无色的，喷泉可以带有颜色，还可以配上音乐。喷泉就是科技美的明显实例。再如，按照水的自然本性，应当在一个平面流动，但人类运用科技手段，可以使河水在不同的平面上流动。江苏淮安的“水立交”就是让南北方向的京杭大运河与东西方向的淮河入海水道形成立体交叉，京杭大运河在上层，淮河入海水道在下层。这座亚洲最大的“水立交”，既有重要的工程价值，也是具有明显科技特色的水景观。

江苏淮安“水立交”

二、水景观是中华民族“观水”传统产生和发展的物质基础

中华民族的“观水”具有悠久的传统。但是，在人类的审美历史上，水并不是一开

始就成为审美关照对象的。俄国思想家普列汉诺夫很早就提出了一个代表马克思主义美学的见解：“劳动先于艺术。总之，人最初是从功利观点来观察事物和现象，只是后来才站到审美的观点上来看待它们。”[1]在人类社会早期，由于人在与自然的矛盾中处于从属地位，通常感受到的是浩荡洪水的强大自然力对人的威胁，还没有从审美的角度欣赏水。而潺湲流水之类柔弱的水，在早期的人类视野中也只具有实用价值，人类尚未从超功利的角度进行审美参照。从中华民族的历史来看，在民族早期的文学艺术作品中，出现的主要内容是人的劳作、聚会、交往、战争等活动场面及猎物的形象，水只是偶尔作为点缀、陪衬（如《诗经》中的“所谓伊人，在水一方”“淇水汤汤，渐车帷裳”等），并没有成为独立的审美内容。随着生产力的发展，人类在与自然的矛盾中逐渐增强了力量，开始把包括水在内的自然事物作为审美的对象。尤其是水，不仅引发了人们从思想角度进行哲学、伦理学思考，更引发了人们对水景观实体形象的审美欣赏。这种欣赏主要表现在以下两个层面。

一是现实的层面，即社会民众普遍对水的喜爱和亲近。春秋时期，孔子感叹“智者乐水”，而且“见大水必观之”。其实不仅“智者”，普通人也是如此，亲水是中华民族悠久的审美传统，当人们面对形态各异的水景观时，往往本能地产生愉悦的感受。社会生活中的旅游，通俗说法是“游山玩水”，所“玩”之水，大都是物质形态的美的水景观。在人们的心目中，水是一种让人亲近、给人快乐的审美资源。美好的水景观不仅带给人感官的享受，还能够引起心灵的愉悦，促进内心的净化和精神的提升。古代诗文中常说，那些长期沉湎于官场钻营的人，面对纯洁的水，会洗去心中的俗念，在一定程度上回归人的自然本性。现代社会的人依然如此，繁重工作之余，投身于美好的山水之中，能够洗去劳累，忘却烦恼，净化心灵。欣赏美好的水景观，是生活的享受，人类的幸福。

在此基础上，中华民族对水景观的欣赏进入第二个层面，即艺术创作层面。众多文学艺术家不仅“观水”，而且将其观照的体验和感受融入大量文学艺术作品里。南朝时期兴起“山水文学”，秀丽山水进入文学艺术家的创作视野，并成为文学艺术的一个重要分支。中国传统绘画有“山水画”一类，名家名作数不胜数。水一直都是文艺家喜爱的题材、歌咏的对象。古代文艺家笔下的水，主要是自然形态的水景观，既有如曹操诗中的沧海洪波、杜甫笔下的浩瀚洞庭、苏轼作品中咏歌的大江东去等阳刚壮美之水；也有像“水皆飘渺，千丈见底”的富春江风景、“滟滟随波千万里”的春江潮水、幽美静穆的小石潭之类温柔秀美之水，还有《高山流水》《春江花月夜》等古典名曲。文艺作品通常被称为“第二现实”，是文艺欣赏的重要内容。古人把描写自然美景的诗文、音乐、绘画称作“案头之山水”，对它们的欣赏被称为“卧游”，对美好水景观的“间接观看”能够激发审美快感，陶冶性灵，拓展心灵

[1] 普列汉诺夫．论艺术（没有地址的信）[M]．北京：生活·读书·新知三联书店，1964.

境界，历来被认为是人生乐事。古往今来描写水的文学艺术作品，都经过了文艺家的创造想象，但其产生的基础是物质形态的美的水景观。

三、当前社会对于水景观建设的需求

21 世纪的社会生活中，水的审美价值越来越重要。中国人民正在努力实现建设“美丽中国”的宏伟目标，“美丽中国”必然包含优美的环境和宜人的景观。特别在城市环境中，水景观更加具有重要价值。城市化进程不仅仅体现为高楼、柏油马路、高速路的增多，还需要有宜人的水景观供人休憩、休闲、度假、旅游。水对于城市的重要价值，不仅体现在水资源的提供，还在于为城市营造着景观形象和人文环境，承载着城市的历史传统和文化特色。很多城市的水流廊道构成线性的景观，水域板块构成面状的景观，水之美会给城市增加灵气和韵味。人民群众希望城市的水体，不仅安全、清洁，而且是赏心悦目的风景，他们希望水利工程能够保持和创造更多更美的水景观，希望能更加方便地接近水、欣赏水。“水之美”是“美丽中国”最直观、最明显的特点之一。反之，一座城市，即使高楼林立，车水马龙，GDP 快速增长，如果有河皆污，无水不黑，也不能算是成功的现代化，至少不是圆满的现代化。

2013 年，水利部发布《关于水生态文明建设的意见》，指出水有三项功能：资源功能、环境功能和生态功能，主要侧重的是水的实体功能。除此之外，水还具有文化功能、美学功能。对于任何一个理性的民族来说，水都不只是资源的水、生态的水，还是历史与文化的水、美学的水。水的美学功能并不虚无缥缈，是实实在在可以感触到、体会到的，展现“水之美”是民生水利的题中应有之意。水利系统从 2002 年启动水利风景区建设，水利风景区的重要依托就是清新优美的水景观，有自然景观，也有人工景观。截至 2014 年 9 月，全国共建成十四批 658 家国家级水利风景区，还有数量众多的省级水利风景区。实践证明，水利风景区建设是生态文明建设的重要组成部分，是发展民生水利的重要手段，是展现“水之美”的重要场所。

四、水景观建设面临的问题和发展方向

前面说过，自然美的水景观内在包含着人的劳动，水工程也能创造出美好的人工景观。但也要看到，水景观建设目前还面临着一些现实矛盾。其中突出的表现就是传统治水活动对景观美的忽视。

众所周知，中华民族的历史上，治水促成了国家的建立，形成了国家的管理机构。古往今来，规模稍大的水工程一般属于公共工程，即依照“公家”意旨、由“公家”组织实施

修建的工程。在公共工程中，宫殿、陵墓、官署、府第等建筑物直接为少数统治者享用，寺庙、神殿之类建筑直接体现统治者的精神需求，它们的建造必须适应统治者的美学需求，而水工程一般不在统治者直接享受的范围之内，其美学价值基本被忽视。西方社会学家魏特夫在其研究东方社会的著作中，把公共工程分为治水工程和非治水工程。他认为，这两类公共工程的建筑形象有着明显的区别：供皇权和官员直接享用的公共工程修建得美轮美奂，一般公共工程就要相形见绌，而对整个社会最为重要的治水工程因其不能供皇权和官员直接享用，最不具备美学观赏价值。虽有个别例外，基本倾向如此。[1]历史延续下来的治水思路是"致用为先"，功利目的占首位，而"第一"在思维习惯中又常常等于"唯一"，这对水工程的美学内涵有着直接影响。另外，某些"科技手段"对水景观美的戕害。常见的如生硬的混凝土河（湖）堤，河岸、河坡的"硬质化""三面光"，只着眼于防洪、防冲刷，不仅破坏了水流的自然生态，也大大降低了水体作为景观的观赏价值。这种现象在工程建设中屡见不鲜。

21世纪的水利，需要以生态水利、民生水利理念指导水景观建设，不仅要努力保护自然美的水景观，还需要不断营造新的人工景观，为和谐社会建设服务。水工程建成后，水体自身的美、水工程建筑物的形象美、工程附属物的形象美、水工程周围环境的美，都是赏心悦目的景观。如浙江绍兴曹娥江大闸，建于曹娥江即将入海处，控制江水，同时控制海水倒灌，闸长近700m，共28孔，潘家铮院士誉为"中国第一河口大闸"。闸分为28孔，对应天上28星宿。除了实用功能的设备之外，还建有碑亭、浓郁地方文化特色的壁画、石雕，数百块水文化石刻，形象展示了浙东文化特色和水文化风格。该工程用于文化方面的投资有1亿多元。曹娥江大闸于2012年获得中国建筑工程最高奖——鲁班奖，现已成为国家水利风景区，是绍兴新的旅游景点。

曹娥江大闸碑石、碑亭

曹娥江大闸远眺

[1] 卡尔·A·魏特夫．东方专制主义［M］．徐式谷，奚瑞森，邹如山，译．北京：中国社会科学出版社，1989.

曹娥江大闸壁画

曹娥江大闸水文化石刻

第四节　水工具

水工具主要指用于生产劳动过程中的物质性器具，不包括语言、计算方法、技术模型等抽象意义上的工具（此处取“工具”的狭义概念）。

人们在与水打交道时通常要借助工具，特别是在治水、管水、用水等劳动过程中，除了使用普通工具（如挖掘、起重的器械、设备等）之外，还创造和发明了许多主要用于水事活动的工具。从形态上看，工具是物质性的器物，每一种水工具的创造和使用，都凝结着人类的知识、能力和智慧。正如马克思所指出的，会制造和使用工具是人与动物的重要区别之一，生产工具是“已经在生产中实现了的科学力量”，是“物化的知识力量”，或者说是人的本质力量的物化。水工具既是供使用的，也包含着一定的文化内涵，标志着人类文化的演进，体现了人水关系中人的能动性和创造性。随着现代科技的发展，有些工具的实用价值在逐渐减少乃至完全消失，但其文化价值依然存在。或者说，虽不再使用，却是有意味的文化遗存物，因此，依然是水文化的重要载体之一。

水工具种类甚多，下面选取常见的几类工具，择其主要者略作阐述。

一、汲水工具

从水源处汲取用水，是人类久远的、普遍的水事活动。汲水除了要使用盛水器具之外，通常还要运用一定的机械手段，使水实现由低向高的空间移动。

（一）桔槔

桔槔俗称“吊杆”，是利用杠杆原理从低处取水送向高处。据清华大学机械专家刘仙洲先生《中国古代农业机械发展史》一书推断，这种灌溉机械可能创始于商代初期的成汤时期，距今已有约 3700 多年的历史了。春秋时代已比较普遍使用，主要用于灌溉。

《庄子·天地篇》说到一个故事：孔子的弟子子贡南游，见一位种园人，沿一条通到井里的隧道，抱瓮汲水浇园，费力多而工效低。便问他为何不使用一种机械呢，这种机械“凿木为机，后重前轻，挈水若抽，数如泆汤，其名为槔。……有械于此，一日浸百畦，用力甚寡而见功多”。这位种园人回答：“我老师告诉我，使用机械的人一定会有‘机心’（投机取巧之心），‘机心’破坏了人心的纯洁和安宁，使‘道’无所寄托。我不是不知道（这种东西），是羞于用它。”

桔槔

故事可能是虚构，但反映了当时的社会现实状况。但从中可以看出，桔槔在当时属于新的汲水工具，它大大减轻了劳动强度，提高了生产效率，一般人都会乐于采用。但在信奉“无为”“非智巧”的道家人物看来，省力气的劳动会对人心的纯洁产生负面影响，因而不应当提倡。对待桔槔的不同态度，实际上反映的是深层次的哲学问题：技术发展对社会的价值是正面的还是负面的？如何看待技术的社会作用？这种文化意识上的论争直到今天依然存在。

直到 20 世纪 70 年代，华北平原还有很多地方使用桔槔汲水。当前桔槔的使用越来越少见，很多年轻人甚至不知其为何物。因此在一些旅游景区，设置了桔槔供游人认识、尝试，激发游人游兴，增强他们对于中华水文化的了解和体会。

（二）辘轳

桔槔汲水虽较省力，但仅适宜于浅井或水面开阔的沟渠。辘轳的发明，克服了桔槔的局限。它运用定滑轮原理，将单向用力方式改变为循环往复的用力方式，可从深井中提水，既方便又省力。

宋代《物原》一书中有“史佚始作辘轳”的记载。史佚是周代史官，如果记载属实，可知我国早在距今3000多年前的周代就发明了辘轳。到春秋时期，辘轳已经流行，主要用于提水，也用于深井中提物。20世纪70年代，湖北大冶铜绿山发掘出春秋战国时期古矿井中的两具木辘轳，可作佐证。北魏贾思勰的《齐民要术》说到了当时辘轳在农田灌溉中的广泛运用。辘轳在长时间的运用过程中，虽经改进，但大体保持了原形，说明中华民族先人设计的辘轳，结构非常合理。直到今天，在北方的平原、山区，辘轳仍然是深井汲水的主要工具。在传统农村题材文艺作品中，辘轳常常成为代表性景物之一。在很多旅游景区，也经常见到辘轳，游客对此很感兴趣。

辘轳

辘轳等水工具的创造，对推进我国及世界农业生产的发展起了重要的作用，并从中国传到了欧洲。直到今天，俄语中还把辘轳称为“中国辘轳”。

（三）水车

水车又称“翻车”“龙骨水车”，是运用轮轴原理提水的汲水机械，小型的用手摇，大型的用脚踏，还有用畜力、风力作动力的。我国后汉及三国时都有水车发明的记载，到唐代，水车开始推广应用。在明代宋应星《天工开物》一书中，水车已经有很多类型。元明清时期的史籍中，还有官员在北方推广水车的记载：造不起水车的贫困人家，官府先提供木材，从秋后收成中扣除成本。水车的结构比辘轳、桔槔复杂，生产效率更高。

在传统农业社会，水车是种水田必需的汲水工具，也是农村（尤其是南方农村）典型的文化景观，历代作家留下了很多描写水车和车水劳动的篇章。苏轼有一首诗《无锡道中赋水车》，把水车描写成像首尾相连的鸟，脱皮剩骨的蛇，它引水灌溉稻田，使农夫在天旱时节依然具有丰收的信心，从中可以看出水车的社会价值。元代著名农学家王祯《农书》的农器图谱中，有“翻车”（水车）图，将此诗与图画相配，诗画一体，意境完美。当代著名作家汪曾祺的家乡江苏高邮是水乡，他的散文《故乡水》，重点描写家乡的水车及车水的劳动，并且说到水车时写道，“我忽然好像闻到了一股修车轴用的新砍的桑木的气味和涂水车龙骨用的生桐油气味，这是过去初春的时候在农村处处可以闻到的气味。”

拔车

踏车

牛转翻车

随着电力抽水机的普遍使用，水车已经渐渐失去了实用价值。即使在南方农村，水车也很少见到，少数存放在博物馆、展览馆，供人们观赏。在一些旅游景区（特别是水利风景区），水车通常很能唤起游人的兴趣。

兰州市区黄河边上的水车博览园，是一处著名人文景点。兰州使用水车的历史可以追溯到明代嘉靖年间，兰州人段续在南方宦游多年，返乡后把南方的水车引进到兰州，促成了水车的发展，黄河两岸水车林立，至今已有500多年的历史，兰州因此被誉为“水车之都”。水车园成为当地历史文化、水文化的生动载体。现在的水车，主要功能不是抽水，而是作为一种文化供人观赏和回味。当今社会，文化上的“怀旧”是普遍存在的精神需求，水工具能够使人增长知识，愉悦心灵，提供文化情感的慰藉。

兰州水车博览园

二、治水工具

在水工具中，用于治水活动的工具数量最多，形态最丰富，随着科技的发展，现代的治水工具越来越精密，科技含量也越来越高。从科技角度看，一些治水工具在今天已经完全没有实际使用价值，但其中包含的文化内容并不随之消失，其表现可以分为以下三种情况。

第一种情况是，旧的治水工具已被新的工具取代，其实用功能完全消失，但作为文化遗存物供人认识和了解。如古代都江堰工程中标示河道深度的卧铁，现在作为历史文物在都江堰景区展示。20世纪60年代之前，水利工程中用于测量长度的竹卷尺，现在也在水文化博物馆展示。这些工具不仅可以让后代了解历史，增长知识，也能够从中体会科技的发展、文化的演进。

都江堰景区展示的卧铁

第二种情况是，有的治水工具的实用功能消失，但其形象成为代代流传的文化符号。如大禹锸就是人类社会早期的治水工具，有手柄，可用脚踩，既可挖土，又能端土。现代的治水虽然不再使用同样的工具，但古往今来，凡是大禹形象（塑像、雕像、画像），其所执之物多为锸。大禹锸的形象已成为具有典型意义的文化符号。

大禹画像

大禹雕像

第三种情况是，某些治水工具蕴含的文化内涵仍然具有启发性和传承性。如古代的水则（又称水志），是古人用于测量水位的标尺。最早的水则是李冰修都江堰时所立的三个石人，以水淹至石人身体某部位，衡量水位高低和水量大小。古水则有三种形式：一是无刻画，如石人水则；二是只有洪枯水位刻画的，如自唐代已有的长江涪陵石鱼只刻记枯水位等；三是有等距刻画的水则碑，最为常见。它们的共同特点是标志相对高度。现代水利不再使用水则作为测量水位的工具，而是使用标志绝对高度（海拔高程）的水标尺。但古代水则所体现的测量智慧，至今还在水利实践中传承。

古代水则石刻

水则碑

三、渡水工具

水是人类生活的必需，但也会给人类的交通带来阻隔，为水所阻而不能到达彼岸历来被描绘成憾事。为了克服这种阻隔，人类发明了渡水工具。

（一）筏

筏是简单的渡水工具，通常就地取材，把竹子、木头（有时也用扎成捆的芦苇）编成排，平置于水面而不沉，供人乘坐。佛教故事有“一苇渡江”的传说。在现实中，“一苇”是无法渡水的，但众多的苇（竹、木）编排起来就能渡水而行。孔子在《论语》中说过，如果“道不行”，他就要“乘桴浮于海”。[1]“桴”即小型的筏。看来，在孔子生活的时代和地区，筏已相当普遍，距今已有约 2500 多年的历史。筏吃水面大，浮力强，水上行驶比较平稳，又具有取材方便、制作简便的优点，故历来是南方的重要渡水工具。即使在当今，古朴原始的竹筏漂流依然是江南水乡独具特色的旅游活动。

在中国西北的黄河中上游地区，有一种特殊的羊皮筏子，由十几个充满气的山羊皮并排捆扎在细木架上制成。《水经注》中就已有羊皮筏的记载，可见其历史久远。西北黄土高原，竹木稀少而羊皮易得，羊皮筏的发明有其文化基础。羊皮筏面积通常没有竹（木）筏大，但

[1] 《论语·公冶长》

因其中空，排水量增加，因而具有较大的承载量。其原理与腰舟相同（所谓腰舟，就是干了的葫芦，密封，内空，重量又小，系在腰间可以使人不沉，类似于今天的救生圈），羊皮筏是腰舟的“集合”，功能比腰舟大为增加，可供多人乘渡。

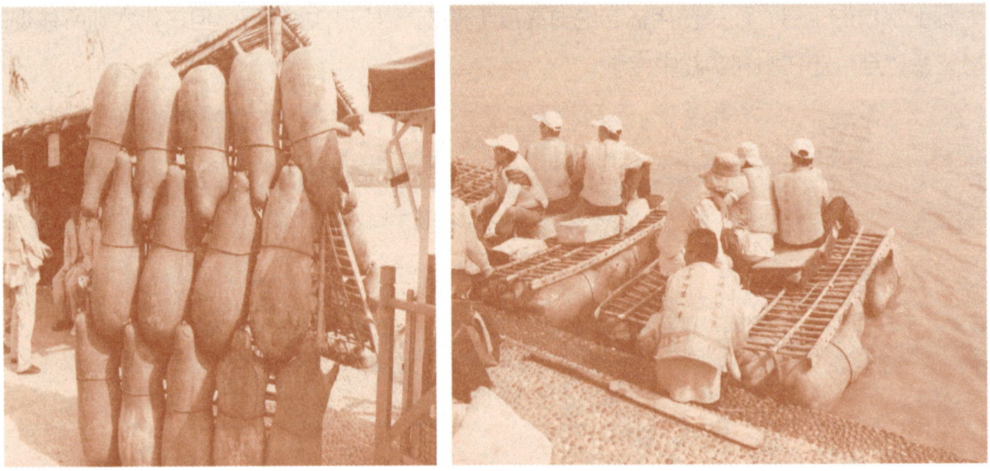

羊皮筏

（二）船

船是筏的进一步发展。舟、船、舰、艇，其实是船的细分。如果说筏是敞开式的（无舱无篷），那么船就是封闭（有舱有篷）或半封闭（有舱）的。船比筏更安全，更舒适，功能更齐全，文化意味更浓厚。

中央电视台系列节目《远方的家·百山百川行》报道，四川雅安地区大渡河上游的藏民，渡河、捕鱼都用牛皮船，牛皮船由三张牛皮做成，藤条编成框架，绷上牛皮后成筒状或筐状。

藏民牛皮船

此处山上树木葱茏，造船本不缺少木料，为何舍木船而用牛皮船？其中原因在于，此地河流水势湍急，岸边又多为陡峭山坡，要寻找合适地点才能放船入水，而木船不易搬动。牛皮船只有几十斤重，一人就可把船扛起，到水势平缓处放于水流之中，用完带回家里。此地藏民采用牛皮船作为渡水工具，乃是从实际地理状况出发，内在体现的正是中国道家哲学“人法地，地法天”的规律。

船是水中流动的风景

中国古人历来就偏爱“一叶扁舟”的自由自在，历代文人的咏叹不胜枚举。古代离开土地、靠水吃水的人们，船就是他们流动的家园。在普通人的眼中，船是流动的建筑，流动的风景。船的功能也越来越复杂：利用风力，成为帆船；增强审美功能，成为楼船；增强战争功能，成为战船；潜入水下，成为潜水艇；增强娱乐功能，成为龙舟；浙东水乡的典型景物是乌篷船……特别是，现代高科技大大推动了船的发展：吨位越来越大，航程越来越远，速度越来越快，形式越来越多样，不仅航行于水上，还能潜行于水下。船本身的文化含量也大大增加，既是渡水的工具，又是游动的风景。无论在国内还是国外，船总是水乡最具代表性的景物。舟行水上非常具有文化意味。著名哲学家何兆武回忆 70 多年前，他从家乡岳阳乘船到长沙读书。坐火车要两个小时，坐船却要五天，从节约时间成本的角度讲，坐火车显然具有优越性。可是从另一个角度看，船行沿途风景如画，是他毕生难忘的幸福。

即使是在陆路、铁路、航空大为发展的今天，水路旅游依然具有特殊的文化韵味而受到人们的喜爱。无论是在线性的江、河之上，还是在点、面式的湖、海之中，船行于水的那份诗意韵味，是其他交通方式难以具备的。南京秦淮河泛舟夜游历来就被认为富有诗情画意。现在，几乎每个有水资源的旅游区，都会开发一些水上旅游项目，乘游船几成通例。渡水工具在新时代大大扩展了它的功能。

四、水力工具

水力工具就是利用水能作动力替代人力、畜力进行工作的器具，具有代表性的是水碓、水磨（碾）、水排、水纺车。

（一）水碓

水碓是用水力带动机械装置，使石碓（或大木碓）上下运动，把粮食皮壳去掉或将粮食舂碎。我国西汉桓谭的著作中就已提到了水碓，称其“投水而舂”，“其利百倍”。《世说新语》记载，西晋时，“司徒王戎既贵且富，区宅、僮牧、膏田、水碓之属，洛下无比。”❶可见在当时，水碓这种新型水工具与良田、宅院一样，象征着财富和地位。

（二）水磨（碾）

水碓的发展，把水碓的上下运动变为圆周运动，主要用于加工粮食、油料、茶叶。我国利用水力推磨（碾）的记载相当早。《南史·祖冲之传》等史籍中都记载了水磨（碾）在当时的普遍应用。到了唐代，水碓、水磨（碾）应用更为广泛，还推广到了我国西藏地区。据《旧唐书·吐蕃传》记载，文成公主入藏时，命工匠教藏人在小河上安装水磨。松赞干布并向唐朝政府请派工人到西藏以推广水磨（碾）。直到 20 世纪上半叶，在我国南方地区，较大的水磨房还是财富和社会地位的标志，成为许多文学作品描写的内容。

（三）水排

以水力代替人力拉风箱鼓风，主要用于锻冶。在《天工开物》《梦溪笔谈》等古代科技著作中，都有使用水排的记载。

借助这些工具，利用水力为人做工，不仅是经济的方式，也是文明、清洁的方式，增加了劳动的文化意味，因而受到人民群众的喜爱。即使到了内燃机、电动机已相当普遍的当今时代，在我国水资源丰富地区，这类水工具仍在发挥作用，标志着利用绿色能源的传统在不断延续。

水碓

水排

❶《世说新语·俭啬》

江西某风景区内的水磨、水碓

五、镇水工具

中国古代社会，水灾频仍。在强大的自然力面前，人类的治水活动是人力治水与神力治水的结合。古人常常铸造、雕刻一些物质的灵兽形象，希望借此得到神明的保佑和庇护。最常见的镇水灵兽是铁牛。我国著名的江河湖泊，凡是容易发生洪水灾害的地方，大都有镇水铁牛。如洪泽湖、荆江的镇水铁牛，都是明代铸造的。

历史上为何多用铁牛镇水？这与中华传统哲学观念有关。根据五行学说，五行相生又相克，金生水，土克水。铁属金，牛为坤，土命。因此用铁牛镇水是取其“双重保险”的意义，希望江湖安澜，镇洪消灾。

洪泽湖铁牛

长江荆江段铁牛

从现代科学角度看，“敬神治水”的行为带有明显的迷信成分。明代于谦治理黄河时，在开封铸铁牛敬龙王以求安澜，结果黄河决口，连铁牛也被埋于泥沙之下。民国时期，国民政府委派的官员在治河时还要先敬神灵，占卜问卦。在科学发展的当今时代，这些行为当然应当摒弃。

马克思在评论希腊神话时曾经说过："任何神话都是用想象和借助想象以征服自然力，支配自然力，把自然力加以形象化；因而，随着这些自然力之实际被支配，神话也就消失了。"❶ 铁牛镇水也是如此。在中国历史上，"神力大于人力"的意识既久远又广泛，因此，求神明保平安的治水行为在古代社会是常见的普遍现象，迷信心理与良好愿望往往纠联在一起。昔日的那些迷信活动本来是有功利目的的，现代科技术高度发达，人类克服人水矛盾的能力大为增强，类似的内容不再被视为实际功利目的的追求，而是转化为艺术的、文化的价值形式。经历时代变迁，历史上曾经发生使用过的器物，治水历史上遗留下来的各类镇水灵兽铸像和建筑物，已成为具有历史价值的物质形态水文化遗产，当代人要认真加以保护。同时可以利用铁牛的传统形象，实现其内涵的创造性转化。如河南汝河畔新铸铁牛，立于河畔，取"牛"辛勤耕耘的精神，象征水利人奋进拼搏、为民造福的精神境界，也显示出水利工作的传统文化渊源。

河南汝河畔新铸的铁牛

❶ 《马克思恩格斯选集》第二卷

第三章　制度形态水文化

中国历代统治者，对水灾害防治、水资源的利用都非常重视，围绕防洪治水、排除渍涝、引水灌溉、水利工程修建及维护、漕运、水事纠纷处理等诸多涉水问题，都有明确的规定。为了治水、管水的需要，历代都设置了各级水利职官。在基层水事活动中，还形成了一些自治性质的民间管理机构和民间惯例。学习和研究我国历代水利法规、制度、管理机构、民间规约等制度层面的水文化遗产，对于不断提升当代中国水利事业管理的制度化、法治化水平，具有非常重要的现实意义。

第一节　水利法律法规

中国历代的水利法律法规，如果按制定者的层级划分，可分为两类：一是中央政府颁布的规范性文件，如《唐律》；二是地方性水利工程的专项规章。如果按水利法律法规规范的内容来划分，可分为三类：一是国家大法中的有关水利条款，如《唐律》《大明律》《大清律》《清会典》等综合性大法中有关盗决河防、失时不修河防等的处罚规定；二是综合性水利法律法规，如唐代《水部式》；三是各类专项水利法律法规，如防洪、农田水利、航运等管理规定。从发展阶段来看，水利法律法规在春秋时期已经出现，多是某个水利门类的单项规定，或附属在国家法律法规中的有关条款，以后逐步完善，至迟在唐代已有全国综合性的水利法律法规。

一、历代防洪法规

（一）防洪法规的发展

防洪是一项关系公众生活的公益事业，必须由政府组织和协调。

先秦时期，人们抵御洪水的方法是原始的，一般按习惯办事。春秋时期，堤防工程逐渐增加，为的是解决各诸侯国堵塞河流、冲决堤防的行为。齐桓公称霸时期，就假借周天子的名义，提出“毋曲堤”“毋壅泉”“毋曲防”“毋障谷”“毋雍利”等禁令。这些盟约和制度是中国防洪法规的早期雏形。战国时期防洪工程已相当普遍，围绕防洪工程的修建已有较有详细的施工管理制度，代表性的文献是《管子·度地》。秦统一六国后，制定了一系列的法规。其中与防洪有关的条文有“决通川防，夷去险阻”，即拆除春秋战国以来阻碍泄洪的工事和交通关卡，使河流防洪工作从整体上把握成为可能。西汉时期，黄河多次泛滥成灾，朝廷对防洪尤其是黄河防洪非常重视，在河堤防守队伍组织以及经费等方面都有具体规定。

魏蜀吴三国鼎立时，蜀汉章武三年（223 年），丞相诸葛亮颁布了一道护堤命令：“按九里堤捍护都城，用防水患，今修筑浚，告尔居民，勿许侵占损坏，有犯，治以严法，令即遵行。”九里堤在成都城西北，所处地势低洼，筑有一条保护成都安全的防洪堤。

隋唐是我国封建社会的黄金时代，水利法律法规建设的成就集中反映在《唐律疏义》中有关堤防工程管理的规定。① 不修堤防或不及时修筑者，“主司杖七十”。如果因此造成财物损失的，比照贪污罪减五等处罚；如果因此造成人员伤亡者，比照斗杀伤罪减三等处罚；如降雨量特大、不可抗拒者免于处罚；② 私自决堤放水者，不论因公还是因私“杖一百”，如果因此造成财产损失者以贪污罪处罚，如果因此造成人员伤亡者，以斗杀伤罪减一等处罚；③ 故意决堤者，处以三年徒刑，因此造成严重财产损失的，以盗窃罪论处，因此造成人员伤亡者，以故意杀伤罪论处；④ 筑新堤或修旧堤，如果不按程序报批，或者虚报经费者，都要受到处罚。唐律的以上规定对后世有重要影响，如《宋刑统》和《明会典》中有关不修堤防和盗决堤防致实的量刑都和唐律基本相同。

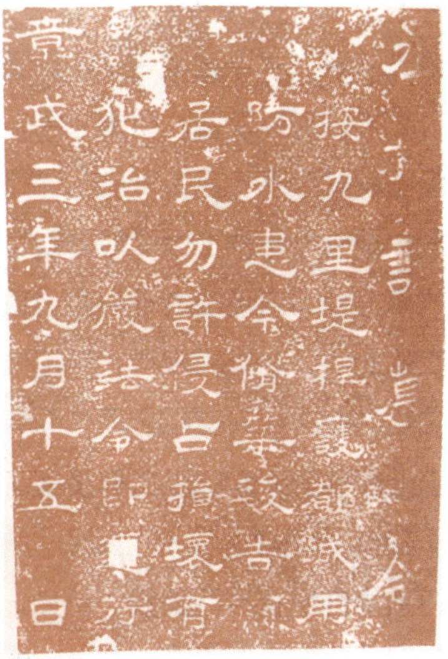

丞相诸葛亮护堤碑

宋代除在《宋刑统》中保留唐代有关护堤条例外，还有一些新的规定。宋代还编纂有系统的防洪法规，据《玉海》记载，宣和二年（1120 年）编有《宣和编类河防书》共计 292 卷，可见其详密的程度，惜已散佚。

金代颁布的《河防令》，是现在能见到的中国历史上第一部系统的防洪法令。它颁布于金泰和二年（1202 年），现存于元代沙克什所著的《河防通议》中，仅有十条，其主要内容是：① 每年要选派一名政府官员视察、督促地方政府和水利主管机关落实防洪措施情况；② 水利部门可以使用最快的交通工具传递防汛情况；③ 州县主管防洪的官员每年六月初一到八月底要上堤防汛。平时，分管官员也要轮流上堤检查；④ 沿河州县官吏防汛的功过都要上报；⑤ 河防军夫有规定的假期，医疗也有保障；⑥ 堤防险工情况要每月向中央政府上报。情况紧急要增派夫役上堤等等。

元代的治河法规，集中反映在《通制条格》中。《通制条格》是《大元通制》的一部分，共有 27 个篇目，其中《河防》《营缮》与防洪关系甚为密切。但《河防》篇已佚失。

明代制定了“四防二守”的防洪制度。“四防”，即昼防、夜防、风防、雨防；“二守”，即官守、民守。这种防汛管理制度，被奉为防守法规。此外，关于修筑堤防的位置选择，修堤取土的地点，修堤的土质，大堤的断面等都有规定。对于破坏河防工程犯罪的处罚，明代把唐代规定的盗决、故决堤防罪改为盗决、故决河防罪，保留失时不修堤防罪。自明代中叶，长江大堤修防也开始有系统的管理制度。嘉靖四十五年（1566 年）至隆庆二年（1568

年），荆江知府赵贤主持大修江堤后始立《堤甲法》。

清代，除刑法中规定有防洪条款外，典章制度的专书中，更有详尽的水利管理条文。光绪年间撰修《清会典》100 卷和《清会典事例》1220 卷。《清会典事例》中河工占 19 卷，海塘占 4 卷，水利占 8 卷，共计 31 卷之多。条文规定得相当细致。以河工为例，内容包括河务机构、官吏设置、职责范围；各河工机构的河兵和河夫的种类数量及其待遇；各地维修抢险工程的经费数量及开支；河工物料（木、草、土、石、秸料、绳索、石灰等）的购置、数量、规格；各种工程（堤、坝、埽、闸、涵洞、木龙等）的施工规范和用料；不同季节堤防的修守；河道疏浚的规格和经费；施工用船只和土车的配备；埽工、坝工、砖工、石工和土工的做法、规格和用料；河工修建保固期限的规定和失事的赔修办法；河工种植苇柳的要求和奖励办法；河工和运河禁令等。清代防洪法规比前代详密得多，尤其是形成了制度化的河工处罚条例，对防洪工作发挥了积极的作用。长江流域的修守制度在清代不断完善，乾隆五十三年（1747 年）荆江堤防溃决，损失惨重，恢复重建后制定了 12 款修守章程。紧急防汛抢险事务也有专门法规。例如，道光年间林则徐任湖广总督期间制定《防汛事宜》10 条，以及王凤生编的《详定江汉堤工防守大汛章程》11 条等。

近代以来，随着西方水利科学技术和管理制度陆续传入中国，尤其是中华民国的成立，激发了我国水利界精英建设水利事业的热情。从 20 世纪 20 年代起，我国水利界开始酝酿制定国家水利法。1931 年 2 月，在全国内政会议上，导淮委员会汪胡桢代表水利界向会议提交了“编订水利法规，以确定水权而免阻碍水利发展案”，水利立法正式列入国家立法日程。水利法的制定最初由建设委员会主持。首先组织人员翻译英国、美国、日本等国已颁行的水利法规以资借鉴，并对水利法的科学性、社会性等进行了一定范围的学术探讨。经过近 3 年的筹备，1933 年 12 月全国内政会议第一次水利专门会议公布《水利法草案》。1935 年，改由全国经济委员会水利委员会主持草案的修改、审定。随后，水利法草案送达各流域水利机构、各省政府审议，征求意见。后抗日战争爆发，草案修订工作直到 30 年代末才完成。1942 年 6 月国民政府立法院审议通过，同年 7 月 7 日正式颁布，于 1943 年 4 月 1 日实施。

民国《水利法》共有 71 条，分为九章，其中有关防洪的内容有，第六章《水之蓄泄》，规定一切蓄水、排水事宜以及所有防洪工程的使用，均由上级主管部门控制或经过上级主管部门的核准。第七章《水道防护》，规定了汛期的水文监测，水道的维护及人力、工料的调集；堤岸区域植被的保护；禁止围垦水道沙洲滩地；保护洪水行水区域土地；对因防洪而拆毁建筑物的补偿办法等。第八章《罚则》，规定了毁坏水利设施，未经许可而私开、私塞河道，以及违反法定义务等行为的处罚办法。第九章《附则》，规定由行政院制定《水利法》的实行细则以及施行日期。

此外，在《刑法》《违警法》以及行政法规中也有对水之蓄泄、水道防护、抗洪、决水罪等的详细规定。

（二）古代防洪法规的特点

防洪是中国水利的首要任务，纵观以上历代防洪法规的变迁，具有以下 3 个特点。

1. 立法内容丰富，规定详细

尽管历代都没有完整系统的防洪法，但实际上立法和管理制度的内容不断发展，已从不同方面形成了完整的体系。以清代为例，虽然没有形成一部成文的防洪法规，但有关内容在《大清会典事例》《工部则例》《户部则例》《五道成规》《河工考成保固条例》等文献中有较为集中的反映。此外还有大量以圣谕、硃批奏折等皇帝的命令形式颁布的专项司法解释和法令。此外，不同时期的河官颁布的地方性防洪法规也是重要组成部分。尤其是黄河、运河、淮河等多泥沙河流建立有完善的修守制度和责任追究制。就防洪法内部各方面而言，立法内容涉及防洪工作的各个方面，每一项又有很多更详细的规定，为治理水害发挥了积极的作用。

2. 重赏重罚，执法较严

如果防洪工程出了质量事故，要根据情节追究责任。清代以前，这种责任主要是行政责任和刑事处罚，清代在此基础上，又增加了经济责任追赔制度。根据案情，这些手段经常综合使用。清朝前期和中期，大力兴修水利，重视法制建设，赏罚分明。如果治河有功，连年安澜，各级官员都会得到提升，甚至破格提拔，但如果出了质量事故或防守事故，不管是工程承修官员，还是防守官员，他们的责任是终身的，不因官员的调离而免于追究责任。一旦出现了河堤冲毁、漫滩等事故，负责防守的官员必须立即组织抢修。事后经调查划分责任，即使该官员应该受到革职、调离处分，也必须负责把修复工程做完，才能交接工作。如果该官员应该承担赔修责任，即便日后调离本岗位也必须完成赔偿任务。如果该官员在未出事故之前调离本岗位，事故发生以后也照样要按规定追究他的相关责任。如果事故发生时该官员已经退休，或者已经死亡，也不能免除他的责任。如果负有赔偿责任的官员在未交清赔款之前死亡，其赔偿责任由其子女或近亲承担。翻开清代防洪史料，因为工程质量问题以及防守责任问题受到追究的官员比比皆是。

3. 专制主义思想浓厚

秦汉以后，中央集权不断加强，尽管法制建设取得了一定成就，但皇权和行政权力无所不在，不能不对水利管理制度的实施造成重大影响。由于专制主义盛行，人治高于法治，各级官员的主观能动性未能最大限度调动起来，更谈不上科学决策、民主决策，严重影响水利工作的成效。水利立法中体现专制主义思想的表现比比皆是。河工预算，康熙初年要求所有工程必须由河道总督亲自核实，报工部批准。后来进行了改革，但仍然规定物料价银五百两以上，工价二百两以上，由总督审核，工部审核，户部批准才能兴工。清代河工开支巨大，动辄几十万两，可连五百两的工程都要求报中央批准，河道总督的工作积极性可想而知。翻阅清代上谕、奏折等历史文献，感觉几乎所有的水利事务都要皇帝亲自裁决。在交通、通讯条件非常落后的当时，由于专制主义思想作怪，没有民主，极易导致行政效率低下和决策的延误、失误、错误。

二、历代农田水利法规

中国是个农业国，兴修水利是各级政府一项重要任务，围绕农田水利，历代制订了一系列奖惩制度。

有明确记载农田水利的律文开始于战国时代的秦国。四川省青川县战国墓发掘的秦简中发现，秦武王二年（公元前 309 年）曾制定《田律》，条款中有“十月，为桥，修陂堤，利津溢”的规定。湖北云梦秦简中有《秦律十八种》，其中的《田律》是有关农田水利的条文。其中有如下内容：在播种后，下了及时雨，也应报告降雨量多少和受益农田顷数。发生旱灾、暴风雨、涝灾、蝗虫和其他虫害，也要报告受灾田地顷数等。这些规定是农田水利法规的雏形。

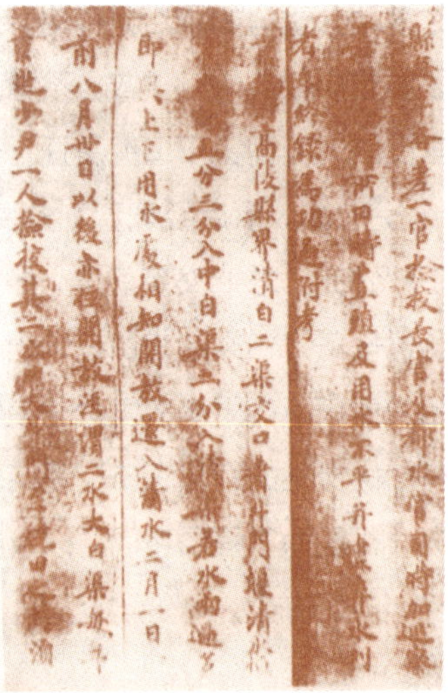

《水部式》残卷书影

最早见于记载的专门性农田水利法规始于西汉。汉元鼎六年（公元前 111 年），左内史倪宽建议开六辅渠，灌溉郑国渠旁地势较高的农田，建成以后“定水令，以广溉田”[1]。西汉末年，召信臣在河南南阳大兴水利，建成了六门陂、钳卢陂等著名蓄水灌溉工程，同时，“为民作均水约束，刻石立于田畔，以防纷争”[2]，均水约束就是按需要均衡用水的法则，以约束各受益农户，以免引起用水纠纷。东汉永平十六年（公元 73 年），王景任庐江太守时主持恢复古灌区芍陂，“隧铭石刻誓，令民知常禁”，制定合理分配用水的法规，并刻石示众，目的是减少纠纷。但以上具体内容已无从考证。

现存最早的全国性的农田水利法规是唐代的《水部式》。在唐代，“式”凡十一次修订，《水部式》也有多次修订的过程。我们现今所见到的《水部式》只是一个残卷，仅有 29 自然条，约 2600 余字。其内容包括农田水利管理，水碾、水磨设置及用水的规定，运河船闸的管理和维护，桥梁的管理和维修，内河航运船只及水手的管理，海运管理，渔业管理以及城市水道管理等内容。

---

❶ 《汉书·倪宽传》

❷ 《汉书·召信臣传》

宋代对农田水利建设和管理也很重视。代表性的中央水利法规如《疏决利害八事》《农田水利约束》。《疏决利害八事》颁行于宋仁宗天圣二年（1024年），主要内容是从八个方面对兴修农田水利工程的技术标准、地方官吏兴修水利考核奖罚、禁止百姓妨碍渠道畅通行为等方面予以规定；《农田水利约束》（又称《农田利害条约》），是全国性的农田水利政策法令，颁布于熙宁二年（1069年）。这部法规的颁布促成了历史上著名的水利建设高潮，其主要内容是对各级地方官员兴修水利的职责、奖惩、工程审批权限和程序等予以规定。

元代农田水利法规主要集中在《通制条格·田令》中。《田令》又分《理民》《立社巷长》《农桑》《司农事例》等条律。与农田水利有直接关系的如《农桑》中规定：各地如有条件兴修灌溉工程，由本地官员与水利技术人员一同勘察，允许百姓自行修筑。如果百姓无力修筑，上报上级官府勘察，给予一定财力支持。水碾水磨不能影响灌溉；把兴办农田水利的成绩纳入各级官员考核内容，对违反农田水利法令的人员，要依法惩罚，等。

清代中央制定的农田水利法规不多，而且一般都针对某一地域，如"河南省水利议处议叙办法""直隶水利营田办法""苏松等府水利管理办法"等，主要内容是对地方官员兴修农田水利情况进行奖惩。

在民国时期的农田水利法规中，引水、灌溉、农田水利、水利纠纷的解决等与历史上没有本质区别，惟水权制度值得一提。民国《水利法》与水权有关的内容主要有，第三章《水权》、第四章《水权之登记》。1942年9月16日修正公布的《水利法施行细则》，就水权、水权之登记等作出了专章规定。为配合《水利法》的实施，民国32年（1942年）6月23日由行政院核准，行政院水利委员会于7月19日公布施行了《水权登记规则》，同年11月22日，行政院水利委员会公布施行了《水权登记费用征收办法》。以上法规，对水权的概念、特征、主体、客体、取得程序、转移变更、停止、限制、用水优先权、临时用水权、共同用水权等进行了相应的具体规定。

民国时期水权制度具有以下特点：①虽然制定颁布了全国性的水利法，但水权制度的实施仍以地方管理为主；②水权制度特别是黄河灌区的用水管理制度大都继承了历史上的用水习惯；③水权制度大量借鉴了国外经验。沿岸所有权、优先占用权、公共水权、代理制度、代表制度、异议制度、第三人制度等国外先进的民事法律制度和水权法律制度引入中国并结合实际付诸实践，丰富和完善了中国的水权法律制度内容；④民国时期的水权制度兼有实体法和程序法两种内容规范，具有实体法和程序法杂糅一起的特点；⑤乡规民约等民俗习惯在水权实施中起着重要的作用。

三、历代航运法规

运河是古代漕运的主要通道，从唐代起，运河逐渐成为历代王朝的南北经济大动脉，围绕工程维修、航运管理等方面形成了一系列具体的法规。明成化九年（1473 年）二月兵部尚书白圭拟定的综合性航运法规《漕河禁例》，还有一些国家法律涉及到漕运管理，如《大明律》中有关盗河防、圩岸及不应河防差役的量刑及处罚条款，《问刑条例》《占夫条例》亦有对水源管理、运河河道管理方面的具体条文等。清朝有关运河法规主要集中在《钦定大清会典事例》《户部则例》卷二十三《漕运五》，有关上谕、奏折等文献中。《山东全河备考》中所记载的前代旧有制度十七条和康熙初年新定制度六条，也有参考价值。内容主要集中在运河水源补给、航运秩序问题、运河疏浚船只管理等方面。

（一）航运法规的主要内容

运河水源保证的规定。由于运河地域降雨的差异，地形地势的变化以及枯丰水量年际不均，运河不得不依靠沿线湖泊、陂塘调节水量，维持通航。济运的湖、塘，承纳泉水河流，调节水量，是运河重要设施，受到法律保护。明代《漕河禁例》规定，盗引、盗决运河水源湖、塘、泉、河首犯者充军，军人者徒于边卫。清代规定，盗决运河或运河蓄水设施和堤防者处以徒刑，为首者充军（后改为在决堤处斩首），闸官偷水卖者同罪；对于沿运各湖的湖滩淤地的垦种，严重影响运河水源的补给，因而明清时期对此予以严格禁止。

运河河道管理的规定。运河河道与黄河河道一样，必须加强日常维护以保障畅通。运河河道管理主要有河道疏浚、堤防修守两大部分，有定期维修和常规管理之分。

清代漕运总督府衙门

运河航运秩序的规定。为了在水量有限的情况下保证通航，必须合理地设置闸坝，闸坝之间密切配合，适时启闭闸门，如启上闸，即闭下闸；启下闸，即闭上闸，以节省水力，对违犯闸坝启闭禁令的行为严厉打击；为了提高运河水的利用效率，要求行船必须结队而行。船只过闸有先后次序，除进贡鲜品船只随到随过外，其余船只必须等水积满后整批放行；过往漕船携带货物有数量规定，并不许沿途贸易；违反漕船期限的官员要受处分。

调处航运与灌溉用水矛盾的规定。航运与灌溉争水，在唐代运河上是普遍存在的问题，汴河、淮南运河、江南运河都有类似情况，一般的规定是舍灌溉保航运。《水部式》规定，当水源不足时应首先满足通航要求。

运河维护船只管理的规定。清代在运河河道管理上设苇荡左右二营，专管苇、草、柳、石等维修料物的种植、收割、运送及部分疏浚任务等事，并配备专用船只，对各类船只的制造、修理期限及质量标准、修造逾限处罚、船只损坏赔偿、人员配备及运送期限都有详细规定。

（二）航运法规的特点

运河是我国古代重要的水利工程，在铁路和海运出现之前，运河是沟通南北的大动脉，尤其是宋元之后，中国经济中心南移，而军事和政治中心仍在北方，运河的地位相当重要。因此历代统治者对运河的管理都非常重视，制定了一系列航运法规，成为中国制度形态水文化的重要内容，值得认真学习和研究总结。

航运法规体系内容丰富，涉及到闸坝启闭、航行秩序、调水制度、分水制度、运送货物、漕船期限、河道管理、运河维护船只管理等，共同形成了一个互相补充、互相配合的完整制度体系。

航运法规鲜明地体现了航运至上的立法理念。运河是沟通南北经济联系的命脉，航运代表国家利益，因此，运河沿线的灌溉用水、开垦湖滩淤地等行为必须无条件为航运让路。闸坝依次启闭、船只结队而行、水源补给等制度，也都围绕着这一根本目的展开。

航运法规体现了鲜明的创新性。运河形成的本身就是创新精神的产物，从隋唐运河到京杭运河，分别行经不同地形、地质和水资源条件的地区，使得运河的修建和维护极其困难和复杂，人们根据运河各段的具体条件，做出了各具特色的高水平的工程规划，综合解决了汇水、引水、节水、行船、防洪等难题，实现了全线的通航。在历代运河航运的漫长历史中形成的各种法规，无不是基于对工程条件特殊性认识的基础上形成的。尤其是其中最核心的闸坝管理和水源补给制度，不是照抄照搬的产物，而是先人们立足实际、科学分析、认真总结的产物，是自主创新的产物，在人类制度文化遗产中独一无二、璀璨夺目。

四、历代水利施工组织法规

水利施工往往是千百人的共同劳动，必须有明确的条例加以约束和协调。战国时期已有细致的施工管理制度。《管子·度地》中记载：要委派学习过水利技术的人主持施工；水官冬天巡视各处工程，发现需要修理和新建的要向政府书面报告，待批准后实施；水利施工规定在春天进行，一者农闲，二者土壤解冻，含水量适宜。完工后要负责检查；劳动力从老百姓中征调。每年秋季按当地人口和土地面积摊派。区别男女及劳力强弱，造册上报官府，服劳役的可以代替服兵役；冬天，民工要事先准备好筐、锹、板、夯、土车、棚车、食具等施工工具和生活用具，预先准备好防汛的柴草等埽料；各种工具配备要有一定比例，以便组织劳力，提高工效。并要预留储备，以替换劳动中损坏工具。工具和器材准备好后，要接受水利官员和地方官吏的联合检查，并制定有相应的奖惩制度。

敦煌千佛洞所发现的文献中，有许多转帖。转帖是为召集一次公益性活动而发的通知。由于通知是在有关人户间轮转传递，故名。转帖中有专门召集受益户共同维护和修理灌溉渠道的，叫作渠人转帖。帖中不仅写明应出工的各户人名、所应携带的工具以及集合时间、地点等，还特别强调“如有后到，决杖七下，全段不来，重有责罚”[1]等规定。

关于施工人力征调，国家出资兴建的或修复的水利工程，劳动力主要来源是以兵充役或征调劳役、募役等。调用士兵可以在短期内迅速集结大量劳动力，如西汉元光年间（公元前134—前129年）河东郡（今山西夏县）开引汾、引黄灌渠，“发卒数万人作渠田”，这是秦汉时期大型农田水利工程动用兵役建设的实例。宋代兵役制逐渐为民役和募役取代。但兵役仍占有相当比重。厢军中的水利兵有开江兵、捍江兵和撩江兵等名目。征调民役也是强制性的劳动，一般按水利工程受益范围为依据，给予少量的报酬。两宋以后，徭役向募役方向发展，常见的形式是以工代赈。明清之际，以上几种形式仍然存在。

五、新中国水利法制建设的主要成就

新中国成立以来，尤其是改革开放30多年来，水利工作从“无法可依”到基本“有法可依”，水利法制建设实现了历史性飞跃。

（一）发展阶段

以1988年《水法》颁布和2002年《水法》修订出台为标志，水利法制建设大体可分为3个阶段。

1. 起步阶段

20世纪70年代末，随着我国社会主义现代化建设步入正轨，以及水问题日益复杂化、严重化的趋势，对强化水管理提出了迫切要求。1978年4月，水利部开始酝酿起草水法，并开展了水土保持、水源保护等方面的立法工作。

2. 发展阶段

在党的十一届三中全会精神指引下，1984年10月，原水利电力部倡议并获得国务院批准，成立由有关部委负责人参加的“全国水资源协调小组”。在“协调小组”领导下，水法起草工作顺利开展，通过法定程序，于1988年1月第六届全国人大常委会第23次会议上审议通过，颁布了新中国第一部《中华人民共和国水法》（以下简称《水法》）。1988年水法的颁布实施是水利法制建设史上具有里程碑意义的重大事件，标志着水利工作进人了依法治

[1] 唐耕耦、陆宏基. 敦煌社会经济文献真迹释录[M]. 北京：书目文献出版社，1986.

水的新时期。

3. 完善阶段

1998 年的大水后，党和国家对新时期水利工作提出了一系列方针政策。水利部根据中央对水利工作的方针政策，提出了从传统水利向现代水利、可持续发展水利转变的治水新思路。2002 年颁布实施的新水法，将新时期党和国家治水方针政策法律化，强化了水资源统一管理，把节约用水和水资源保护放在突出位置，明确了水利规划的法律地位，强调了流域管理，加强了水资源开发利用中对生态与环境的保护。水利部分别于 2003 年、2006 年、2013 年对《水法规体系总体规划》进行了多次修订，进一步完善了水利改革发展顶层设计，使水法规体系建设符合新形势和新任务的要求，更好地引领、推动、规范和保障水利改革与发展。

（二）《中华人民共和国水法》及其修订

1988 年《水法》是新中国第一部综合性水法，标志着我国依法治水工作进入了一个新阶段。随着形势的发展和我国水资源问题的日益突出，原水法存在的问题和局限性也充分显现出来，一些规定已经不能满足实际的需要。2002 年《中华人民共和国水法》经第九届全国人大常委会第 29 次会议修订通过，2002 年 10 月 1 日起施行（以下简称新《水法》)。新《水法》共 8 章 82 条。第一章总则，第二章水资源规划，第三章水资源开发利用，第四章水资源、水域和水工程的保护，第五章水资源配置和节约使用，第六章水事纠纷处理与执法监督检查，第七章法律责任，第八章附则。

新《水法》有以下主要特点。一是体现了与时俱进的精神。它符合社会主义市场经济体制和水资源可持续利用的要求，适应经济社会可持续发展和依法治国、依法行政、依法治水的需要，体现了中央的治水方针和新时期的治水思路。二是充分借鉴和吸收了国外水管理的先进经验。新《水法》制定过程中，在研究许多国家水法的基础上，又与英国政府有关部门合作，聘请国外咨询公司进行中国水法修改研究，举办了水法国际研讨会，这在我国水利立法工作中尚属首次。三是突出重点，强调针对性、科学性。此次水法修改的重点是，理顺体制，强化水资源的统一管理和流域管理，注重水资源的宏观配置；加强水资源开发、利用、节约和保护的规划与管理；把节约用水和水资源保护放在突出位置，提高用水效率；适应水资源可持续利用的要求，通过合理配置水资源，协调好生活、生产和生态用水，特别是要加强水资源开发、利用中对生态环境的保护；适应依法行政的要求，加强执法监督，强化法律责任。四是设定的法律制度和法律责任具有较强的可操作性。

（三）水利法制建设的成就

30 多年来的水利法制建设取得了巨大成绩。

（1）坚持围绕中心、突出重点，适合国情水情的水法规体系逐步健全，奠定了依法治水的制度基础。为全面贯彻实施《水法》，水利部于1988年制定了《水法规体系总体规划》，为适应形势发展的需要，水利部分别于1994年和2006年、2013年对《水法规体系总体规划》进行了修订，进一步完善水利改革发展顶层设计，使水法规体系建设突出水资源配置、节约、管理和保护的制度建设，立法进程大大加快。目前，我国已经形成以水法为核心，包括4部法律、16件行政法规、70余部门规章和800余项地方性法规和政府规章的较为完备的水法规体系。开展规章和规范性文件专项清理，修改、废止、宣布失效了一批规章和规范性文件。各地出台了一大批内容新、质量高、有特色的地方性法规、政府规章和规范性文件。目前，适合我国国情和水情的水法规体系基本完备，各项涉水事务管理基本有法可依，为推动水利改革发展奠定了坚实的制度基础。

（2）建立了基本完备的水行政执法体系，执法成效显著。新《水法》颁行后，1995年水利部发出《关于加强水政规范化建设的通知》以来，全国各地进一步加强了水政监察队伍建设，各省（自治区、直辖市）初步形成了组织机构健全、上下贯通、运行有力的水行政执法体系，形成了省、市、县、乡四级水行政执法网络，水行政执法队伍专职化程度不断提升。各级水利部门认真履行法律法规赋予的执法职责，着力加强综合执法，全国各级水行政执法机构逐步建立健全了执法责任制、执法公示制、执法巡查制、评议考核制、岗位责任制、错案追究制、案卷评查制、行政裁量权基准制、执法监督检查等的水行政执法制度，持续加大执法力度，严肃查处了一批重大水事违法案件，组织开展了一系列专项执法活动，有力地促进了各项水法规实施，有力地维护了良好水事秩序，有力地保障了人民群众合法水事权益。

（3）坚持预防为主、源头管理，实现了水事纠纷调处机制的转变，水事矛盾纠纷预防调处成效显著。建立健全了预防为主、预防与调处相结合的水事纠纷预防调处机制，完善协商、排查、应急处置等各项制度。以北京周边、省际敏感河段为重点，组织流域机构和地方开展水事矛盾纠纷集中排查化解活动，采取法律、行政、经济、工程等多种措施，妥善解决了一批重大省际水事纠纷。

（4）坚持规范高效、依法履职，水利依法行政水平不断提高。大力推进科学民主决策，建立重大事项集体决策、专家咨询论证制度，保证行政决策合法性、合理性、可行性。深化行政审批制度改革，完成多轮行政审批项目清理，取消和调整的审批项目约占总量的一半以上，建立健全水利行政审批管理长效机制，严格依法设定审批项目，加强对行政许可行为的监督管理，行政审批更加规范有序、高效便民。积极发挥行政复议作用，依法公正办理行政复议案件，维护当事人合法权益。

（5）实现了从无偿用水到建立科学化、规范化水费制度的转变。新中国成立后，为了支援农业，基本上实行无偿供水，只在某些灌区收取少量水费。1965年10月，国务院批转原水利电力部的《水利工程水费征收使用和管理试行办法》，开始建立了水费制度。1985 年 7 月，经国务院批准发布了《水利工程水费核算、计收和管理办法》。这是我国以成本为依据的水费制度的一次重大改革，对促进全社会节约用水、增强水管单位经营管理能力、维护已建工程的效益起到了重要作用。1988 年《水法》颁行后，全国建立起“取水许可”等一系列水管理制度，实行计划用水，厉行节约用水。2004 年 1 月，经国务院批准，新的水利工程供水价格管理办法开始实施，将水价完全纳入商品价格范畴进行管理，彻底改变了过去无偿或低偿供水、将水利工程供水作为行政性服务管理的模式。全国用水总量年增长率大幅度下降，用水效率明显提高。

（6）持续开展了水利法制宣传教育，促进全社会水观念的历史性变革，依法治水、管水观念日益深入人心。利用每年的“世界水日”“中国水周”“全国法制宣传日”等重大活动组织集中宣传，全社会水法治意识明显增强。

第二节　水利管理机构设置

中国历代负责水利建设和管理的机构和职官，在长期的实践中逐渐形成了一套完整的体系，是中国制度形态水文化的重要组成部分。

一、历代中央负责水利的机构和职官

我国水利职官的设立，可上溯至原始社会末期。相传公元前 21 世纪以前，舜即位，命大禹为司空负责治水，一般都以此作为中国水官设立之始。

夏商周，开始有专门职责的官吏，同时出于对大自然的敬畏，又赋予官与神一体发号施令的权力，《周礼》所列官名为天地春夏秋冬或金木水火土各官。管水和治水的官，分别为冬官和水官。西周时，中央主要行政官员“三有司”之一的“司工”即“司空”，就是水官。

春秋战国时，司空之下具体的水官有川师、川衡、水虞、泽虞等，都是掌管水资源和水产的官。

秦汉设都水长、丞，掌理国家水政。西汉时由于都水官数量多，武帝特设左、右都水使者管理都水官。西汉末期，罢都水官员和使者，并设河堤谒者专管河务。东汉将司空、司徒和司马并称为“三公”，是类似宰相的最高政务长官，虽负责水土工程，但不是专官。晋代又设都水台为中央机构，其长官为都水使者。

魏晋以后，水部下又有都水郎、都水从事等。但这些官员的职位都不高，而且职数逐渐减少，甚至有时只剩一人，治河机构也不显赫。

隋代重新建立了一统的中央政权，整个中央官制进入了一个新的阶段。隋初设工部，工部尚书也通称“司空”，工部下设都水台，后改台为监，又改监为令，统管舟楫、河渠等事务。唐代以后除在工部下设置都水监外，还在工部之下设水部郎中、员外郎。

五代时期，黄河决溢频繁，治河机构略有加强。后唐时（923—936 年），又设水部、河堤牙官、堤长、主簿等。后周显德时（954—959 年）又设水部员外郎等官。

宋代河患加剧，沿河机构更加完善，北宋初年，工部下属的水部形同虚设。元丰（1078—1085 年）以后水部实权加强，主要体现在改制后员外郎负责水利工程规划、经费调度、对地方官水利政绩的考核等，水部下设 6 分案 4 司，有官员 30 多人。水部设都水监和少监为正副长官，属官有丞和主簿等。宋代水部及下属都水监的权限较历朝为重。

金代水利官制仿宋制，工部下设都水监，并在工部置侍郎一员、郎中一员，“掌修造工匠屯田山林川泽之禁，江河堤岸道路桥梁之事”。

元代在工部之下设都水监主管防洪，另设河道提举司，专管黄河治理。农田水利事务属大司农。另外，还设置都水监、行都水监、河渠司等职官，负责某一河段河道治理工作，设立都水庸田使司负责地方农田水利工作。

明代工部下设有“营缮、虞衡、都水、屯田四清吏司，各设郎中一人，正五品，后增设都水司郎中四人”“后增设都水司主事五人”，其中“都水典川泽、陂池、桥道、舟车、织造、券契、量衡之事”。

在清代，仍沿明制，在工部下设营缮、虞衡、都水、屯田四清吏司，其中“都水掌河渠舟航、道路关梁、公私水事”。

民国中央水利机关，经历了几个阶段。民国成立后，中央主管水利机关，最初分属内务及农商两部，在内务部则属土木司，在农商部则属农林司。1914 年 12 月，北京政府以导淮局为基础成立全国水利局。农商总长张謇兼全国水利局总裁，丁宝铨为副总裁，并通令全国成立水利分局。1927 年国民政府成立后，水灾防御属内政部，水利建设属建设委员会，农田水利属实业部，河道疏浚属交通部。1933 年水利建设又从建设委员会改归内政部主管。1934 年以后，全国经济委员会为全国水利总机关。1938 年国民政府裁撤全国经济委员会及水利委员会，在经济部内设立水利司，接管全国经济委员会水利处所经办的工作。1941 年，因为后方水利对于抗战日显重要，成立行政院水利委员会接管全国水利。1947 年扩大水利委员会之组织，改为水利部。下设水政局、防洪司、渠港司、水文司和总务司。1949 年 4 月，又恢复经济部水利司的建制。

二、历代中央派出的水利管理机构和职官

为了加强对水利工作的领导，秦汉以后，还设有中央派往地方专门巡查水利工作或者主

持阶段性治河任务的官员。从汉代开始，这一官员名称是“河堤谒者”或“河堤使者”，有的在中央任职，有的以钦差大臣身份派往地方主持大规模水利工程。有些以原官兼任河堤都尉，或称“领河堤”“护河堤”“行河堤”等。东汉河堤谒者成为中央主持水利行政的长官，晋至唐为都水使者的属官。从唐代起，还通过御史台的外派，形成了跨行政区划的专业系统，以及水利的稽查系统。

金宣宗兴定五年（1221 年），另设都巡河官，掌巡视河道、修缮堤堰、栽植榆柳等，其管理职责更为广泛具体。此外，还在黄河下游沿河设置 25 埽，每埽设“都巡河官”，下领“散巡河官”，每 4 至 5 埽设都巡河官 1 员，散巡河官管埽兵若干，负责险工段的监管。

元代另设河道（河防）提举司、总治河防使，专管治理黄河。至正六年（1346 年）置山东、河南都水监，以专堵疏之任。至正八年又诏“于济宁、郓城立行都水监”，九年又立山东、河南行都水监。十二年各行都水监添设判官二员。

明永乐时，令漕运都督兼理河道。明永乐九年（1411 年），以工部尚书宋礼治河，此后兼或派侍郎或御史治河，逐渐形成派朝官任治河专任官吏的做法。成化七年（1471 年）以王恕为总理河道，为黄河设立总理河道之始。隋唐以来的重要事务部门都水监逐渐被总督领导下的分司和道所取代。此外，各省巡抚、都御史及中央的御史、锦衣卫、太监也常派出巡视河道。

清承明制，设工部，掌天下百工政令，水利管理的职能属于工部。同时，又设立河道总督，也称总河，直接受命于朝廷，和工部几乎分庭抗礼。清代河督一般为正二品（巡抚一般为从二品），加兵部尚书、右都御史衔者为从一品，地位较为显赫。另外单独设立漕运总督管漕运，下有若干巡漕御史，行督察及催运漕船之责。河道总督和漕运总督的责任严格分开，漕运总督只管漕粮运输，河道总督管黄、淮河道和运河河道工程。雍正七年（1729 年），分设江南河道总督和河南山东河道总督，后又设直隶河道总督，并称南河、东河、北河三总督。南河、东河两河道总督兼兵部尚书、右都御史衔，乾隆四十八年（1783 年）改兼兵部侍郎、右副都御史衔。南河总督，驻清江浦，管理江苏、河南境内黄河、运河、淮河；东河总督，驻济宁，管理河南、山东两省境内黄河、运河；北河总督，驻天津，管理海河水系各河及运河，后由直隶总督兼

清代河道总督府衙门

任。咸丰十年（1860 年），撤销江南河道总督及其下属机构，河务归河东河道总督统辖。光绪二十八年（1902 年）清政府又裁撤河东河道总督，河务分由河南、山东、直隶三省巡抚兼任。

民国时期中央派驻各流域的水利机关的名称、职责、隶属关系等几经变革，1947 年水利部成立后的流域管理机构分别是淮河水利工程总局、黄河水利工程总局、扬子江水利工程总局、华北水利工程总局和珠江水利工程总局。

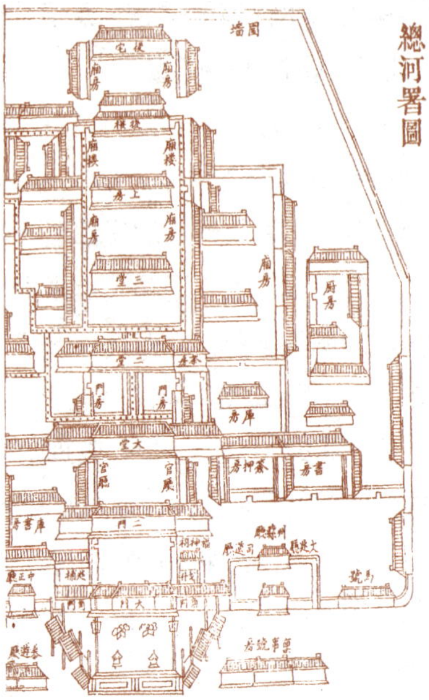

清代河道总督府衙门平面图

三、历代地方水利管理机构设置及职官

我国早期地方水利管理职责由各级地方官兼任，限于资料，具体情况不详。

唐开元十年（722 年），六月，“博州（今聊城）黄河堤坏”，唐玄宗下令派博州刺史柳儒“乘传旁午分理”，并令按察使萧嵩“总领其事”。中央水官（隶属于工部）和地方水官（隶属于地方政府）条块清晰的水利管理体系形成。

北宋沿黄河地方各州长吏也兼管黄河。五年后，宋太祖规定开封等沿河 17 州府各置河堤判官一名，以本州通判兼任。

元代沿河地方官也兼理河务。大定二十七年（1187 年），世宗命沿河“四府十六州之长、贰皆提举河防事，四十四县之令，佐皆管勾河防事”，并下令“添设河防军数”。[1]

明清时期，在地方，各省布政使，各府知府，各州知州，各县知县，无不肩负管理一方水利事业的重任。明代黄河沿河各省巡抚以及以下地方官也都负有治河的职责。南方的海塘和长江防汛实行流域性质的分司驻守，但官员由各州县派出，归省督统一调度，州县政府则按辖区范围承担劳工、物料组织。

中华民国成立后，在组建全国水利局时，曾要求各省也组织水利局，但由于国家并没有实际上统一，因此各地的情况大不相同。有的水利专设机关，归建设厅，如浙江、江西省、湖南省等，有的省份水利机关，隶省政府。如江苏、福建、湖北等。有的未设专局，业务由省建设厅办理。1934 年以后，水利事业统一归各省建设厅主管。

[1] 周魁一. 二十五史河渠志注释［M］. 北京：中国书店，1990.

四、历代运河管理机构及职官

宋代开始出现漕运专业管理机构，北宋在开封设排岸司和纲运司，将漕运分为两个系统：排岸司负责运河工程管理及漕粮验收、入仓；纲运司负责随船押运。两司下令指挥，属于武职系统。从管理上纲运司服从排岸司调度，验收、卸粮、入仓等重要环节均由排岸司主持，业务上两司之间有比较严格的交接制度。

明代运河管理体系，按职能区分，可划分为运河河道管理和漕粮运输管理两大体系。漕运最高行政长官明初设运粮总官兵（简称总兵，属武职），后改漕运总督（属文职），主管漕粮的征收、运输、入仓三大主要环节。除了催督漕船外，总漕和总兵还负有考核河道官员工作、检查工程修防情况的责任，起河道、漕运两司互相制约的作用，但两者常互有摩擦。明末总漕巡视河道之制逐渐废弛。

清代，自康熙二十年（1683 年）起恢复总漕督运。起初每年漕运期总漕驻通州，后改驻淮安，负责漕运事务。

漕运监督属漕运管理的监察系统。中央设巡漕御史，由京官出任，明代锦衣卫太监常充此职。巡漕御史监察河道、漕运二司吏治，驻漕运枢纽转运地，明代多驻淮安。清初一度废御使巡漕制度，雍正七年（1729 年）, 复设巡漕御史二员，驻淮安、通州；乾隆二年（1737 年），又增到四员，分驻淮安、济宁、天津、通州。

漕运管理中地方、河道、漕司构成互相制约而又相对独立的三个管理体系，《明史·食货志》简略地阐述了三者的职责："米不备，军卫船不备，过淮误期者，责在巡抚；米具，船备，不即验收，非河梗而压帮停泊，过洪误期，因而漂冻者，责在漕司；粮船依限，河渠淤浅，疏浚无法，闸座启闭失时，不得不过洪抵湾者，责在河道"。清代基本上维持了这一工作机制。

五、历代中国水利职官制度的特点

水利管理机构和职官设置，是中国官制文化的重要组成部分，也是中国制度形态水文化的重要内容。纵观中国水利管理机构和职官设置变迁史，我们可以得到以下 3 点结论。

（一）水利职官制度是不断发展的产物

随着生产社会化程度日益提高，社会分工越来越详细，分工授职也越来越细。水利管理机构和职官设置就是这种社会发展趋势的具体体现。在先秦时期，尽管已有水利活动，但是水利并没有从其他社会活动中单独凸显出来，水利管理机构和管理职责合并在其他职官中。秦汉以后，我国大一统的国家形成，封建专制制度开始形成，专门的水利管理机构都水丞、长开始出现，但依然不是中央一级管理机构，而是太常、大司农等的属官，隋唐之后职责属于一级管理机构工部之下，名称多变，明清为都水清吏司。民国时期管理职能先后归内政部、经济委员会等机构，1947 年成立单独的水利部。新中国成立以后，水利部作为中央以及管理机构的地位才正式确立下来。中央派往地方的专门水利管理机的设置也体现了了这一点。早期没有派驻机关，汉代以后的河堤谒者，到明清的河道总督、漕运总督，再到民国以后的几大流域机构，分工日益明确，从临时机构日益演变为常设机构，管理职能不断强化。

（二）水利职官制度要重视内部分权制衡机制

历代中央水利管理机构、中央派出的治河机构和地方官员的水利职责既有明确分工，又互相监督。这种监督的职能不断发展，到明清时期已较为典型。以清朝为例，在中央，工部设都水清吏司负责全国水利管理，但同时又设河道总督，负责具体事务，直接受命于朝廷，和工部几乎分庭抗礼，以达到互相监督制约的作用。河道总督之间、河道总督与地方督抚之间、河道总督与漕运总督之间也有互相监督的机制。另外，纵贯数省的河流，需要沿途各省督抚的配合，清朝也同时赋予了各省督抚对治河工程经费预算有核查、监督之权。出了河工质量事故或防守责任事故，督抚要承担责任。清代还单独设立漕运总督，直属于中央，负责漕粮运输，河道总督管河道和运河修防工程。但是二者的职责又紧密相关，在闸坝管理、漕船期限等方面常意见不一，漕运管理系统多强调运期不能迟延，河道管理系统多强调水源不足必须到期才能开闸。二者矛盾的解决只能由中央裁决，必然达到相互监督和制约的目的。河道总督之下设文武两套机构，文职机构设管河道、厅、汛，设道员、同知、通判、县丞主簿等职；武职机构参照文职系统设河标、河营等机构，设副将、参将、守备、千总等职。文职核算钱粮、购买河工料物等，武职负责河防修守。一方偷工减料或出现责任事故，另一方必须如实揭发，否则，要受到处罚。水利管理机构上下级之间也有监督，如果出了质量事故、防守事故或者申报不实，上下级要共同承担责任。

这种相互监督、相互制约的机制，从积极的方面来看，可以促使中央和地方之间、平行机构之间、上下各级官员之间同心协力，密切配合，共同完成修防任务。从消极方面看，也容易造成互相推诿、行政效率底下，而且还容易罪及无辜。

（三）专职监察机构对水利事务的外部监督

历代御史体系在水政方面一直发挥了重要的稽查职能，并握有官员奖罚升谪的大权。

1. 水利工程及管理的稽查

中央对水利建设经费和水利工程管理的控制通过御史体系的稽查来实现。以都江堰为例。宋代都江堰管理分为稽查、行政管理和工程管理三个层次，提举官由御史充任，经常性地巡视；地方行政长官即路和州共同负责灌区的水政，县官主持岁修及日常的工程管理。都江堰的工程形制、岁修劳役工料，以及岁修主持的官吏等工程及人事情况均造册存档以供稽查。元代都江堰岁修，经费征收于民，上报工程项目繁多。元代元统二年（1334 年），专职监察官佥四川肃政廉访司事吉当普实地考察渠首岁修工程后作了大幅度的削减。明弘治时，都御史丘鼒以都江堰灌渠上豪权势要多私建碾磨或开小渠引水，建议四川增加宪臣一员专门提督水利。为此，明朝弘治三年（1490 年），提升刑部员外郎刘杲为四川按察司佥事，专门监督水利事务。

2. 防汛管理部门及河官的稽查

对河官稽查是御史的重要职责。宋代御史就经常被授权审理河官。宋朝嘉祐元年（1056 年），朝廷下诏令御史吴中复、内侍邓守恭审理商胡堵口失利案，负责堵口工程的官员李仲昌被流放英州，张怀恩被流放潭州，其下属官全部夺官去职。御史的稽查甚至决定着机构的兴废。元朝至大三年（1310 年），河北河南道廉访司（元行省的御史机构）对都水监考察之后，给予其极为严厉的否定性评价，并建议在汴梁设都水分监，任用懂水利之人，专司其职。御史还负有对河官政绩考察的责任。清代河道总督靳辅治黄，采用多重堤防，以实现其期望的刷沙、淤滩和保堤的目标。但清康熙二十七年（1688 年），受到御史郭瑶的弹劾，最终导致靳辅罢官。防洪行政长官与监察官的矛盾和冲突是经常的，有时皇帝赋以行政官员以特权，使其独立行使事权而不必顾忌。明万历帝曾经将河道都御使暂行裁革，授予总理河道潘季驯较大权力。

3. 经费的稽查

宋代，曾经对故意加大工程的预算，然后侵吞工款的行为有严厉制裁规定：超额预算，剩余部分作贪污论，已经收入私库者按监守自盗罪论处。清代工部都水清吏司拥有对工程审计的权力，御史则负有工程款拨发、开支是否合理的监察职责。

六、我国现行水资源管理体制的形成及深化改革的新任务

新中国成立以来，我国水利工作中央政府统管、各级政府分管、各大流域机构专管相结合的体制机制不断完善。1988 年《水法》规定："国家对水资源实行统一管理与分级、分部门管理相结合的制度。国务院水行政管理部门负责全国水资源的统一管理工作。国务院其他相关部门按照国务院规定的职责分工，协同国务院水行政主管部门，负责有关的水资源管理工作。县级以上地方人民政府水行政主管部门和其他部门，按照同级人民政府规定的职责分工，负责有关的水资源管理工作。"2002 年《水法》对水资源管理体制作了修订："国家对水资源实行流域管理与行政区域管理相结合的管理体制。国务院水行政主管部门负责全国水资源的统一管理和监督工作。国务院水行政主管部门在国家确定的重要江河、湖泊设立的流域

管理机构（以下简称流域管理机构），在所管辖的范围内行使法律、行政法规规定的和国务院水行政主管部门授予的水资源管理和监督职责。县级以上地方人民政府水行政主管部门按照规定的权限，负责本行政区域内水资源的统一管理和监督工作。”

新中国成立 60 多年来，特别是改革开放以来，我国坚持把改革创新精神贯彻到水利发展的全过程，积极探索促进水利又好又快发展的体制机制。在水利投资体制改革方面，形成了以政府投资为主导、社会投资为补充的多元化、多层次、多渠道的新格局。在水资源管理体制改革方面，确立了流域管理与行政区域管理相结合的水资源管理体制，全国 63% 的县级以上行政区域实行城乡涉水事务一体化管理。在水利建设管理体制改革方面，全面推行项目法人责任制、招标投标制、建设监理制、合同管理制，全面规范水利建筑市场秩序。在水利工程管理体制改革方面，着力落实公益性工程管理人员基本支出经费和公益性工程维修养护经费，水利工程良性运行机制初步形成。在水价改革方面，终端水价制、超定额累进加价、丰枯季节水价、两部制水价等制度得到推广，合理的水价形成机制正在逐步建立。实践证明，现有水利管理体制机制为水利事业不断发展发挥了重要作用。

为了解决日益突出的水资源供求矛盾，2011 年中央一号文件明确要求实行最严格水资源管理制度，确立水资源开发利用总量控制、用水效率控制和水功能区限制纳污“三条红线”，从制度上推动经济社会发展与水资源、水环境承载能力相适应。党的十八届三中全会通过的《中共中央 关于全面深化改革若干重大问题的决定》提出了“深化生态文明体制改革”的任务。2014 年《水利部关于深化水利改革的指导意见》也为水利管理制度建设的新任务指明了方向。

今后，水利管理体制改革急需解决的主要任务。第一，要建立以人与自然和谐相处为核心理念的水环境伦理道德规范体系，弥补治水软规则的缺失。第二，要重构政府治理模式，建立保障水安全的水资源统一管理体制。在国家层面，改变现有管理体制，整合行政资源，建立全国水资源管理委员会，建立“一部牵头负责，各部合作管理”的统一治水制度，协调各部委统一治水。在流域层面，推动流域立法，理顺流域与区域的管理关系，实施对流域全权的、统一的协调管理，建立以流域管理为主，行政区域管理为辅的流域水资源自主管理新体制。第三，要坚持政府与市场两手发力，建立高效的水资源（水环境容量资源）配置机制。强化各级政府的责任，不断完善实施最严格的水资源管理制度的考评机制，在水资源配置领域引入市场机制，建立适应社会主义市场经济体制要求的、以水权交易为核心的水资源配置机制，提高水资源配置的效率与效益。第四，要建立流域和区域水危机战略防御体制，以抵御水危机产生的、直接威胁国家生存与发展的灾害风险。五是要完善公众有序参与水生态文明建设的体制机制。六是要以增强执法能力为核心，进一步加大水行政执法工作力度。

第三节　民间水管理组织与规约

我国民间水利规约，是随着地方性的农田水利灌溉工程的出现而产生和发展的。遗憾的是，早期民间水利规约的具体内容已无法考证了。

唐宋以后，这些民间水利规约数量逐渐增多，如宋熙宁三年制订的《千仓渠水利奏立科条》，元代针对陕西古老引泾灌渠订立的制度《洪堰堰制度》和《用水则例》，明代万历三十二年制订刻石的《广济渠管理条例》，清代洪洞县的《润源渠渠册》，1944 年的《陕西省泾惠渠灌溉管理规则》等。这些水利规约的内容主要包括民间水务管理人员的产生和职责，用水的分配，受益农户的权利和义务，水事纠纷的处理等几个方面。

一、基层水利管理机构

早期的基层农田水利管理人员情况记载不详。唐宋时期各级基层水利管理人员和小型灌溉工程的管理人员，直接由政府任命。明清时期，基层水事活动增多，灌区大都实行民主管理，虽然地方政府也参与管理，但改变了唐宋时期各级基层管理人员直接由政府任命的状况，改而实行由灌区选举，报政府批准，或轮流担任。其主要管理人员有时候也由政府委派产生。有重要农田水利工程的地方则设府州级官吏（如水利同知等）或县级官吏管理。除地方设官管理渠堰外，支渠、斗渠以下，一般由民众管理。在黄河流域其主要负责人有不同的名称，如渠长、堰长、头人、会长、长老、总管等。主要负责人之下又有乡约、牌头、渠夫、渠正、渠长、水利、堰长、水甲、橛头、闸夫等。在长江流域滨江沿河之堤垸，有称圩老、圩甲者，亦有称圩头、头人者，又有称堤长、圩甲、圩役者。无沿江大堤的堤垸则设有垸长、垸总、圩甲诸名目，作为本垸修防的基层管理系统。

这些管理人员的产生，一般由受益农户民主推举，再由官府确认备案。虽然仅限于形式，但经过这一程序后，乡村渠甲的权威也得到充分认可，成为介乎国家与村庄之间的媒介，成为填充国家权力在乡村社会水利管理中空缺的重要支配力量。他们的任期一般是一年，且不能连任。当然威信特别高的，任期也有例外。对渠长的任职资格有着严格的要求：一是要重德行，必须是村庄中热心渠务、公正、明达、廉洁之人，必须在村社范围内拥有较高的威信，具有一定的号召力；二是财产的限制，即地多者充渠长，田少者充水甲。至于灌区村落之外的人更是没有资格的；三是必须熟悉渠务、有一定文化、有组织能力。由此种种限制，使渠长职务变成村落社区中实力阶层的囊中之物，寻常小农很难全部具备以上条件，因此是没有被选举资格的。基层管理人员则是由受益农户选出来的。

渠长等管理人员的职责，主要是负责乡村水利事务的运行。首先是调剂水程，确保用水公平。其次是组织有关水系内的集体劳动。此外，渠长还要领导祈雨、祭祀、排解纠纷、征收摊派、完纳水粮等，必要的时候还要出资垫付。

为了约束渠长等管理人员，各地纷纷制定了相应的罚则。如清代甘肃的古浪县，《渠坝水利碑文》对地方灌溉工程主要负责人“水利乡老”的权利与责任明确规定如下：“各坝水利乡老务要不时劝谕化导农民，若非已水，不得强行邀截混争，如违禀县处治”；“各坝修浚渠道，绅衿士庶俱按粮派夫，如有管水乡老派夫不均，致有偏枯受累之家，禀县拿究。”[1]

民国时期，民间水利机构有水利协会和民间的协助行水人员。《水利法》第 12 条规定：“人民兴办水利事业经主管机关核准后，得依法组织水利团体或公司。”民国时期沿用了历史上的由人民自己管理水利的办法，在有关的法律中对民间协助行水人员作了规定，确立了他们的法律地位。1944 年行政院公布《灌溉事业管理养护规则》，在第三章管理部分明确规定：“为期推动工作起见，得由各该灌溉区内之民众推举年高德劭素孚众望之人士担任协助行水人员，其职责应于管理章则中加以规定。”1944 年的《陕西省泾惠渠灌溉管理规则》在第 2 章专门规定了“协助行水人员”的职责，内容与历史上的同类规定差别不大。

二、分水制度

合理分配用水，涉及全体农户的切身利益，再加上每个灌区的地形、气候、土地、人口、民情等因素的影响，增加了合理分水的难度。所以民间水利规约一般对此给予明确规定，分水制度是水利规约的核心内容。

分水制度有以下 4 种情形。

（1）按地承粮，按粮摊水。即视耕种面积和承担田赋的多少以及出工的多少来分配用水。嘉庆《永昌县志·水利志》这样说：“夫按地承粮，按粮摊水，诚万世不易之道”。

（2）灌区内浇灌顺序：由上而下或由下而上。北方水渠由于水源不足，为了多浇地，一般都不实行全流灌溉，而是按照各村土地之多寡或分配的用水时刻实行轮灌。各地渠册、水册等资料中对用水顺序的记载十分详细。有的是“由上而下”，有的是“由下而上”，也有的是“一年由上而下，一年自下而上”，还有“并排浇灌”“轮流浇灌”“换灌溉”等

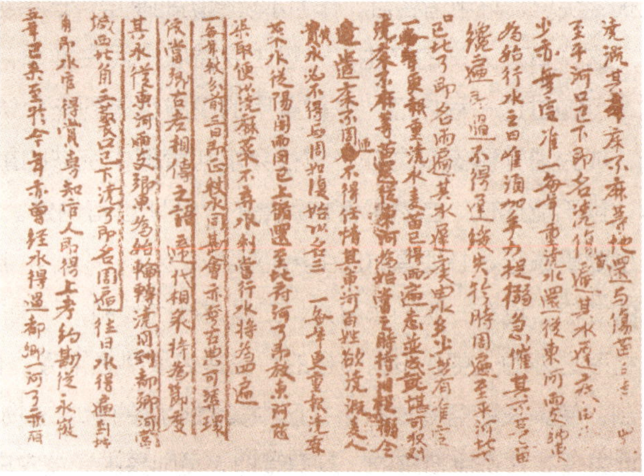

《敦煌县用水细则》书影

[1] 张昭美、郭建文．《古浪县志》卷四．

不同的规定，而且一旦确定，一般不予变动。自上而下的秩序，符合水流的常规，但轮到下游用水时，往往水势较弱，可能出现因浇灌不足而使下游利户利益受损。自下而上可避免这一情况，但又与渠首灌溉优先权相矛盾，尤其在水量不足且急需用水时更为突出。

（3）生活用水的分配。以黄河流域为中心的北方地区水资源的短缺，在不少地方，不要说灌溉用水，就连生活用水也非常困难，尤其在干旱年份，困难更大，有限的井水、泉水等无异于救命水，围绕井水的汲取、管理也形成了在一定区域内具有约束力的惯例和规则。[1]

（4）长江流域分水方式概括为 3 种：通过引水筒口尺寸分配用水量；通过控制放水时间分配用水量；通过控制筒车安放位置分水。

三、取得水使用权的相应义务和罚则

要取得水的使用权，必须履行一定的责任和义务。否则获得的水权也可能丧失。这些责任和义务，尽管各个灌区具体要求不一，但以下基本要求是一致的。

（1）必须在工程建设中，按规定履行出资出工义务。有些堰渠为了保证岁修按时竣工，规定非常严格。

（2）必须无条件服从修建渠道的整体规划，遇有占地、青苗等损失不得阻挠，不得漫天要价。

（3）要持续获得水使用权，必须持续交纳水粮，承担各种经费的分摊，或交纳修渠所需用的实物，即使是获得特权的权贵阶层也不能例外。

（4）在行使自己灌溉权时不能损害其他人的用水权。清代山西霍山灌区规定，在灌溉村社中，水權村优先，但水權村只能使用规定的灌溉水利工程，不能另开渠道截流灌溉。另外，渠首村不能用洪水漫灌威胁其他水權村用水。

（5）种植作物类型要符合灌区水量条件，新增稻田要经过审批。

（6）严格遵守分水秩序，否则要受处罚。

（7）按额定水量用水，严禁偷水、卖水。

（8）节约灌溉用水，浪费水者要受罚。浇过地的渠水要流入母渠，严禁流入无利沟渠。枉费水利者，要“严加断罚”。

（9）限制水磨的使用。

四、民间水规约与水事纠纷的调处

唐宋以来，在相对缺水的北方，早就有水事纠纷的发生，但那时的水案具有局部性和

[1] 范天平．豫西水碑钩沉 [M]．山西：山西人民出版社，2001.

数量少的特点。而明清以来的北方，人地矛盾日益凸显，水地矛盾加剧，水事纠纷数量更多，更加复杂，处理难度更大，更易反复，延续时间更长。在相对干旱的河西走廊、关中、山西、河北釜阳河流域等地，不仅水事纠纷日益增多，而且更加复杂激烈，处理难度更大，更易反复，延续时间更长。清代农田水利法规内容比前代更加细密完善，名目繁多的“水规”“水则”及“定案”亦相继产生问世，内容丰富。虽然如此，但由于清代以来水资源利用方面的供求矛盾过于突出，违规偷水用水、掘渠开堰等行为屡禁不止，每每酿成严重后果，这些“水规”“定案”难以发挥应有效用，水案的发生愈演愈烈。

长江流域水事纠纷总体上看要少一些，但是在有些地方堰渠间甚至州县间分水纠纷也时常发生，相关记载在地方志资料中很多。同时，长江流域水系发达，灌溉工程往往与防洪、排涝工程相辅相成，围绕水的产业链更长，用水纠纷的主要内容尽管也是灌溉权之争，但涉及的行业领域更广，除水磨外，与分洪、养鱼、种藕、水运等都有矛盾，而且很普遍。

解决水事纠纷的主导力量是各级官府，主要法律依据是民间渠册、堰规等乡规民约，解决结果一般是恢复用水权，如有人身伤亡，要按刑律治罪，有时也动用军队武力解决。调解或判决的主要依据是传统用水惯例或渠册规定，调处结果一般多依据渠册、渠规及相关乡规民约和惯例恢复用水原状，如有较大经济损失，要给予一定赔偿。如果出现了死伤人命的事实，要在调处用水权的同时，根据械斗当事人情节不同，处以枷示、笞等刑罚。

历代民间水事规约内容丰富，但同时水事纠纷也大量存在。这足以说明，在以小农经济为基础的封建私有制下，仅靠健全法制不可能从根本上解决水利纠纷，必须改变落后的生产方式。

五、我国民间水事规约的特点

农田水利灌溉是水利活动的重要任务。我国民间水利规约源远流长，发展脉络清晰，内容丰富，对规范历代水利活动、促进农业发展发挥了积极的作用，是制度形态水文化的重要内容，简要总结如下。

（1）民间水利规约充分发展，构我国历代农田水利法律体系的主体。历代农田水利法律制度主要表现为两种形式：一是正式法律制度，即各级官府公布的、受国家强制力保护的法律、法规等，主要内容是对各级地方官员兴修农田水利的职责和工作指导方针、指导思想、有关工作程序、工程质量标准、奖罚制度等予以规定；二是非正式制度，即以习惯、乡规民约、水册等形式表现出来的水事规则，也可称之为惯例法，它虽不以国家强制力作为实施前提，但又与国家强制力密不可分。有的水册、渠规等民间文书本身就是经过官府审定予以公布的。正式和非正式制度相互补充，共同构成了我国古代农田水利法律制度的基本体系，而且非正式的民间水利规约构我国历代农田水利法律体系的主体。

（2）中国古代水权制度不发达，法律严禁水权买卖，尤其是严禁不经登记的私相买卖，但水权买卖的行为在事实上又长期存在。在古代社会，水费主要表现为修建、维护水利工程出工或出资的多少。而且水权是附属于地权的，不能单独买卖。从唐到明清，国家都明文规定禁止水权交易。但水权买卖行为一直存在并不断蔓延。明清以来，北方地区水权开始出现买卖行为，如在关中地区的一些灌区资料中，就有水权单独买卖的记载。在长江流域，水权单独买卖的情况并不多见。民国以后，水权得到立法承认，并颁布了水权法规，人们对水权买卖行为的认识进入了一个新阶段。

（3）中国民间水事规约体现了较强的权利和义务并存的理念。在历代各地民间水事规约中，享受用水权和承担出资出力义务是对等的。一旦不承担相关义务，也就丧失了水的使用权。

（4）中国民间水事规约表现出较强的地域性。地域之间的差异性是中国传统社会的基本特征，在基本精神一致的基础上，水事规约的地域特色也是很鲜明的。不仅南方、北方不一样，就是同一大区域之内更小范围的地域之间也有差异。这些差异表现在方方面面，如管理人员名称、分水制度、浇灌顺序、出资出工具体内容、惩罚细则、维修条例、纠纷处理办法，等等。

（5）中国民间水事规约具有较强的继承性和稳定性。这些乡规民约、渠册、渠规等是在水利工程建成之初由全体出资、出力人共同商定而成的，它的主要内容既体现着特定水文条件、地形条件、不同出资人和出力人的利益平衡，又体现着一定地域的风俗习惯、道德传统等价值选择；它既依靠官府的支持与认可，又具有一定的独立性，不会因政权的更迭发生根本性的变化，因而具有较强的历史传承性，成为民间社会的基本惯例，长期沿用，有的甚至几百年不改一字，其内在的合理成分值得认真学习吸收。

六、当代农民用水合作组织的发展

新中国建立以后，中国共产党和政府领导广大农民大搞农村水利化，在管理上形成了大型灌区由乡镇政府或灌区管理局直接管理与小型水利工程由村组管理相结合的管理模式。在土地集体所有、集中经营的计划经济条件下，这一管理模式是基本适应经济发展的。20 世纪 70 年代末至 80 年代初，中国农村实行联产承包责任制以后，土地分散经营，逐步出现了一定程度的末端渠系管护不够、组织管理不到位、灌溉效益不理想等现象。为了解决这些问题，各级政府不断加大对基层水利建设的投入，积极探索政府管理与民间自主管理相结合的有效模式。尤其是近年来出现的以农民用水户协会为代表的农民用水合作组织不断推广，发挥了积极的作用。

农民用水合作组织是农民用水户协会、水利合作社、灌溉合作社等组织的统称。其基本特征是：以某一水利工程设施（灌溉渠系、排水系统、水源设施等）所服务的区域或乡、村、组的行政区域为范围，由农户自愿参加，按照合作互助、民主管理和自我服务原则建立起来，主要从事水资源开发和购买、水费收取、水量分配、水事纠纷调解、参与水权管理和农田水利工程设施及末级渠系建设管护等工作，是一种非营利性的经济组织和自治组织。中国从 20 世纪 90 年代初开始探索发展农民用水合作组织。1995 年，世界银行将“用水户协会”这一名称引进中国，并在湖北、湖南建立了第一批用水户协会。2000—2005 年，水利部门加大了推广用水户协会的力度（特别在大型灌区）。2005 年，国务院办公厅转发《关于建立农田水利建设新机制的意见》，规定“鼓励和扶持农民用水协会等专业合作组织的发展，充分发挥其在工程建设、使用维修、水费计收等方面的作用”，明确了用水户协会在农田水利工程建设管理中的地位和作用。2005 年水利部、国家发展和改革委员会、民政部联合印发“关于加强农民用水户协会建设的意见”，对农民用水户协会的性质、权利义务、组建程序、运行和能力建设等有了明确的指导。2006 年 7 月，由水利部、民政部和国家发改委共同组织在新疆召开了全国农民用水户协会经验交流会，将用水户协会的发展推向高潮。2007 年中央一号文件首次提到“推广农民用水户参与灌溉管理的有效做法”。2008 年中央一号文件提到“支持农民用水合作组织发展，提高服务能力。”截至 2009 年，全国正式成立的农民用水协会已达 5 万多家。

农民用水合作组织采取民主选举、民主管理、民主监督的方式运作，减少了中间环节的搭车收费等问题，降低了水费标准，增加了透明度，调动了受益农户民主参与的积极性，运行管理逐渐规范，在工程管理、用水管理和水费计收中发挥了重要作用。一是推进了支渠以下的设施维修和管护工作，保障重点水利工程效益的发挥；二是减轻了用水户经济负担，促进农民增收；三是促进了灌溉节水，提升水资源使用效益；四是规范了用水秩序，减少用水纠纷；五是为“一事一议”提供了载体，营造和谐氛围。

云南哈尼梯田

农民用水合作组织，也是中国传统的民间水事规约的继承和发展。有些地方的民间合作用水办法就是在传统的乡规民约基础上形成的。如云南哈尼梯田的民间水资源管理办法，其核心内容是几百年来延续下来的。比如，根据山上引水沟渠的收益范围，由受益农户选举出三人组成的管理组织，并推选出办事公道、有威信的人为“沟长”，负责沟渠管护，工资待遇由各家均摊。一年一届，可以连选连任；根据灌区面积和沟渠流量，按沟渠流经顺序，在水沟和梯田分界处放置一横木或石头，按每一片梯田的需水量在横木上凿槽刻度，使水自行流入田中。这种“分水木刻”的分水方法，能够较为准确地分配梯田用水，减少浪费。分水木刻不能私自更改，否则要受罚；所有受益农户在每年开春，由村长或沟长组织对沟渠集中维修，平时若有破损，自发维修等。这种民间机制延续数百年，对于确保哈尼梯田耕作方式的延续和发展发挥了积极的作用。

第四章　精神形态水文化

精神文化是人类为了表达其内在的思想情感而创造出来的东西，它们是人类内心世界的升华，又反过来成为人类情感和心理的慰藉。在人类文明史上，水从来都不仅仅是自然物质，它与人类的精神生活密切相关并产生重要影响，涉及到哲学、史学、文学、艺术、美学、宗教、伦理、风情民俗等许多领域，内容极为丰富。在水文化的三种形态之中，精神形态水文化是最核心的部分，居于水文化的深层。以下选取几个有代表性的领域，对精神形态水文化略作探讨。

第一节　水与哲学

哲学是人类思维高度发展的产物，是人对于整个世界（自然界、社会和思维）的抽象性认识，是自然知识和社会知识的概括和总结，是理论化、系统化的世界观和方法论。哲学不能回避两个最基本的问题：世界是怎样形成的？人应当怎样追求生活的意义？纵观中华传统哲学史，哲学家在思考和回答这些问题时，经常会想到水——水作为生命之源和一切生物赖以生存的物质基础，它的独特功能和形态，在中华民族的哲学思维中扮演了十分重要的角色。早期人类思维多取形象、直觉和类比象征的方式，因此在认识世界和解释世界时，常常处于物我混一的状态。中国传统哲学之中，不论是“水为万物本原”的本体论思考，还是“以象喻理”的哲理性沉思，以及治水实践中积淀出的辩证思维，无不洋溢着“水性”的特质和意蕴。

一、本体论与水

哲学是世界观与方法论的统一。世界观，也叫宇宙观，是人们对世界、事物的根本看法，主要解决世界“是什么”的问题，或言创世纪的问题。对本原的探究是人类最基础、最核心、最深刻的哲学之思。混沌、阴阳、八卦、五行、气等都是中国哲学中探求人类本原的最基本概念，而这些概念皆与水有着不解之缘。

“混沌”，是人们对宇宙最初状态的认识，所谓“元气未分，混沌为一”即是对这种状态的描述。这种认识多体现在创世界的神话之中。如三国时吴人徐整所编的《三五历记》中，这样记载了盘古开天辟地前后的情况：“天地浑（混）沌如鸡子，盘古生于其中。万八千岁，天地开辟，阳清为天，阴浊为地。”

混沌本指天地未分的状态，当时不能用概念界定，便用鸡蛋作比喻。这种“宇宙蛋”型的混沌观念，在我国一些少数民族的创世神话中有所体现。如傣族、基诺族、白族，说天地未分之前是一片汪洋大海或茫茫洪水；拉祜族、苗族、布依族，说天地未开时被雾气笼罩，到处迷雾弥漫。不论是前者的“大水型”还是后者的“气雾型”的状态，都与水关系密切。可见在古人的神话想象中，天地万物都是从水或雾中演化而来的。

“阴阳”，是中国古代哲学的一对范畴。但其最初的涵义既简单又朴素：向日为阳，背日为阴。山南、水北，是太阳能直接照射的地方，故称“阳”；山北、水南太阳不能直接照射到，故称“阴”。引申开来，物体的正面、前面称阳，背面、后面称阴。再深入下去，逐渐转化为抽象的哲学命题，即用阴阳来概括两种互相对立或互相消长的方面，从而形成了阴阳观念。

“《易》以道阴阳”❶，形成于商周之际的《易经》(《周易》古经，本是卜筮之书，但其中包含着深刻的哲学思想）就以阴阳为最基本的观念。“易”的主要涵义是“变易”，而变易则是阴阳矛盾的产物。尽管《易经》没有直接提出阴阳的概念和阴阳变易的原因，但其八卦和六四卦都以“阴爻”“阳爻”作为卦画或卦象的基本符号，同时在其卦、爻辞中对阴阳的变易和矛盾的转化进行了生动诠释。比如，乾卦取象于龙（在古人的观念中，龙为神物，既能潜于水中，又能飞腾于天上），从龙的活动方式折射出事物发展的一般过程，以及对人的利害关系：“初九，潜龙用。九二，见龙在田。九三，君子终日乾乾，夕惕若，厉，无咎。九四，或跃在渊，无咎。九五，飞龙在天，利见大人。上九，亢龙有悔。”到了春秋战国时期，出现了儒家解《易》并借以发挥其哲学思想的著作——《易传》，明确提出了“一阴一阳谓之道”❷的命题，即认为宇宙间有阴阳两大势力、两种力量，相互作用，相反相成，构成天地万物矛盾变化的根本法则。

八卦图

有趣的是，宋人传出的太极图式，是以黑白两个鱼形纹组成的圆形图案，俗称阴阳鱼。黑白鱼形环抱，表达阴阳二气自然流转，相反相成；“黑鱼”中的白点和“白鱼”中的黑点，表示阴中有阳，阳中有阴。有学者考证，由“阴阳鱼”组成的太极图形态，来源于自然界，

❶ 《庄子·天下》
❷ 《易·系辞上》

是受黄河、洛河在“洛汭”两水相撞，形成漩涡，清浊分明的启发构思而成。

八卦，简单地说就是八个基本卦象，是先民对宇宙万物做出的一种初步分类。

关于八卦的由来，有“河出图，洛出书，圣人则之”[1] 的说法。相传距今 8000 年左右，有龙马跃出黄河，身负河图；神龟浮出洛水，背呈洛书。人文始祖伏羲在“河图”“洛书”的启示下，“画”出了八卦，形成了《易经》的框架。

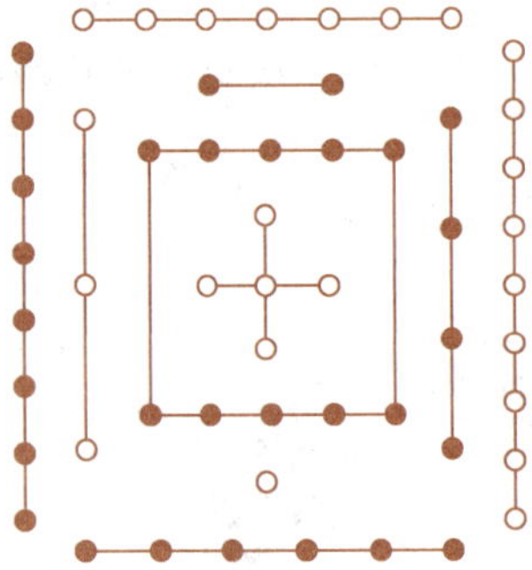

河图

之后，周文王将八卦两两相生，演绎为六十四卦，并附上卦辞说明卦的意思。再后来的《易传》概括出“太极生两仪，两仪生四象，四象生八卦，八卦定吉凶，吉凶生大业”的宇宙衍生模式。太极，指天地未开、混沌未分阴阳的状态，也称太初、太一，是派生万物的本源。两仪，阴阳二气也，万物的产生和变化缘于阴阳合气作用的结果。四象，指春、夏、秋、冬四时，或者说为少阳、太阳、少阴、太阴。八卦，是对自然界万象的概括，用八种主要自然物来象征，即：乾为天，坤为地，震为雷，艮为山，坎为水，离为火，兑为泽，巽为风；这八大物象又组成天地、山泽、雷风、水火四组基本矛盾，从而在相互作用中化生万物，而八卦变化对人来说则可以显示吉凶祸福。上述八种元素中，“坎”为流动之水，“兑”是静止的湖泽之水。在八卦的八种卦象之中，“水”占了两种，而“震”（雷）与雨相伴相随，亦与水不无关系，可见在先人对世界构成的认识之中，“水”具有重要地位和作用。《易传·说卦》则强调：“润万物者莫润乎水。”对水可谓推崇备至。

“五行”，是中国古代先哲采用取象比类的方法，将世界万物概括为水、火、木、金、土五大类——水代表液态流动之类，火代表燃烧发光之类，木代表植物之类，金代表熔化变形之类，土代表土壤之类，并以彼此之间相生相克的关系来说明和解释事物之间相互的联系和变化。

五行图

五行之“行”，最早表示纵横的道路，引申为五类或五个系列。至迟在西周时，人们已认识到水、火、木、金、土等“五材”是日常生产生活中不可或缺的五种基本物质。《左传·襄公二十七年》中说：“天生五材，民并用之。”在“五材说”的基础上，又形成了“五行”的概念，进一步揭示了世界的本原和构成。

最早明确提出“五行”概念的是《尚书·洪范》（成书于西周）：“五行：一曰水，二曰火，三曰木，四曰金，五曰土。水曰润下，火曰炎上，木曰曲直，金曰从革，土爰稼穑。”

[1] 《易·系辞上》

这种原始的五行说，旨在用水、火、木、金、土来概括世界上五种物质及其性能，还不具备“行”即运动、变化和联系的涵义。直到西周末年，周太史伯阳父（史伯）才真正把五行与宇宙万物的起源联系起来：“夫和实生物，同则不继。……故先王以土与金、木、水、火杂，以成百物。”❶这里，伯阳父以“五材”（土、金、木、水、火）在“和”的基础上产生“百物”，来说明物质的来源，已具有哲学意味了。战国后期，以邹衍为代表的阴阳家，整合阴阳与五行学说，构建了一个时空有序、天人感应的宇宙图式和五德终始、依次更替的历史观。如《吕氏春秋·应同》中历数黄帝时土气胜、夏禹时木气盛、商汤时金气盛、周文王时火气盛的征候后，指出：“代火者必将水，天先见水气胜。水气盛，其事则水。水气至而不知，数备，将徙于土。”秦始皇称帝后，笃信邹衍“五德终始”理论，认为“秦变周，水德之时”“更名河曰德水，以冬十月为岁首，色尚黑”❷。五行揭示了世间万物相生又相克的规律，其中“金生水”“水生木”“水克火”“土克水”的思想，对中华民族的治水实践产生了深刻的影响。

值得一提的是，关于五行中水之来源，东汉经学大师郑玄有“天一生水，地六成之”的说法。郑玄对《易传》中“天一地二，天三地四，天五地六，天七地八，天九地十”的表述做出了如是解读：“天一生水于北，地二生火于南，天三生木于东，地四生金于西，天五生土于中。阳无耦，阴无配，未得相成。地六成水于北，与天一并。天七生火于南，与地二并。……”❸郑玄的意思是说，“天一”和“地六”，独自都不能完成水的生成，必须天地配合，互相为“耦”“配”，方能生出水来。

“气”，也是中国哲学的一个重要概念。中国人一度把气（指微细物质）作为生成万物的本原，形成了气的宇宙观和生命观。如《老子·四十二章》在提出“道生一，一生二，二生三，三生万物。万物负阴而抱阳”的观点后，又加了一句“冲气以为和”。即认为道是独一无二的，道本身包含着阴阳二气，阴阳二气相互作用激荡，化生万物。《庄子·知北游》中说：“人之生，气之聚也；聚则为生，气则为死。”意思是说，人的生命从精神到形体，均由气凝聚而成；气一旦消散，生命也就完结了。《淮南子》一书中指出“气者，生之充也”的同时，还认为：“阳气为火，阴气为水。”中国古代的风水家们更是认为气与水是一体的。东晋风水学家郭璞在《葬书》中说：“气乘风则散，界水则止。”又说：“气者，水之母，有气斯有水。”认为水能聚气、生气，有水的地方就有气，而且气、水之间可以互相转化。唐末风水学家黄应妙《博山篇》说：“寻龙认气，认气尝水。其色碧，其味甘，主上贵……”认为水质的好坏决定生气的优劣。由此可见，气的原型就是我们司空见惯的水气或云气，而其母体，则是水。

---

❶ 《国语·郑语》
❷ 《史记·封禅书》
❸ 《易经注》

把水与世界本原紧密联系在一起的是战国楚简《太一生水》和《管子·水地》。1993年，考古工作在湖北荆门郭店出土了一批战国时期的竹简，其中有一篇被整理为《太一生水》，有学者认为是《老子》佚文：“太一生水。水反辅太一，是以成天。天反辅太一，是以成地。天地复相辅也，是以成神明。神明复相辅也，是以成阴阳。阴阳复相辅也，是以成四时。四时复相辅也，是以成沧热。沧热得相辅也，是以成湿燥……太一藏于水，周而又始，以己为万物母。”

“太一”，在中国传统文化中是一个重要概念，基本有三层意思：一是星斗；二是天神；三是宇宙的本原。上述关于“太一生水”的论述，无疑具有宇宙本原的含义。水由太一中生，太一是水的根源；其后，水又辅助本原太一生成天，天又辅助太一生成地，天地互相作用生成神明，神明互相作用生成阴阳，阴阳互相作用生成四时，四时相互相作用生成沧热，沧热互相作用生成湿躁，湿躁互相作用生成岁。而太一又藏于水中，与水和而为一，共同创生万物，成了万物之母。

显然，太一是比水更为根本的东西，是本原；而水是次生物。但这个次生物的地位并不一般，它不是诸物之一，而是太一和诸物之间的中介，就地位而言仅次于太一。水对太一这个母体具有重要的反辅作用，没有水的帮助，天地、阴阳、四时、岁都无法形成。还有一点值得特别注意，就是“太一藏于水”。藏，表明太一和水是一体的，太一所生出的，既是水，又是太一本身，这个结构和老子的“道生一”是一致的[1]。

相比于《太一生水》，成书于战国时期的《管子》（一般认为，此书是战国时期稷下齐国学者编撰的论文集，其中《经言》《大匡》《小匡》反映了管子本人的思想和主张）更直接地把水作为万物的本原：“水，具材也，万物之本原，诸生之宗室也，美、恶、贤、不肖、愚、俊之所产也。”在《水地》的作者看来，自然界万物不仅统一于水，而且为水所生，同时生长发育更是离不开水。这就从哲学层面把水推到了世界创造者的高度。接着，《水地》又论证了水如何成为万物本原的。第一，“水者，地之血气，如筋脉之通流者也。水，具材也。”具材，就是水的素质，包括“好洒人之恶”之仁，“视之黑而白”之精，“量满而止”之正，“己独赴下”之卑等特性。第二，水为“万物之准”，水的性质可以作为事物平准的“标尺”。如水色之淡为色彩之中、水味之为五味之中，这些都是“万物之准”的特征。第三，水集于天地，遍含于各种生命之中，而且万物因水而“尽其己”“反其常”，即发挥和实现自己微妙的特点，复归于自己本然的规律。

无独有偶，西方古典哲学在世界本原的认知上，也有“水生万物”的观念。如有古希腊第一位哲学家之誉的泰勒斯就鲜明地提出了“水是万物始基（本原）”的概念。在泰勒看来，水是生成万物的基础和原因，万物从水中产生，又还原为水。

[1] 乔清举．河流的文化生命[M]．郑州：黄河水利出版社，2007.

需要说明的是，在水是万物本原的命题中，不论是《管子·水地》还是泰勒斯，他们眼里的水已不是具体的物质，而是上升为具有抽象本质的意义的概念。不过，在中国传统文化本质与现象合一的哲学思维中，《水地》中的“水”仍具有“实体”性，既是本原，也是本体。

二、喻象性水哲学

崇尚天人合一的中华民族，其“究天人之际”的哲学思维特点是“近取诸身，远取诸物”“立象以尽意”❶。因此，水常常被先贤们信手拈来，作为哲学本喻，形成了具有中国特色的内容宏富的喻象性的水哲学。就其表现形式而言，主要有以水论道，以水比德，以水喻政，以水劝学，以水言兵等。

（一）以水论道

“道”是老子设计的最高哲学范畴。首先，老子以“道”为世界万物的本原，强调“道生一，一生二，二生三，三生万物”❷；同时认为“道”是个混成之物，包括“无”和“有”两个方面，是二者的统一体。其次，老子认为“道”是运动、变化的，它的运动形式是“有无相生”，甚至是“反”的，即所谓“反者道之动，弱者道之用”❸。最后，老子还以自然与无为、柔弱与不争为“道”的主要性质，这些性质可以为人们所效法。在老子的慧眼中，自然界中的水与他的“道”高度契合——水就像道一样，生养万物，而且柔弱、润下、包容、谦虚，看似无为而又无不为。

老子之道的一个重要原型就是水，“道近于水”是其哲学的核心理念，从一定意义上说老子的哲学就是水性哲学。

道为万物之宗。“道冲，而用之或不盈。渊兮，似万物之宗；湛兮，似或存。吾不知谁之子，象帝之先”。❹道像水一样，有源、深沉、清静，是万物的母体。有时，老子又称它为为“玄牝”。“谷神不死，是谓玄牝。玄牝之门，是谓天地根。绵绵若存，用之不勤。”❺山谷，既为水的通道，也是空虚有容的地方，“谷神”如道，可比拟为天地万物产生的根源。

老子推崇水，盛赞水“几于道”。他说：“上善若水。水善利万物而不争，处众人之所恶，故几于道。”❻道又如水，既无私地滋润万物，又甘处下流，且不与万物争功夺利。

---

❶ 《易传·系辞》
❷ 《老子·四十二章》
❸ 《老子·四十章》
❹ 《老子·四章》
❺ 《老子·六章》
❻ 《老子·八章》

处下、包容是道的属性之一。老子说:“譬道之在天下，犹川谷之于江海。”[1]“江海所以能为百谷王，以其善下之，故能为百谷王。”[2]由江海处于低洼处涵纳百川而成其大的特点，老子联想到人事上“处下”“不争”的好处——“治大国若居下流，天下之交，天下之牝。”在老子看来，治理国家也要像甘处下流的水一样，方能兼收并蓄，立于不败之地。就个人而言，处下、不争，虚怀若谷的处事之道，往往可以受益无穷，即使在乱世则足以自保。

柔弱是“道”的重要表现。“弱者道之用”[3]。当一般人以刚强为美为好的时候，老子却从观水中发现了柔弱的价值。他说:“天下莫柔弱于水，而攻坚强者莫之能胜”[4]“天下之至柔，驰骋天下之至坚”[5]。水性至柔，但却无坚不摧，比如洪水可以吞没一切，又比如细弱的滴水坚持不懈可以穿透坚硬的石头。为此，老子明确提出“柔弱胜刚强”的命题，并把柔弱视为“道”的性质和作用，强调柔弱才能生存，柔弱才最具生命力，希望人们以柔弱的水为法，“知其雄，守其雌,……知其荣，守其辱”[6]，从而达到以柔克刚、以弱胜强的目的。这是一种辩证的智慧，这种智慧是通过“无”而实现“有”，通过表面的后退达到事实上有前进。

道家的另一位代表人物庄子也喜欢以水论“道”，只不过他的“水之道”往往不是哲学思想的直接阐述，而是文学手法的曲折表达——用精心编制的寓言故事来描绘水。庄子推崇的人生境界是自由，用他本人的话说叫“逍遥游”。庄子的自由与水和水中的鱼关系最为密切:“北冥有鱼，其名为鲲。鲲之大，不知其几千里也。化而为鸟，其名为鹏。鹏之背，不知其几千里也。怒而飞，其翼若垂天之云。是鸟也，海运则将徙于南冥。南冥者，天池也。”[7]鱼是水中之物，老子曾以鱼喻道，强调“鱼不可脱于渊”[8]，因为脱渊之鱼有生命之虞。庄子则不然，他不但让鱼畅游于渊，还让它随心所欲地脱于渊——使鱼化鸟，不但能游，而且能飞。北冥——北海有多大，庄子没有说，但它里面涵养的一条巨鲲，就长“不知其几千里”，水之浩阔就不难想象了。在庄子的笔下，鲲是一条生活在北海、硕大无比的大鱼；鹏就是由鲲化成的一只巨鸟，与鲲一样，鹏也是个庞然大物，“背若太（泰）山，翼若垂天之云”。为了衬托鲲与鹏的伟岸与潇洒，庄子以天地间最大的物象——大海和苍穹作为它们驰骋的舞台。

《庄子·秋水》在记述庄子与好友惠子在濠水的桥上行走，看到在水中优游的鱼，十分向往，他说:“鲦鱼出游从容，是鱼之乐也。”生活中的庄子，曾有屈尊求贷的尴尬，就像车辙里的鲋鱼一样。由是，庄子更看重水中之鱼的从容出游，认为“相忘于江湖”的鱼之乐和

---

1. 《老子·三十三章》
2. 《老子·六十六章》
3. 《老子·四十章》
4. 《老子·七十八章》
5. 《老子·四十三章》
6. 《老子·十四章》
7. 《庄子·逍遥游》
8. 《老子·三十六章》

“相忘乎道术”的人之乐才是真正的逍遥。人不能与鱼同游同乐，但精神可以。而庄子推崇的自由，正是精神的自由。这种自由，用冯友兰的境界说来看，属于人生境界的顶层——天地的境界。

《庄子·秋水》讲述了黄河之神河伯见到北海之神海若时的寓言故事。海若对河伯说：“天下之水莫大于海，万川归之，不知何时止而不盈；尾闾泄之，不知何时已而不虚……”，然而，海水之大比之于天地，又不免小巫见大巫：“计四海之在天地之间也，不似礨空之在大泽乎？计中国之在海内，不似稊米之在太仓乎？”庄子以海若为代言人，讲述了只有超越有形、有限，才能达到无形、无限的道理，并揭示出只有超越有限的大小贵贱，才能“反其真”，即回到“道”的状态。

关于认识“道”的方法。水本身具有清与浊、动与静的状态，且清静之水能够镜人（上古时以水为镜照面是一种普遍现象），使人获得关于自己的认识。按此逻辑推衍下去，便有了镜心的认识——水、镜通过认识这个中介，便与心、思联系在一起了。由此催生了老庄“静观”的认识论哲学。老子提出了“涤除玄鉴”的识道之法。涤除玄鉴，即把内心深处这面镜子打扫得干干净净，让内心宁静地体验和直观万物，便能体察万物存在的真谛。“涤除玄鉴”到了庄子那里，则发展为“明镜止水”的方法。庄子说：“水静则明烛须眉，平中准，大匠取法焉。水静犹明，而况精神！圣人之心静乎。天地之鉴也，万物之镜也。”❶ 在庄子看来，对“道”的认识和把握，只有用一种静观的方法才能直接领悟到。水静则平，水静则明，人只有像静水一样保持清明的状态，才能对事物做出准确、客观的判断，这就是中国传统文化推崇的“宁静致远”的精神。

（二）以水比德

水对儒家的哲学思考同样有重要的影响，与道家不同的是，儒家对水的感悟多表现在其对伦理道德的认识上，而且多采取的是比物取象的“比附”方式，总体上属于一种水的道德哲学。

儒家的创始人孔子十分喜爱水。他说：“知者乐水，仁者乐山；知者动，仁者静；知者乐，仁者寿。”❷ 对此，宋代理学家朱熹给出了这样的诠释：“智者达于事理而周流无滞，有似于水，故乐水；仁者安于义理而厚重不迁，有似于山，故乐山。”这就把动、静作为理，将“知者乐水，仁者乐山”升华到“体”的高度。孔子又说：“逝者如斯夫，不舍昼夜！”❸ 这是孔子在川上观水，留下的千古感叹。由水的流逝，引申到时光的一去不复返，教育弟子在进修德业上，要像川流不息的水一样，一往无前，进取不息。

---

❶ 《庄子·天道》
❷ 《论语·雍也》
❸ 《论语·子罕》

孔子喜乐水，还表现在“见大水必观”上。据《孔子家语·三恕》记载：“孔子观于东流之水，子贡问曰：‘君子所见大水必观焉，何也？’孔子对曰：‘以其不息，且遍与诸生而不为也，夫水似乎德；其流也，则卑下倨拘，必循其理，此似义；浩浩乎无淈（屈）尽之期，此似道；流行赴百仞之嵠而不惧，此似勇；至量必平之，此似法；盛而不求概，此似正；绰约微达，此似察；发源必东，此似志；以出以入，万物就以化洁，此似善化也。水之德有若此，是故君子见，必观焉。’”

从孔子的这番言论中可以看出，孔子以水为比德的载体，描述了他理想中“高大尚”的君子形象，涉及到德、义、道、勇、法、正、察、志、善化等九德。由此观之，孔子观水，着眼点不是水的自然之美，而是试图通过水这个介质，架起水之美与人之善间内在联系的桥梁，以放大水的社会意义和道德价值，并由此推衍出儒家立身处世的道理和准则。

继孔子之后的儒家又一位代表人物孟子也爱水。他的“乐水”情怀表现在：“观水有术，必观其澜。日月有明，容光必照焉。流水之为物也，不盈科不行；君子之志于道也，不成章不达。”[1]称赞水具有“不盈科（坎，即坑洼）不行”的品性——流水不放过任何坑坑洼洼，不把它们填满便不会向前流，这种脚踏实地、循序渐进的品格，正是立志行道的君子所应追慕效法的。孟子爱水，还把水引入其“性善论”的立说中，说：“人性之善也，犹水之就下也。人无有不善，水无有不下。今夫水，搏而跃之，可使过颡；激而行之，可使在山，是岂水之性哉？其势则然也。人之可使为善，其性亦犹是也。”[2]就是说，人性向善，正如水之就下，是自然本性。但如果用手拍水，可使水越过额角；激水倒流，可以使水上山。这不是水的本性，而是外力的作用。这里，孟子实际承认了客观环境对人的意识的影响。

（三）以水喻政

以水喻政，是儒家思维的又一特色。这方面，孟子、荀子言说得最多。

孟子在谈到仁政思想时，说过这样的话：“民非水火不生活，昏暮叩人之门求水火，无弗与者，至足矣。圣人治天下，使有菽粟如水火。菽粟如水火，而民焉有不仁者乎？”[3]民以食为天，孟子把水火和粮食（菽粟）相提并论，旨在强调粮食充足是仁政的一个重要标志。孟子还用水火相克的现象说明仁与不仁的关系：“仁之胜不仁也，犹水胜火。今之为仁者，犹以一杯水救一车薪之火；不熄，则谓水不胜火，此又与于不仁之甚者也，亦终必亡而已矣。”孟子还用时雨之降表达他的仁政思想，说：“天油然作云，沛然下雨，则苗浡然兴之矣。其如是，谁孰能御之。”[4]又说：“民望仁政，若大旱之望雨也。归市者弗止，芸者不变，诛其君，

---

[1] 《孟子·尽心上》
[2] 《孟子·告子上》
[3] 《孟子·告子下》
[4] 《孟子·梁惠王上》

吊其民，如时雨降。”[1]

荀子以水喻政，提出了著名的“君民舟水”之喻。他说：“君者，舟也；庶人者，水也。水则载舟，水则覆舟。”[2]意思是说，统治者和人民的关系，犹如船与水的关系，水能载舟，但一旦掀起狂涛巨浪，也能把船打翻甚至吞没。“舟水之喻”，后来成为历代是明君贤臣治国理政的座右铭，特别是传到“君主的模范”唐太宗李世民的耳朵，更是被奉为执政的圭臬。李世民在与魏征、房玄龄等大臣讨论政务时，一再提及“载舟覆舟”这句警语，一再强调“求木之长者，必固其根本；欲流之远者，必浚其泉源。……载舟覆舟，所宜深慎”[3]。这里，水为百姓，君为舟；舟必行于水，无水何来舟；天下兴亡，关乎舟，更取决于水。

以水喻政的名言还有不少，如“防民之口，甚于防川”“善为川者，决之使道；善为民者，宣之使言”“民意如流水，宜疏不宜堵”。这些格言都是告诫统治者，在治国理民上，堵不如疏！

（四）以水劝学

儒家的三大巨头孔、孟、荀皆为大教育家，都有以水劝学的高论。如孔子在川上发出的“逝者如斯夫，不舍昼夜”[4]的感慨，本初的意思是用逝水来比喻时光的一去不复返，从而提醒学子们：青春易逝，韶华难在，要珍视当下，爱惜时间，努力学习，积极进取。孟子则提出，有道德的人（君子）教育人的方法有五，其一便是“有如时雨之化”[5]。中心思想是说，要使教化像及时的甘雨一样普降大地，滋养心田，才能达到“随风潜入夜，润物细无声”的效果。

荀子对以水劝学更是独有心得，其著作《荀子》多处可见以水作喻来表达人必须学习和怎样学习的道理。《劝学》的开篇，便用了两个与水有关的比喻。第一个是“冰，水为之，而寒于水”。意思是说，人经过学习，就像水变成冰（虽然还是原来的水，却比水寒），虽然还是“本我”，却已质变升华到一个高的层次。第二个是“不临深溪，不知地之厚也；不闻先王之遗言，不知学问之大也”。用深溪对比出大地之深厚，暗喻先王圣人学问的博大和高深，说明学无止境，“不可以已”的道理。接着，为了阐发“终日而思”“不如须臾之所学”的观点，又以水为喻：“假舟楫者，非能水也，而绝江河。君子生非异也，善假于物也。”说明学习之于人，如同渡河工具舟楫一般不可或缺。由此得出结论，君子之所以能够超越常人，并非先天素质高于常人，而完全靠后天善于学习。再接下来，以“积土成山，风雨兴焉；积水成渊，蛟龙生焉”和“不积跬步，无以致千里；不积小流，无以成江海”为喻，说明坚持不

---

[1] 《孟子·梁惠王下》
[2] 《荀子·王制》
[3] 魏征《谏太宗十思疏》
[4] 《论语·子罕》
[5] 《孟子·尽心上》

懈的积累在学习与修养中的重要性。这些散发着淋淋水气的比喻，生动形象，说服力强，被人们奉为“好好学习，天天向上”的座右铭。

晋代哲学家傅子则说过这样的话：“人之性如水。置之圆则圆，置之方则方，澄之则淳而清，动之则流而浊。”[1]既然人的可塑性像水一样，可方可圆，可清可浊，教化的作用不可低估。

在民间，有关以水为喻体的教育的言论也有不少，如“学如逆水行舟，不进则退”“临渊羡鱼，不如退而结网”“书山有路勤为径，学海无涯苦作舟”“水不激不跃，人不激不奋”……这些充满哲理的格言成为人们在学习上积极进取的动力源泉。

（五）以水言兵

我国古代兵家也有以水言兵的思维定式，特别是春秋末期的兵圣孙武，提出了“兵形象水”的命题，闪耀着朴素辩证法的光芒。《孙子兵法·虚实篇》说：“夫兵形象水，水之形，避高而趋下；兵之形，避实而就虚；水因地而制流，兵因敌而制胜。故兵无常胜，水无常形；能因敌变化而取胜，谓之神。”

就是说，用兵的法则像流动的水一样，水流动的规律是由高向低，用兵的规律是避开敌人强大坚实之处而攻击其虚弱的地方。孙子因水的启示而提出的“避实就虚”的军事原理，为历代兵家战将所推崇，并成为屡试不爽的克敌制胜之法宝。孙子还认为，用兵作战，采用灵活的战略战术十分重要，由此提出了“奇正”（“正”，作战的常法；“奇”，作战的变法）的作战观念，同时强调了“奇”在战术中的重要作用：“善用奇者，无穷如天地，不竭如江河。”[2]要求将帅在指挥打仗中要在“奇”上做足文章，因为战术像奔流的水一样，没有凝固、僵死的模式，只有根据战场上的情况，因敌而变，随机应变，才能把握住战机，赢得战争的主动权。

三、治水哲学

中华的文明史，从一定意义上说就是一部华夏民族除水害、兴水利的治水历史。自大禹治水活动掀开中国历史极为重要的篇章以来，中华民族在与水打交道，特别是与洪水作斗争的过程中积累了丰富的治水经验，蕴含着丰富的哲学思想，揭示出治水实践中的矛盾运动规律，进而对中国哲学产生了深刻影响。

（一）《洪范》“五行”——治水哲学的序曲

从哲学发展的客观动力而论，中华文明来临时期的伟大治水斗争，长期的“观象”活

---

❶ 《傅子》
❷ 《孙子兵法·势篇》

动，以及各民族的经济文化交流，使中国古代很早就产生了以研究阴阳、五行等矛盾关系为特征的原始唯物主义和朴素辩证法思想的萌芽，并伴随着生产力的发展和社会的进化逐渐深化了人们对客观世界的认识。《洪范》是《尚书·周书》中的一篇，记载武王克殷后拜访箕子，请教治国安邦的基本原则（“彝伦攸序”），共分九个部分，通称“洪范九畴”（“洪范”意为大法）。箕子对武王说：“我闻在昔，鲧陻洪水，汨陈五行。帝乃震怒，不畀洪范九畴。……鲧则殛死，禹乃嗣兴。天乃锡禹洪范九畴，彝伦攸序。五行：一曰水，二曰火，三曰木，四曰金，五曰土。水曰润下，火曰炎上，木曰曲直，金曰从革，土爰稼穑。润下作咸，炎上作苦，曲直作酸，从革作辛，稼穑作甘”。

上述这段话是说，鲧用堵塞的办法治水，违背了水性而导致失败；禹适应自然规律，改用疏导的办法，获得了成功。相传夏统治者为了巩固和占有治水平土的胜利果实，便把“五行”列为治理国家的根本大法，并设立了管理水、火、木、金、土的五个官职。箕子之所以专门讲了这段治水历史，并把“五行”列为治国的第一条大法，说明商人也非常重视治水平土的历史经验和传统。同时可以看出，原始的“五行”思想产生于伟大的治水斗争，是我们祖先通过治水实践，和对自然及人与自然关系的观察，初步总结出了物质世界的产生和发展规律，具有朴素的唯物主义的思想萌芽。根据肖萐父、李锦全主编的《中国哲学史》中的解读，从哲学的意义而言，原始“五行”说具有以下几点意义。

（1）包含着差异思想的萌芽。它把水、火、木、金、土五种物质元素放在“相互关系”中加以考察，指出了事物在性质上有“润”与“燥”等方面的差别，这就为研究事物的矛盾开辟了思路。

（2）包含普遍联系的思想萌芽。鲧治水不掌握水土之性，一味地采取以土障洪水的办法遭到了失败，禹吸取经验教训，按照“水曰润下”的客观性能，采取“疏川导滞”的办法，终于取得了治水的胜利。这种对水、土等客观事物性能关系的认识，给后人的启示是深刻的。

（3）包含着能动思想的萌芽。经过治水斗争的实践，古人在初步认识“五行”各种必然的基础上，触类旁通，对主观能动性有了一定的认识和发挥。如禹认识到“水曰润下”的特性，令益“予众庶稻，可种卑湿”❶，发展水稻生产；认识到“金曰从革”的特性，就制成了各种兵器和生产工具❷。

（二）疏堵结合——辩证的治水思维

在4000多年的中华治水史上，堵与疏的这对既对立统一的方法一直形影不离，启迪着中国人的治水思维从绝对走向相对，从单一走向综合，从片面走向辩证。

---

❶ 《史记·夏本纪》
❷ 肖萐父《中国古代哲学史》

距今4000年前，黄河流域中下游地区洪水滔滔。为了遏制洪水泛滥，鲧采取“堙”即堵的办法，企图通过修筑堤坝将水拒之于家门之外。但由于洪水太大，非但没有挡住洪水的入侵，反而愈演愈烈，“九年而功用不成”，鲧也因治水失败而被殛于羽山。后来，禹承父业，继续治水。聪明的禹吸取了父亲鲧治水失败的教训，根据水往低处流的特性，采用“高高下下，疏川导滞”“合通四海”与“障陂九泽”相结合的方略，即疏堵结合、以疏为主的办法，终于平治了经年不息的水患。“高高下下”，即顺应地势，高处使之更高，低处使之更低，高处居住，低处行洪，使人、水各得其所；“疏川导滞”，即疏浚河道，使水流通畅归于大海；“障陂九泽”，即加固湖泊沼泽的堤防，使洪水不漫溢。

从鲧的“障”洪水，到大禹的“疏”洪水，是治水思想上的第一次飞跃。禹的治水的高明之处表现在他能因势利导。“随山浚川”——这是一种“因”的智慧，“随山”是因地之形；“疏川”（疏导）是因水之性。到了周代，随着生产力的发展，人口的增加，黄河下游地区被大规模开垦，人们为了控制从自然河道中漫溢出来的洪水，开始在黄河两面岸筑堤挡水。到了春秋战国时期，黄河下游系统的堤防出现了。有了堤防，加大了河床容蓄洪水的能力，提高了防洪标准，增强了遏制洪水的主动性。这是治水思想的第二次飞跃。实践证明，堤防不是万能的，遇到大的洪水，河流仍会决口泛滥。于是到了汉代，出现了开支河分流或开辟蓄滞洪区分洪的治水主张和实践。从筑堤束水，到堤防与分流并重，这是治水思想的第三次飞跃。由于黄河泥沙含量高，分流也解决不了黄河泥沙淤积和河床不断抬高的问题。到了明中叶，又有了“以堤束水，以水攻沙”的治水方略，于是从单纯的治水，发展到治水与治沙相结合，这是治河思想的第四次飞跃。

上述几次治水历程的飞跃，从哲学的角度而言，体现的是人们治水辩证思维的不断深化。堵者，禁也，禁而止之，止之不止，为害犹烈；疏者，理也，理而散之，化为无形。堵与疏相比较，疏为上策。但不能就此下结论说，堵全无用，疏是全部，必舍堵就疏。因为堵与疏的关系是相辅相成、相反相成的，是辩证统一的。而且在一定的条件下可以互相转化，采用哪种治水方法为主，要因时、因地制宜。还是以治水为例。要导水入海，必先挖掘沟渠、构筑堤坝，以止水四溢，此即为堵。但堵的目的是为了更好地疏，使水沿河道、循沟渠而下，依人的意愿流注大海，此既是疏。所谓不塞不流，不止不行。是疏是堵，要因地制宜、因时制宜，这既是治水的原则，也是事物的一种辩证发展的规律。

（三）“学之于水，不学之于禹”——治水的哲学又一次升华

在中国治水史上，充满着辩证法与形而上学的斗争。比如，大禹治水获得了极大的成功，后世却有一些人奉大禹治河的方法为不可更改逾越的规矩，提出诸如“求索九河故迹而

穿之”[1]之类的教条主义主张，完全违背了大禹治水因地因时制宜的科学思想方法。对这类形而上学的论调，先贤中也有不少持明确反对的态度。如战国时的思想家慎子说：“法非从天下，非从地出，发于人间，合乎人心而已。治水者茨防决塞，九州四海相似如一。学之于水，不学之于禹也。”[2]在此，慎子鲜明地提出，只有遵从水的自然规律和经济社会发展对水利的要求，才是治水活动唯一正确的法则。时过境迁，当自然环境和社会环境都发生了很大变化的时候，如果治水方法一味拘泥于先圣当年合理而现在过时的方法，很可能因不合时宜而导致治水的失败。

（四）人水关系的“度”——过犹不及

人水关系，是人与自然关系的一个缩影。一部中国的治水史，在一定意义上也是如何处理好人与水的关系的历史。中国古代是农耕社会，推崇“天人合一”，人与自然的关系总体上是和谐的。但随着先民们改造自然能力的提高和人口的增长，为了生存乃至膨胀的贪欲，在局部出现了人与自然关系紧张甚至对立的现象，比如筑堤束水、围湖造田与水争地等。

从周代开始，为了积极防控河湖洪水，堤防始兴。河湖筑堤提高了防洪能力，这是一个显著的进步，但也相应地带来了新的问题，特别是对含沙量极大的黄河来说更是如此。筑堤之前，洪于漫流，泥沙散布；筑堤之后，泥沙淤积河床，形成新的矛盾。战国以来，黄河下游系统堤防已形成，但随之而来的是大量泥沙淤积在河道中，黄河逐渐演变成“地上河”；西汉末年，黄河决溢日渐频繁。这一时期，有关黄河治理方略的讨论十分活跃，尤其是贾让提出的“治河三策”影响最大。贾让提出的治河上策是放弃太行山以东的部分地区，“不与水争咫尺之地”。在贾让看来，黄河之所以频频决溢，除黄河泥沙含量大、洪水严重外，人们侵占了原本属于河道的空间，水的出路越来越狭小也是其中重要原因之一。贾让的这种关于人要顺应自然规律的思想，堪称中国古代哲学的精华，它充分肯定“天人合一才能达到人的自觉，这可谓高一级的自觉”。[3]几千年的治水实践证明，改造自然固然可以谋得利益，但若违背水的自然规律，一味地对其进行掠夺侵犯，终会遭其强力的报复。所谓“过则为灾”[4]，过则失当，教训不可谓不深刻。事皆有度，过犹不及。治水如此，做人做事亦如此。利用自然、改造自然是人类发展的永恒主题；而与自然和谐相处，应成为其中应有之义！

（五）都江堰——道法自然的经典范例

纵观中国古代水利工程，有不少浸润了中华传统哲学的观念。如都江堰工程，不但是中

[1] 《汉书・沟洫志》
[2] 《慎子》
[3] 张岱年《文化与哲学》
[4] 《左传・昭公元年》

国水利史上的光辉典范，而且充分体现出中国传统文化中道法自然、天人合一的哲学思想，闪耀着中华民族智慧的灵光。

都江堰位于四川省灌县境内的岷江进入成都平原的出山口处。从白沙邮一带的出口处至玉垒山脚下的宝瓶口，群山环抱，大江中行，形成了环状的地势和环流的水势。都江堰的建设者李冰正是利用此地弯道环流的水流规律和坡度适宜、取水高程控制优越的良好地理条件，因地制宜地建起了都江堰水利工程。堰的主体——引水工程由鱼嘴、飞沙堰、宝瓶口组成，三位一体，首尾呼应，形成有机的整体，与所处的地理环境相契合。鱼嘴即岷江中心的分水堤，位于玉垒山前岷江河床的弯道处，把江水隔为内外两江，形成一阴一阳的态势。冬春枯水季节，江水主流左行，内江水大，外江水小，出现“冬右阴而左阳”的形态；夏秋多水季节，主流右行，外江水势大，内江水势小，出现“夏右阳而左阴”的形态。阴阳两种势力在不同时间上的空间转换，使鱼嘴产生了“分四六，平潦旱”的神奇效果。分流出的江水通过人工渠道——内江，经宝瓶口（渠首）进入灌区。在内江下段的飞沙堰，其主要功能是沟通内外两江，调节阴阳消长，实现阴阳平衡。当内江进水量超过工程运行和灌区安全时，飞沙堰可自动将宝瓶口泄入的洪水和泥沙泄入外江（岷江），从而巧妙地解决了沙石淤积和洪水防御两大问题，实现了系统的动态平衡，达到了“引水灌田，分洪减灾”的目的。

第二节　水与文学

文学以语言文字为媒介塑造形象，反映社会生活，表达思想情感。文学与水有着密切联系。这里所说的“水”，不仅指水体本身（江河湖海、溪流泉瀑等物质的水），还包括人水关系中的“事”（治水、管水、用水、护水、赏水等水事活动）和“人”（以水为业的水利人）。特别是当代，描写治水活动和治水人物的文学作品大量出现，标志着“水”与文学的联系更加广泛。本章所说的就是这种广义的“水”。

水与文学的关系主要体现在四个方面：第一，水是文学作品中经常描写的自然景物，作为人物的陪衬和抒情的寄托；第二，人类用水、治水、管水的社会实践中涌现出了许许多多有特点的人物和事迹，成为文学作品的重要内容；第三，水流动、灵活的特性，激发作家的创作灵感和激情；第四，文学作品中描写的水，能够使人们在欣赏时获得人生教育和审美愉悦。以下从创作和欣赏两方面展开阐述。

一、水与文学创作

（一）水是作家创作的重要源泉

孔子说过“智者乐水”，水流动、活跃的特点与作家的精神世界有着天然的契合。文学创作是作家对社会生活的认识和形象反映，现实生活为创作提供素材，也对作家的心灵产生激荡。南朝文学理论家刘勰说过：“登山则情满于山，观海则意溢于海。……我才之多少，将于风云而并驱也。”[1]又说：“若乃山林皋壤，实文思之奥府，……然屈平所以能洞监风骚之情者，抑亦江山之助乎！”[2]创作者接触山水自然，会影响到自身创作才能的增长和发挥。屈原的“楚辞”创作就是“得力于江山之助”，即受到了楚国美好山川的启发和熏陶，这从“楚辞”中大量描写水畔植物（如香草）、水神（如湘君、湘夫人）、水景（如“洞庭波兮木叶下”），特别是对于“沧浪之水”的兴叹，可以明显看出，无论是“云梦之泽”，还是“沅湘之水”，都成为“楚辞”文思之奥府。东晋之后，“庄老告退，山水方滋”。山水文学创作开始兴盛，江南的自然山水拓展了作家的审美视野，激发了他们的创作欲望，出现了以谢灵运为代表的山水诗人，他们笔下的创作内容由以往的历史、战争、社会、人事，扩展到自然山水，促使他们孕育出众多的描写山水的优秀诗文。而受江南自然环境的影响，山水作家笔下描写“水”的分量比“山”更多。著名的如吴均《与朱元思书》，描写富春江“自富阳至桐庐一百许里，奇山异水，天下独绝”的秀美风光。其中写江水的清澈“水皆缥缈，千丈见底，游鱼细石，直视无碍”，生动传神，成为脍炙人口的名篇佳句。显然，没有富春江秀美的水，就不会产生优美的山水文学。唐代诗坛上，有以王维、孟浩然为代表的“山水田园诗派”，出现了被诗人闻一多誉为“诗中的诗，高峰上的高峰”的著名七言歌行《春江花月夜》。在伟大的浪漫主义诗人李白笔下，长江、黄河、汉水、洞庭、大海、庐山瀑布，或壮阔、或优美，都成为美的抒情意象，熔铸成脍炙人口的诗篇。宋代大诗人苏轼写长江赤壁的“二赋一词”，一直是文学宝库中的经典。可以说，在中华民族的文学史上，写水的文学作家和作品多到不可胜数，就其创作来源而言，都是以中华大地上的水为创作基础的。

现代作家沈从文有一篇著名的创作谈《我的写作与水的关系》，其中说到，他的文学创作不是建立在书上，而是建立在水上。沈从文的家乡湘西凤凰县，一条很有名气的沱江穿城流过，两岸是高高的吊脚楼。沈从文从小就在沱江边上生活了十几年，见惯了水边生活的种种人：水手、船夫、挑夫、妓女，开阔了对生活的认识，促进了对生活的思考。后来沈从文离开家乡，参加地方军队。多年行伍生活，也多在湖南沅江、辰水一带度过，增强了与水的接触，扩大了眼界，加深了对人性的认识。沈从文的很多小说，都是写船上、桥边、码头上

---

[1] 《文心雕龙·神思》
[2] 《文心雕龙·物色》

的人。他笔下的人物往往都都有水的性格，男人像水一样深厚，女人像水那么纯洁，因此他才说自己的写作是建立在水上。后来沈从文到青岛海边生活，见到了更浩瀚的水，创作的小说仍然多与水边生活有关。

凤凰古城沱江风光

20 世纪 50 年代之后，文学创作出现了一个新的动向，即在继承中华民族对水本身的欣赏和审美的同时，一些作家开始描写水事活动中的人物和事迹。如 1984 年全国获奖短篇小说《惊涛》(作者为江西作家陈世旭)，就是以洪水为背景，写出在突然的水灾面前不同人物的言行和性格，生动地显示出人水矛盾对人性的考验。特别是，新中国波澜壮阔的治水实践，给作家的创作提供了丰厚的土壤，成为文学创作的题材，涌现出一大批描写水利人和水利事业的文学作品，为社会民众提供了美好的精神食粮，其中也包含水利职工的文学创作。水利文学刊物《大江文艺》发表的文学作品，作者大都是水利人，内容也都是写水利的。

(二) 水是文学创作中的“传统形象”

文学用形象反映生活，表达情感。在自然事物中，进入文学创作的形象还有很多，如高山大漠、树木花草、日月星辰等，但它们都没有“水”出现的次数多。在古今中外的文学实践中，水都是文学创作的“传统形象”。这里所说的“水”，是指河海湖池溪潭泉瀑之类普通形态的水，不包括雨、雪、冰、雾等特殊形态的水，因为后者在文学作品中已成为独立的审美形象。一代又一代作家将水纳入自己的创作之中。写水的文学作品浩如烟海，无法量化统计，从水在文学创作中的作用来看，大致可以分为 3 大类别。

1. 水独立作为描写的对象

不是把水当成人和事的陪衬、点缀，而是以水本身作为描写的重点。如柳宗元的《小石潭记》，写作者在竹林里偶然遇到的一个小石潭，似乎很普通，但作家重点落笔全在于此：“水尤清冽。……潭中鱼可百许头，皆若空游无所依，日光下澈，影布石上，怡然不动。”借写鱼而描写水的清澈透明。写游人只是寥寥一句提过而已。当然，独立写水，目的还是为了抒发作者的思想情感。柳宗元笔下小石潭的水，体现了作者孤傲、高洁的情怀，此即王国维所说的“一切景语皆情语”。杜甫笔下的浩瀚洞庭、滚滚长江，也是把水作为独立的描写对象，在水中寄托作者的情思。

2. 水作为人物活动的环境、场景

有些诗歌、散文，主要内容是写人写事，重点不在写水，但是水作为人物活动的场所，起着形成氛围的作用，是抒发情感不可缺少的环境、背景。如为人熟知的唐代诗人刘禹锡的《竹枝词》:“杨柳青青江水平，闻郎江上唱歌声。东边日出西边雨，道是无晴却有晴。”写一对青年男女纯真美好的爱情，并将其置于一个优美的水环境里。这里是长江三峡一带，江水平阔，岸边杨柳青青，江上情郎放歌，雨后彩虹亮丽。抒情主人公这位女性的纯真感情与美好的水环境融为一体，形成了清新美好的诗歌意境。特别在小说、戏剧等叙事文学作品中，这种以水为背景的故事往往内涵丰富，韵味悠长。《三国演义》写赤壁火烧战船前夕，特意插入了一篇《长江赋》，极力描写长江的壮阔、神秘、鬼神聚集、充满野性力量，水的美学含义映衬了战争的悲壮色彩和人物的英雄性格。

3. 以水为喻

比喻是文学的常用手法，也是作家常用的文学修辞方式，生动形象，蕴含丰富的审美效果。如《老子》的“上善若水”，孔子的“逝者如斯夫，不舍昼夜”，李白的“桃花潭水深千尺，不及汪伦送我情”，李煜的词句“问君能有几多愁，恰似一江春水向东流”，欧阳修的“离情恰如春水，更远更行还生”，都属于这一类。在日常生活和民间语言中，以水做比喻的例子非常之多，如“鱼水深情”“如石投水”“清廉如水”“水中捉月”“水性杨花”“远水不解近渴”等，此处不多展开阐释，每个人都可以品评、体会。

（三）水孕育了作家的特色和人物的个性

白洋淀风光

“文学是人学”（高尔基语），成功的文学创作要写出人的性格和情感。写到与水密切相关的人物时，成功的作家总是会写出富有“水”的个性和风采的人物形象。在小说、戏剧等叙事文学的创作中，这一点体现得非常明显。

当代作家汪曾祺，江苏高邮人。他的很多小说是以其家乡苏北里下河水乡为背景。里下河地区是苏北的“锅底”，地势低洼，河渠纵横，湖泊密布，水里长着密密的芦苇、荷花，水里游着水鸟、鸭子。京杭大运河从旁流过，来往船只如梭。在这里生活的人们，与水朝夕相处，形成了水一样的性格。汪曾祺的很多小说就是写里下河水乡的故事和人物，有农民、船家、挑夫、小贩、手艺人，甚至是和尚，他们身份平凡，但都有着水一样的性格特征——纯洁、善良、乐观、开朗，像水一样有韧性，有灵性。虽然贫穷，但不折不挠，顽强地生活着，哪怕做着艰苦的营生依旧闪烁着人性之美。

小说家孙犁是著名的“荷花淀派”创始人，他笔下的很多抗日战争故事，多发生在华北明珠白洋淀。小说集《白洋淀纪事》里，那些抗日英雄们往往是在芦花荡、荷花淀里出没，英勇机智，从容镇定，是一个个富有个性的抗日英雄的形象。在孙犁笔下，那些战争的场面不是硝烟弥漫、血腥恐怖的，而是洋溢着一种诗意的氛围——抗日英雄们凭借神奇的水上功夫和智慧，在水面这个特殊战场上四两拨千斤，巧妙消灭了日本侵略者。水的灵性在这些抗日英雄身上得到了生动的体现。

（四）水用于烘托人物性格

在小说、戏剧等叙事文学里，水经常用来渲染环境，为塑造人物性格服务。如《三国演义》《水浒传》，凡是写到水战的地方都很精彩，如草船借箭、赤壁大战、关云长单刀赴会、赵子龙截江救阿斗，还有《水浒传》里面的水战等，这些在水面上发生的故事都很吸引读者。元代戏剧家关汉卿根据三国故事创作的杂剧《关云长单刀赴会》，英雄重临赤壁战场，唤起了当年的英雄情怀，有一段脍炙人口的唱词：“大江东去浪千叠，水涌山叠，年少周郎何处也！破曹的樯橹一时绝，鏖兵的江水犹然热，好教我情惨切！这（也）不是江水，二十年流不尽的英雄血！”昔日战船无影无踪，周郎已逝，当年英雄所存无多，然而作为战场的江水好像还是那么滚热。关羽的“情惨切”，不是胆怯、悲观，而是大英雄的悲壮。在这种情境中，长江是“关羽化”的，已经人格化为一条英雄的河流；关羽也是“长江化”的，人物和环境融为一体。在现代文学创作中，大家熟悉的很多作品里，如荷花淀、洪湖、沙家浜，水域都是英雄驰骋的疆场，成为作品里面富有美学意味的叙事空间，在水里发生的一些故事往往特别富有诗意。

二、水与文学欣赏

文学创作是作家的劳动，而文学欣赏是大众的精神活动。文学欣赏的对象是文学作品，目的在于通过品味作品而得到人文教育和审美熏陶。文学作品里对水的描写多到无法量化统计，不管是作家的有意安排还是无意吻合，“水”的意象总是与民族的审美传统对接，呈现出或这一类或那一类的美学意义。从欣赏的角度看，文学作品中描写的水，可以分为几个类别，其人文内涵和美学韵味也有区别。

（一）长流不已的水

流动，是水的自然属性。在人的审美感受中，这种自然属性可以化作生命的特征，成为人类生命、人生历史绵延不断的象征，长流不已的水因此而蕴含着深邃悠长的历史人生意味。自孔子临川而生发时光流逝的感慨之后，中国文学史上，常见的一种情感体验就是面对汤汤流水而抚今思昔，感慨水的长流不已如同人类社会的无穷无尽，而流水去而不返正如个体人生岁月的不可挽留。世间人事更迭交替变幻而流水依旧，水似已成为历史见证人。唐代张若虚著名的乐府长诗《春江花月夜》，其精华就在于面对长江流水而抒发了对历史永恒、人生易老、青春易逝的感慨，因此诗人闻一多才盛赞它表达了“强烈的宇宙意识”。按照法国哲学家狄德罗的说法，水在这里已经不是“生糙的自然”，而是具有深刻思想内涵的“人化自然”。再如，杜甫七律名篇《登高》写“无边落木萧萧下”，饱含对世事的忧伤和个人命运的伤感，但紧接着一句“不尽长江滚滚来”，以浩荡不息的长江比拟人生社会的生生不息，一往无前，全诗意境由此而变为开阔、雄浑、悲壮。苏轼写“大江东去，浪淘尽，千古风流人物。……江山如画，一时多少豪杰！”[1]江水滚滚滔滔，不仅是历代英雄豪杰的见证，也是英雄精神的呼唤者。

由流水而引发的另一种人生感受是生命易逝的悲凉甚至悲观，是对“逝者如斯”的另一个向度的体验。李白写过豪迈雄壮的水，但不得志时也不免慨叹“古来万事东流水”[2]，流露出浮生如梦，万事无价值的虚幻感。苏轼这样豪放的作家，伤感时也不免发出感慨：“春色三分，二分尘土，一分流水。”[3]惋惜一切美好之物到头来总要归于尘土和流水，流水的意象蕴含着“无影无踪的消失”之意。小说《三国演义》卷首词《临江仙》上阕：“滚滚长江东逝水，浪花淘尽英雄。是非成败转头空，青山依旧在，几度夕阳红。”也流露出人生空幻的悲凉情绪，与长流不已的江水相比，英雄的声名、业绩显得短暂而又微不足道。上述这些情绪，的确不够豪迈和昂扬，今人可以不学习，不效仿，但应当了解和理解中国古代文学中大量存在的这类现象。

（二）浩瀚博大的水

从审美的角度描写水的浩瀚博大，多取大海、大湖的形象，其浑浩汪洋之态象征着伟大崇高的境界，显示出伟大崇高的阳刚之美。先秦诸子中，庄子对大海情有独钟，他笔下的海不是自然意义上的一片大面积的水，而是已经成为一种宏大精神、气魄、胸怀的形象写照。较早对大海进行写实性描绘的是曹操。他远征乌桓，东临碣石，留下了大气磅礴的《观沧

[1] 《念奴娇·赤壁怀古》
[2] 《梦游天姥吟留别》
[3] 《水龙吟·次韵章质夫杨花词》

海》:“秋风萧瑟，洪波涌起；日月之行，若出其中；星汉灿烂，若出其里。”海的雄浑壮阔被夸张到了极致，大海似乎能够吞吐日月，包容天地。曹操作为一个伟大政治家、军事家的广阔胸襟和平定寰宇、统一天下的豪情壮志，已经与大海雄浑浩瀚的形象融为一体了。两千多年后，毛泽东的《浪淘沙·北戴河》词，描绘了雨中大海的“白浪滔天”“一片汪洋”，景象壮阔、气势浩荡，洋溢着革命领袖改天换地开创新时代的豪迈气概。

（三）秀美温柔的水

文学中的这类意象多取自山泉、池潭、溪流，也有写江河湖海的。欣赏文学时，用心体会就会发现，作家笔下的这类水具有温柔多情的灵性，风格属于阴柔之美（秀美）。南朝兴起山水文学，南方秀美的水成为作家有意识的审美对象，并在后代文学中不断延续。唐代诗人王维的“清泉石上流”与“明月松间照”共同构成清新秀雅的意境。在李白笔下，朋友的情谊像“桃花潭水深千尺”，水的意象具有了色彩（碧）和芬芳（桃花），诗人的情感渗透于其中。现代诗人徐志摩在《再别康桥》中描写英国剑桥大学校园内康河的“波光艳影”“一潭清泉”，愿在“康河的柔波里做一条水草”。朱自清描写过桨声灯影里的秦淮河、清华园月夜的荷塘，也写过威尼斯流遍全城的河。水在他们的笔下，显得那么明媚、清丽、秀雅、温柔，具有可亲可爱的灵性。

（四）纯洁清白的水

中国文学里还有一个很有深意的现象——水的清白往往标志着人物纯洁无瑕的品格。在叙事文学里面，常常有投水而死的人物，“逝于水”往往具有特定的美学含义。在现实生活中，人结束生命的方式多种多样，什么人都可以死于水，但在文学作品中，死于水却是体现了作家的情感倾向和美学选择。在文学欣赏时，要体会作家这种安排的特定含义——投水而死的通常是正直、善良的人物。水能够使万物就化以洁，文学家把水的这种自然属性作了美学意义上的延伸——水还可以洗去精神上、名誉上的种种尘垢，还其以清白。中华文学的审美意识中，水是一个清白的处所，投入水中的人物，总是具有善良纯洁的品格。在民间故事里，屈原是自沉汨罗江而死的。汉乐府《孔雀东南飞》的女主人公刘兰芝，一个勤劳善良美貌可爱的女性，因为婚姻破裂，选择的死法是“举身赴清池”。明代小说《杜十娘怒沉百宝箱》，京城名妓杜十娘追求真诚的爱情，但遭到富家公子欺骗，她在将金银珠宝抛入大江之后，自己也投入了滔滔江水。现代作家巴金的名著《家》里，那个聪明可爱的丫鬟鸣凤，暗恋三少爷觉慧但没有机会表白，后来高家要把她卖给一个老头子去做小妾，她坚决不从，选择投湖而死。在整部小说中，鸣凤投湖是非常动人的一节。唐代日本僧人阿倍仲麻吕（汉语名字晁衡）回国途中遇风浪，传说在海上遇难（实则讹传），大诗人李白写诗悼念：“日本晁卿辞帝都，征帆一片绕蓬壶。明月不归沉碧海，白云愁色满苍梧。”把友人逝去比喻为“明月沉碧海”，生命不是归于虚无的终止，而是进入一个更加开阔、壮美的境界。死于海难，本来是一个残酷的事实，但在李白笔下被升华为一种美好的意象，大海的浩瀚纯洁给人物的生命赋予了生命壮丽的亮色。这些文学现象都显示了一个引人思索的规律——死于水者几乎无一例外的都是正面的、美好的人物，作者都不约而同地对人物寄以同情和赞美。他们安排这些人物死于水，让有些人物生前的“污点”、冤屈、羞辱，彻底在纯洁的水中洗个清清白白，或者让他们的性格在水中得到进一步的升华，更多地闪耀人性光辉。这已经积淀成了中华文学的一个审美传统，作者和读者在这一点上不约而同地形成了审美的“集体无意识”。如果安排一个性格邪恶的人物死于水，就会有违审美传统。纵观我们的文学作品，这样的“反例”很少见到。

第三节　水与艺术

艺术是以审美态度认识世界、用形象反映生活的社会意识形态，包括文学、绘画、雕塑、音乐、舞蹈、戏剧、电影等。文学是艺术的一个重要门类，上一节已经单独阐述了水与文学的关系，本节将阐述水与其他艺术类别的关系。

一、水与艺术的“互动”关系

十三陵水库题字

艺术是人类的创造，但以社会生活为源泉。如上一节所说，广义的“水”，包括水体、水景、水事活动、水工程成果，在社会生活中占有重要位置。“水”作为人类社会最基础的生活内容，与艺术创造之间存在着活跃的“互动”关系。概而言之，“互动”体现在三个方面：第一，水是艺术创作的重要题材之一，古往今来，描绘和表现“水”的艺术作品浩如烟海，无法统计其数量；第二，水是激发艺术家创作灵感的重要媒介，水的灵性能够唤起艺术家心灵的共鸣；第三，表现水的艺术作品一旦产生，就成为水文化传播的重要途径，使水更广泛地进入民众的生活之中。大量艺术实践证明，水景之美、水工程建造过程中的美以及劳动产品的美，会成为艺术家观照、欣赏的审美对象，并成为他们的创作内容。古往今来，众多画家、音乐家描写水、咏唱水，留下了很多优秀作品。而水的灵动也是激发他们创作的动因。中国古人说:“山林皋壤，实文思之奥府。”[1]艺术家的创作通常得“江山之助”，从而促成艺术作品的产生。艺术是人类创造的“第二现实”。但是艺术作品一旦产生，就具有超越性，即它们超越了水景、水工程本身的空间限定性，能使它们的审美形象在社会上广为传播。这些载入艺术作品的水景观、水工程，就会因此而增加了文化内涵，提升了文化品位，大大增强了社会知名度和影响力，并跨越时代，为后人所了解和欣赏。例如，都江堰名闻海内外，除了“道法自然”的工程实体之外，还离不开由工程衍生出的历代题词、雕塑、楹联、碑刻等艺术元素。北京十三陵水库是 20 世纪 50 年代修建的，水库内的精美书法，许多作家创作的诗歌、散文，画家、摄影家留下的美好画面，这些艺术元素都与十三陵水库结为一个整体，丰富了它的文化内涵。半个多世纪过去了，很多水库的规模和实际效益都超过了十三陵水库，但十三陵水库的文化知名度随着岁月的积淀而不断增值，现已经成为北京的一处著名旅游景观，由此可见艺术影响力的久远性。

二、水在各类艺术中的表现

艺术领域包含的类别很多，水与艺术的联系也是多样化的，各种类别的艺术都有着天然的缘分。以下按照类别分别简述。

（一）造型艺术

也称“空间艺术”，包括绘画、书法、摄影、雕塑，其特点是具有空间的固定性，直观、形象，有视觉冲击力。

1. 绘画、摄影

在中国绘画史上，水并不是一开始就进入绘画作品的。秦汉时期的画以人物为主，山水只是背景。“人大于山，水不容泛”[2]是当时绘画的原则。所谓“水不容泛”，就是水不能出现波纹，这就意味着绘画时要把水放到很远的背景之上，只能看到白色的线或点。现存美术资料显示，隋代展子虔的《游春图》，标志着中国山水画的正式形成（西方直到 17 世纪才出现独立的山水画）。在这幅画中，人物的比例很小，占据画面重要位置的是山水，特别是大河，水面宽阔、波纹清晰、波光粼粼，水中小舟轻摇。这标志着水作为主要内容而不是点缀进入了绘画艺术。

此后，山水画一直是中国绘画的重要流派，著名画家如群星闪烁，优秀的山水画不胜枚举。宋代画家郭熙以山水画著名，其绘画理论著作《林泉高致》对绘画艺术如何表现水之活

[1] 刘勰《文心雕龙·情思》
[2] 张彦远《历代名画记》

力和美感、韵味，提出了很多精湛的见解，光是画水的形态，就有着非常丰富的内容：“水，活物也，其形欲深静，欲柔滑，欲汪洋，欲回环，欲肥腻，欲喷薄，欲激射，欲多泉，欲远流，欲瀑布插天，欲溅扑入地，欲渔钓怡怡，欲草木欣欣，欲挟烟云而秀媚，欲照溪谷而光辉，此水之活体也。”[1] 现藏台北故宫博物院的《富春山居图》，是元朝画家黄公望的代表作，以浙江富春江为背景，被称为“中国十大传世名画”之一。

展子虔《游春图》

黄公望《富春山居图》（局部）

古代山水画主要是表现水的自然形态之美。同时还存在一个有意思的现象是，古时也有文学艺术家会从审美角度欣赏水工程，把水工程之美写入艺术作品之中。古代咏运河的诗歌，很多都写到两岸的绿树垂杨（“杨柳岸，晓风残月”），河中的樯橹风帆，一派繁忙景象。宋代著名画家李唐的绘画《清溪渔隐图》，把一座水磨坊绘入画面，随水而转的水车轮子占据画面中心地位。水磨坊是人类发明较早的利用水力为人做工的工程设施，其具有浓郁生活气息的形象引起画家的关注，成为艺术作品之中的重要内容。

[1] 《林泉高致・山水训》

李唐《清溪渔隐图》

以水利成就为内容的邮票

现当代山水画家笔下，除了表现水的自然美之外，劳动人民修建的水工程（特别是治理淮河、红旗渠、三峡工程、黄河小浪底工程等著名水工程）也更多被艺术家纳入作品内容。摄影比绘画更多写实的特点，也更具有群众基础。新中国成立以来，反映水利建设成就的摄影作品数量众多，有效提升了水工程的知名度和影响力，甚至蜚声海内外。此类绘画、摄影作品为人熟知，不再举例。有些绘画、摄影作品还经过工艺美术家的设计进入货币、邮品，以艺术形式促进了水文化的传播。20 世纪 50 年代以来，国家发行的货币、邮票中，有很多就是反映水利建设成就的。

2. 书法

书法是“线条的艺术”，讲究气韵生动，而水的流转飞动所表现出的内在神韵与书法艺术极其相近。甲骨文中的“水”字，就是由三条流水线构成，显然这是人们根据水的自然景象，在长期实践中而造出的象形文字，充分说明先民们早已把水的动态流线形象引进了书法艺术里。大自然中水的灵性，为书法家提供了丰富的创作源泉，中国书法的笔画都是以跳动的线条美来表现，使书法线条的变化融合了水的精神，让人得到美的享受。

新中国成立以来，很多著名水工程建设引发了书法家的艺术创作。党和国家领导人以及艺术家富有感召力的题词，本身已具有文学性，更兼别具个性的书法，艺术品位很高，也更加珍贵。20 世纪 50 年代，安徽佛子岭水库竣工，坝体镌刻着毛泽东手书“一定要把淮河修好”的题词，郭沫若亲笔题写了“佛子岭水库”的门额，艺术大师刘海粟亲笔书写佛子岭水库竣工纪念碑文，这些“艺术徽章”使得佛子岭工程闪耀着文化之光。

郭沫若题字

刘海粟题字

3. 雕塑

雕塑是指采用各种可塑或可雕刻的硬质材料，创造出具有一定空间的艺术形象，借以反映社会生活、表达艺术家的审美情感。雕塑作品可视、可触，直观性、生动性强，是体现水工程文化内涵和品位的形象载体。在中华水文化历史上，以雕塑表达水事、水情有着悠久传统，最多的是遍布江河湖畔的神像、神兽、神器雕塑。而且，雕塑因其材质的稳定性能够跨越时代，长期保存，有些成为珍贵的文化遗产。雕塑作品因其重量和体积，一般都位于工程所在地，如古代江河边的铁牛塑像，就其作用而言，是镇水工具（详见本书第一章第四节）；就塑像本身而言，是艺术作品，承载着丰富的水文化内涵，成为水工程的标志性景观。新中国成立后，展示水之美和水利工程成就的雕塑作品遍布全国各地。特别要提到的是，不少水利职工自己创作雕塑作品，表现爱水、爱水利的深厚情感，展示艺术才能，为水利事业增添了新的精神面貌。如内蒙古三盛公水利枢纽的职工利用旧材料创作了大量雕塑作品，动物形象多与水相关，栩栩如生，显示出写意的美感；器物形象大气磅礴，寓意深远，具有艺术的

利用旧材料创作的水禽雕塑

韵味和感染力，如利用废旧闸门建立的“同心锁”雕塑。雕塑主体由三把巨锁锁环相扣，取名永固、永昌、永恒，三把巨锁昂然鼎立，每个高 27m，重 240t，被誉为“天下第一锁”。雕塑具有鲜明的水利行业文化特色，而且蕴含着黄河母亲哺育下的华夏儿女和谐相处、永结同心的美好愿望；也象征着河套地区汉族、蒙古族、回族等多民族的和谐共处，显示了浓郁的黄河水文化、河套水文化特色。该水利枢纽现已成为国家级水利风景区。

利用旧闸门创作的琴

“同心锁”

（二）表演艺术

包括音乐、戏剧（曲）、舞蹈，属于“时间性艺术”，其传播效果是“弥散性”的。“弥散性”主要体现在两方面：一是可以录音、复制、重复播放，二是易于学习、传唱。特别是第二个特点，使得音乐、戏剧（曲）、舞蹈比“空间艺术”能够流传得更为广泛。

1. 音乐

音乐以声音为媒介传达情感，具有广泛的群众基础。从古至今，中华大地上各民族的音乐中都有大量对水的咏唱，如古代钟子期与俞伯牙的知音故事，就是以“汤汤乎若流水”[1]的欣赏和共鸣为基础的。水在音乐作品中，有的是作为直接歌颂的对象，有的是作为抒情的背景。如藏族喜欢歌唱雅鲁藏布江，蒙古族歌曲中常常充盈着呼伦贝尔湖的水韵，东北黑土地的音乐中经常回荡着松花江、乌苏里江的涛声，朝鲜族歌声中经常咏唱海兰江，江南音乐中往往回旋着“太湖美”“溪水清清溪水长”的旋律，海南人民深情歌咏万泉河……民族传统音乐还创作了大量以水为主要题材（不仅是作为背景）的音乐作品，形成一座丰富的民族音乐宝库，著名的如古代的《高山流水》《春江花月夜》，现代的《黄水谣》《黄河大合唱》《小河淌水》《大海啊大海》《长江之歌》等。艺术风格多样，有的雄浑壮阔，有的温柔优美。音乐能够跨越时空，不需借助语言文字就能广泛传播。特别要提及的是，古代音乐多从水景

[1] 《列子・汤问》

观中体会水的情致韵味，现代音乐作品中有很多直接歌颂水工程和水利人，其中有一些是水利职工的创作。如江苏泰州引江河职工创作的《清清引江河》，通过会议和大众媒体的传播，成为该单位的一张文化名片。实践证明，水作为灵性之物，与音乐天生就有着不解之缘，水利人应当充分利用音乐媒介传播文化形象，提升水工程、水利行业的艺术品位。大型水工程，应当像高校拥有自己的校歌一样，拥有特色鲜明的标志性歌曲（或乐曲），作为单位音乐的“主旋律”。有条件的单位，应当充分利用音乐传播的途径，创作反映本单位、本部门、本行业的水音乐，唱响水工程，使之走向社会。在水利风景区、水（利）博物馆（展览馆），适时播放一些与内容吻合的水歌曲（乐曲），可以展示文化个性，彰显文化内涵，借助音乐旋律把水文化唱到人民群众心中。

2. 戏剧（曲）

戏剧（曲）也是属于以声音为媒介的艺术，为群众喜闻乐见，对于提升水工程的文化内涵和品位，扩大水工程文化形象的传播具有重要作用。在本章第二节“水与文学”中，曾经提到古代戏曲中利用水的自然特性（如波浪翻涌）烘托氛围，服务人物性格的塑造。这种情况下，水还只是陪衬性质的，而“水事”和“治水人”，因为自身已经具有了情节性、故事性和矛盾冲突性，更适宜作为戏剧的主体内容。话剧《红旗渠》再现了当年修建红旗渠的生活场景，生动刻画了红旗渠建设者的精神风貌。南京市京剧团 1998 年创作的京剧《胭脂河》。剧情主线是水利工程中廉政与贪腐的斗争，最终正义获胜。故事发生在明洪武年间，地点在江宁府溧水县（今南京市溧水区）境内的胭脂河（又名天生桥河，现为国家水利风景区）。该戏参加第三届中国京剧节并获得奖项，从 1998 年开始首演至今，几乎在每个重大演出活动时都有《胭脂河》，该剧剧情还被越剧等其他多种地方剧种沿用，使得胭脂河的文化形象得到有效传播，也给水利风景区增加了文化亮点。

3. 舞蹈

舞蹈艺术是以经过提炼加工的人体动作为主要表现手段，运用节奏、表情和构图等多种基本要素，塑造出具有直观性和动态性的舞蹈形象，表达人们的思想感情。据艺术史学家考证，舞蹈是人类最早产生的艺术。舞蹈可分为生活舞蹈与艺术舞蹈。就生活舞蹈来说，目前最为流行的广场舞中，很多舞蹈与水有关，如《水妹子》《水一样》《水汪汪》《在水一方》，舞蹈的动作与水的温柔之美、流动之韵有着内在的一致性。艺术舞蹈中，在著名的西洋芭蕾舞《天鹅湖》中，“天鹅”的美妙舞姿与水的灵动轻柔融为一体。中国著名傣族舞蹈家刀美兰的成名作就是一支名为《水》的独舞。那是 1980 年的夏天，在大连举行的第一届全国舞蹈比赛期间，她的独舞《水》，为观众展开了一幅富有浓郁生活情趣的傣族风俗画：夕阳西下，少女江边汲水，濯发清流，继而入水沐浴……刀美兰的表演充满浓郁的生活气息和水之灵秀，深深感染了现场的观众，轰动了这座滨海城市。《水》为刀美兰赢得了很高的声誉，成了她的成名作。

（三）影视艺术

与前述各种艺术门类相比，影视艺术是新兴的艺术类别，是艺术与现代科技手段结合而形成的综合艺术，包括电影、电视、网络视频等传播媒介。其传播特点是以“声画统一”的直观形象，成为社会民众广泛接触的文化传播媒介，是普及性最强的艺术。20世纪70年代，一部黑白纪录片《红旗渠》在全国放映，尽管艺术含量不是太高，但借助电影的形式，让新中国水利的这面鲜艳旗帜飘扬在全国人民心中。在中国重返联合国之际，中国代表团带去了纪录片《红旗渠》在联合国放映，让全世界对中国的建设成就刮目相看。1983年8月7日，关于长江沿岸地理人文的25集电视片《话说长江》在中央电视台播出，反响空前热烈，全国观众的反应以及它被赋予的意义已经远远超过了纪录片本身传达的信息，中国观众第一次全面直观地看到了我国河流的人文面貌。其中很多内容是反映水的自然状态和历史故事，同时也展现了当时在建中的大型水工程——葛洲坝。主题歌《长江之歌》已经成为脍炙人口的歌曲，“你从雪山走来，春潮是你的风采……”唱遍了大江南北。1986年，33集电视片《话说运河》在央视播出，同样大大促进了运河文化形象的传播。

杭州西溪原本是以农业水利工程为基础形成的湿地，冯小刚导演的电影《非诚勿扰》将西溪作为影片外景地，大大提高了西溪湿地的知名度，使之成为海内外闻名的旅游胜地，也提升了西溪湿地的文化品位。2011年8月中旬央视一套播出的电视连续剧《我叫王土地》，反映了清末民初黄河河套地区人民在王同春（剧中主角名为王土地）的率领下建造引黄灌溉工程的历史故事，影片中的情节和场景生动地展示了河套水利建设的历史画卷。

三、艺术促进水文化的传播

艺术作品既能为水工程增加文化内涵和文化品位，也能为“水”形象的传播提供推动力。在中华文明史上，大量的水景观、水工程因文艺作品的特殊影响力而具有不胫而走的传播效果，使之流传于世（横向传播）、记载于史（纵向传播），成为照亮水工程的文化光源，它们已经与水景观、水工程的物质实体融为一体，成为其文化之光、精神之魂。很多情况下，人们对某处水景观、水工程尚未触“其实”，早已闻“其名”。比如，很多人没有到过长江和大运河，但是借助诗文、绘画、摄影、音乐、影视，已经感受到了长江、大运河的波涛水声。很多人在没有到过杭州之前，就已经受到西湖诗文、戏剧、绘画、音乐、影视的耳濡目染，对西湖之美充满向往。游客在没有实地游览南京秦淮河、莫愁湖之前，已经借助传遍大江南北的歌曲《莫愁湖边走》和电视剧《秦淮人家》，领略了莫愁湖的绚烂风光和“桨声灯影里的秦淮河”的美妙意境。内地游客在去中国台湾旅游之前，就已经通过诗文、歌曲、音乐、影视知道了日月潭（其实是在水工程基础上形成的景点）的美丽景致。发掘水的审美价值，创作出更多歌咏水、描写水工程和水利人的艺术作品，为社会提供更好的精神食粮，是艺术工作者的职责，也是水利人的期望。运用艺术途径传播水文化，展示水的艺术魅力，有助于增加水工程和水利工作的文化内涵，也有助于在全社会培养爱水的情怀，建设人水和谐的美好社会。

第四节　水与信仰

信仰属于社会意识形态范畴，是社会发展到一定阶段的产物，它起源于人类超越现实的无限和弥补人自身局限性的渴望。本节所说的信仰是广义的，既包括对抽象的理论、思想的服膺和追求，也包括对具体的人和物的崇尚和膜拜。在社会心理上，表现为影响人们精神生活的某种力量；在社会行为上，则表现为各种相应的风俗行为。事实上，一方面，崇拜与信仰经常结合在一起，它们都是人类心灵的产物，精神的寄托，但二者又有明显的区别，崇拜是人们对物、人（或神）个体的尊敬和拜服，信仰则是人们被某种主张或神秘力量所振撼从而在意识中建立起的世界观和价值观。另一方面，信仰与风俗经常联系在一起，如一枚铜钱的两面，互为依存、互为表征、互为存在，信仰是风俗的基础，风俗是信仰的表象，如心理方面的风俗是以信仰为核心反映在人们心理的习尚，表现在诸如自然崇拜、图腾崇拜和祖先崇拜上；行为方面的风俗是与信仰密切关联，表现在祭祀、婚仪、祈禳等仪式和岁时节日、娱乐、游艺等活动上；语言方面的风俗则是信仰、思想、感情在传承艺术上的表达，如神话、传说、歌谣、说唱等。

水是生命之源、生活必须与人类的繁衍生息紧密关联，而且水带给人类的祸福远远超过其他自然物。水为天地万物本源的意识，对水的依赖、畏惧与自我保护的生存意识，使人类在很早的时候就产生了对水的崇拜观念。进入农耕社会后，随着人类智慧的渐开，使得水崇拜逐渐成为一种根植于社会生活土壤中的自然宗教——它以水的神秘力量、各类水神为崇拜对象，以水生万物、水神司雨水观念为基本内涵，以祈求降雨、止雨和生殖繁衍仪式为表现形式。由于古人对自然和社会的认知能力有限，只能借助超自然的力量，许多有关水信仰的现象被打上浓重的迷信烙印，包含着许多光怪陆离、不可思议的成分，并渗透到人们的思维和行动中，深深地影响了中国传统社会的政治、宗教、科技、艺术以及文化习俗等各个方面。直到今天，这种神秘文化中的某些因子还深深积淀在人们的心灵深处，成为特有的“集体无意识”。

一、水与“拜物信仰”

蒙昧时期的先民，很难从科学规律上理解有关自然、生命和社会的许多问题，便对一些自然物和自然力，如天地宇宙、日月星辰、风雨雷电、江河湖海等产生了敬畏和崇拜。当然，那时的先民自然崇拜的对象是自然物本身，而不是后世所谓的“神”，而是“物”，处于“拜物信仰”阶段。

对自然水体的崇拜现象可以从史前文化遗存的陶器刻纹中找到印记。仰韶文化、大溪文化、屈家岭文化等文化遗存中出土的陶器，上面绘有大量的条纹、涡纹、三角涡纹、漩纹、曲纹、波纹等代表水的纹饰。对先民们来说，把水的各种形象绘制在陶器上，主要不是从审美和装饰需要出发，因为“人类最初是从功利观点来观察事物和现象，只有后来才站到审美的观点来看待它们”[1]。陶器上的水纹，体现的是先民们对水的信仰和祈求（即认为生活中的祸福吉凶与水相关），它的功利目的是不言而喻的；而直接表现水的各种流动形态的水纹，说明水的崇拜信仰最初的对象是水体本身。

水体崇拜对象在古代典籍中也有所反映。在典籍中，一些河水、泉水等被称为甘水、甘露、玉膏、丹水、酒泉、神泉等，并被赋予种种神奇的功效——或能使人和物获得生长的力量，或能招致祥瑞，或可调药治病乃至使人长生不老。另外，在我国少数民族有关祭祀井泉、河流等仪式的民俗中也保留了不少原始水体崇拜的痕迹。人们在水边举行祭祀水的仪式时，既不供奉各类动物水神，也不祭祀各种人物水神，而是直接对着水体行祭。

人类对于水体的崇拜，实际源于人们对水的生命力、生殖力和生长力的信仰。这种信仰，可以从中国古代神话传说中找到蛛丝马迹。

中国的创世纪神话大多与水有关。上古流传下来的最著名的创世大神是盘古。《五运历年记》载有盘古化生万物的图景：“首生盘古，垂死化身，气成风云，声为雷霆，左眼为日，右眼为月，四肢五体为四极五岳，血液为江河，筋脉为地理，肌肤为田土，发髭为星辰，皮毛为草木，齿骨为金石，精髓为珠玉，汗流为雨泽，身之诸虫，因风所感，化为黎氓。”

这则神话对天地万物形成的看法虽然是幼稚的，但它朴素地认识到了世界的物质性。巨人盘古在“垂死化身”，把身体的一切都交付给大自然、变成世界万物的过程中，身上的血液脂膏变成了江与海，流下的汗水变成了滋润大地的雨水，甚至哭泣的眼泪也变成了江河。盘古死后的这些变化，表现了古人对创世的圣物——水的生命力的信仰。

女娲是我国古代神话中著名的创世神、生殖神，也是水神。“娲，古之神圣女，化育万物者也。”[2]“俗说天地开辟，未有人民，女娲抟黄土作人，剧务力不暇供，乃引绳于泥中，举以为人。”[3]在开天辟地之初尚没有人类时候，大神女娲用一团团的黄泥捏成人，因为她想捏出很多的人，感到十分吃力，便想了一个办法，拿一根绳子，将其伸进泥潭中，挥搅泥浆，

[1] 普列汉诺夫．论艺术（没有地址的信）[M]．北京：生活·读书·新知三联书店，1964.

[2] 《说文·女部》

[3] 《太平御览》

向四面挥洒，泥点溅落，变成许多活蹦乱跳的小人。为了免除无休止造人之苦，女娲又把男人和女人配起对来，让他们自己繁殖后代。造人用的泥，自然是由水和黄土搅拌而成。水是生命之源，又是人体中重要的组成部分，造人是离不开水的。神话中虽然没有明说，但却明显地透露出水是化育人类不可或缺的组成部分的观念。

当人类逐渐走出蒙昧的樊笼，认识到女子在生育中的重要作用时，就不再相信人类和天地万物是生于水或雾气之类的物质。这样，女子感生的神话便应运而生，即认为妇女与某种灵物结合或意念涉及某灵物便能受孕生子，且所生之子多为远古部落的首领。《山海经·海外西经》载："女子国在巫咸北，两女子居，水周之。"郭璞注："有黄池，妇人入浴，出即怀妊矣。若生男子，三岁辄死。"可见，女子国无男，繁衍后代方式是在水中沐浴。《史记·殷本纪》："殷契，母曰简狄，有（娀）氏之女，为帝喾次妃。三人行浴，见玄鸟坠其卵，简狄吞之，因孕生契。"契（传说是舜帝的臣，助大禹治水有功而封于商）是商之先祖，虽然不是其母直接浴水或饮水而生，但同样是行浴时感生的结果。可见，当时商部族的图腾是玄鸟即俗称的燕子。后来，随着水神的出现，导致女子怀孕的水逐渐被水神所替代，产生了女子感应雷、电、风、虹、原、蛇、蛙等水神而生子的神话。

值得指出的是，上述女子感水生子的神话，无论怎样变化，都或明或暗地显示出对水所包含的生命力的信仰。

二、水神崇拜

大约到了旧石器社会的晚期，随着人类的进化，产生了万物有灵的观念，即认为天下万物和人一样，皆有灵魂，支配着它们的活动。在这种信仰下，人类认为那些自然物和自然力的形态和变化一定会有冥冥之中的神秘力量——"神"主宰着。正如《礼记·祭法》所说："山林川谷丘陵，能出云，为风雨，见怪物，皆曰神。"出于依赖和恐惧心理，产生了多神信仰，但从类别而言，不外乎超自然神上帝、自然神崇拜和祖先神崇拜三大板块的信仰系统。

一般认为，上帝的观念出现于夏商时期，由于地上王权的确立，从史前的多神崇拜中产生了至上神——上帝的信仰。在古人的观念中，上帝神虽不是单纯的水神，但由于它为天地和人间万物的总管，无所不能，当然对天上云雨和地上的水体、水情具有强大的主宰力。殷墟卜辞中就有不少关于天神主宰雨水的记载，如："今三月帝令多雨？""帝其令雨？帝不令雨？"等。这说明在殷人的心目中，雨水也是由天神主宰的，天神叫下雨就下雨，天神不叫下雨就不下雨。因此，要得到雨水，就要向天神祈求。

古人信奉的自然神，既包括日、月、星、云、风、雨、雷、电、旱、涝等天象或气象神的崇拜，又包括山川土石等地神，还包括飞禽走兽、鱼虫等动物或植物神。夏商周时期，人们对日月星辰的信仰观念中，认为这些"天神"具有变幻天象、刮风鸣雷下雨致旱等神力，因而崇拜有加，“日月星辰之神，则雪霜风雨不时，于是乎禜之”[1]人们对日月星辰之神操纵的水旱灾害无可奈何，只好通过祭祀讨好之，祈求旱降甘霖、涝止降水。可见，日月星辰之神虽然不是纯粹的水神，但在当时人们的信仰中却具有司水的神能。

除了无所不能的上帝和身兼多职的日月星辰之神外，人们崇拜信仰的比较纯粹的水神到底有哪些呢？古人经过多年的“探索”和“整合”，逐渐创造出一个庞大的水神系统——动物水神有鱼、鳄、蛇、蛙、牛、河马、蜥蜴、猪等；河川水神有黄河神河伯、淮河神无支祁、洛水神宓妃、湘水神潇湘二妃、运河水神谢绪等；海神有海若等；气象水神有风伯、雨师、云中君、雷神、虹神等；人物水神（包括神话人物和历史人物）有女娲、共工、羿、夸父、禹、李冰父子等。需要强调的是，在中华民族的水神信仰中，有一个司水水神的集大成者——龙，它是在水崇拜观念基础上形成的一种观念形动物（虚拟的生物），其形象是以蛇为主体的多种水神动物整合的产物。龙神通广大，但其最主要、最基本的神能是兴云布雨和掌控江河湖海等水府。

进入文明社会后，随着大一统国家的形成，中国的水神信仰系统逐渐趋于规范化、制度化，并形成了错综复杂的领属关系，如上帝神统领四方神、山川神、气候神等。

水是农业的命脉，在生产力相对落后、主要是靠天吃饭的中国古代社会，这个“天”或命脉主要指雨水而言，也就是说，原始农业的丰收在很大程度上是建立在风调雨顺的基础上的。农业对于雨水的过分倚重，使得雨水崇拜成为一种最普遍、最重要的现象之一，并由此生出了各种祈雨活动。祈雨，又叫求雨，是围绕着农业生产祈禳丰收的巫术活动，主要方式包括祭祀祈雨和巫术祈雨两大类。商周时期，祈雨主要有曝巫或焚巫、雩祭、祈龙等。曝巫或焚巫，指把巫师置于烈日下曝晒或用燃烧的木柴烧烤，但不是把巫师晒死或烧死，而是使他们热得难受，以期感动神灵降雨。祈龙，是建立在龙为雨水之神信仰的基础上，通过祭拜龙神或奉献牺牲等方式，“以龙致雨”。雩祭，也是祈雨祭祀的一种重要方式，自商代开始流行，周以农业立国，雩祭之风更盛，宫中专设雩祭官及舞雩的女巫。雩祭分为“常雩”和“因旱而雩”两种。常雩为固定的祭祀，即使没有旱情，也要举行祭祀，时间为“龙见而雩”，即每当孟夏四月黄昏，龙星升起于南方时，国家要举行专门的雩祭之礼。“因旱之雩”，是指旱灾降临时增加的祭礼。《周礼·春官·宗伯下》说：“若国大旱，则率巫而舞雩。”雩祭之礼，天子、诸侯都要进行，天子雩于天，称为“大雩”；诸侯雩于境内山川，只能称为“雩”。大雩在都城的南郊之旁筑坛，雩祭的对象，除了上帝外，还有“山川百源”[2]、神祇及祖先神等。雩祭中，不但有曝（焚）巫祈雨、作土龙祈雨等方式，还有祈告之辞。文献中有商汤祷旱的记载，《吕氏春秋·顺民》说：“昔者汤克夏而正天下，天大旱，五年不收，汤乃身祷于桑林，曰：余一人有罪，无及万夫，在余一人，无以一人之不敏，使上帝鬼神伤民之

[1] 《左传·昭公元年》
[2] 《礼记·月令》

命。于是剪其发，磨其手，以身为牺牲。”汤不但象征性地剪发断指甲以身为牺牲外，还念念有词，把导致干旱的责任揽在了自己身上，充满悲壮色彩。古代除了天旱祈雨外，每当淫雨不止，构成洪涝之患时，还要举行去雨、退雨、宁雨之祭，如“宁雨于社”，即向土地之神献祭止雨。

从原始社会末期到近代，数千年来祈雨活动沿袭不衰。唐宋以后，祭祀祈雨与巫术祈雨分道扬镳。官方祈雨一般只采取祭祀形式，而祈雨巫术主要流行于民间。

除了雨水之外，地上的各种水源（水域）也是人们崇拜信仰的对象。《礼记·月令》说，周代官方每年都要举行两次规模较大的祭祀水神活动：一是仲夏之月，“命有司为民祈祀山川百源”；二是仲冬之月，“天子命有司，祈四海、大川、名源、渊泽、井泉”。《礼记·学记》又说：“三王之祭川也，皆先河而后海。”可见，在华夏民族对各种水神的崇拜祭祀活动中，河川神享有极其重要和独特的地位。这种现象表明：河川特别是黄河、长江等大江大河与中华民族的繁衍生息和文明进步有着十分重要的关系。参照世界其他古代文明的发源史可见，凡在大河两岸发源、发展起来的民族，几乎都有对河（神）的崇拜现象，如古埃及人崇拜尼罗河，古巴比伦人崇拜底格里斯河和幼发拉底河，印度人视恒河水为圣水。这种对河的崇拜，是因为这些江河是滋养培育这些民族的摇篮。

从周代开始，长江、黄河、淮水、济水这四条最著名的河流（称“四渎”）就被列为国家祭祀的对象，汉朝形成定制，一直沿袭至清。在古人的观念中，江河水神的居住地往往是源头区——河出昆仑，江出岷山，淮出桐柏，济出王屋。淮水、济水较短，且源头就在中原腹地，祭祀的场所放在源头不成问题，但黄河、长江源远流长，源头远在天边，与中原相距遥远，故只好退而求其次，象征性地把祭祀的地点放在河或江的中下游的某一处。如汉宣帝神爵元年（公元前 60 年），厘定五岳四渎祀典，“河于临晋，江于江都，淮于平氏，济于临邑界中，皆使者持节侍祠。唯泰山与河岁五祠，江水四，余皆一祷而三祠”。可见，官方对“四渎”祭祀是有等级差别的，祭祀的地点分别是：黄河在临晋（今陕西朝邑县东南），长江江在江都（今江苏江都市），淮水在平氏（今河南桐柏县西北），济水在临邑（今山东临邑县），并形成了定期祭祀的制度。

隋朝统一华夏后，重新确定了“四渎”的祭祀地点和制度。如将祭祀济水之神的济渎庙设在了济水源头王屋山上（位于今河南省济源市西北 2km 济水东源处的庙街村）。经过千余年的风雨沧桑，济渎庙至今犹在，成为“四渎”祭祀场所中保存最完整、规模最宏大的历史文化遗产，特别是济渎庙中仍保存了大量石碑，记载了多朝祭祀的情况，历史价值不菲。据这里的碑记记载，隋唐及其以后各朝，凡国之大事，如战争、政权更迭、祈雨甚至皇室成员的生死等，都要遣使向济渎祭告。按照碑文所记，参加祭祀的官员祭祀前都要净身素服，而且要按照官阶高低穿戴不同色彩的祭服，佩带不同的装饰，行礼时所配的音乐也不同。民间对济渎神的祭祀更为经常，而且延续至今。

中国地域辽阔，民族众多，居地分散，先民们信仰与崇拜的自然物有较大的差别。一般情况下，人们总是把与自己生活密切相关的自然物作为信仰与崇拜对象。因此，居于大江大河河谷平坝的人多祭祀河神、江神；居于湖泽附近的人多崇拜湖神、渊神；居于海滨的人多敬拜海神。如自古以来，沿海地区海神庙林立，渔民出海打鱼前必到海神庙去祈祷祭拜，以求海神保佑出海平安和满载而归。另外，由于中国古代的农耕社会，处于自给自足的自然经济下，人们主要生活在一个相对狭小和封闭的小天地（村落）内，日常的生活、生产都离不开水，因而对于本地的水源如泉水、井水、水塘等自然会产生依赖和保护意识，故居于那里的人们崇拜的祭祀水源主要是泉、井和池塘，比如，汉族乡村普遍存在着祭祀井神的遗风，说明水井对于人民生活有着十分重要的作用。又如直到今天，我国一些少数民族仍有对与自己生活密切相关的潭、渊、溪等水源进行祭祀的风俗。

三、治水英雄崇拜

世界上任何民族的文化，都经历了一个由神为本位向以人为本位的发展过程，这是由生产力水平和人类认识自然、改造自然的能力所决定的。从中华民族对水信仰崇拜的演变和发展轨迹看，同样经历了对自然水神——人化水神——治水英雄的过程。与世界其他民族相比，中华民族的祖先崇拜历史更悠久、意识更强烈，“其表现之一就是神化祖先的能力和功绩，把他们奉为神灵进行祭祀，祈求保佑”[1]。

神话是人类仰望天际开始的，而当人类思索自身起源的时候，也就到了英雄神话的阶段。英雄神话中的“英雄”不是神，而是半神半人或受神的力量支持的人所创造出来的英雄业绩才能构成英雄神话。从创世纪神话到英雄神话，是一个由神而人的演进过程，也是一个神性退隐、人性逐渐凸现的递进过程，它是人类原始悟性文化向理性文化靠拢的早期阶段。

面对滔天的洪水，光靠神的启示来躲避水灾毕竟不是良策，于是有关治水的英雄神话便横空出世了。先是女娲挺身而出，补苍天，治洪水，拯救万民于水深火热之中。《淮南子·览冥训》记述道：“往古之时，四极废，九州裂，天不兼覆，地不周载，火爁炎而不灭，水浩洋而不息，猛兽食颛民，鸷鸟攫老弱。于是女娲炼五色石以补苍天，断鳌足以立四极，杀黑龙以济冀州，积芦灰以止淫水。苍天补，四极废，淫水涸，冀州平，蛟虫死，颛民生，背方州，抱圆天。”

袁珂先生在《古神话选释》中这样解读女娲治水、补天的神话：看似情节纷繁，实际主要还是一个洪水为患、女娲拯救人类、诛灭妖怪、战胜洪水的故事。神话所说的第一件事，“炼五色石以补苍天”，石头正是堙塞洪水必需之物，补天无非是要补住淫水不息的漏水之

[1] 严文明．中华文明史：第一卷［M］．北京：北京大学出版社，2006.

天。其余三件事，“断鳌足以立四极，杀黑龙以济冀州，积芦灰以止淫水”，更全是平息洪水的事了。鳌与黑龙，都是兴风作浪的水怪，鳌足撑天，说明鳌足之巨大；杀黑龙而中原人民得到拯救，足见黑龙是何等的凶猛。至于“积芦灰”，直接的目的就是“止淫水”。由此可以说，女娲是神话中最早的一位治水英雄了。

上古的时候，除了洪水是人类的大敌外，干旱对人类的生存同样是重大的威胁。于是，人们又创造出勇敢无畏的抗旱英雄来，寄托同大自然抗争的理想和愿望。夸父逐日的神话是我国古代与旱魔斗争的著名神话之一。《山海经·海外北经》说：“夸父与日逐走，入日。渴欲得饮，饮于河、渭，河渭不足，北饮大泽，未至，道渴而死。弃其杖，化为邓林。”夸父为了与炽热的太阳相抗争，义无反顾地踏上了追逐太阳的征程。因逐日而渴，他喝干了黄河、渭河的水，又去北方的大泽找水，不幸死在了找水的路上。尽管夸父因逐日而渴死，但其死后，“弃其杖，化为邓林”。邓林即桃林，与桑林一样，都是古人信仰中的雨水生出之所。

但是，神毕竟是人类凭幻觉和想象构造出来安慰自己、鼓舞自己、或者说欺骗自己的“异化”之物，它并不能给人类一丝一毫的帮助。从水与人类的关系上看，随着历史的进化，日益聪明的人类逐渐发现：尽管不断地、虔诚地向水神进行供奉和祈祷，但“天命靡常”，水旱灾害侵袭人类的现状并没有因此而改变，而人类通过自身的力量整治江河、疏浚沟洫，却往往能收到减少或避免水旱灾害的成效，尤其是大禹、李冰等治水英雄领导人民降伏水患、造福世人的生动事例，使人们更加清醒而深刻地认识到，与其把命运寄托在“神”的身上，不如自己奋起抗争，尽“人事”之力，以改变受制于大自然的被动局面。在这种文化心理下，春秋战国以后，治水英雄逐渐成为人们崇拜祭祀的对象。

大禹是中华民族最为崇敬的治水英雄，他的治水业绩虽不乏神话的色彩，但在百姓信仰中，那些神话都是神圣的“真实”。人民为了永远纪念他，便在他治水足迹遍布的神州大地上修建了许多纪念建筑物，如建在安徽怀远东南涂山之顶的禹王庙（又名“禹王宫”“涂山祠”），相传这是大禹当年会诸侯计议治水的地方。涂山禹王庙始建于唐代以前，主要建筑物有禹王庙和启母殿，内供奉着大禹像和启母像，每逢农历三月二十八大禹诞辰这一天，当地人们都要举行隆重的庙会，以缅怀大禹平治水患为民造福的功德。

另一位被人们十分推崇的治水英雄是战国时期的水利专家李冰。李冰是战国末期蜀国的郡守，他曾在岷江流域兴修了许多水利工程，特别是率众修筑了盖世无双的水利工程——都江堰，泽惠川西人民，一直为后人所敬仰。为了纪念李冰的治水功绩，后人在岷江边的玉垒山上修建了“崇德庙”。据《灌县乡土志》卷三载，“崇德庙每岁插秋毕，蜀民奉香烛祀李王，络绎不绝。唐宋时蜀民以羊礼祀李王，庙前江际，皆屠宰之家，岁至五万余羊”，可见当时祭祀的盛况。

除了大禹、李冰之外，春秋时的孙叔敖、战国时的西门豹、东汉时的马臻、元代的郭守敬、明代的宋礼等治水名臣，也曾被人们视为水神，建庙祭祀之，至今香火不息。

对江河的自然崇拜渐转变为对治理江河英雄人物的崇拜，是人类社会发展进步的重要标志。尽管祭祀大禹、李冰等治水英雄的活动同样也包含有一定的迷信色彩，还未能从根本上挣脱神权的羁绊，但是，神化大禹、李冰，毕竟是人类思想进化上的一大飞跃，是对迷信虚幻水神愚昧观念的否定。于是，以神为本的文化便逐渐向以人为本的文化过渡，“人们从惶恐地匍匐于天神脚下的奴婢状态中逐渐解脱出来，在理性之光的照耀下，开始伸直腰杆，着力创造现世的美好人生”[1]。

四、水信仰与道教

道教是中国土生土长的宗教，它以老子为教主，以“道”为最高信仰，以追求长生不死为目标，是在先秦时期神仙信仰的基础上，融合道家思想，于东汉末年形成的。产生于上古时代的水崇拜观念，对道教的形成与发展产起到了深刻影响——道教的宇宙观、基本信仰及其他理论以及神仙谱系、法术、仪式等，都可以从水崇拜这个原始宗教中找到根源。

道教的宇宙观，是把“道”这种超越时空的神秘力量作为宇宙本体、万物本原，这与中华水崇拜水生天地万物观念一脉相承。中华传统水崇拜，把水视为天地万物的本源，而水又可以化为水气、云气，于是又引申出了气生人和天地万物的观念。道家的重要经典《太平经》说：“一气为天，一气为地，一气为人，余气散备万物。”即认为“气”是生成天地万物的始基。道教论及这种“气”的形态，说它“清微不见”“元气无形，汹汹隆隆，卧者为地，伏者为天”[2]。而这种看不清、摸不着，弥漫于天地之间的“气”，其形态特征无疑就是“水气”“云气”。

道教的长生不老理论，同样基于人的生命由气或精气构成的观念——气不离身，人就可以长生不死。而要做到长生不死，就要修炼成仙；修炼的方法之一便是“服气”，即通过“食气”而不食五谷，使自己身轻如气，从而升天成为神仙。

道教还从气生人和天地万物的宇宙观出发，来创造自己的神灵，把道教诸神说成是由气化成的。道教中的不少神仙，就源自中华传统的水神系统，如龙王、雷神、雨师等，这些民间信仰的司水之神，被道教实行拿来主义，稍加改造，便堂而皇之地纳入了自己的神仙谱系。

龙神作为中国水神的代表，很早就被道教看中，并被改造成神通广大的“龙王”，主宰着江河湖海渊潭井泉等各种水府。以海龙王为例。道教中有四海龙王之说，即东海龙王敖广、南海龙王敖闰、西海龙王敖钦、北海龙王敖顺。雨师是民间信仰中颇为重要的司雨神灵之一，道教将其改造成仙人——赤松子，还不惜力气编造出他修炼成仙的故事。雷神也是民

[1] 冯天瑜，等．中华文化史 [M]．上海：上海人民出版社，2010.

[2] 《太平经·河图纬》

间信仰中的重要水神，经道教改造，演化成最高的天尊雷神与部将雷神。一说天尊雷神的部将为二十四位“催云助雨护法天君”；另一说天尊雷神总司五雷（天雷、地雷、水雷、神雷、社雷），道教招雷致雨的法术——“五雷天心正法”即源于此。

道教在吸纳改造传统水崇拜中的一些水神的同时，为了迎合广大民众的信仰心理，扩大自己的影响，还创造出一些具有司水神能的神仙。比如天、地、水三官大帝中的水官大帝，被道教塑造成天下水神的总头目。《三官经》说水官大帝“居青华宫中，部四十二曹，主管江河淮海水域万灵”。再如真武大帝（又称玄武大帝），也是道教的创造，是蛇神与龟神合一而演变成的人格神。《后汉书·王梁传》：“玄武，水神之名。”李贤注曰：“玄武，北方之神，龟蛇合体。”蛇与龟都是古人信奉的水神，集于玄武之身，便赋予了其更强的司水神性。此外，道教中呼风唤雨的玉皇大帝、履海如行平地的八仙、职掌当地水旱疾疫的城隍、拯救海上困厄的妈祖，其神性都与水有着千丝万缕的联系。

传统水崇拜信仰中水具有驱邪祛病功能的观念，在道教的法术、仪式中多有体现。比如，符水施咒，是道士为病人驱魔治病的重要法术，其基本方法是让病人饮用经道士画过符、施过咒的“法水”，从而达到驱邪除病的目的。又如，道教在承袭传统的祈雨仪式中，对其加以改造，通过设坛、安置尊像、诵经、献祭等，形成既有传统因袭，又有道教独创的程式化、规范化的祈雨仪式。再如，道士在做法事（打醮）活动之前，要进行沐浴，以“洁净身体”，表示对神明的尊重。这种“沐浴”之举，同样缘于对水驱邪力量的信仰。

五、水信仰与风水观念

中国古代社会，弥漫着强烈的“风水”之气。风水体现了一种能动的理想环境选择观，它源于人类追求美好生活环境的理想，是中国古人在长期的生产生活实践中逐渐积累和发展起来的一门关于环境选择的学问。有人说，风水理论实际上集地球物理学、水文地质学、宇宙星体学、气象学、环境景观学、建筑学、生态学以及人体生命信息学等于一体的综合性、系统性很强的古代建筑规划设计理论。毋庸讳言，由于历史的限制，风水观念在其漫长的发展和传播过程中难免与巫术发生联系，并染上了较为浓重的迷信色彩，但其中蕴涵的科学合理内核至今仍显现出人类智慧的灵光。

古人崇尚风水，实际上是对水生命力的崇拜，是视水为天地万物本原，人及天地万物皆由水生观念的一种体现。风水一词，最早见于东晋郭璞的《葬书》：“气乘风则散，界水则止。古人聚之使不散，行之使有止，故谓风水。风水之法，得水为上，藏风次之。”风水崇气，实为崇水，因为在风水家们看来，水能聚气止气，又能生气，所以上乘的风水，必须有好水相伴。

在以江西流派为代表的风水形法论中，对聚落周围的山川形势归纳为“龙真、穴的、砂环、水抱”四大要素。所谓“水抱”，是指穴地前面有屈曲、环抱的水流，这样的水形能凝聚盈盈的生气，可称“吉穴”。风水除了对水的形态推崇“曲”外，对水质方面也有很高的要求——“其色碧，其味甘，其气香，主上贵”[1]，清澈、甘甜、气香是好水的三大重要指标。如果集曲、清、甘、香于一体，无疑是水之上品、极品。有这样水萦绕的地方，当然堪称“物华天宝，人杰地灵”的风水宝地。

中国乡村聚落中有关风水的反映，当属安徽南部的明清徽派建筑最为典型。古徽州村落对自然环境有着强烈的依赖，那里的村落民居，十有八九与自然山水融为一体，或背山面水，或依山傍水，以山为水的骨架，以水（多为溪流）为村落的血脉。黟县的宏村，是安徽南部民居中最具代表性的古村落，它的选址规划、建设发展，历经千百年，浓缩了中国传统“风水”文化的精华。宏村主要为汪氏家族的聚集地，位于黟县东北部，村落面积 19.11hm^2，始建于南宋绍熙年间，至今已有 800 余年的历史。宏村先人独出心裁，开中国村落“仿声学”之先河，规划并建造了堪称中华一绝的“牛形”村落和人工水系。它以巍峨苍翠的雷岗为“牛首”，村口两棵参天古树为“牛角”，由东而西错落有致的民居为庞大的“牛躯”，架设在吉阳水上的 4 座桥梁为“牛腿”。统观村落，就像头昂首奋蹄的大水牛。更令人称奇的是他们引水入村的举措。宏村西北有一条溪流叫吉阳水，为山泉所汇，水质清澈。村人筑坝凿渠，引清泉入村，那条宽 1 米、长千米的水渠，盘盘曲曲，宛如“牛肠”，从一家一户门前流过；“牛肠”在蜿蜒流入被称为“牛胃”的月塘后，经过蓄积过滤，复又绕屋穿户，流向村外被称作“牛肚”的南湖，再溢流而出，投入溪流的怀抱。围绕水系而建的 140 多幢水榭民居，古朴典雅，各具特色。尤其是遍布村落水系网，造就了“浣汲未妨溪路远，家家门巷有溪渠”的良好生态环境。村内鳞次栉比的古建筑与旖旎的水光山色交相辉映，动静相宜，处处是景，步步入画，洋溢着浓郁的田园风光，被誉为“中国画里乡村”。

徽州的“水口”也是风水观念的鲜明体现。“水口者，一方众水所总出处也。”很多村落的入水口和出水口是统一的，村民沿水流建造房舍，户户傍水而居。据徽学研究者考证，水口是中原汉文化与徽州土著文化交融的产物，目前已成为独具特色的徽州文化的内容。水口，不仅担负着村落入口、分界、用水、防卫、休闲、绿化等功能，也是村民命运前程的一种精神象征。徽州人将水口看作地之门户，视建水口为创基业，每个村落水口都是精心布局设计。水口，置于村头或路口，是整个村中风景最美的地方。百年古树，枝繁叶茂，树冠如盖；有巨石嶙峋，有亭榭庙宇，有石桥跨越、泉水淙淙，一派生机盎然。山、水、树是徽州水口的三大要素。理想的水口是，两山对峙，涧水环匝村境。水口林是聚集村中旺气的屏障，力求达到“绿树村头合”的意境，而潺潺流水，则是水口布局的灵魂，在选景位置上常以桥“锁关”，辅以亭、堤、塘、树等镇物。民间工匠在水工程中融入了造园工艺，体现了

---

[1] 黄妙应《博山篇·论水》

朴素的美学元素，使水口散发着浓浓的人文气息。水口有“水口坦”，可供村人聚会，或男女老少玩憩。随着水口的不断营建，这里就会成为村中风光宜人之场所：溪流潺潺，花红柳绿，山清水澈，塔亭屹立。不仅地方俊彦流连于此，咏答唱和，父老兄弟出作入息，也相会于此，聊天作乐，呈现出一派祥和与宁静。

从精神角度看，水口的风水观念来自徽州的地域文化传统；从物质角度看，与徽州得天独厚的自然条件密切相关：这里有山有水，植被茂盛，树木葱茏，降水充沛，溪流长年不息。在此自然环境下生活的人们，讲究天人合一，荟萃生活情趣，使人与自然和谐，成为具有浓郁地域特色的乡村水工程。村落用水除了实用功能之外，还凝聚着更多的人文功能和美学功能，具有较高的文化品位，并逐渐形成了别具一格的水口文化。由此可以看出，风水观念不是完全建立在迷信思想之上，它还体现了“人法地，地法天”的道理和规律。

另外，中国风水学在长期的实践中形成了“山主富贵”“水主财富”的重要信仰。之所以如此，主要是在自给自足的自然经济占主导地位的中国古代，一块风水宝地往往是一家一族劳作、居住、休养生息的场所，而水（主要是河流和泉流）又在很大程度上决定着一家一户生产生活的小环境。《博山篇·论水》一开头就说道：“聚水法，要到堂。第一水，无辰方，食母乳，养孩婴。第二水，怀中方，食堂馔，会养生。第三水，中堂中，积钱谷，家计隆。第四水，龙神方，广田宅，太官方。”上述所提及的“养孩婴”“食堂馈”“积钱谷”“广田宅”等概念，均离不开水，可见水与人类生存有着何等密切的关系。《水龙经》则明确地把水看作“财源”的象征，指出：“水积如山脉之住……水环流则气脉凝聚……后有河兜，荣华之宅；前逢池沼，富贵之家，左右环抱有情，堆金积玉。”《阳宅撮要》也认为“水为气之母，逆则聚而不散。水又属财，曲则留而不去也”，强调屈曲绕行的水才能使财富聚而不散。水为财富的观念在中国古代一些建筑民俗中也有所体现。如徽派建筑的“天井院”式建筑，四面屋顶均坡向天井，这种将雨水集中于住宅之内的做法被称之为“四水归堂”，是徽派建筑的一大特点。在徽州古老的民居中，狭长的一方天井，兼具采光、通风和排水等功能。下雨时，四面屋顶的水源源不断地注入天井，除了实用价值之外（收集的雨水可用于洗涤、浇花、消防、冲凉等），其精神含意在于不让财源外流。“四水归堂”还寓意着人丁兴旺、家族源远流长。再如我国北方的山、陕一带，直至近代民居还有“房子半边盖”的习俗，目的是使降到屋顶的雨水全部流入自家院中。就连古老的万里长城之上伸出的滴水檐，也都设在关内一方，以免降于城墙上的水流向关外异族。这些建筑现象都是视水为财富文化心理的表现。

第五章　水与地域文化

人是大自然的一部分，既受赐于自然，也受制于自然。地理环境作为人类繁衍生息的物质基石，一方面，它通过物质资料生产方式及其技术系统等介质深刻地影响着人类社会、上层建筑；一方面直接影响民族性格，造成文化的差异。在人与自然的关系中，水作为生命之源和自然环境中不可或缺的组成部分，在人类的起源、进化和文化创造中扮演着极为重要的角色，不同国家、地区和民族所彰显的不同文化特质，无不打着水影响和塑造的深刻烙印，正所谓：一方水土养一方人，一方水土孕育一方文化。

第一节　水对地域文化的塑造

文化是一个在特定的时空内发展起来的历史范畴，是自然和人文共同作用下逐渐形成和发展起来的。文化有很强的地域色彩和地域差异。纵观世界和中华历史，可以看到，不同的地理区域单元，由于气候、土壤、水环境等自然条件的不同，使得人地（水）关系互动过程中产生的文化景观也大异其趣。水环境对地域文化的塑造，体现在生活在不同水环境下的人群，其生产方式、生活模式和观念、气质等方面的差异上。

一、地域文化概说

地域文化是以“历史地理学”为中心展开的文化探讨，其“地域”是文化形成的地理背景和约定俗成的历史区域。在中国，地域文化一般指特定区域内，由人与自然环境（如气候、地形、地貌、水文、植被等）互动基础上形成和发展起来的源远流长、独具特色的，传承至今仍发挥作用的文化传统。虽然地域文化是不断发展和变化的，但在一定阶段具有相对的稳定性。

社会与自然的联系以劳动为介质。地理环境经由物质资料生产方式这一中介，给各民族、各国文化类型的铸就奠定了物质基石。正如马克思所指出：“人们自己创造自己的历史，但他们并不是随心所欲地创造，并不是在他们自己选定的条件下创造，而是在直接碰到的、既定的、从过去承继下来的条件下创造。”[1]也就是说，人们在创造历史的过程中，离不开它所处的地理、历史环境和时空条件，否则人类的历史活动便会成为无源之水、无本之木。德国哲学大师黑格尔在《历史哲学》中将自然环境对人类社会的影响归结为三个方面，即：对生产方式、经济生活发生作用，对社会关系、政治制度发生作用，对民族性格发生作用。为此，他还针对人类所处的地理环境的不同，划分出高原游牧文化、大河农耕文化、海洋工商

[1] 《马克思恩格斯选集》第一卷

文化等三大类型，并提出了著名的“温带文明发生论”主张。

事实上，地域文化的形成离不开两种主要因素，一个是自然环境，一个是人文环境或曰社会结构。正所谓“古今沿革，有时代性；山川雄厚，有民族性”[1]。中国自春秋战国以来产生的各具特色的区域文化，如黄河流域的三秦文化、三晋文化、中州文化、齐鲁文化，长江流域形成的巴蜀文化、荆楚文化、吴越文化等，都是在区域自然环境与人类活动的互动作用下发育而成的。

二、水环境与文明样式

我们人类所繁衍生息的地球应该叫“水球”，因为水体面积约占地球表面积的 71%。水是由海洋水和陆地水两部分组成，且处于不断循环的动态平衡状态。水环境是指自然界中水的形成、分布和转化所处的空间环境，是可以直接或间接影响人类繁衍生息的水体。

在地理环境（包括气候、土壤、降水、地貌）诸要素中，气候对文明的造就具有决定意义。气候是指某一域长时间的大气变化，包括气压、气温、光照、降水等。气候的不同，导致降水量及时空分布的差异，形成不同的水环境，对人类的生产生活方式的影响至大。

关于文明产生的地理环境机制。一般认为，过于恶劣的自然环境制约了文明的产生和文化的进步，过于优越的环境又弱化了生发文明的发动力，而只有相对适中的环境才能为文明的产生和进步创造出客观物质基础和主观进取机制。有学者将古代文明与气候划分对应起来，认为在寒带、温带、热带中，温带气候适中，具有良好的生产、生活条件，是人类文明的发祥地。[2] 又有学者们又根据不同自然地理条件塑造出的不同文化样式，将整个世界划分为农耕文明区、游牧文明区、海洋文明区三大板块。

农耕文明，是指由农民在长期的农业生产中形成的思想观念、社会制度和风俗传统等方面的文化集合。农耕文明的发祥地处于江河水系发达的温带（北纬 35°左右）上，比如尼罗河流域文明、两河流域文明、印度河流域文明、黄河流域文明，均处在这一狭长地带。黑格尔在《历史的哲学》中说：“历史的真正舞台便是温带，

农耕文明

❶ 黄宾虹《九十杂述》

❷ 蓝勇．中国历史地理学［M］．北京：高等教育出版社，2002.

当然是北温带，因为地球在那形成了一个大陆，正如希腊人所说，有一个广阔的胸膛。”由于该区域光热丰富，雨水充沛，气候适宜，成为孕育农耕文明的温床，诞生了人类社会最早也是最为成熟的文明形态。相应地，由于农耕文化区具有定居稳定的特点，使大河一农耕文明显现出自给自足、稳定持重、安土重迁的文化基调。

游牧文明

游牧文明，是指从事游牧生产、逐水草而居的人们创造的文化，体现在游牧人的生产和生活方式中，包括游牧人观念、信仰、风俗、习惯以及他们的生产社会结构、政治制度、价值体系等方面。游牧文化的发祥地遍布各大洲的干旱区（草原一沙漠地区），年降水一般都 400mm 以下。“在亚欧大陆，宜于农耕的地带基本偏南……宜于游牧的地带基本偏北……东起自西伯利亚，经我国的东北、蒙古、中亚、咸海里海之北、高加索、南俄罗斯，直到欧洲东境，也是自东而西，横亘于亚欧大陆的居中地带。”❶ 在这一区域，由于气候寒冷、干旱缺水，不适宜发展农业生产，游牧则成为不二的选择。游牧要到处找寻水草丰美的场所，甚至要进行长距离的移动，因此这些游牧民族居无定所，以“射生饮血”为生活方式，造就了善于骑射、粗犷剽悍、惯于掠夺的性格。

海洋文明

海洋文明，是指人类开发利用海洋形成的物质和精神成果的总和。海洋文明的发祥地无疑在地中海沿岸地区，比如腓尼基人、古希腊人、古罗马人，都曾利用地中海的鱼盐之利和交通之便，大力发展海上航运和海外贸易，先后成为海洋文明的领路者。相应地，因大海具有纵横驰骋、扬帆远航的条件，容易造就海洋一商业文明的外向开拓精神。勇于开拓（如海外殖民）、善于求索、热衷商业、遵守契约是海洋文明的显著特征。需要指出的是，一个民族生活的空间在

❶ 吴于廑．世界历史上的游牧世界与农耕世界［D］．武汉：武汉大学出版社，1984：187.

地理位置上靠近海洋，甚至有比较发达的海洋文化，并不一定是海洋文明。比如，古埃及靠海，但其文明的发展主要得益于尼罗河，是典型的农耕文明。比如，中国有漫长的海岸线，也创造了丰富的海洋文化，但文化基因仍是农耕型的——“以海为田”，取其鱼盐之利，没有多少海洋文明的因子。所以，即便身处海滨，经常与大海打交道，充满海洋文化，却未必能发展成海洋文明。

“夫民之所生，衣与食也。食之所生，水与土也。”❶由于水是生命之源，是人类赖以生存和发展的物质条件，不管是哪种文化样式，人类都要“逐水而生”，只不过“逐”的方式不同而已。比如，农耕民族对水的“逐”，主要是在河湖之畔定居，并筑堤防洪，引水灌溉，让五谷丰登，家有余粮；游牧民族对水的“逐”，主要是寻找水草丰美的地方游牧，让牛羊成群，肉奶飘香；海洋民族的“逐”，主要是扬帆海上，航运贸易，让大海成为生财的孔道，扩张的舞台。

一部世界文明史，前期主要是农耕与游牧民族的互动史——农耕文化区的富庶和繁盛，是游牧民族始终缺少并觊觎的，这也是他们进犯农耕区最重要的驱动力。一般情况下，游牧民族在能够进行交易情况下获得他们所必需的粮食、食盐、铁器等用品，不大会向农耕区进行大规模的侵犯。但是，一旦遇到气候剧变，草场退化，饥寒交迫，便会点燃他们劫掠的欲火，向富足的农耕区发起潮水般的进攻。从公元前 2000 年到公元后 15 世纪这漫长的 3000 多年时间中，位于亚欧大陆北部的游牧民族对南部定居的农耕民族进行了不计其数的侵掠和渗透（其中大规模的入侵有三次）。在农牧两大世界不断冲突和融合中，世界文明形态发生了根本性的改变，大片的游牧“化外之地”被纳入了文明的版图。为此，有学者做了这样一个比喻，农耕世界如同文明的“酵母”，被包围在游牧世界的巨大“面团”之中。随着农耕与游牧之间的接触、冲突与融合，这些文明的“酵母”开始发酵，最终用先进的文化将其征服。通过游牧与农耕的双向征服活动（即游牧民族对农耕文明的暴力征服和农耕文明对游牧民族的文化征服），从而打破各民族之间相互隔绝孤立的封闭状态，并使文明得到更新嬗变，引发许多文化新品种和新性状，最终推动人类社会的发展和进步❷。

后期，也就是近代工业文明崛起后，欧洲海洋民族才利用火枪火炮等“硬武器”和契约文化等“软武器”先后打败了游牧和农耕民族，成为新世界的主导者。

三、水环境直接参与中国农耕、游牧两大文化区的塑造

在地球的各种水域中，海洋对气候的影响是最大的。位于东亚大陆，“右高原、左大海”的中国，地跨寒、温、热三带，而大部分处于冷暖均匀的温带。境内水汽主要通过来自太平

❶ 《管子·禁藏》
❷ 赵林．农耕世界与游牧世界的冲突、融合及其历史效应［J］．武汉大学学报，2006：6.

洋的东南季风输送；此外，印度洋为西南地区提供水汽，北冰洋为新疆地区提供少量水汽。对东亚大陆水汽起决定作用的，主要是来自太平洋的东南季风。季风造成了东亚大陆降水量分布的趋势是从东南沿海向西北内陆渐次递减——广东、海南、台湾等东南沿海地区的降水量高达 2000mm 以上，新疆吐鲁番盆地西侧的托克逊年降水量则不到 6mm。而 400mm 等降水线，从大兴安岭西坡，沿西辽河上游、燕山山脉，斜穿黄河河套，经黄河、长江上游，直抵雅鲁藏布江河谷。以这条等降水线为界，其东南为受太平洋及印度洋季风影响的湿润地区，其西北为少受甚至不受东南季风影响的干旱地区。就气温而言，南方暖、北方寒；平原暖、高地寒，青藏高原为极度高寒气候。就降水而言，东部水多、西部水少；南部水多、北部水少，特别是西北内陆，水分循环极不活跃，为典型的沙漠和半沙漠干旱气候。

中华文化的策源地，位于东亚大陆，以温带—暖温带—亚热带为主，北跨亚寒带，南入热带，就其日照及热量供应而言，绝大部分地段都适宜农业的发展，因而水的因素则成为能否大规模地经营农业的决定条件。换言之，降雨量的大势是东部充沛而西部稀少，这是东部为农耕区、西部为畜牧区的自然基础。中华文化的南北之别、东西之异，正是植根于这种与地理环境有密切依存关系的经济生活土壤之中。由气候、区位、地貌等综合原因导致的降水多寡，不仅是形成农耕区与游牧区的物质前提，也是形成北方旱田区和南方水田区的主要环境条件。以秦岭、淮河 800mm 等降水线为界，秦岭淮河以南的年降水高于 800mm 以上的，为以水稻为主要作物的水田农业区，秦岭淮河以北的年降水低于 800mm（400 ~ 800mm）的，为以粟、小麦为主要作物的旱地农业区。

长城以南、甘肃青海以东地区，气温和降水适合农耕的要求。在这片广大的区域中，生活着人口众多农耕民族（习惯称之为“汉人”），他们过着“日出而作，日落而息，凿井而饮，耕田而食”[1]定居生活。农耕人的生产生活方式是较为稳定和有规律的，他们不但要在希望的田野里精耕细作，还要与天抗争——为了拒洪水于家门之外，他们发明了堤防工程；为了弥补“雨养农业”的不足，他们开渠引水，让干涸贫瘠的土地变为沃野；为了方便交通，他们开凿了运河，借水行舟……他们把农业—水利文明推到了极致。农耕生活的特点是春种夏耘秋收冬藏，所以必

“农耕年华”雕塑

[1] 《帝王世纪·击壤歌》

须守着一块土地耐心地等待着，而等待需要有个固定的“家”，因此必须定居下来。后来，由聚落发展出城邑，成为农耕人宗教、政治、经济和文化的中心。有了稳定生活和丰盛的生活资料，他们中的一些人才可能从为了果腹的劳作中解脱出来，去从事一些诸如冶炼、建筑、商贸、社会管理和造字、绘画、舞蹈、祭神以及“究天人之际”等的各种文化活动。农耕民族由于衣食比草原游牧民族充裕和稳定，依靠的是自耕自食、自给自足，犯不着以血的代价去抢掠；与此同时，稳定的周而复始的农耕生活，把农耕民族牢牢地拴在了自家的土地上，进而养成了安土重迁、和平自守、追求中庸等习性，并衍生出保守性和涵容性极强的文化心态。

长城以北，气候干燥寒冷、沙漠草原间分布着蒙新高原，虽然不具备发展农耕的条件，但却是优良的牧场。在这片广阔的舞台上，先后有匈奴、柔然、鲜卑、突厥、契丹、女真、蒙古等游牧、半游牧民族在“天苍苍，野茫茫，风吹草低见牛羊”[1]的大草原上演奏着豪放的生活乐章。他们没有固定的居所，而是“逐水草而居”，以畜群为主要财产，食肉酪，衣皮革，住毡帐（又称穹庐毡帐）。这种生存环境和条件对游牧民族的体质性格产生了重大影响：他们体魄强健，勇猛剽悍，崇尚武力，长于骑射；他们时常在在边疆上发动狂飙突进般的掠夺战争，构成对中原农耕文明的强大威胁。由于他们的文化水平较之中原农耕民族大落后，加之野蛮凶暴，被中原汉人称之为“戎狄”。

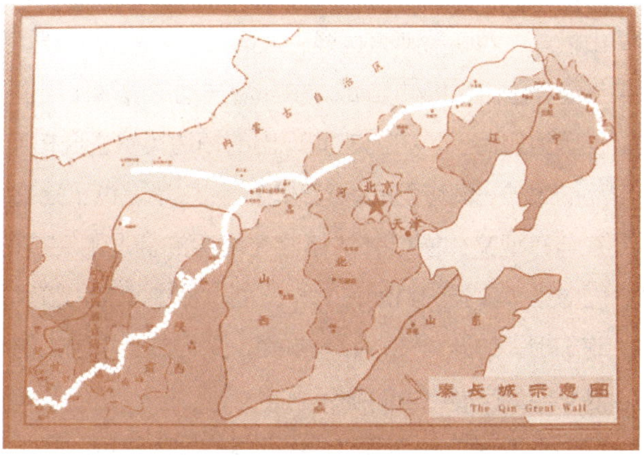

秦长城示意图

耐人寻味的是，农耕与游牧的分界线恰好与明长城的基本走向相重合。众所周知，长城是农耕民族为抵挡游牧民族的侵犯而构筑的万里长墙。在降水丰沛、湿润的东南部地区发展起的农耕文化，与降水稀少、干燥的西北地区发展起的游牧文化，差别甚大。当然，不同时期这条等降水线的位置也有一定的变化。比如，两晋南北朝时期，由于气候变冷变干，草场退化，北方游牧民族纷纷南下，“五胡乱华”，许多农耕区变为牧区，农牧的分界线大大南移。北朝时，这一界线已南推到碣石、上谷居庸关、常山关，沿太行山东麓至黄河一线，就连汾涑流域也成了农牧交错区[2]。据邹逸麟等学者研究表明，近2000年来中国的气候，前1000年相对温暖湿润，后1000年相对寒冷干旱。在这样的环境背景下，北方游牧、半游牧民族的契丹、女真、蒙古、满人等为了摆脱生存的危机，不得不铤而走险，大举南

❶ 《敕勒歌》
❷ 陈新海．南北朝时期黄河中下游主要农业区［J］．中国历史地理论丛，1990（2）．

进，在农耕人的领地安营扎寨，特别是蒙古人和满人，一度入主中原，建立起大一统的封建王朝——大元、大清。

纵观中华发展史，中国的游牧文化与农业文化有着千丝万缕的联系，历史的纽带将二者结合起来，使游牧文化成为中华文化的有机组成部分。尽管在相当长的历史时期，中国一直处于农牧两大世界长期对峙的状态，而且农耕人在游牧人面前基本处于守势，时常受到强悍的游牧民族的冲击，甚至游牧民族还一度成为农耕民族的主人。但是，从长的历史角度看，农耕民族却有一种强大而潜在的高文化势能，被征服的农耕民族往往能够用自己“先进文化”之柔，克游牧民族“野蛮落后”之刚，逐渐销蚀掉入侵者身上的暴戾之气，使征服者反过来成为被征服者。

四、水环境对中华文化的屏障效应

中国位于世界面积最大、地理条件最复杂的亚欧大陆的东部，东南濒临世界最大的海洋——太平洋。古代生产力不发达，较之欧洲的“洗脚盆”地中海而言，浩瀚的太平洋实难征服，因此它成为中华文明的屏障：外来的文化较难进入，中国的文化也少有横越外渡。而中国的西部、北部，同样关山阻隔，北方是戈壁和亚寒带的原始森林，西北部有沙漠、盐原和雪山横亘，西南部则有世界上最高大、最险峻的开青藏高原屹立，也给中原文化北后播西进带来重重困难。即使如此，东部海洋地理屏障作用也远远过于西北部的内陆的高原、沙漠等。正因为如此，历史上的涌现出的拓边英雄主要指向亚欧大陆腹地，而不是东部的海洋。半封闭的大陆—海岸型的地理环境，为中华提供了独立发展的空间。中华文化的发生期，大体是在与东亚文化圈以外的诸文化隔离的情况下完成的，其文化具有鲜明的独特性和自主性，同时也有较强的封闭性。一方面，使中华文化较完备地保留了民族传统，获得了前后递进、陈陈相因的连续性；另一方面，又促成了中国人的政治、经济和文化心理方面的封闭倾向，甚至染上自高自大的痼疾。

在中华地理舞台的内部，水环境的屏障作用同样十分突出。比如，中国农耕世界之所以屡遭游牧世界的侵犯、杀戮而未亡，除了取决于中华农耕区腹地广阔、文明体量庞大等因素外，还与农耕区有黄河、长江等大江大河的屏障作用不无关系。

中华农耕文化区具有广阔的空间，且地形地貌繁复，江河纵横，湖泊棋布，这些江河湖泊不但滋养着农耕人，而且还充当着农耕人护身符的角色，阻挡着游牧民族铁骑的狂飙突进，庇护着农耕文化。黄河流域邻近游牧区，一旦长城被突破，很可能被游牧民族所征服，而这时往往是浩荡长江挺身而出，成为农耕民族的天然防线。一方面，长江流域还以辽阔的地盘容纳南渡的黄河流域农耕人；另一方面，它还会以巨大的经济潜力成为农耕人退守、复兴的基地。中华文化绵延不绝，没有出现古埃及、古巴比伦等文化的中绝，与上述地理形势有莫大的关系。

比如南宋时期，宋金对峙。初期，宋高宗对金的态度就是力求议和，意在以黄河为界，保守半壁河山。鉴于敌强我弱的形势，主战派李纲实施了“沿河、江、淮措置控御，以扼其冲”❶防御策略，力求阻止金军南下。由于各地抗金力量的积极抵抗，加之江河的天然防御作用，一度出现了向好的局面。但宋高宗怕抗金胜利后徽、钦二帝回归，自己的帝位难保，竟置北方大好河山于不顾，听从主和派“幸东南而避敌”的意见，向南逃跑。南宋的防御线也随之由黄河南移到淮、汉、长江一线，同时“命淮、浙沿海诸州增修城壁，招训民兵，以便海道”❷。此后宋高宗迫于金国的军事压力逃至杭州，并决定放弃淮河防线，退守长江，固守东南半壁河山。后来，金人曾一度突破长江防线，占领江南部分地区。不过，孤军深入的金军受到了大江南北抗金力量的沉重打击，被迫北撤。宋金黄天荡一战，金军大败。不久，南宋与金议和，双方东以淮水、西以大散关为界，形成对峙局面。后来，金兵又几次南侵，南宋以长江、汉水为防线，挡住了金人的进攻。大江大河对农耕民族中的保护作用，由此可见一斑。

除了利用天然江河作为屏障外，农耕民族还往往通过人工干预水环境，达到以水代兵的目的。比如北宋时，为了挡住契丹铁骑的南进，花费巨大人力、物力和财力将河北中部构造凹陷地带的所谓“九十九淀”（今白洋淀、文安洼一线）分散的湖泊加以疏浚沟连，筑堤蓄水，并引滹沱、漳、滏阳、胡卢诸水灌注其中，形成了一道西起保州（今保定），经清苑、高阳、雄县、霸州等地，东至泥沽海口（今天津东南泥沽一带），宽达数十里的汪洋水域，“绵亘七州军，屈曲九百里，深可以舟行，浅不可以徒涉”❸。这条潴水为塞的“水长城”，确实让不善水战的契丹铁骑望而生畏，成为阻挡他们南下的一道重要屏障。

五、水环境对“一方人”习性、体貌的影响

讨论水环境与地域文化的关系，不仅要有量的探究，还要有状和质的考量——因为它们对人的品性和体貌乃至健康都有潜移默化的影响。所谓“状”就是水的形态，是线条的江河还是块状的湖泊，是动水还是静水，是深水还是浅水，是湍急还是舒缓，是雄浑还是秀美。所谓“质”就是水的质量，包括水体的物理（如色度、浊度、臭味等）、化学（无机物和有机物含量）和生物（细菌和、微生物、浮游生物、底栖生物）的特性及其组织的状态。

关于水环境对人们习性、体貌的影响，中国古代先哲很早便注意到了，并不乏精当深刻的见解。

《管子·水地》在提出“水者何也，万物之本原，诸生之宗室也，美恶贤不肖愚俊之所

❶ 《宋史》卷三五八《李纲传》

❷ 《宋史》卷二十四《高宗传》

❸ 《宋史·河渠志》五，史称塘泊（“塘泺”）防线。

生也”的命题以后，还将战国时期各诸侯国水态和水质状况与国民的体貌、性情、道德等对照起来，来为自己的论点张目：“夫齐之水遒躁而复，故其民贪粗而好勇。楚之水淖弱而清，故其民轻而果敢。越之水浊重而自洎，故其民愚疾而垢。秦之水泔最而稽，淤滞而杂，故其民贪戾罔而好事。晋之水枯旱而浑，淤滞而杂，故其民谄谀葆诈，巧佞而好利。燕之水萃下而弱，沉滞而杂，故其民愚戆而好贞，轻疾而易。宋之水轻劲而清，故其民简易而好正。”

这段话的意思是说，齐国的水湍急而又旋涡重重，所以齐国的百姓就贪婪、粗暴而好勇。楚国的水柔弱而清澈，所以楚国的百姓就轻快、果断而敢为。越国的水重而浸润，所以越国的百姓就愚蠢、嫉妒而污秽。秦国的水浓厚而流缓，淤泥沉滞而混杂，所以泰国的百姓就贪婪、暴戾、虚狂而好生事非。晋国的水苦涩而浑浊，淤泥沉滞而混杂，所以晋国的百姓就谄谀而心怀欺诈，奸佞而贪财好利。燕国的水深聚而柔弱，沉滞而混杂，所以燕国的百姓就愚蠢、痴呆而喜好忠贞，轻视急难而不怕死。宋国的水轻快有力而清澈，所以宋国的百姓就纯朴、平易而又喜好公正。作者具体论述了齐、楚、越、秦、晋、燕、宋诸国水态水质的差异对当地百姓品性产生的重要影响。窃以为，这段关于水性与人性关系的议论，虽不乏真知灼见，但也存在着明显的问题，一是夸大了水性对人性的影响；二是与事实未必完全相符，且打着深深的个人情感色彩。比如战国诸子对宋人常有微词，而该文“独赞楚而美宋”，不免失之偏颇。

与《管子·水地》“英雄所见略同”者不乏其人。

《吕氏春秋》说：“轻水多秃与瘿人，重水所多尰与躄人，甘水所多好与美人，幸水所多疽与痤人，苦水所多尪与伛人。”认为水之轻、重、甘、幸、苦的不同，对人体的形貌和健康有直接的作用。水质对人健康影响甚大，这种说法已被现代医学所证明。据世界组织调查，人类疾病的 80% 与水质不良有关。

《世说新语·言语篇》载：“王武子、孙子荆各言其土地之美。王云：‘其地坦而平，其水淡而清，其人廉而贞。’孙云：‘其山崔巍以嵯峨，其水泙渫而扬波，其人磊砢而英多。’”认为山水的特性可以决定一方人的性格：平坦而水清的地方，人的品性简淡清洁，而山高水急的地方，人往往具有磊落不凡的英气。

唐人刘禹锡认为水清则人慧：“潇湘间无土山，无浊水，民乘是气，往往清慧而文”[1]

明人王士性在论及关中和川中水土与人性的关系时指出，关中土厚水深，“故其人禀者博大劲直而无委曲之态。……川中则土厚而水不深，乃出高原之义，人性之禀多与水推移”[2]。

近代国学大师刘师培对北人与南人的生活、性格和气质等方面的差异，也从水土环境上找原因：“大抵北方之地，土厚水深，民生其间，多尚实际；南方之地，水势浩洋，民生其间，多尚虚无。民崇实际，故所作之文，不外记事析理二端；民尚虚无，故所作之文，多为言志抒情之作。”

---

[1] 《送周鲁儒序》

[2] 《广志绎》卷三

上述观点虽不一定都科学、准确，但它无疑道出了水（土）环境感召和影响人类习性、体貌和文化心理、风俗习惯等客观现象。

事实上，因为气候的不同、水土环境的不同，确实造成了中国古代各地地人在习性、风俗和文化气质等方面的差异。比如，食的方面，北方天旱少雨，多产耐旱的粟；南方水多，稻作农业发达，故有“北粟南稻”之说。住的方面，北方干燥，宜于穴居，故多有窑洞式住宅；南方湿热多雨，宜巢居，故多干栏式建筑。行的方面，北方水少，河湖水系不发达，多借马为代步工具；南方水多，河网密布，多赖船为交通工具，有“南船北马”之说。体貌方面，北人高大威猛，南人纤瘦文弱。性格方面，北人豪放、耿直、豁达，南人细腻、多思、聪慧。文化艺术方面，燕赵多慷慨悲壮之歌，吴楚有放诞纤丽之文，所谓“长城饮马，河梁携手，北人之气概也；江南草长，洞庭始波，南人之情怀也”（梁启超语）。

这里需要说明的是，从天地生的综合角度和长时段来看，地理环境对人类社会发展起着决定性的作用，但社会结构的变化、历史的变迁对地域文化的影响同样不可低估。对此，中国古代不少学者有清醒的认识，如东汉史学家班固说：“凡民含五常之性，而其刚柔缓急，声音不同，系水土之风气，故谓之风；好恶取舍，动静亡常，随君上之情欲，故谓之俗。”[1]明代的学者杨慎也指出：“人有恒言曰：水土，人也者，非水土不生，而非水土所能囿也……人之性禀于天，自畿土中至于海隅，日出一地。习者则系乎君之令，师之教，而非水土所含也。”[2]不论是班固还是杨慎，都强调了人的习性是水土与政令教化等诸多因素综合炼成的，并非由水土等自然因素独自铸就。比如“吴越文化”的特质，以晋代为分水岭，前后出现明显的反差。

春秋之际，吴越两国连年争战，尚武习俗蔚然成风。史载，“吴越之君尚勇，故其民好用剑”[3]；“士有陷坚之锐，俗有节慨之风”[4]。但西晋“永嘉之乱”后，由于北方中原世族的大批南迁，吴越的民风习性发生了剧变——“永嘉以后，衣冠避难，多萃江左，文艺儒术，于今为盛，盖因颜谢徐庾之风焉”[5]，“其民老死不识兵革，四时嬉游，歌鼓之声相闻”[6]。把吴越民风从“尚武”转向“崇文”原因完全归结为“永嘉之乱”北方士人大量迁往江南避祸，无疑有夸大之嫌，但其所起到转变世风的重要作用，也是毋庸置疑的。事实上，历史越趋于近现代，由于交通工具和信息传播手段的现代化，整个世界逐渐变成了“地球村”，伴随着这种剧变地理环境对人们文化心理的影响呈明显的弱化趋势。

---

❶ 《汉书・地理志》

❷ 《赶洲乡试录・序》

❸ 《汉书・地理志》

❹ 左思《吴都赋》

❺ 刘槩《成化记》

❻ 苏轼《表忠观碑记》

第二节　人工干预水环境对地域文化的影响

上一节我们探讨了自然水环境对地域文化的影响。其实，水环境包括自然水环境和人为（人工干预）水环境两个方面，前者是指受到人类间接或轻微影响而保持原有面貌未发生根本改变的水域，如海洋、大沼泽等；后者指受人类直接影响和长期作用而使面貌发生重大变化的水域，如人工水库、人工运河、民居周边的池塘等。自然水环境对地域文化的影响具有决定意义，人工干预水环境对地域文化的影响同样不可低估，至于影响的程度如何，要具体问题具体分析。

“人创造环境，同样环境也创造人。”（马克思语）自然赐给我们人类的生存环境相对固定的，但人文是相对无定的，作为“宇庙精华，万物灵长”的人，在受制于自然的同时，也能够在认识自然、顺应自然的基础上，按照自己的意志能动地、局部地干预自然，从而获得更加优越的生存空间，成为人类创造文化并改造自身伟大过程的重要组成部分。进入新石器时代尤其是文明社会后，随着人类改造自然能力的大幅度提高，出现了人类对水环境的干预和改造——这种人能动改变水环境的行为，就是我们通常所说的治水活动或水利活动。治水活动蕴含的劳动和创造无疑会强烈地反映到人类自身，投射到社会生活的各个领域，对人类本身的发展、人的社会行为、人与人之间的社会关系、人类社会的组织构成等，产生巨大的影响，留下深深的文化印痕。

在中国，大规模的治水活动，始于原始社会晚期——尧舜时的鲧禹治水。鲧禹治水的主要区域在黄河中下游地区。面对经年不息的滔滔洪水，鲧禹父子前赴后继，带领人民经过艰苦卓绝的治水平土活动，终于为中华的文明的发展开辟了道路。进入文明社会后，随着生产力水平和治水能力的提高，中华大地的水环境得到了明显改善和优化，不但也为经济社会的发展奠定了坚实的水利基础，也对区域文化的塑造产生了深刻的影响。下面，以京杭运河与沿岸带状地域文化、都江堰与蜀文化、坎儿井与吐鲁番绿洲文化为例，说明人为水环境对地域文化的影响。

一、京杭运河与沿岸带状地域文化

众所周知，中国的地势西高东低，山地、高原和丘陵约占三分之二，盆地和平原约占三分之一。山脉多东西走向，加之西高东低的地势，使河流也多为东西走向——“一江春水向东流”，故古代中国东西行较易，而南北行较难，南北运河的开凿正是为了打破这一交通屏障应运而生。

中国的运河开凿肇始于春秋时期，经过秦汉魏晋的发展，到隋唐时形成了以洛阳为中心，西达关中平原，北达华北平原，南达钱塘江流域，全长五千多里的大运河。元代以北京（时称大都）为都，对隋唐运河进行了大规模整治和裁弯取直，构建了北起北京、南达杭州，沟通海河、黄河、淮河、长江和钱塘江五大流域，全长三千多里的水上交通大动脉，即后世所称的京杭运河。京杭运河开通后，除了承担漕运功能外，还承担起商品流通、文化传播等功能，并逐渐形成了运河经济文化带——大运河所经沿线，是全国经济文化最发达、人口最稠密的地区。从总体而言，运河文化属于地域文化的范畴。通过运河这个载体，带来了人流、物流、文化流，经过碰撞、交融，形成了沿运河地带人民有别于其他地区的文化心理、价值取向、民间宗教、风俗习惯等，构成了千姿百态的运河文化景观。运河文化属带状型地域文化，具有开放、包容、重商等特质，其中最核心的成分当属商业文化元素。具体而言，主要表现在以下几个方面。

京杭运河与城市

第一，运河的贯通带动了沿河商贸易的发展。特别是明洪熙元年（1425 年）朝廷下敕谕允许漕船附载“土宜”（土特产品）等私货后，漕运船队变相成了商运船队，加之民间大量商船也以运河为孔道，运河便有了漕河和商河的双重身份，南方出产的丝绸、茶叶、竹、木、漆、陶瓷等产品源源不断地运往北方，北方出产的棉花、大豆、松木、皮货等产品源源不断地运往南方——这就带来了中国历史规模最大的南北（包括东西）物资、商品的大交流，在中华农业文化的汪洋大海中植入了浓厚的商业文化种子，极大地促进了运河沿岸商品经济的发展，孕育了资本主义的萌芽。第二，运河城镇的勃兴，成为负载运河区域文化的基石。伴随着运河的开通，运河沿岸如雨后春笋般冒出一大批工商业城镇，它们或坐落于由漕运而建的仓场、闸站所在地，或坐落于漕粮兑运、支运交结处，或坐落于江（河）运交汇之所，于由舟车往来，漕丁水手和商旅人等日常消费的需要，这些地方酒楼饭馆、旅馆客栈、商铺货店以及五行八作等各行业随之兴盛起来。早已形成大都市的杭州、镇江、扬州、北京等运河通达的城市锦上添花、繁盛一时自不待言，许多原本名气不大的地方，由于运河的穿过，成为南北水陆要冲，漕船必经之地，因而迅速完成丑小鸭向白天鹅的华丽转身——人口剧增，商贾云集，商品山积，手工业发达，服务业兴旺，跃升为区域性的工商业重镇，如北方的济宁、张秋、临清、德州、天津、通州等。第三，打破了地域间的壁垒，促进了商业文化和市民文化的繁荣。流动的运河，载着经济文化之舟驶向沿岸各地，让沿运区域的人们眼界大开，观念大变，不少人冲破了传统封闭的小农经济的藩篱，涌向城镇，从事商业活动，营造出重商重利的文化氛围，“好色”“好货”成为一种社会风尚。伴随着运河城市的发展壮大，出现了庞大的市民阶层，刺激了市民文化的繁荣，如元杂剧、明清通俗小说等，都带有明显的市民（市井）文化痕迹。

二、都江堰与蜀文化

蜀地，即今四川盆地，坐落在青藏高原的东侧，位于东西两大洋之间（东南距太平洋、西南距印度洋均为 1200km 左右），而且其间无高山阻隔，两大洋的暖湿气流均能到达，故而形成了温暖湿润的亚热带季风性气候带。特别是成都平原，不但气候温湿，而且地势平坦，土壤肥沃，可以说得天独厚。但也有诸多不利的因素。比如，“西蜀漏天”，四川盆地雨量较大，地面径流丰富，这是好事；但降雨的时空分布极不均匀，大多数雨水集中在夏秋两季，容易引发洪涝灾害；与此同时，旱魔这位不素之客也会不时光顾川蜀大地，极大地影响了这里的农作物收成。

休闲的成都

水旱灾害频发的严酷现实，逼出了蜀人治水的壮举。蜀人治水的历史可称源远流长。第一位史上留名的古蜀王杜宇，就曾率领民众治水，而且因其相开明“决玉垒山以除水害”[1]有功，杜宇还将王位禅让于他。这件事表明，除水害是当时事关蜀国兴亡的头等大事，治水有功者可以被推上王位，这与中原传说中的大禹治水被推为王的故事颇为相似。而战国末期秦国蜀守李冰领导的治水，是对整个川西平原的全面治理，包括防洪、灌溉、航运等多个方面，特别是李冰主持兴建的都江堰工程，使川西平原“水旱从人，不知饥馑，天下谓之‘天府’”[2]，一举摘掉了贫穷落后的帽子。李冰之后，蜀人治水世代不绝，如汉代文翁曾“穿湔江口，灌溉农田千七百顷”；三国时诸葛亮视都江堰为“农本，国人所资”，并派千余人专门维护管理此堰。正是由于长期对水害的治理和对水资源的开发利用，成都平原才呈现出一派“沟洫脉散，疆里绮错，黍稷油油，粳稻莫莫”[3]的景象，成为人人羡慕的“天府”。

因为有了物产丰饶的“天府之国”，才有了川西平原百姓劳动轻松、生活富足、优哉游哉的好日子。故“闲适”成为蜀地重要的文化特质之一——蜀中多享受生活的神仙人物，既精明能干又散漫悠闲，既讲究吃喝玩乐，也喜欢谈玄探幽，不少人爱把业余时光打发到茶馆

---

❶ 《华阳国志·蜀志》

❷ 《华阳国志》

❸ 左思《蜀都赋》

的“龙门阵”中和麻将馆的牌桌上。直到今天，成都平原的人们观念中仍充满着“恬淡悠闲、小富即安”的因子，“打不麻将，吃麻辣烫，瞅小粉子，看歪录相”的民间顺口溜，正是成都乃至整个四川盆地市井生活的真实生动写照。

三、坎儿井与吐鲁番绿洲文化

吐鲁番位于新疆塔里木盆地的东北部，是我国最为干旱酷热的区域之一，不但降雨量极低（年降雨量不足 20mm），而且 8 级以上的大风每年要刮 100 天以上，素有“火洲”和“风库”之称。远古时期，这里是不折不扣的干燥荒凉之所。但自公元 2 世纪起，因为地下水利工程——坎儿井的横空出世，使吐鲁番一跃成为一个宜农宜牧的绿洲。天山融化的雪水，渗入地下，人们通过坎儿井的暗渠，将水引出地面，于是汩汩涌流的甘泉，将这片不毛之地浇灌成生机勃勃的绿洲。2000 多年来，正是有了坎儿井送来的源源不断的生命之水，不但供给人畜饮用，而且浇灌出五谷丰登——主要农产品有小麦、大麦、水稻、玉米、豆类、棉花等粮棉作物和葡萄、哈密瓜、西瓜、芝麻等名特优产品，才使吐鲁番成为各族人民理想的栖息地，丝绸之路的重要驿站。于是，在这样一片十分有限的区域内，东西文化汇集，农耕与游牧文化交融，构成了集多元性、独特性、开放性于一体的吐鲁番绿洲文化。而坎儿井，作为西域特殊地理环境下催生的水利工程，已成为吐鲁番的一个标志性文化符号和新疆地区绿洲文明的象征。

吐鲁番绿洲

需要指出的是，人工干预水环境不是无限的，“人定胜天”是做不到的，人们只能在顺应自然、尊重自然规律的基础上适度地对水环境进行改变，才能达到人水和谐的理想效果；否则，热衷于“让高山低头，让河水让路”，对水土资源过度的开发，就会引发严重的生态环境问题。过犹不及，这方面的教训不可谓不沉痛。

第三节　水与区域文化示例

在自然和人文的共同作用下，中国历史上形成了许多著名的、各具特色的文化区域。中华文化自其发生期，即因环境的多样性而呈现出丰富的多元状态，到晚周，由特定空间、特定区域构成的气质不同、风格各异的区域文化已大体形成，秦汉以后，又有较大的演进和发展。大体说来，主要形成了以今河南为主要区域的中州文化；以今山东为主要区域的齐鲁文化；以今山西为主要区域的三晋文化；以今陕西为主要区域的三秦文化；以今河北、北京、天津为主要区域的燕赵文化；以今江苏南部、上海、浙江和江西东北为主要区域的吴越文化；以今两湖为主要区域的荆楚文化；以今四川、重庆为主要区域的巴蜀文化；以今安徽大部、苏北为主要区域的两淮文化；以今云南、贵州为主要区域的滇黔文化；以今东北辽宁、吉林、黑龙江三省为主要区域的关东文化；以今甘肃、宁夏为主要区域的陇右文化；以今广东、广西、海南为主要区域的岭南文化；以今福建、台湾为主要区域的闽台文化；以今内蒙古为主要区域的北方草原文化；以今新疆为主要区域的西域文化；以今西藏、青海为主要区域的青藏文化等。这些各具特色的区域文化集合，构成了绚丽多姿、光辉灿烂的中华文化，造就了中华民族多元一体的文化格局，给中华文化增添了无限的魅力。

下面，以三秦文化、齐鲁文化、燕赵文化、荆楚文化、吴越文化、岭南文化和蒙古草原文化、新疆西域文化等为例，简述这些地域文化形成与水的关系。

一、三秦文化

所谓三秦，原本仅指今陕西关中及陕北南部地域；今之三秦，泛指包括关中、陕北和陕南在内的陕西全部地区。古三秦大地特别是关中地区，是中华文化的重要发祥地之一，也是中华封建帝国的摇篮。三秦大地虽为一个文化区，但由于地理环境的差异，内部又分关中、陕北、陕南三个文化单元。

三秦文化

关中所处的八百里秦川，土地肥沃，雨量适中，宜于农耕，是先秦时周人经营农业的大本营，进而向东挺进，剪灭商纣，建立了赫赫有名的大周王朝，并建都于渭河流域的沣水之畔（称丰、镐二京）。秦人的祖先本是流动于黄河下游地区的游牧部落，周代迁至西部的黄土高原，再迁至周人的故土——渭河关中平原一带。秦人继承“周遗民”先进的农耕技术，利用渭河流域水土肥美的自然条件，开垦农田，兴修水利，迅速变落后的游牧经济为农业经济。战国时期，秦孝公任用商鞅变法，实行了以“废井田、开阡陌，实行郡县制，奖励耕织和战斗”为主要内容的变法，使泰国更加富强，并养成了秦民乐于耕战、攻伐和“贪狠强力，寡义而趋利”❶的性格，其基本特点就是鲜明的功利主义。

“秦中自古帝王都”❷。三秦文化最富盛名的地方，莫过于有周、秦、西汉、新（王莽）、隋、唐6个统一王朝，更始帝刘玄、建世帝刘盆子、汉献帝刘协、晋愍帝司马邺、前赵刘曜、前秦、后秦、西魏、北周、大齐黄巢、大顺李自成等11个政权在关中建都。之所以如此，除了关中是四塞之地易于防守外，更在于这里是物产丰饶之的天府之国，特别关中盆地中心的渭泾冲积平原，面积较为广阔，土地肥沃，灌溉便利，农业发达。而都城长安（今西安）一带则有渭、泾、浐、灞、潏、涝、沣、滈八水环绕，有“被山带河”“八水绕长安”之说。这八水既能灌溉长安周围的农田，又担负着城乡供水、美化环境等功能，可谓建都的风水宝地。

关中之民，古有“先王遗风，好稼穑，务本业”。但自关中长安一带成为秦汉隋唐的都城后，因贵族、官员、富豪、游侠等“浮食者”的大量涌入，改变了这一带朴素的民风，“世家则好礼文，富人则以商贾为利，豪桀则游侠通奸”，“民去本就末……婚娶尤崇侈靡，送死过度”❸。唐代以后，国都东移，关中文化受国家（国都）影响日趋弱化，民风复归纯朴，“其民慕农桑，好稼穑”，并逐渐养成了安土知足、重农轻商、敦厚稳重的习性风俗。关中聚族而居的聚落规模较大，由于河流阶地和黄土台地平坦宽阔，加之河谷盆地气流稳定，农村房屋多半边盖（单坡顶），围成的四合院有窄长的天井，反映出强烈的防御意识和“肥水不流外人田”的文化心理。

陕北文化区地处黄土高原，由于此地雨水稀少，气候干燥，自古便以游牧或半农半牧的生产方式为主，从而养成了人们尚武质朴的习性，民众“尚俭约，习仁义，勤于稼穑，多畜牧，无复寇盗矣”❹。黄土高原的土性和林木匮乏的现实，使得陕北民居多为冬暖夏凉的窑洞。干燥多风的气候，沟壑纵横的景观，使陕北人性格奔放，喜好引吭高歌，乐器多用羌笛。唢呐、锣鼓，江南的丝竹管乐在这里则无用武之地。陕南文化区属秦巴山地，为汉水上游（属长江流域），气候湿润，降水量远比陕北、关中为多，故这里的居民多经营稻作农业。多山与多雨潮湿的生态环境，塑造了陕南人巫鬼信仰浓烈，同时具有灵活多变的性格特征。

二、齐鲁文化

齐鲁文化区，山河海兼备，古称“岱海之区”，以泰山为界，可分为齐鲁两个文化单元。泰山以北属齐，泰山以北属鲁，其称呼源自周初武王的分封——“封尚父于营丘，曰齐。封

❶ 《淮南子·要略》
❷ 杜甫《秋兴八首》
❸ 《汉书·地理志》
❹ 《隋书》

弟周公旦于曲阜，曰鲁。”[1]春秋时期，天下大乱，礼崩乐坏，唯齐鲁尤其是鲁国，“文武之道，未坠于地”，所以当时人就说“周礼尽在鲁国矣”。春秋战国时期，齐鲁成为中国思想族文化的中心区域，一大批对中国文化产生深远影响的巨匠，如孔子、孟子、管子、墨子，都诞生或成长于这里。作为华夏文化的正统继承者，齐鲁文化皆好“文学”，重视传统和人伦教化。鲁文化作为原始儒学的产床，在中华文化史上占有特殊重要的地位。以农为本、质朴务实，尊重传统，是原始儒学的特征，也是鲁文化的特征。相对而言，齐文化则显示出务实开放的风格。齐国开国之君吕尚的治国方略是“因其俗，简其礼”，对于周礼制度，既有依循，又有变通。历代齐国君臣大多奉行较为务实开放的国策，走出了一条处理机勃勃的发展道路。

齐鲁文化的不同风格，与两地所处的不同地理环境有关。齐地“负海舄卤，少五谷人民寡”，因靠海，土地盐碱化，难以供养当地人民，只好另辟生存途径。史载，周初姜太公封于齐后，因地制宜，“劝女工之业，通鱼盐之利”[2]，既以海为田，向其收获鱼盐之利，并大力发展工商业，不但解决了人民温饱问题，而且迎来了“人物辐凑”的局面。由是，也形成了齐地重商逐利、务实开放的文化个性。比如，当时齐国就有这样的谚语：“虽有智慧，不如乘势；虽有镃基（大锄），不如待时”，是一种顺势而为的生存准则。鲁国地处内陆，地势平坦，土质肥沃，降水适中，适宜农业生产的发展，故鲁国的经济以农业为基石，执政者也以安土重迁、自给自足相号召。不过，由于鲁地“无林泽之饶，地小人众”，遂养成了鲁人守正、俭啬、拘谨的性格。又因鲁（指鲁西南的兖州）有“周（公）、孔（子）遗风。……其人尚多好儒学，性质直怀义，有古之风烈矣”[3]。

齐鲁文化的代表人物

三、燕赵文化

黄河以北的海河、滦河流域，即通常所谓的燕赵地区。从夏商周三代至唐宋，中国的

---

❶《史记·周本纪》
❷《汉书·地理志》
❸《隋书·地理志》

经济文化与政治中心未离黄河中下游一带，燕赵区域虽然在旱作农耕方式和宗法血缘制度等方面都属华夏系统，但是和中心区域相比还是比较落后的。只是到了战国时期，燕赵才跻身于战国七雄之列，其经济都会燕、涿、沙丘、邯郸、中山与中原、齐鲁、吴越、荆楚、巴蜀等地的经济都会并驾齐驱。战国末期，秦国扫灭诸雄。六国中燕国是最后灭亡的一国，而荆轲刺秦王也成为六国的最后一次壮烈之举。“风萧萧兮易水寒，壮士一去兮不复还！”当年，壮士荆轲易水辞别，慷慨高歌，士皆垂泪涕泣。至秦，入宫见秦王，图穷匕首见，未果被杀。燕昭王、太子丹的养士和荆轲刺秦王的壮举，标志着燕赵文化的形成和成熟。之后，“慷慨悲歌”成为燕赵之地延续二千多年而不易的独特文化风格，成为燕赵文化的独立标志和主要特征，古往今来一向受到人们的仰慕。燕赵之地的风俗勇武任侠，形之于诗文，就有了慷慨悲歌的诗风、文风。

燕赵文化虽是一个整体，但燕文化相对于赵文化而言，二者特质有不小的差别。赵地文化源于三晋，是由经济社会的繁荣而导致的一种文化，洋溢的是踌躇满志、志高意扬的大国之风，表现出慷慨豪放的风格。燕地则正好相反，燕地苦寒卑弱，因而它的文化上显现出的是一种浓重的忧患意识、自伤自怨情结和刚烈悲壮的举动，表现出一种慷慨悲凉的特质。如果说赵文化为雄健文化，那么燕文化则是一种苦寒文化。

易水悲歌

燕赵这种文化特质的形成，与燕赵之地所处的自然环境密切相关。燕赵的山水极具力度，充满着雄壮的刚阳之美。北部的燕山，怪石峥嵘；南部的太行，巍峨挺拔，均无秀美可言。燕赵东南部的大平原介于黄河下游北面，太行山之东，燕山以南，东临渤海。这片由次生黄土构成的大平原，一望无际，亦无温柔乖巧、曲径通幽之貌。平原上河道纵横，沼泽众多。南部多黄河故道，由西南流向东北；中部河流源出太行山脉，多为东西流向；北部河流为北南流向，发源于燕山山脉。这些河流的共同特点是源短流急，丰枯变化大，通常是汛期河水汹汹，呼啸而来，甚至决溢泛滥；汛期一过，不少河流水量锐减，甚至干涸。就气候而言，则属于半干旱半湿润的大陆季风气候，春天干燥，夏天高温多雨，冬天寒冷。如果要用一句话概括燕赵的自然环境，那就是“水深土厚，风高气寒”。这种生态环境必然要影响到这一区域人们的生产生活以及心理情感，影响到这一区域的风俗习尚以及文化学术。可以说，没有北方生活环境的艰难苦寒，就没有燕赵人的勇武任侠；没有燕赵人的勇武任侠，也就没有燕赵文化的慷慨悲歌。其次，燕赵地区靠近游牧民族，经常受到侵扰，师旅屡兴，所以那里的人民擅长骑射，惯见刀兵，剽悍难制，慷慨任侠。正因为如此，燕赵地区的风俗古朴厚重，更近于古。

四、荆楚文化

荆楚文化区主要在今两湖（湖北、湖南）一带。楚民族是我国古代南方的一个重要民族，在殷末逐渐定居于长江中游和汉水下游一带。它有自己的文化传统，同时又接受了中原文化的影响。楚人立国约八百年，开疆方五千里。西周时，中原一带的诸侯国把它称之为蛮夷，它和西周王权保持着半独立的关系。自春秋时起，随着楚地富饶的土地资源的不断开发，楚国国势日盛，一跃成为一个举足轻重的大国和强国。在春秋时的南北角逐中，楚是南方各国之雄；在战国时期的东西对抗中，楚是东方各国之长。相对于中原文化的理性主义精神，南国楚文化的一个显著特点就是浓郁的浪漫主义情调——楚人热情奔放而又自由舒展，酣歌狂舞而又轻松愉悦，神与物游而又神游物外。浪漫主义既是楚文化的艺术情调，也是楚人的生命放歌。巫术、神话、乐舞、楚辞、哲学等是楚文化的主要内容，也是主要载体，它们体现了楚文化中浪漫主义的精神风貌。在中国文化思想史上，楚地的庄子是一位奇特的诗人哲学家，它那贵真全性、潇洒放达的人格追求，辩证开放、不拘一格的思维方式，汪洋姿肆、瑰丽谲怪的艺术风格，可谓“吐峥嵘之高论，开浩荡之奇言”[1]。如果说庄子在古代浪漫主义的发展历程中树起了一座丰碑，那么作为楚文学代表的《楚辞》，堪称浪漫主义的峰巅。《楚辞》是战国时代在楚国出现的以屈原作品为代表的一种新诗体，它突破了《诗经》四言为主的句式，以六字句和五字句为基本句式，参差错落，灵活多变。《楚辞》以炽热感情、绚烂鲜丽、神话幻想为基本特征。“《离骚》《天问》和整个楚辞……，构成了一个相当突出的南方文化的浪漫体系。”[2]这种浪漫主义精神风貌高

荆楚文化

[1] 李白《大鹏赋》
[2] 李泽厚《美的历程》

扬了楚文化进取的主旋律，成了楚文化的标志，更为重要的是它作为一种文化精神的风格，濡染浸润和影响了整个中国文学艺术和哲学思想，直到今天仍起着巨大的感召作用。

这种楚文化——浪漫主义文化精神的成因，与楚地的自然地理环境有着密切的关系。楚地的自然环境特点是：山水平原杂错分布，江河纵横、湖泽棋布，山野丛林鸟兽出没，风雨晴晦朝夕不同，自然物产繁多富盛，生产方式相对于北方而言亦呈现多样化。这是一片充满浪漫激情的肥沃土壤，人民生活在这样一种多样化的和谐优美的大自然的怀抱中，造就了他们的情感变化多样、热烈且无拘无束的浪漫气质。清人洪亮吉《春秋时楚国人文最盛论》一文指出："楚之山川又奇杰伟丽，足以抒发人之性情。"日本学者青木正在《中国文学思想史》中也论述道："南方气候温暖，土地低湿，草木繁茂，山水明媚，富有自然资源。……所以，南方人生活比较安乐，有耽于南国幻想与冥思的悠闲。因而民风较为浮华，富于幻想，热情，诗意。而文艺思想，则趋于惟美的浪漫主义；有流于逸乐的华丽游荡的倾向。"荆山楚水，江山如此多娇，就是这一片奇风异俗、巫风谣俗、风土人情，成为楚人浪漫主义的温床。

荆楚之地，地处长江中游，境内河湖密布，自然条件较好，是有名的鱼米之乡。湖北人则有"九头鸟"之名，兼具楚人的蛮气和灵气，聪慧精明而好勇斗狠。为人韬光养晦，不显山露水，又脾气火爆，喜欢内斗。湖南人则是实干家，且大多文武兼备。湖南人历史责任感很重，常常铁肩担大任。湖南文人众多，且大多具有"宁为百夫长，胜做一书生"的情怀，从曾国藩到毛泽东，都是文人掌兵。湘民虽质朴，却不通脱，蛮劲发作时，九头牛也拉不回来。湘人不善言谈，湖南话听起来瓮声瓮气，蕴含着一种爆发力。

五、吴越文化

古代的吴越，主要包括今江苏、浙江、上海和安徽、江西的部分地区。春秋时期，都于姑苏（今江苏苏州）的吴国与都于会稽（今浙江绍兴）的越国之间战争不已，使得具有近亲关系的远古吴文化和越文化进一步融合为一，形成了独具特色的东南沿海区域文化，而水文化的发达，无疑是吴越文化的重要特征。

吴越文化

吴越地区气候温和，土地肥沃，降水丰富，水网密布，长江、淮河、钱塘江等大江大河纵贯其中，太湖等湖泊港湾星罗棋布，这种自然环境为吴越的物质文化创造提供了得天独厚的理想条件。与其他区域文化相比，水对吴越文化的形成和发展具有更为直接和重要的意义。其一，水资源丰富的优势，造就了吴越之地发达的水稻文明，构成了吴越人民的生命线。其二，河湖密布的水环境编织了一条不停息的运输线，促进了经济文化的交流与繁荣，也造就了吴越发达的船文化。其三，河湖密布的水环境启发了吴越人利用水生动植物养育自己的生存途径，从而构成了先进的渔文化。

优越的水乡环境，是塑造吴越人机敏、精巧、文弱性格的重要因子。一是江南水、土、热资源丰富，水田肥沃，只要耕耘便有收获。吴越人发现，他们脚下这片土地从来“酬勤”，不像北方，收成好坏主要看老天爷的脸色。与此同时，西晋以降，随着大批移民的涌入和人口的自然繁衍，东晋以后吴越人多地少的矛盾越来越突出，逼得人们必须通过精细化耕作，才能打到更多的粮食及其他物产。在这种生存条件下，吴越人通过兴修水利和辛勤耕耘，收获着“水土”给予的最大回报。久之，这种精耕细作的生产方式必然影响到生活方式，从而也造就了江南人的心思的细密心思和技术的精巧。心灵手巧的江南不但出能工巧匠，也出艺术家，如清之扬州八怪，如现代大画家徐悲鸿等，都是蜚声海内外的艺术大家。还有直到今天，江南的手艺人，如木匠、泥瓦匠等，他们做出的活计一般都比北方的同行“地道”得多。二是江南的天气温暖湿润，物产丰富，几乎一年四季都有新鲜的瓜果蔬菜可食，特别是鱼虾等水产品更是餐桌上的常物，这就对人的智力发育大有裨益。三是水的滋养。一江春水向东流，在不经意间，便流出楚楚动人的江南来。智者乐水，水对人的性格塑和智力的影响是不容置疑的。江南之地，河渠密集，池塘棋布，到处都是小桥流水。江南地区号称水乡，人们的生活离不开水，建造房屋也躲不开水，许多民居都是临水而建，“人家尽枕河”❶。与此同时，江南气候湿润，降雨频繁，而且较少急风骤雨，多为细雨蒙蒙。灵山秀水的优越环境，使吴越人饱受山水之灵气，于是人的躯体被秀水、细雨浸得柔弱秀气，性格被浸得细腻精巧，头脑被浸得精明灵光。另外，水乡文化特性还渗透到吴越文化的深层结构，吴语的柔软、吴歌的委婉清丽、吴戏的柔婉曼妙等，无不彰显着水的灵性和神韵。

六、岭南文化

岭南，顾名思义，指中国南方五岭以南的广大地区，相当于现代的广东、广西、海南全部，以及湖南、江西部分地区。就地域文化而言，岭南文化主要由广东文化、桂系文化和海南文化三大板块组成，主体为属于广东文化的广府文化、潮汕文化和客家文化。

岭南地区地理环境复杂多样，地跨中亚热带、南亚热带和热带，水、土、光、热、生

❶ 杜荀鹤《送人游吴》

物资源极其丰富，尤其是降水丰沛，许多地方年降水量超过 1500mm，可谓得天独厚。但在生产力低下的古代，由于岭南大部分区域气候湿热、林莽密布、瘴气弥漫，如此恶劣的生态环境确实不大适合人类生存——“自岭南二十余郡，大率土地下湿，皆多瘴病，人尤夭折”[1]。直到唐宋，岭南仍被中原王朝视为荒蛮的化外之地，罪臣罪民的流徙之所。

世代居于岭南的古越人创造了岭南的古代文化，但远落后于中原的汉文化。秦朝时岭南地区纳入了大秦帝国的版图，汉文化第一次全面进入岭南地区，促进了岭南地区经济文化的开发。之后，随着汉人的不断南迁，中原文化源源不断地涌入岭南，到了宋元时期，在前代积累的基础上，汉文化终于取代土著文化成为岭南文化的主体。而土著文化在被汉文化融合的同时，也有诸多元素作为底层文化积淀下来。宋元以降，随着生产力水平的提高，对岭南的开发力度加大，使岭南的经济社会发展进入了快速发展时期。岭南文化兴于宋而盛于明清，它以中原文化为核心，融合了古越文化、楚文化、吴越文化和海外文化，形成了自己独特的风格，具有开放、多元、重商、创新等特质。

岭南文化

岭南所处的区域，即封闭又开放。在古代，五岭横亘，极大地限制了岭南与中原的联系；但岭南又面朝大海，海岸线长，优良港湾多，从而给这里带来了无限开放的空间——沿海的地理环境对岭南文化的形成与发展作用巨大。尤其是位于珠江三角洲的广州，早在唐代就已成为中国海上丝绸之路的始发地，舟船可扬帆远航到南海、印度洋、波斯湾和东非沿海诸国。近代，珠三角一带更是凭借海洋优势走出去、引进来，成为中西文化际会之地，多种文化思想交织成绚丽多彩的画面。由于岭南地区受中原传统文化的影响相对较少，更容易接受舶来的域外文化的影响，给文化的岭南文化注入了革命、革新和民主精神，彰显出强大的生命力。岭南人得风气之先，竞相向西方学习先进科学技术与文化思想，涌现出康有为、梁启超、孙中山等执牛耳的风云人物。而在当代，广东成为改革开放的前沿阵地，现代商品经济条件下的港澳文化、特区文化、城镇文化、企业文化方兴未艾，推动着岭南文化的与时俱进、全面发展。

[1] 《隋书·地理志》

七、蒙古草原文化

中国的游牧—草原文化区主要是指今内蒙古自治区一带。蒙古草原地处欧亚大陆的交汇地带，北与西伯利亚相毗邻，南至阴山山脉与中原农耕文化相接，西起阿尔泰山与羌藏山岳相通，东与大兴安岭为界。“敕勒川，阴山下，天似穹庐，笼盖四野。天苍苍，野茫茫，风吹草低见牛羊”❶——这就是内蒙草原的真实写照。内蒙高原的草原民族主要有匈奴、鲜卑、突厥、契丹、蒙古。以牧业为主、亦牧亦农的匈奴出现，是北方草原文化圈形成的重要标志。早在秦汉之际，匈奴人便以不可阻挡之势登上了广阔的蒙古草原的大舞台，并缔造出与农耕文化大相径庭的游牧文化。

内蒙古草原文化

古人称农耕定居国度为“住国”，称迁徙无定的游牧国度为“行国”。“行国”的特点是“逐水草而居”。所谓“逐水草而居”，不是一种散漫的任性畜随便游移的自然状态，而是牧人根据水源、草势、地形、季节、气候状况驱赶畜群迁徙。生活在长城以外的草原人的生活方式是这样的：“胡人衣食之业不著于地……食肉饮酪衣皮毛，非有城郭田宅之归舍，如飞鸟走兽于广野，美草甘水而居，草尽水竭则移。以是观之，往来转徙，时至时去，此胡人之生业，而中国之所以离南亩也。”❷农耕人由定居生活养育出的饮食起居习惯，也无法与“风雨罢（疲）劳，饥渴不困”的游牧人一较短长的。因此，经济、文化先进的农耕人常常处于守势，而经济、文化落后但孔武善战的游牧人则常常处于攻势。鲜卑和蒙古人都曾入主中原，尤其是蒙古人曾建立庞大的元帝国。元朝的建立，标志着草原与中原的统一，也标志着中原农耕文化与蒙古草原文化的融合。

八、新疆西域文化

在中华区域文化中，还有一种独特区域文化——西域文化。西域既是一个地理概念，同时又是与历史有密切关系的名词。我们今天使用的“西域”一词，有广、狭两义。广义指玉

❶ 北朝民歌《敕勒川》
❷ 《汉书・晁错传》

门关、阳关以西的广大地区，狭义指历史上的新疆。古代西域位居东西文化交流的要冲，是两河、地中海、北印度和中国中原四大文明的交汇地和传播中介。

由于西域远离海洋，深入内陆，加之四周高山阻隔，气候极为干旱。年平均降水量不过150mm，而南疆塔里木盆地年降水量仅50mm，部分地区年降水量不过10mm左右，是中国降水量最少的区域。西域的南疆，自古至今都以气候极其干旱、降雨极其稀少而著称。不过，每年自昆仑山脉、帕米尔高原和天山山脉融化的雪水从不同的方向流入沙漠，形成许多短小的内陆河，浇灌出沙漠中的绿洲，就是它们，打破了流沙世界的“生物真空”。在绿洲地带，人们得以繁衍生息，而且形成了一些城邦国家，创造出了极富特色的绿洲文化。由于西域地处欧亚大陆的交通要道，因而大漠边缘的绿洲自然成为东西方往来商旅、僧众的聚集之地。不过，处在沙漠紧逼中的片片绿洲，主要靠水来维持自身的存在和发展，其兴衰与否，水起着决定性的作用。

新疆西域文化

因为水环境恶化、水源枯竭造成沙进人退、田堙城废的情况，在西域并不鲜见。位于塔里木河最下游的楼兰古城，就是因水源枯竭而退出历史舞台的典型例子。大约在公元前3世纪的秦朝初年，著名的楼兰国在昔日古墓沟人生活的罗布荒漠腹地崛起，并且一度成为人烟辐辏的繁华之地。当时，这里是一处地势平坦、河网密布、植被茂密、地下水位较高的绿洲，“多葭苇、柽柳、胡桐、白草，民随牧畜逐水草”，相继成为鄯善国、楼兰国的都城。但是东汉以后，气候变干，加之孔雀河的改道，致使这一地区水源枯竭，绿洲变成了狼籍的荒原，肆虐的风沙很快将楼兰

楼兰古城遗址

城包围，人们不得不弃城奔亡。同样，位于克里雅河绿洲上的扜弥古城（今新疆策勒县老达玛沟一带）、位于塔里木盆地西北部的解特克城，以及且末、尼雅、丹丹乌里克·阿克斯比尔等许多历史名城，都因严重的干旱缺水而被埋在了沙漠之中。

西域以其独特的地理风貌孕育了自己独特的文化景观。但这种文化的发展并非与世隔绝，而是在不断吸收周邻诸民族、诸地区文化精华的基础上形成的。举世闻名的“丝绸之路”在西域文化的形成过程中扮演了十分重要的角色，西域文化的开放特征也可以从中得到极好的诠释。西汉时期，张骞凿空（凿通）西域，是丝绸之路开通的标志。汉代的丝绸之路，始于都城长安（今西安），一条沿泾河而上，经固原、景泰进入河西走廊；另一条沿渭水西行，经陇西、金城（今兰州）进入河西走廊。沿河西走廊西行，经武威、张掖、酒泉，至敦煌，再分南北两道。南道由敦煌西出阳关，沿昆仑山北麓，经鄯善、于阗（今新疆和田）到莎车，逾葱岭，进入大月氏、安息等国。北道由敦煌出玉门关，沿天山南麓，经车师前王庭（今吐鲁番）、焉耆、龟兹到疏勒，越葱岭，进入大宛、康居、奄蔡等国。沿着南北两条丝绸干线，中国的丝绸、瓷器和其他物品源源不断地运往西方，与之相伴随的是中华文化的输出；同样，西方各国的珍宝异物、宗教和文化思想等也源源不息地流入中原。

第六章　水工程实践中的文化建设

水工程实践中的文化建设，主要是通过对该工程的水文化、水环境和水生态建设，来提升水工程的文化品位。而提升水工程文化品位的具体措施，就是把先进的文化元素融入水工程建设的规划、设计、施工和管理的各个环节中去，做到高起点规划、高标准设计、高质量施工和高水平管理。

第一节　将文化融入水利规划

要做到将文化融入水利规划，必须抓好两大环节。一是要将文化列入水利规划的规程、规范、定额、技术标准及相关评价指标中；二是要将文化融入各个水利规划中，做到高起点规划。

一、水利规范应设文化指标

（一）规范应有文化工程的规定

水利规划的规程、规范是指导水利规划工作的基本文件。水利规划的规程、规范是包括规划指导思想、基本原则、技术经济政策、标准、规划措施方向、规划工作程序、分析方法、工作深度等方面的统一规定。其中，综合性的多侧重于原则性规定，专门性的除原则性规定外，还包括技术性规定。

以前，国家和地方出台的水利规程、规范中很少考虑文化的内容以及有关文化工程规划、设计和施工的标准与定额。因此，在今后的规程、规范中要做好以下几方面的工作：一是要修订相关的规程，在规程中增加有关水工程文化内涵的章节和具体规定，如水工程的文化概念、文化表现手法等，提供规划编制者参照办理；二是要制定文化工程规划、设计和施工的技术标准、工程定额等技术规范，提供给规划编制、工程设计、施工使用；三是有规程、规范制定权的部门，都要做好本级出台的规程、规范的修编，确保在新建、改造或修理的水工程中融入了文化的元素，做到有规程可依、有规范可循、有标准可执行。

有关规范、规程的编制，可从“河流两岸生态化、节点景观化；水库坝体艺术化、环境自然化；闸站主体雕塑化、环境景观化；枢纽工程形象化、环境景区化；湖泊工程环湖湿地化、近湖秀美化”的社会（特别是城市）对水利工程功能需求的高度，来制定或修订。并制定出与生态工程、环境工程、文化工程相关的规划、设计、施工所涉及的各类项目的技术、定额标准。

（二）评价应有文化评价的指标

水利规划综合评价是指水利规划中对不同方案实施后产生的经济、社会、环境影响所进行的全面分析对比。不同规划方案由于侧重点不同，其利弊常有较大差别。进行综合评价的目的是通过对不同影响的分析对比、衡量得失，以便提出推荐意见，供决策时选择。并且只有在规划评价指标中纳入文化工程效益的评价指标，规划编制部门或编制人员才会重视这方面的工作。

对水利规划的综合评价，主要是由一些评价指标构成的，一般评价指标分两大部分，一部分是经济影响；另一部分是社会环境影响。

经济影响是国家经济发展目标的体现，也是水利规划中传统的评价依据。它是否有利，主要以规划方案实施后的效益费用比、净收益、内部回收率或投资回收年限等指标来衡量。当水工程融入一定的文化内涵后，往往会对地方的旅游业、文化业带来经济方面的影响。我们在计算规划方案实施后的效益费用比时，就必须对这两部分的影响因素都进行计算评价。当然也可以用实物衡量，如用文化风景面积、文化风景点个数、水文化景观建筑物座数、水文化风景区价值等指标来衡量。

社会和环境影响是规划中社会目标、环境目标的体现。这两类大多难以采用货币衡量，只能针对特定问题的性质，以某些方面的得失作为衡量标准。规划在考虑融入一定的文化内涵后，对规划中的社会目标就可以用增加人民群众文化休闲场所的面积、游览点的数量或形成的建筑风格、特色风情、文化作用、景观资源组合度等作为衡量标准，对规划中的环境影响，也可用改善宜居环境、增加特色文化景观区等指标来衡量。

二、将文化融入规划

将文化融入各类水利规划，包括将文化融入规划目标、融入流域、地区以及跨流域等规划。

（一）融入规划目标

不管编制什么规划，都要首先拟定规划目标，它与规划工作的每一个步骤都有紧密联系。因此，将一定的文化概念纳入规划目标就成为能将文化融入各类规划的首要工作。

我国一些地区已有将人文景观纳入水利规划目标的做法。例如，2001 年，江苏省泰州市水利局在编制《泰州市主城区水系综合整治规划》时，曾以《泰州市城市（主城区）防洪及河道综合整治规划总思路》的形式，向泰州市委、市政府提出的编制《规划》的目标中，就包括了人文景观的内容。

其主要内容如下。

（1）指导思想：顺应市民要求，集中社会力量，建设达标工程；坚持综合整治，重现水城风光，促进经济发展。

（2）预期目标：防洪、景观、绿化同步推进；水活、水近、水清效果明显；河道、泵站、涵闸5年完成。

（3）工程质量品位：建设百年一遇标准工程，挖掘“淮海名区”文化积淀，架构“双河绕城”特色风貌，再现汉唐古郡人文环境。

（4）布置、营造技法：建闸站、挖河渠、造岸坡、隐堤防、截污水、植绿带、布亭台、置楼阁、跨奇桥、缀雕塑、题联匾、选游线、通彩船、设街景、亮夜灯、添茶肆。

此外，这一规划思路还提出：建议在泰州主城区围绕水系“布置9大景区、32个景点”的目标，并在这一水利规划思路中，绘制了《泰州城市防洪及河道综合整治规划图之二——人文景观布置简图》，开创了我国在水利规划中绘制《人文景观布置图》的先河。

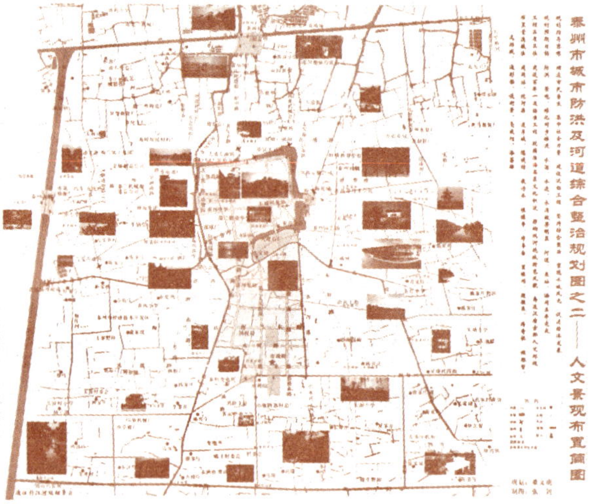

《泰州城市防洪及河道综合整治规划图之二——人文景观布置简图》

（二）融入流域规划

流域是一条河流自成系统的整体，其上下游、左右岸、干支流，都有着十分密切的联系，各项自然条件有其内在规律。把一个流域作为规划单元统一研究，有利于统筹兼顾，为全面治理水旱灾害、综合利用水土资源打下了基础。

纵横在中华大地上的无数江河，自古以来一直哺育着中华大家庭的各个民族。华夏人民世世代代繁衍生息在大江大河或其支流两岸，他们既享受大自然恩赐的江河之利，又以勤劳创造了文化，开辟了文明之路。不同的江河湖川，流经不同地貌的地域，形成不同的生存条件，养育着不同的民族和不同地域的人民。不同民族、不同地域的人民穿越在历史时空中，会遭遇不同的自然条件和政治、经济环境，他们以其智慧，创造了不同的文化，并形成了各个不同的流域文化。因此，在编制流域规划时，不仅在其规划目标中要将提升流域相关水系的文化内涵与品位作为一项目标，还要根据流域社会经济的发展状况和社会需求，提出融入的文化方向和方针，做出具体战略性、导向性的全河文化规划。例如，太湖流域规划就可针对所在地段分别提出融入文化的主题概念，江苏段以吴文化、浙江段以越文化、上海段以海纳百川文化为主题的概念文化。亦可进一步明确到各段所在地的文化主题，如选用吴文化中的名人文化，无锡可选用泰伯、范蠡等，苏州可选用吴王夫差、宋人范仲淹等典故作为文化选题。当然，也可选用吴文化中的民俗文化、乡土文化、园林文化等分别植入各地、各段、各工程的文化主题中。但千万要注意不能雷同，不宜重复，即使是运用老题材，也要有新创意。

（三）融入地区水利规划

地区水利规划是指以行政单元、经济单元或地理单元为对象的水利规划。规划范围多是一个或几个流域中的一部分。范围较大、涉及方面较多的地区水利规划，与大江大河流域中的规划相似；范围较小、涉及方面较少的地区水利规划，与中小河流域的规划相近。

在地区水利规划中融入水工程的文化内涵，主要是对地区规划的水系（指河流或主要湖泊）融入文化进行规划。地区的水系文化规划，要对上位的流域文化规划有所了解，在接受上位流域规划导向的前提下，参考地区河流或主要湖泊特有的、个性的文化元素，精心设计地区水系文化概念，并对下辖区域的水系文化规划和设计提出意见或建议。例如，山东省滨州市的城市水利规划（地区规划），就提出了“六横五纵、四环五海、三十六名桥、七十二湖、一百零八景”及在“五海”打造“天、地、人、情、水”的水工程文化概念。滨州城市的水利对上衔接的是城市总体规划的“生态滨州”理念，其中既实现了10年使该市平原水库蓄水能力从2000万m^3，提升到1.5亿万m^3有形功能的规划目标，也实现了将文化融入水工程的无形功能的目标；对下则影响了滨州市所属的其他县、市，这些县、市也在努力打造具有文化内涵的水利工程。

山东省滨州市的城市水利规划

俯瞰滨州市平原水库——中海

中海双桥夜景

（四）融入跨流域规划

由于跨流域调水规划是一种属于放大了的专业规划，统筹考虑两个或两个以上流域，兼跨流域规划和地区规划中的一种特殊性质的规划，在规划考虑的目标上只要战略性地提到“本规划的各项水工程均应将有关流域、地区的文化融入工程设计，以提升工程的文化内涵和品位”即可，一般不作专门章节具体交代。

江苏省属淮安水利枢纽（缪宜江　摄）

例如，江苏省属淮安水利枢纽的规划，就是集苏北灌溉总渠和淮河入海水道于一体的综合性跨江、淮两个流域的专业规划，很有代表性。工程规划是在不同的历史时期逐步叠加形成的，其多目标、多项目的和谐布局，是该工程多次规划形成的最大亮点。这里建有大型涵闸、泵站、船闸、水电站等 24 座，如此密集的，不同类型的水工建筑，不同水位的立交工程，协调地布置在不足 3km^2 的范围内，在世界上都实属罕见。长江、淮河、运河、苏北灌溉总渠、淮河入海水道、洪泽湖等河湖在这里交汇，京杭大运河的古代水文化和淮河入海水道的现代水文化在这里交融，上演了一曲古代与现代水利文明的交响乐。这里还专门建有淮河安澜展示馆，将跨流域文化在这里集中展示。

（五）融入其他规划

专业水利规划是指流域或地区中为某一任务进行治理开发的单项规划，如防洪规划、除涝规划、灌溉工程规划、城镇供水规划、水能规划、水运规划、水土保持规划等。在编制水利专业规划时，应按照所从属流域规划中提出的有关水系的文化内涵、品位的目标或所从属某一地区水利规划的文化概念，比较具体地按本规划所涉及的单个水工程，结合规划的专业用途，提出须融入文化的具体工程项目。如有条件，还可具体规划到每个工程项目的文化主题、美化要求等。

水利工程规划，是一种仅限于对某一水利建设项目所进行的规划，水利工程规划通常又是工程可行性研究和工程初步设计的组成部分，其内容往往在编制流域规划、地区水利规划和各项专业水利规划时已经提及。这种规划是没有编制上位的流域规划、地区规划或专业规划的一种填补型规划，将文化融入规划的阐述和设计，与专业规划相似。

第二节　水工程的文化设计

水工程设计应根据上位水工程规划的要求，绘制设计图和施工图。水工程文化品位的提升，在很大程度上是通过工程设计来实现的。是提升水工程文化内涵规划目标的项目。不管是设计的前期工作阶段，还是进入正式编制设计文件阶段，都必须重视水工程的文化创意、艺术造型的设计工作。而且，文化创意、艺术造型的设计，必须与工程的其他设计同步推进。

一、注重规划的文化导向

由主管部门或省、自治区、直辖市乃至相关地、市、县提出某一水利工程的基本建设项目建议书，经审查批准后，委托设计单位进行可行性研究，编制可行性研究报告是水利工程设计前期的工作任务。在这一阶段，必须认真了解和理解有关上位规划的规划目标中，有无在水工程中融入文化内涵的内容和规划方向，因为只有在上位规划目标中有这方面的目标，才能开展有关水工程注入文化内涵方面的社会调查、组织研讨和为设计搜集资料、提交研讨方案等工作。例如，2006 年 3 月，南水北调东线一期工程江苏段在制定《建筑与环境总体规划设计方案》时，就比较认真地对待了这方面的问题，在其规划的目标中比较明确地提出了“东线一期江苏境内工程的建设应做到安全可靠、技术先进、优质高

南水北调东线工程

效，同时要将工程整体建设为环境工程、生态工程、人文工程”，特别是在这一规划的专家评审意见中，还特别强调了“水利工程既要发挥有形功能，又要发挥生态、环境、人文等无形功能，做到双重功能并重”。这样，这项工程的设计者才会根据这一目标进行与之相关的京杭大运河文化，江苏省沿线各地有关传统的、有个性的、有特色的文化调研，为水工程的文化设计做好前期工作。

二、注重工程的功能要求

一般水利工程的设计阶段，分初步设计和施工图设计两个阶段。初步设计是在批准的可行性研究报告的基础上，根据设计任务书进行的最基本的设计。经审批后的初步设计文件，是作为国家确认工程项目的投资额、安排年度投资计划、与有关部门签订合同和协议、进行施工准备以及编制施工图或技术设计的依据。

南水北调东线淮安水利立交工程

如考虑建设兼有文化内涵和有一定品位功能的水工程，在初步设计的调查研究过程中，就要深入了解并获取水工程所在流域、地区的历史文化、风俗民情、名人轶事、风景名胜、宗教信仰、建筑风格、娱乐方式、休闲风气、交通能力、自然风光、文物遗址、旅游状况等数据，分别进行研究，形成融入文化的初步创意、文化工程的目标概念、具体工程文化概念、生态条件、环境形象等。进而，将初步创意融入常规的水工程设计内容之中，一并做出技术决定，计算工程总量、提出施工方法进度及概算。例如“揽京杭运河入怀，送淮河之水东去”的淮安水立交工程，既保证了南水北调大运河之高水位与苏北灌溉总渠之低水位立体交叉的功能，又设计了两座 7 层，高 33m 的塔式桥头堡，矗立于两岸，底座为浅灰色花岗岩贴面古城墙装饰，上部则为江淮古民居青色屋檐，融古风和现代技术于一体。桥头堡内设有观光电梯，游人可直达塔顶。塔顶视野开阔，脚下的钢索缆桥似两条巨龙将京杭大运河牢牢地揽入自己的怀中，成为入海水道的一道标志性景观，也做到了建成一个水利工程，增添一处人文景观的目标。

三、注重借古鉴今

（一）借古重理念

古今文人、艺术家的造景理念，是很值得水文化工程设计借鉴的。例如，曹雪芹笔下的大观园的造园艺术就是一个瑰宝。

1. 水脉宜流通

《红楼梦》甲戌、庚辰两本都有同一条脂评："园中诸景最要紧是水。"以水贯园，水脉滋生绿脉，水脉蕴涵文脉，水脉、绿脉、文脉相依共存，相融一体。书中第十六、十七回对水体的流动性、水质的洁净性、水流的多样性、水工的区别性、水脉串接景点的整体性均有比较精彩的叙述。水利景观的水系设计应在这几个方面下工夫。

从水系整治规划设计布局和造景看，要充分利用河流的串联功能，诠释水工程文化形、景、情、理的基本逻辑结构，顺河展开品题系列，或是展现过去、现在、未来，演绎时空的转换；或是展示春、夏、秋、冬四季的季相美；还可让历史遗迹、人物荟萃、传说再现；或者表现山、水、林、建筑等地理要素的交替。

水质是水脉的灵魂。无论是线性布局还是面状布局的水利景观，均应把治污放在首位，雨污分流、拦污截污、污水处理；水生态修复通常可使用物理、化学、生物等手段，对水质进行净化；对大体量的水体也可通过河湖串联，实施水体交换。

贾府的水"溶溶荡荡，曲折圩回"

湖区水脉空间构成：一要讲究水域的通透性，设计具有一定体量的水域空间；二要讲究沿岸景观视域的可达性；三要讲究水域空间的分割及与陆域空间的组合、变换，以塑造特征鲜明的单体和个性空间；四要讲究河湖系统相互依存、水体交换；五要讲究水质自我净化能力和生态修复能力，关键是水活；六要讲究水脉与绿脉的交融，你中有我，我中有你。浮水植物、中水植物、沉水植物、水生动物，要构成生物链，维持生态平衡。

在水利景区，水流形态的多样性往往取决于水头的大小。如在平原地区，要想形成瀑布和喷泉，往往需要采用电力提水的方式。而丘陵山区则可以充分利用水之上下游的高差实现自流，以保证水景观的长期性。

河流形态的多样性、物种的多样性、人体结构的多样性，激发了人类对美的追求。水流形态的多样性是物种多样性的先决条件。有了河流形态的多样性，才会造就物种的多样性，形成生态的共生美。

2. 绿脉贵参差

《红楼梦》介绍“稻香村”时提道：“里面数楹茅屋，外面却是桑、榆、槿、柘各色树枝新条，随其曲折，编就两溜青篱。”采用普通植物来分割空间、营造意境、遮蔽藏露。曹雪芹还将特色植物与诸女性一一对应：黛玉是“艳中之艳”的桃花，宝钗是“艳冠群芳”的牡丹，妙玉是傲然怒放的红梅，晴雯是芙蓉花神，探春是杏花，湘云是海棠，元春是石榴花，麝月是荼蘼花，香菱是并蒂花等，花草竟能如此人文化、个性化，实为水利景观绿脉设计可借鉴的典范。

《红楼梦》“稻香村”景色

在水利风景区建设中，要注重植物景观的营构——因为花木对水利景观有衬托作用，往往能表达出水利人的精神追求。因此，要因地制宜地选取相应的乔木、灌木、藤本、花卉及地被植物等，或通过设计与配置，与工程、水体及周边环境协调一致；或自成一景，形成多样景观。

绿脉的空间设计应解决好植物与水天、水岸、水面的关系。绿脉在山、林、建筑物共组的耦合系统之序列结构中，是表现层次和纵深的最佳元素。绿脉形成的多层次空间，体现在纵向的厚重感、横向的节奏感、起伏的韵律感和群集效应上。绿脉与地貌环境相融合，构成景象，丰富了园林色彩，协调了空间组合，增加了风景视野，起到了表现季节、增强自然的气氛和改善地形，装点山水建筑以及覆盖地表、填充空隙的作用。

水体天际线设计研究的是水天关系。由于大尺度水面的映衬，绿脉的天际线显得格外重要，处理方法不外乎隐去法、突出法、融合法：一是绿脉自身的变化，调整了建筑物单纯的线条型天际线，形成不同生境植物的变化和过渡，不同林相植物的立体层次变化和过渡；不同季节的变化和植物自身的色彩变化以及由孤植、行植、群植、隙植等，形成的“点—线—面”多样的观赏视域变化。二是绿脉与地脉融合，在规划、设计湖边天际线时应考虑建筑物的存在，围绕标志性物建筑，绿脉或高或低，或遮或露，或浓或淡，或连或断，或隐或衬，形成有个性的天际线;“横者以竖者破之，竖者以横者化之”，综合运用孤植、对植、间植、列植、带植、丛植、群植、林植（风景林）、盆植、隙植等手法，对起伏的天际线以纵向造型，破去湖区横向为主的平展构图。

水岸植物可针对土岸、石岸做不同的处理：土质水岸，以缓坡伸入水中，减少水与岸的对峙，以草坪为底色，点缀色彩明快的花灌木，构成开敞空间。石质水岸，要弱化水与岸的对峙，应以垂吊植物过渡、遮掩，减其长、补其拙、破其整、缓其刚。水边宜植芦苇、树木，可以净化入湖污水。

水面依尺度不同、规整与否，做相应布局。小尺度水面以点景为主，重姿态、重组合、重寓意。大尺度水面应借助水生态修复技术，在景观生态学用途上，构建挺水、浮水、沉水植物和水生动物的生态系统，遏制水质的富营养化。在景观美学形态上，宜厚薄相间、主次分明、虚实相生、遮露相宜，增加层次，延长景深。规则水面应突出植物个体的姿态，避免繁琐、壅塞。自然水域可利用植物分割水面空间，竖向设计应有起伏变化，在配置上应高低错落、疏密有致，从平面上看，应留出水面，水生植物不宜过密，否则会影响水中的倒影及景观的透视性。

在特色植物中，“梅令人高，兰令人幽，菊令人野，莲令人淡，春海棠令人艳，牡丹令人豪，芭蕉与竹令人韵，秋海棠令人媚，松令人逸，桐令人清，柳令人感”（张潮《幽梦影》），应充分利用这种传统的文化心理，进行特色园林的打造。调动各种手段，通过借景、隔景、障景、框景、夹景、漏景，营造不同的意境空间，或典雅，或肃穆，或富贵，或野趣。

江苏省泰州市在打造凤城河景区时，分别在城河外侧岸边建起了桃园、梅园、柳园 3 个景区，3 园一线，形成了“戏曲文化三家村”的独特的人文景观与植物花卉相契合的风景区。其中，桃园为纪念清代戏曲家，孔尚任寄寓泰州“陈庵”时创作的《桃花扇》而建，园中精选 116 种 3600 多株观赏桃树点缀其间。树型分为矮化型、乔化型、龙柱型及垂枝型，花色分为白色、粉色、红色及杂色，花型为单瓣型、复瓣型、重瓣型、铃铛型等。每到春季，早、中、晚期桃树上的桃花次第开放，别样绚烂。

桃园

梅园为纪念京剧表演艺术家梅兰芳（祖籍泰州）而建，园中广植梅树，间植红枫，以梅树喻梅兰芳先生，以红叶喻先生之成就。园内绿荫红树，十分高雅。

梅园

柳园为纪念明末清初著名评话艺术家柳敬亭（生于泰州）而建，园内以柳树为主，兼有竹林、桂花林、广玉兰林渗透其中，柳竹婆娑，兰桂吐香，曲径通幽。

柳园

三个园中分别以桃树比喻孔尚任的昆曲，以梅树比喻梅兰芳的京剧，以柳树比喻柳敬亭的评书，故三园又称《戏曲三家村》，可使人产生一连串的联想。

3. 文脉函古今

标题可起到画龙点睛的效果。《红楼梦》第十七回中写道："偌大景致，若干亭榭，无字标题，也觉得寥落无趣，任有花柳山水，也断不能生色。"标题点睛可使园景处处生色。

大观园内每一景区各具特色，个性鲜明，决不重复，面面俱异，处处胜景，区区殊致，各有各的独创，各具各的生命。

优雅的园景可催生创作诗歌的灵感，黛玉吟咏白海棠："偷来梨蕊三分白，借得梅花一缕魂。"其中"偷""借"形象地表达了园与诗的关系。园为诗宅，诗可使园景更增雅趣。

文脉空间的要素包括建筑、雕塑、民俗、宗教、诗文、书法、神话、传说、名人等，文脉设计是对风土人情、文化传统、历史沿革，历史文化内涵的充分挖掘、合理地诠释，运用保护、恢复、调整、创新等设计手法。应该研究原有整体环境，对环境特征、文化传统、人文轶事等进行系统地分析整合，确定各要素的色彩、尺度、形态、符号、意蕴等制约条件，通过合理布局，使内容和形式与整体环境相融合、相和谐，各种文化形态得以互补，相得益彰。文脉的整合，首先要全面了解文脉的内涵，设法让其释放。其次，要丰富文化内涵，不断注入活力。最后，要深化游览者对文脉的感知。《红楼梦》中的各种诗会，实质是请诗人对大观园的文脉进行解读。

大观园标题联匾

标题系列设计，一要符合逻辑；二要对景观的序列结构优化；三要对景观文化内涵进行概括、提炼、整合、升华。标题题材包括自然景观、人文物艺、人物活动、季相天时等。通过标题对观众、游客进行引导、熏陶，彰显精品文化，提升文化品位。

（二）鉴今重创新

1. 书画是创新的源泉

2012 年普里兹克建筑奖的获得者王澍的贡献，就在于将中国的传统趣味用几何块面表现出来，他能将乡土、村落这样小尺度的东西转化为大体量的抽象形式，而且还让人感觉到传统的意味而非形式。他能将地域特征、传统建筑元素与现代的建筑形式、工艺融为一体，这对于建立富有中国特色的水工程文化极具启示意义。王澍对自己的定位是：在作为一个建筑师之前，我首先是个文人。他的文化自信和文化自觉表现在他对中国传统文化信息系统的解构与重构中。

他从倪瓒的《容膝斋图》中发掘出中西建筑、景观学的差异，西方是先造房子后配景观，王澍则提出“造房子，就是造一个小世界”“在那幅画中，人居的房子占的比例是不大的，在中国传统文人的建筑学里，有比造房子更重要的事情”。王澍设计的中国美术学院象山校区像《千里江山图》那样绵延、起伏、回转，从建筑内部延伸到外部。从建筑的外部向内部穿梭的走廊，宛如江山图中的盘山路，而构成建筑主题的 S 形，又像是山脉的远景推拉，从而构成连续的运动，为了让这种运动富有节奏感，如蛟龙卧在丘陵上，王澍用人工的方式为建筑垫起山坡。象山校区，像山形一样屋顶的大山房建筑，几乎就是北宋后期米友仁《潇湘奇观图》的直接照搬。中国的书画艺术是王澍创新的源泉，他对传统文化信息系统的解构与重构、发掘与解读，促使他迸发出创作的灵感，并由此重建了当代中国的本土建筑学。

《千里江山图》与象山校区比较

银川鸣翠湖国家湿地公园

2. 创新是传统的升华

著名画家、雕塑家朱仁民坚信艺术是体现文脉的最佳手段，他在银川鸣翠湖国家湿地公园的规划中，把芦苇视为园区最大的生态艺术创意元素，而芦苇迷宫则成为目前世界上最大的绿色环保大地艺术，朱仁民利用鸣翠湖的芦荡设计而成的生态湿地，是大自然与人工合作的世所罕见的艺术品，也是天然芦苇的“行为艺术”。朱仁民根据道家的八卦艺术设计的“水上迷宫”，迷宫水道总长达万余米，蜿蜒曲折、变幻莫测。在迷宫四周，朱仁民又设计了每只宽 1km 左右的五个鸟类回旋图案，围绕迷宫周而复始地展翅飞舞，为西部、为园区、为生态、为旅游创作出“虽系人作，宛若天开”的这一世纪生态园，成为行为艺术的世界上最大的大地艺术作品。

朱仁民先生设计的银川鸣翠湖国家湿地公园标题系列亦颇具特色：百鸟天堂、车水排云、碧水浮莲、千步廊桥、迷宫寻鹭、轻纱漏月、绿帐问茶、芦花追日、东堤夕照、白沙落雁。该标题结构时空交错，音画交融，动静相兼，虚实相生。

文化是丰富多彩的，在水利景观设计中对文化传承的方式与方法也是多种多样的。只要充分理解中华传统的优秀文化，结合当代社会的条件，一定能设计出水脉、绿脉、文脉交织的赏心悦目的水利景观。

四、注重水工美学研究

2300 多年前，古希腊哲学家亚里士多德有一句名言——“城市，让生活更美好”，人们搞生产、搞建设的目的是为了让生活不但要“好（物质的）”，还要“美（精神的）”。党的十八大提出要建设“美丽中国”，同样也把“美”的问题提了出来。“爱美之心人皆有之”，因为没有“美”，就没有完整的“好”，美是人们本能的需要。同样，水利建设、兴办的水工程也有一个“美不美”的美学问题。要提升水工程文化内涵与品位，就必须在水工程中注入美感；要注入美感，就必须具备美学知识，更要研究水工美学。

（一）美学的内核

美学是研究人对现实的审美关系和审美意识，美的创造、发展及其规律的一门科学，它研究的是自然界和社会生活中的美，是一个以艺术为主要研究对象的学科。

德国黑格尔唯心主义的美学体系认为：美是理念的感性显现，是主观与客观、形式与内容、理想与现实、感性与理性、特殊与一般、自由与必然的辩证统一；认为这种统一只有在经过艺术家心灵创造的艺术美中才能真正达到；因此，艺术美高于自然美，自然美是艺术美的不完全、不完善的反映。他认为，应将美的本质与“自然的人化”联系起来探讨，提出美是人的“自我创造”，审美和美的创造是人从对象上复现自己。他认为，艺术从较低级（建筑、雕刻）到较高级（绘画、音乐、诗歌）的发展，是精神克服物质局限性逐步达到主观性的过程。

马克思主义美学体系认为：文艺是作家、艺术家对待社会存在的能动反映，是一种特殊的意识形态。认为文艺家是按照“美的规律”进行创造的，因此必须遵循艺术生产和艺术作品本身的审美原则，比如形象性、情感性、虚构性、典型性等，来理解文艺的现实内容和形式，做到思想性与艺术性的完美融合。

（二）水工美学的特殊性

水工程以兴利除害为目的，设定了水的边界，规范了水的流动，改变了水的自然存在。从美学角度看，水工程是对原生态自然美的干预、扰动，它应该形成与原生态自然美的和谐、融合与提升。

水工美学除应遵循建筑美学的一般规律外，还应正确处理与水的协调与统一、主从与重点、均衡与稳定、对比与微差、韵律与节奏、比例与尺度、色彩与质感、个体与群体、建筑与环境、绿化与照明等有关美学诸元素方面之间的关系。

水工建筑与一般建筑相比，有与水紧密地联系在一起的特殊性，水工建筑可用各自独特的形体、结构、尺寸、线条，表达比有声的语言更深刻的观点和态度。它的每一根线条、每一道色彩、每一组空间比例和每一个平面造型，都可形成独特的与水相映的文化艺术语言。因此，水工美学与一般的建筑美学相比，具有特定的内涵。水工美学特殊性的主要表现如下。

（1）有更大的空间尺度。

（2）更强调与山、水的关系。水工美学的研究对象是山、水、水工程，单体或组合水工建筑物和土工构筑物的序结构以及美学四载体形、光、声、色的最优配置。因此凡是研究山水美学的学科及其理论和方法均可用于水工美学，即山水原则的内涵与外延均可移植到水工美学中去。我们应以诗心、文蕴、书骨、画眼、园趣、乐感、哲理去创新和构建水工美学。

（3）更强调水工程造型的特殊性。水工建筑物因其必须作用于特定环境下的特定客体——水，其有形功能构造有特定要求。就如水闸在造型上，由于其长高比的先天制约，就必须因势利导作一些变化，可以设计成长廊型、龙腾型、轮船型、飞燕型等。在立面上采用对比变化：高低、虚实、凹凸、曲直、长短、明暗、浓淡、静动、奇偶等让矛盾的对立面共存的形式，以破解单调的大立面，丰富其表现力。并可以让对比的双方，按一定的序列重复出现，产生韵律感和节奏感。

（三）水工美学的应用

塑造水工建筑形状时，可因地制宜地选择矩形、三角形、梯形、圆形等多种形状，表达方正、庄重、活泼、阴柔、阳刚、明亮、圆融等意态的形象。在水工建筑空间布局上，注重配置好形状、大小、色彩、材料等视觉要素和位置、方向、重心等关系要素。在水工建筑光与色彩上，注意冷暖、轻重、明暗、艳素、强柔的搭配等，来传递和表达建筑物的感情和表情，要力求使刚硬冰冷的建筑富有人情味。水工建筑还可根据与水的接触，产生不同声音，进行扬弃、取舍、组合，营造出不同的音响效果。

水库重点要做好大坝设计，让富有雄壮美的大坝添上柔美的元素。大坝造型的设计，可采用彩虹、车辆、阶梯、船舶等造型，辅以不同颜色的植物或图画、文字等装饰；泄水洞或输水建筑物可设计成水帘、飞瀑、叠水等形、声、色并茂的水景观。

河道堤防要在安全稳定的前提下，将生态理念和美学原理注入河道整治设计中，保持河流走向、断面，岸、滩、湾和河水流动的多样性，体现曲水、曲岸的生态和审美价值。对流经城市的河道，可打造滨河包括绿地、亲水平台及雕塑、碑记、水车等文化景观在内的景观走廊或河滨公园。

水闸的设计要在保证安全和实用的前提下，在闸的造型美上下功夫。可根据水闸所在地的人文、生态等情况，将造型设计成长廊形、轮船形、飞燕形等，从而增加水闸的文化元素和审美特质。另外，还可对闸门形状和启闭功能进行优化设计，以营造静态水之谧、动态水之韵。

五、注重凝练文化主题

任何一个设计，都要根据相关规划的目标要求，去制订方案、绘制图形。一般水利规划目标只是原则地提出，要赋予水工程以文化内涵和艺术品位，而赋予什么文化？制作什么样的图形？这就要靠受委托的设计人员围绕项目的文化主题，开展调研、选择、比较和设计，形成一个富有个性的、内涵深刻的、能使人读懂和产生联想的主题。这个主题要能对水利项目的分项工程和单体工程具有引领、导向和激发设计人员对单体工程产生创造性设计思维的作用。

例如，泰州的引水河工程的设计者通过认真调研，根据泰州史称凤凰城和一些相关传说等，为这个工程设计的文化主题概念为“凤凰文化”。为此，将河名“引水河”更名为“凤凰河”。

由于这条河名具有了这一文化概念，在这个项目扩初设计的 10 多个文化工程和景区中运用“凤凰”作命题的单体工程、景区小品多达 10 项，其中包括四桥、一园（4 项艺雕）、一亭、一石。

（1）四桥：百凤桥、栖凤桥、观凤桥、鸾凤桥。

百凤桥“百凤晴云”

栖凤桥“梧桐栖凤”

观凤桥“凌云观凤”

鸾凤桥“鸾凤呈祥”

（2）一园：凤凰园。凤凰园内设“有凤来仪”凤冠柱、凤凰景墙、凤翔铜雕、百鸟朝凤——历代凤凰图腾双面浮雕墙 4 项艺术雕塑。

凤冠柱有凤来仪

凤凰景墙翔凤凰

景墙凤凰各不同

铜雕凤祥泰州

百鸟朝凤回音墙（双面浮雕内侧）

（3）一亭：天凤亭。

（4）一石：凤冠石。

天凤亭“天凤回眸”

凤冠石殷殷寄语

由于打造了凤凰河，受其文化影响，河的东侧由城建部门新修的一条干道被命名为引凤路，凤凰园所属地区新成立的街道办事处也起名为凤凰街道办事处，使泰州历史上称为“凤凰城”的文字记载，变为显性的文化元素，镶嵌在泰州的城市之内，让泰州市民和到泰州旅游的人能领略到被江苏省旅游规划设计为“中华凤城”的部分文化风貌。

六、注重建筑的艺术形象

根据水工程既要具备传统的灌排引航等有形功能，又要具备现代生态、环境、人文等无形功能。水工程的建设除了要注重工程质量，还要注重水上建筑物的形象及艺术品位。

（一）古代涉水建筑形象举例

中国古代的涉水建筑当数桥梁最多，留传至今的古代桥梁多以造型独特、艺术性强、文化内涵丰富的桥居多。例如，隋代安济桥（现名赵州桥）的曲拱技术，及其在桥栏板上用半圆雕石刻工艺留下的“双龙穿云”“双龙交颈”“双龙献珠”“斗子卷叶”等，既有肌肉的质感，又有刚柔舒展的变化，呈现了充满生命力的节奏韵律，是我国典型的集科学性与艺术性为一体的水工建筑珍品；金代的卢沟桥以 502 尊大小雌雄石狮，布置于柱头、华表、桥头或狮背之上，曾被马可波罗赞为“这是世界上最好的独一无二的桥”；明代洪武年间泸州建造的龙脑桥墩上雕塑的龙、狮、麒麟，极为壮观，整座桥梁堪称是一座国宝级的大型石雕艺术品；清代乾隆年间所建的扬州五亭桥，“上建五亭，下列四翼，桥洞正侧，凡十有五。三五之夕，皓月当空，每洞各一月”之结构不论技术还是造型艺术，无一不令人叫绝。

隋代安济桥

金代卢沟桥

明代龙脑桥

清代五亭桥

（二）现代水工建筑形象举例

1. 浙江绍兴曹娥江大闸

浙江绍兴曹娥江大闸，是一个兼有现代水利科技和文化、艺术品位的水工建筑精品。大闸一改闸桥连体的传统设计，变为闸桥分设的创新模式，以方便工程管理、增添“闸桥互望”的景观效果。工程文化景观主要有：① 下层大闸管道间，可观赏大闸工程的外观内质；② 中层大闸工作桥，可观赏护栏上雕刻的二十八星宿文化和曹娥江名胜典故；③ 上层是观光廊道，可观潮赏景。大闸以外，配套建设了以星宿文化和名人说水为核心，以曹娥江十二景为重点的人文景观，可谓文气氤氲，异彩纷呈。如安澜镇流亭、碑亭八角重檐，四面是琳琅满目的匾额楹联。再如精心篆刻的 108 方形态各异的“名人说水”奇石，错落有致地分布在景区各处，让游人在赏心悦目中得到水文化的熏陶。

“曹娥江大闸”铭石

形似飞燕的大闸观光廊道

“中国第一河口大闸”铭石

二十八宿步天歌淳雕之一

大闸旅游观光廊道

创新“闸桥互望”设计模式

2. 外秦淮河三汊河口闸

造型新颖的江苏南京外秦淮河三汊河河口闸作为国内首创的双孔护镜门大闸，闸门造型独具，视觉美观，既满足了闸门防洪、排涝、调水等有形功能，还体现了建筑与生态、环境、文化有机结合的无形功能，堪称一座集实用性和景观性于一体的精品工程、文化工程，已成为南京市的标志性建筑。

该闸设计的重要特色之一是其有专门的文化命题，选取的是秦淮河文化中的“龙文化”。闸的附近，老百姓认为500年前明朝皇帝朱棣下令郑和造龙船的“龙船遗址”，与秦淮河最早曾称“龙芷浦”的传说是遥相吻合的。附近，有一龙江小区，就是因此而定名的。业主给这座闸的命题为“龙文化”，于是设计者，就根据命题创意，将闸支墩顶部的大型启闭齿轮房的外形，设计成抽象的龙头造型，加上运用弧形的闸门构成的龙身，并配置了多彩的灯光。夜幕下，一条栩栩如生的五彩金龙就出现在了秦淮河口。一座无声的水工程，为底蕴丰厚的秦淮文化又添上了多彩的一笔。

世界建筑大师贝聿铭说得好：“建筑和艺术虽然有所不同，但实质上是一致的，我的目标是寻求二者的和谐统一。”

河口闸成为南京标志性建筑（王凯　摄）

河口闸酷似龙形的命题设计（王凯　摄）

1999 年，普里兹克奖获得者英国的诺曼·福斯特在设计伦敦千禧桥时，专门请雕塑家设计的造型，这为水电工程文化设计提供了前瞻性的范例。

七、注重协调的文化环境

近几年，由于强调了水生态、水环境，单体建筑对周边主客体之间的功能性影响，已引起设计部门较为普遍的关注，但周边环境对建筑主体工程的衬托、延伸、互辅、相得益彰的美学关系的重视尚不够。例如，有关空间分割，要达到方方皆胜景，区区各不同的效果；有关奥旷交替的问题，既要有寥廓悠长、虚旷高远的“旷如”空间，也要有屈曲隐蔽、深邃回合的“奥如”空间；相关建筑，对整体环境要有凝聚、统驭、辐射作用；与主体建筑相关的通道，要达到能曲的地方不直，以达曲径通幽的效果；整体建筑与单体建筑要相生互妙，要能产生互相增强美感的效果。“红花需要绿叶配”，提升水工程的文化内涵与品位，除了水工程建筑物本身设计要充分体现美之外，还要对办公楼、院落、职工食堂、文体活动室、大门等附属设施（环境）进行文化设计，使之与主体工程交相辉映、相得益彰，达到个体与群体、建筑与环境协调统一的目的。

鸟瞰枢纽巨舰影

劈波斩浪欲远航

江苏省高港枢纽是运用环境美学处理个体水工建筑物、枢纽水工程与管理范围内环境之间关系的经典设计。

枢纽楼入白云间

闸站倒映碧水中

高港枢纽主体建筑中的闸站，远看宛如一艘远航的巨舰，寓意高港枢纽在现代化水利事业中乘风破浪、劈波远航；其西侧的船闸，南北两座闸首4个闸室的设计，一改常规的建筑造型，呈倒八字风帆形，既寓意“扬帆”远航，又寓意“发展”向上。其他配套建筑物如会议中心、沃特龙大酒店、职工生活区、船闸票务中心等几座建筑物的设计，既注意了布局合理，又注意到互为一体的关系，其用色、造型皆是引人注目的亮点。

风帆几片江天行

笑迎八方宾客情

三月潭里看三月

巧设池水映水亭

高港枢纽在其东侧南区管理范围内建了一个名为“三月潭水上乐园”的绿地公园，利用废塘整理水面超过 1 万 m^2，潭中设置了 12 个花池和小亭、树木、铭石，盎然生趣。30m 长的涌莲桥，以优美的姿态横卧在碧波荡漾的水面上。

高港枢纽水工程所在地原为柴墟岗旧址。南宋建炎四年秋，时任泰州知州的岳飞连接朝廷 12 道金牌，奉诏回京，途中经柴墟岗，曾设伏围打金兵，得了一个大胜仗，俘获金国战马无数，因这些北方马体型较大，本地人称为“野马”。据此，设计了一个“岳家军抗金印象”的游园，以一座高大的岳飞铜塑像置于柴墟岗上，并配以野马、战舰、铭石、岳家军抗金浮雕及景点介绍等，布置于闸站主体建筑东南的绿化景区内。

涌莲桥影随波动

间植乔木涵远景

抗金镌石留印象

介绍景点有图文

远观岳飞英姿在

近受英雄正气染

野马驰骋柴墟岗

赢得战驹得胜归

战船扬帆又远征

“得胜”刻石存千古

高港枢纽对主体建筑与周边环境的大小尺度的控制、绿化、小品、道路等配置的处理，令人赏心悦目。环境优雅的音乐茶座、神态逼真的乐队雕塑、造型别致的音乐喷泉、起伏连绵的小土丘、潺潺不断的溪流、琴园、棋园、滋北亭、涌莲桥、三月潭，无一不令人感到雅韵顿生，使高港枢纽这一水工程既有主体建筑之高楼广厦的大气磅礴，又有水榭、拱桥、亭台、琴园、棋园的温文尔雅；既有长江、绿地、蓝天、山冈之宽阔无垠的空间，又有小桥、流水、曲径、回廊之四环通幽、深邃古典的韵律。

琴园花中听琴声

棋园切磋技长存

弈者静动思进退

乐声抑扬泉高低

夕阳小径满树红

林绿草茵滋北亭

游客琴园观夜景

方便游园示意图

玉盘承露水之韵

高港枢纽对其管理范围的绿化也作了精心设计，布局成“桃李报春”“竹荫护夏”“枫叶染秋”“梅傲雪冬”四大植物景观区。在一进管理处大门的圆形草坪上，放置了 6 只大小不一的不锈钢球，取诗人白居易《琵琶行》中“大珠小珠落玉盘”之意境。不锈钢球又形似水珠，寓意高港枢纽引长江之水润泽广袤的大地，故将此园定名为“水之韵”。

特别是在闸站和船闸之间制高点上所设的“引江河工程纪念碑”是江苏省人民政府于 1999 年设立的，上设不锈钢巨形雕塑，由草书“水”字演化而来，又形似“引江”二字，更像一面被风鼓起的风帆，寓意水利事业乘风破浪、再创辉煌。基座东面刻有祁正卫先生以省政府名义撰写的碑文。西面是时任江苏省委书记陈焕友手书的“泰州引江河工程纪念碑”刻石。

省属泰州引江河高港枢纽在全国来讲，其工程规模不算太大，但正是由于该工程融入了大量的文化元素和环境景观，大大提高了工程的文化内涵和艺术品位，使工程既有灌排引航的有形功能，又有旅游休闲、会议、科教等无形功能。形成多服务目标的现代精品水工程。年吸引游客超 2 万人，成为全国知名的典型现代水工程之一。

引江巨碑接云天

八、注重对文化品赏的引领

设计有文化内涵与艺术品位的水工程和水环境，其目的主要是为他人提供精神产品，供他人品赏的。设计者就应研究包括管理人员在内和其他一切到水利工程来的人员——审美主体的审美心理，根据自己的情致、想象、意趣、哲理去创造水工程。要通过水工程及其管理范围内的所有物，来产生物境、情境和意境，能使审美主体，通过对这些物体的感受，转化为他们自己的情境、意境和感知。

审美主体观赏水工程，要和水工程所作用的水及周边环境一同欣赏，通过感受、想象、生情、理解 4 个层次，才能产生情境和意境。

设计者必须认真考虑到景观是一种空间的组合，观赏者对它的观看离不开一定的距离，观看有近观、远观之分。近观要求建筑物有精美的内外装修和铺地图案、雕饰的细部及精美的花草；远观要注重朦胧美、模糊美、气势美、宏观美、想象美，要注意的是建筑物造型的错落有致和色彩对比，要有能让人产生浮想的意境。

设计者还必须考虑到“赏心悦目”之“赏心”和“悦目”的辩证关系。视觉是“最卓越”感觉，只有通过视觉，才最容易了解物之“形式”，而“形式”往往又是“美”的同义语。凡是有丰富多彩的内容及造型的事物，才会具有形式意义上的潜能美。

另外，设计者的作品，还要有能激发审美主体的性情与作品相生、相应的手法，这就是古代诗论中所提及的“意与境会”“思与境和”的手法。要使审美主体到这里来看到景物，感到有东西可看，有话好谈，产生乐趣。这样，审美主体才会对水工程，产生转态、比拟、通感、会心的联想，才会产生“随缘遇处皆成趣”的意境。

“比拟”是根据某一景物的特点，通过联想将其比做他物，或比拟为人。在造景的过程中，莫过于奇形怪状的湖石最佳，它“物象宛然，得于仿佛”，似人、似物，不一而足。例如在泰州凤凰河畔，有石两座，其一似龟，另一从东侧看似牛，西侧看似鱼。设计者在龟形石畔，设置形似竹简的铭文石碑横陈其角，上刻曹操之《龟虽寿》诗，让游人产生只有“志在千里”的人，才能“得以永年”，当以“壮心不已”的奋斗，去取得“盈缩之期”的永年。在双形石旁栽了一方小石，上镌“孺子牛”和“鱼翔浅底”，将石比牛、比鱼，联想到鲁迅，想到风华正茂的少年毛泽东，这就是“比拟”。艺术意义的“通感”是把感觉、想象、真假联结在一起，让审美主体能产生含蓄隽永的诗的意象，使他们心随神移，使他们驰骋着想象，去捕捉微妙的美感。在泰州凤凰河观凤桥的北侧，桥体上有一石刻对联“云浮凤阙高桥涵月镜，柳掩人家曲水畅天机”。作者虹桥村民把这座桥与凤、与凤城、与月亮、与烟柳、与农家、与曲水乃至与天机都联系在一起，这也只有在“色声香互发”的园林境界，才能把人的各种感觉的、表面的、记忆的、想象的、联想的、乃至情感的，用诗、用对联的形式自由地联结在一起，令人因情因性而联想得妙，回味无穷，达到由“通感”而“会心”。

老骥伏枥龟虽寿

心系人民孺子牛

鱼翔浅底风华正茂

九、其他几点需要注意的问题

（一）给设计者科学的设计时间

文化创意和建筑、环境的造型设计，其设计往往要向业主，社会文化、艺术、建筑界专业人士，或广大百姓征求意见，甚至有些领导还要亲自过问。由于这些审美主体人群的文化水平不一、艺术素养不同、社会境遇各异，很可能对同一设计的评价和要求各异。因此，这就要求设计者在设计前应深入研究水工程所在流域和地域的相关文化、历史、风俗、习惯以及艺术认同，认真吸取其精髓、认真提炼、认真创意，设计出既符合本流域、本地区的大众审美，又富有个性、有新意、有突破的作品。有时，业主还会要求设计单位对水工程的文化设计和单体建筑物的造型设计拿出几套方案备选，这些都要花一定的时间。因此，要根据工程量，给设计者科学的设计时间。

（二）注意施工的可行性

注入文化内涵和有艺术品位的水工程设计与绘画、影视、动画的作品不一样，绘画等创作只需将创作者的无限想象绘制在画纸、画布或显现在银幕、银屏上，而水工程的艺术造型是要通过施工形成的建筑物或土方工程，是要在大自然的环境下，确保有形功能运转的工程。例如，我们想象中的上大下小的异形体建筑，挑出于基础边缘垂直线外的装饰工程，就要计算其重量、悬臂的剪力和物体重力的平衡点等问题。如果为了装饰美，设计的悬臂体断面偏小，悬臂承载的重量过大，目前的刚性材料又不可能满足其剪力的技术要求。这种设计即使再美，再具文化内涵，只要无法满足设计和施工的技术规范，就是不可行的。因此，注入文化内涵，增加艺术造型的水工程，是一项必须具备哲学社会科学与自然科学双重学科知识的学科，设计者不仅要上承规划意图，还需考虑下及施工技术，确保图纸上设计的方案，能在现代施工技术条件下，变成坐落在大地上可以运用的水工程。

（三）由相关专家评审通过后再出施工图

凡是文化水工程设计，一般在正式出施工图前，最好再经过两个评审程序：一是让当地的百姓评议一番，即将设计的方案、效果图及相关文化内涵的文字简介，公布于该地的政府网和人口稠密的、适宜的公共场所，广泛征求网民和市民的意见，倾听正反两个方面的意见，因为只有当地的老百姓，才是最了解当地文化、民风、习俗的人，从中可能吸收到不少好的建议或意见。二是要由相关专家评审或修改，通过评审和修改后，再正式出施工图交付施工。水利部门应尽量组织一些相关哲学社会科学界中有关文化、历史、社会学、文学、艺术、美术、民俗学、经济学等方面的专家，对设计中有关文化内涵和艺术造型等方面进行评审，虚心倾听他们的意见、批评和建议，对设计进行再修改，以使我们的设计不致出现常识性的错误，使设计更为完美。

设计中还有一些问题需要考虑的，如文化工程的造价、文化内涵与当地风俗或民俗有无冲突、艺术形象的移植有无知识产权的问题等，都必须认真地去对待。

第三节　文化水工程的施工要求

现代水工程建设由于增加了文化工程和环境景观工程，与传统的几何形、功能性的水工程施工及验收的要求不尽相同，必须在常规水工程的施工和验收的要求上，增加一些专门的注意事项。

一、由具备文化资质的队伍施工

文化水工程，最好将属文化艺术性的装饰工程单独发包，针对各种不同需求，由不同文化资质的施工队伍（或外加工）完成。例如，建筑物外包装用石雕装饰的文化工程，就需要由专门的石雕艺术公司来完成。石材经久耐用，经艺术造型赋予其文化内涵后，可与水工建筑物长期共存于室外的自然环境之中，但其工艺复杂，技法较多，特别是对有专门创意设计的石雕工程，为确保石雕造型准确无误，还要先制作泥模和翻制成石膏模再按照石膏模型由有一定艺术涵养的石艺师打制完成。这些工艺，不是一般水利施工队伍所能承担的。例如，泰州凤凰河上的桥、亭、雕塑，南水北调东线补偿工程卤汀河桥梁上的文化雕塑都是请苏州著名石雕工艺大师何根金先生及他的助手完成的。这样才能确保工程的文化、艺术品位。这些建筑也成为大师级的作品，长留于天地之间，为该市创建“形神兼备的文化名城”添上了精彩的一笔。

天凤亭顶木骨架

设计者与工艺师商榷修改天凤亭顶泥模

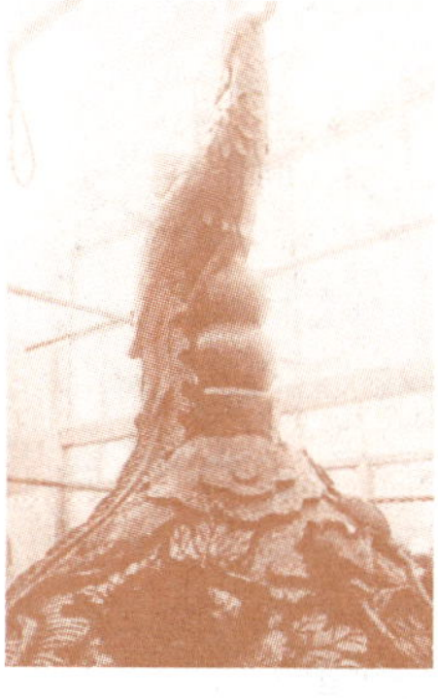

修改好的天凤亭顶泥模

天凤亭石雕凤顶成品

石艺师按照石膏模型打制桥头雕塑

南水北调东线补偿工程卤汀河上桥梁文化雕塑等都是由工艺大师何根金制作

再如，建筑周边的环境工程，如果创意为中国式园林风格的设计，就应该由具备城市园林和古建筑资质的施工队伍承担，因为中国式的园林具有特殊的美学要求，需要特殊的建筑材料和特殊的施工工艺才能建造。即使是景区的绿化，也不是普通意义上的植树造林，而是先要根据景区的三维空间进行设计，再确定布置适宜的乔、灌、草的品种，色、香、味不同的植物，乃至对植物的尺寸、形状、平面占地等都要进行选配，这同样需要专业的绿化队伍来施工。

二、给施工者二次创意的空间

利用古“堰限江湖”石牌坊造景

水工程文化的创造，应贯穿于工程设计、施工的全过程。设计图纸的完成，并不代表一蹴而就、万事大吉，设计者应全程跟踪工程的进展，在施工过程中，设计者还需根据现场情况，进一步完善原来不太满意的设计，还需和施工人员共同研究，解决具体问题。因为施工者也是这一工程的审美客体之一，而且是极具经验的审美客体。施工者在施工前应吃透图纸，通过设计交底，深入了解设计意图，在文化水工程的实施过程中，将设计意图与现实造型相比较，可进一步提升工程艺术品位。在施工过程中，要给予施工者二次文化创意的时间和空间；要将设计蓝图落到实处，设计和施工不可能完全“无缝对接”。高明的施工者不但要吃透设计意图和图纸内容，还要发挥聪明才智，最大限度地弥补设计上的不足，去打造精品文化工程。例如，浙江省绍兴市在建造浙东古运河园的过程中，鉴于运河园建筑材料大多是选取的古桥上的旧石材，而设计造型的理念和思路是新的，没有模式可循、缺少规范可依，有些工程需要在施工过程中因地、因材确定。业主应与设计、施工、监理等单位密切配合，允许变更设计，特别是文化内容、景点小品、绿化布置等，可能至工程施工结束，一直都要不断完善。施工单位尤其要重视施工细节，一个图案、一块石料、一棵树木的配置，都要反复思考，力求完善。绍兴市水利局副局长邱志荣，在他写的《绍兴运河园建设的理念和实践》一文中说：“可以说从一开始设计方案，到最后运河园建成，已完全改了模样，其形象和品位是其（设计之始）无可比拟的，是建设者同心协力的一种创造。”

古玉山斗门遗存

装饰板二次创意

施工者不应完全处在被动地位，要充分发挥自己的聪明才智，尽量弥补原设计的不足。施工者是要解决工程中的每一个具体细节问题的，而这些细节往往能为整个工程添彩。例如，成都清水河梁江堰调度中心入口上方的艺术墙，如将花砖平放，左半边是一个圆，右半边是两只叶片型图案，图形平平。通过施工者的反复审视，决定将单块花纹砖旋转 45°，作菱形布置，将圆视为太阳，波浪形叶片视为水面，新意凸显，构成了水与生命、太阳与大海的整体意蕴，充分说明了二次创意的必要性。

三、文化工程的选材要求

水工程中的文化工程，多以水工程个性造型及外饰雕刻、亮化工程，或环境工程中亭、廊、榭、阁等园林建筑及雕塑、铭石等文化艺术小品为主，其用材、用料就有一定的要求。文化工程的用材主要为石材、木材、砖瓦及琉璃、陶瓷等，必须根据文化工程的具体要求进行选材。

（一）石材

文化水工程中使用最多的是石材，因为中国石文化博大精深，选用得好，可为文化水工程添彩。

石材是人类发展历史上最早的建筑材料。中国花岗石、大理石资源丰富，矿床星罗棋布，遍及全国各省、自治区、直辖市。石材属于天然矿产，与其他的装修材料相比，其最大的特点在于其颜色、质感、线条、硬度、耐久等方面有独特的装饰性。设计者和施工者都应对石材的分类和用途有所了解，并按不同的设计，选择不同的材质。

绍兴市在浙东古运河工程中十分重视运用古石材打造涉水文化工程。他们为了对历史负责，采取了抢救性保护古石构件的行动。工程中他们收集了一大批老条石、老石板，及一批被拆除散落的古石亭、古桥、古文化遗存等石构件，他们采用历史题材，老材料、传统工艺，建起了六处蕴含历史文化和地域特色的新景点。同时修筑了4.5km石驳岸河塍、2万m^2石塘路及纤道、避塘、河埠等，充分展示了古越文化的魅力。

用抢救到的古石材打造“忠孝节义源流长”

（二）木材

中国古建筑是以木材、砖瓦为主要建筑材料的，以木构架结构为主要的结构方式。中国古建筑多用木材，主要因木材结构性能优良，在古代，可以就地取材。用木材建造的梁柱式结构、框架富有弹性，抗震性能强。这对地震多发的古代中国来说，是极为有利的。

中国著名的古代建筑，使用的木材一般约有15个品种，其中针叶材9种，阔叶材6种。

现在由于木材资源的短缺，在景观建筑中，一般结构大多以钢筋混凝土替代，使用木材的地方，主要是门窗和雕花装饰等方面。

木雕的材料是比较考究的，必须区别对待。有的木头轻软好雕，有的木头粗硬难刻，有的质感强，有的质感弱。木材含水，应当选择经过干燥处理后（含水量在10%左右）或是自然风干一年以上的木料为好。

（三）琉璃、陶瓷

在文化水工程的建设中，还可适当选用一些琉璃或陶瓷的材料作为文化艺术部件的装饰。琉璃、陶瓷光感强、耐久，中国人对美的追求与塑造，在许多方面都是通过陶瓷制作来体现的，并形成各时代非常典型的技艺特征。文化水工程的设计、施工，在适当的部分或作品中同样可以运用琉璃、陶、瓷做材料，专门加工成作品、建筑构件或器具，为水文化工程增色、增光、增彩。

四、文化工程的装饰要求

文化水工程的题刻、楹联、雕塑、彩绘等装饰手段是为彰显水文化主题服务的，各种手段必须紧扣主题，发挥各自的优势。

（一）题刻、楹联的运用

李迪的《鹰雉图》

题刻、楹联是以文字为景点标题，作引导之用，词出景生，让人流连光景，细心揣摩。园林中的匾额主要用以题刻园名、景名，或用以陶情、写情、咏景，抑或用以颂人、写事，典雅含蓄，立意深邃，既能熔辞、赋、诗、文意境于一炉，又能系诗情、画意于一景，使景物获得“像外之境、境外之景、弦外之音”，人们得以吟咏乎其中，神游于境外，获得灵魂和生气。例如，泰州凤凰河畔的百水园中，正厅前门面东，匾为“百水厅”，联题“厅前水有道，堂后绿为禅”；后门临河，匾额“烟绿林翠”，题为“轻烟横翡翠，碧水激琉璃”。这两副联、匾不仅能将百水园之设计意图尽收其内，而且还把“境”外的“道法自然”和佛教认为真理的“禅机”隐含其中。

（二）绘画的运用

梁江堰闸（刘冠美　摄）

成都清水河梁江堰节制闸在天际线的处理上，一扫火柴盒式的平顶、呆板模式，将正立面的设计与天际线的布置结合起来：灰白相间的大鹏鸟造型，既突出屋顶，形成动感天际线；又丰富了正立面的表现力；对称的双曲线托出蓝白色的水徽，色调清新、格调高雅。这一设计是从南宋李迪《鹰雉图》的对角线构图得到启发的。《鹰雉图》画面上坡石竹丛中一棵古枫树拔地而起，粗大的枫树主干斜出，对画面的右上角进行分割，伸出的枯枝呈横势的波折状，填补了左上方的空间，巨大的岩石在树边，加强了右上角密不透风的感受，左下角的一丛青草和几枝荆条，平淡清雅，形成强烈的对比。在对角交叉的构图中，画一条弯而横向的坡线，增强构图的稳定感；为不显呆板，用枫叶梢打断线条的连贯，又结合丛林用一条逆向的坡线相配合，整幅画面严谨结实、气魄宏伟。节制闸闸房和调度中心采用对角线构图，栏杆相当于《鹰雉图》中的横向坡线，直曲、凹凸、高低强烈对比的栏杆，从颜色、形体、方位上加强两大建筑组团的联系，同时增强构图的整体稳定感。局部和整体利用色彩、造型、动势等形体的既呼应又区别，透出书论中的“笔断意连”和“笔连意断”的意境。大闸房和小闸房，是“笔断意连”，大闸房和楼梯间是“笔连意断”。

潘家铮题诗刻石

罗哲文题诗刻石

为了提升水利风景区的文化品位，当代人的文化题刻也是不可少的。如条件许可，应尽量请一些当代名人题写。例如，绍兴浙东古运河市区段工程的题刻，就是请的中国著名水利水电工程专家、中国工程院副院长、中国科学院院士潘家铮和中国古建筑学家、国家文物考古建筑专家组组长罗哲文等名人题写的。

（三）水文化雕塑

雕塑是营造水工程文化的重要手段，是实施人文水利的教化、休闲、娱乐功能的载体之一，具有强大的意化、情化、美化环境的功能。水利雕塑应尽量与水、水利、水利人、水利工程紧密相连，创造出具有一定空间的可视、可触的艺术形象，借以反映水之大美和波澜壮阔的水利风采。至于雕塑所用材料，有木、石、金属、石膏、树脂等多种。基于石头具有厚重感、雕刻细节不易因风吹雨打而破坏等特点，室外多以石材为宜，大理石、汉白玉或当地石材都可以。水利雕塑可分为三类：抽象、具象、介于抽象和具象之间的亦幻亦形的写意。具象雕塑让人一看就懂，突出文韵，象形于外，动情于中；抽象雕塑让人思考，突出哲理，象形于理，理蕴其中；写意，处于写实与抽象之间，它既不会使人产生一览无余的简单，也不会令人有望而却步的深奥，它引导人们在一种似曾相识的心理作用之下，去把玩、体味、感觉艺术作品的整体及每个局部、细节的“意味”[1]。

例如，泰州在凤凰河畔设有一个广场，名为“治水者广场”。广场中立一“治水者”雕塑，另在广场东南角，设铭石一块，上刻“治水情深”，将长江崩岸治理中抛石之石工搬石的爆发力，用裸雕人物的艺术手法突显出来，充分展示了东方人的阳刚之美。

治水者益济九区

治水者力通九脉

治水者气贯九州岛

[1] 吴为山．写意雕塑论［J］．美术研究，2004,1.

治水情深为安澜

花团锦簇惠民生

又如三峡大坝坛子岭的景区雕塑。是利用截流“功臣”——四面体做雕塑，朴素至极；块体倒置，上大下小；斜面向上，动感顿生，简约而不简单。截流纪念公园的围墙用三角形卵石透空做栏板，是提取竹笼、马杈的地域文化元素和各类施工材料之文化元素创作的雕塑。“纤夫”，体现了中华民族讲求意象的传统美学特征，这些都充分展示了长江文化。

再如，美国的胡佛大坝雕塑。该雕塑以刀砍斧凿的红色花岗石作为大背景，雕有高 9m 的两个青铜双翼男天使，底座黑色的花岗石与背景形成鲜明的对比。该设计方案与奥运奖牌正面图案——插上翅膀站立的希腊胜利女神意趣相通，只不过将女神换成了男天使。

三峡坛子岭四面体雕塑（刘冠美　摄）

美国胡佛大坝雕塑共和国之翼

三峡的万年江底石、大江截流石、三峡坝址基石、银版天书等雕塑体现了自然的原生态，以天人合一为主题。胡佛大坝的雕塑注重神人和普通人的刻画，以人神共存为主题。

五、制作、施工要有科学的周期

有文化内涵与艺术品位的水工程不仅要给设计者、创意者以科学的设计时间，而且也要给施工者精雕细琢的时间，有科学合理的施工周期，才能创作和制作出高品位的文化工程。

没有一件文化艺术精品不是通过反复推敲、打磨出来的，没有充裕的、科学的创作施工时间，绝不可能制作出文化水工程的精品。

六、施工验收的专门要求

文化水工程的验收，除常规水工程的验收所必需的程序和手续外，还要增加以下几点要求。

（1）要有完整的水工建筑物文化装饰工程的全套竣工图纸及有关施工的其他技术文件，如文化工程平面布置图、施工技术报告等。

（2）要有每个单项文化工程，如雕塑、铭石、小品、楹联、匾额、亮化工程设备等发包或采购的完整手续，以及这些产品的具体生产材料、工艺、流程及制作人的相关资料。

（3）要有设计者对文化水工程竣工后，文化内涵及艺术品位的竣工评价。

（4）要有由有关文化、艺术、旅游业等相关方面专家参加的对文化水工程的评审报告。

（5）要有接收部门（水管或水利风景区）的审查接受意见。

第四节　文化水工程的管理

文化水工程的建设过程及工程建成后的管理，与常规水工程的管理不是完全相同的。有别于常规水工程管理的主要有如下几个方面。

一、建设管理

水工程建设阶段的管理，业主重点要抓招投标管理、合同管理；质量监督部门重点抓质量监督管理；施工部门要抓的是工程建设的施工管理。

文化水工程，往往不是由一支施工队伍来完成施工的，因此，除了各施工队伍仍然要抓好施工计划管理、质量管理和经济核算外，还需区别文化工程是由业主、还是由施工企业对其他专业施工队伍发包的情况，分别做好管理工作。

（1）由业主将文化工程部分发包给非主体工程施工企业施工的，业主要负责协调主体工程与文化工程之间的施工进度和技术衔接。

（2）文化水工程由主体施工企业统一中标，再由中标企业分包的工程，协调工作就不属于业主施工管理的范畴，而属于中标的主体施工企业自己的施工管理工作。中标的主体施工单位，要承担对有关文化工程施工队伍的合同管理、计划管理、质量管理的全部责任。

（3）文化水工程由主体施工企业直接施工的施工管理，基本与主体工程的管理相同。

（4）关于文化水工程的建设企业选择。招标是工程建设单位运用竞争机制选择工程建设承包者的重要工作之一。

按照我国基本建设程序的规定，基本建设项目需在批准初步设计，并已列入年度基本建设计划后方能开工。为此，工程招标工作需在建设项目列入计划后进行。

文化水工程在大、中型水利工程中一般都是与主体工程分开单独招标的。鉴于文化水工程的设计施工的人工、材料、质量、标准等尚未形成规范性定额和标准，而且由于文化艺术工程的设计、施工企业拥有的专业人才的级别各异，设计、制作的文化水工程的艺术品位也会各不相同，其投标价格的差数可能较大，故一般的文化工程可视投资规模及对工程艺术的品位要求，有选择地邀请能创造出相应高品位文化工程的设计施工单位来承包工程。以邀标、议标或谈判的形式进行。

二、日常管护

文化水工程在兴建时，应有管理人员参与工程建设。其任务是了解工程的设计意图和建设过程，从日后工程管理和维护的角度，提出工程建设中应配套的设施、应完善和改进的地方，注意搜集和保存有关工程建设过程中的相关设计文件、施工技术及施工管理数据，并开始建立文化水工程管理档案，为日后工程管理、养护、维修服务。

水工程管理单位的管理机构应当建立健全水工程的管理、养护、维修制度。对具备一定文化内涵和艺术品位的水工程，要建立专门管理机构进行管护，特别是有一定规模，有条件被评为国家、省水利风景区，或客观上已成为地方、水利系统对外开放的旅游点，或者已成为有一定量的城乡人民休闲场所的水工程，还要建立风景区的专门管理机构，由专门人员对文化水工程进行专职管理、养护和维修，以保证文化水工程发挥更大的作用。

风景区管理机构或水管单位要对有文化内涵或一定艺术品位的主体工程建筑的外形、装饰、亮化工程进行定期观察，确保完整、无损、表面整洁、无污垢。

对文化水工程进行日常管理还包括以下几项工作。

（1）做好水、土、生物及雕塑、小品等人文资源的保护、保洁工作。

（2）按生态和美化、文化、艺术化的要求修剪或修复植被（特别是草、灌木）。

（3）严格注意管理范围内的保洁工作，有效处理垃圾、污水。

（4）确保管理范围内的交通、消防、服务、卫生等公共设施的正常运行，提高服务质量。

（5）严禁在管理范围内造成水土流失，生态破坏，建筑、构造物、雕塑、小品、亮化设施等的损坏，禁止存放或倾倒易燃、易爆、有毒、有害的物品。

（6）要有专门的安全保卫人员和安全保障设施，并有应对突发安全事故、事件的预案和有效处理能力。确保游客和休闲者的游览、休闲安全和水工程的正常运行。

（7）严格管理在管理区域内采集标本、野生药材，设置、张贴标语或广告，进行商业活动以及其他有可能影响生态或景观的一切活动。凡此类经批准的活动，如有影响生态或景观的必须有适当的控制、恢复或补偿措施。

（8）搜集各界人士对本工程的评价、文化、艺术界人士有关本工程的作品，以用于扩大本工程的社会影响和广告宣传。

三、工程维修

文化水工程的岁修或大修，要注意以下几点。

（1）没有特殊情况，工程修理要尽量做到修旧如旧，确保工程形状及装饰工程恢复原状。

（2）如遇水毁或其他特殊自然灾害，确实不能完全恢复原状的修复工程，应在尽量保持原文化内涵的前提下，做好修复水工程的艺术造型及装饰工程的设计，确保工程的艺术品位不低于原水毁工程的品位，确保文化、景观功能的延续性。

（3）维修工程中的相关文化工程使用的装饰材料和工艺处理方法应和原文化工程相同或相近，尤其是不能造成明显的色差和形异。文化修复工程最好由原施工单位承担，以确保工艺处理手法的一致性。

（4）如确实不能恢复原状的大修工程，有可能的话，应根据原工程的相关数据，做一座适当比例的原工程模型，陈列在水管单位的适当地方，供游人参观、欣赏，并记录一段本地的水工程演变史，让模型也成为景区的一个新的文化资源。

（5）注意收集、保存、保护原工程中有文化品位的艺术构件和艺术品。

《古桥遗存》铭牌

凤林桥、兴塘桥遗存

绍兴在浙东运河整治工程中，打造了一个完全用原工程的艺术构件和材料建成的“古桥遗存”景点。

此景点集中展示了绍兴的老石桥，分三种类型：一是整桥移建，就是把农村中废弃的石桥集中迁建于园中，共 11 座。二是组合古桥，用废弃古石桥的构件，用传统石工工艺拼装组合，共 12 座。三是众多部件展示，展示古桥代表性残存石构件数十件。既为此河增添了新貌，又为水利物质文化遗产做了大量的保护工作。这项整治工程获得了中国优秀园林古建工程金奖。

复建的送帆桥（邱志荣　摄）

垂柳拂古桥（邱志荣　摄）

荷中登龙桥（邱志荣　摄）

近观登龙桥（邱志荣　摄）

越乡自古多名桥双园留得千秋貌
（邱志荣　摄）

中国优秀园林古建工程金奖铭牌
（邱志荣　摄）

四、更新改造

水工程已到使用期限或遇特大洪涝灾害水毁不能修复，则必须进行更新改造，如系有一定文化内涵和艺术品位的工程，就要更加认真对待。由于水工程的建筑物是有生命周期的，而水工程的文化却是永恒的，因此对待更新改造工程的文化工程就应进行两种处理方式。

（1）复原。凡是文化含量和艺术品位较高，得到专家和社会大众的充分肯定、在国内甚至世界上已有一定知名度的文化工程。例如，已被水利部批准为国家水利风景区，已被旅游部门批准为 4A 级以上旅游风景区，或已成为一个地方行政区域的品牌建筑形象，在国家电视台对外作过文宣、广告等宣传的形象工程的更新改造，应尽量恢复原工程的文化内涵和艺术造型，要充分利用原工程的装饰性材料，如原有的构件、石雕、石刻等。

（2）重新设计，重新创意。对原工程虽有一定文化内涵和艺术品位，但因其规模或影响不是太大的，知名度仅在省以下的水工程，也可不延续原有工程的文化内涵，重新设计、重新创意，使工程植入更先进、更有特色的文化，设计出更有品位的艺术造型，进一步提升更新改造后的水工程文化内涵和艺术品位。

第七章　水文化遗产的保护与开发

中国特有的地理位置和自然环境决定了水利是中华民族生存、发展的必然选择。水利与中华文明同时起源，并贯穿于整个人类发展进程中。四千多年的水利建设，为我们留下了数量众多、分布广泛、类型多样、内涵丰厚的水文化遗产。它们体现了不同时期和不同区域的水利建设状况，以及水利与政治、经济、社会、文化、环境和生态的关系，揭示了不同时期和不同区域水利建设的理念，不仅是我国水利发展历程的缩影，也充分体现了治水先辈们的伟大智慧和创新精神，是中国甚至世界文化遗产的重要组成部分。有的至今仍在发挥防洪、除涝、灌溉、供水、水环境改善等综合利用功能，是“在用的”“活着的”文化遗产。对这些水文化遗产尤其是“活着的”遗产进行科学的保护与合理的利用，使其得以有效保护或可持续利用，是水利部门和社会各界义不容辞的责任。

第一节　水文化遗产的内涵

水文化遗产是个新概念，但它具有与其他文化遗产同样的性质，即历史的悠久性、内容的博大性，以及显著的社会性、时代性和地域性等。同时他们又具有显著的个性，即涉水特点。水文化遗产内涵与外延的界定应充分考虑这一些性与个性。

对水文化遗产内涵与分类的探讨，涉及文化（详见第一章）、遗产和文化遗产等概念。

一、遗产的概念

“遗产”一词原指“先人遗留下来的财产”。至 20 世纪下半叶，其内涵发生很大的变化，延伸为“历史的见证”和“祖先留给全人类的共同的文化财富”。

“遗产”一词新内涵的正式启用源于美国。1965 年，美国白宫会议上首先提出设立“世界遗产信托基金”建议案，该议案认为，应采取国际合作的方式，共同保护“世界杰出的自然风景区和历史遗址”。[1]四年后，美国《国家环境政策法》颁布。该法案认为，应“保护国家历史、文化和自然等方面的重要遗产”，因为在保护自然遗产的同时保护好历史和文化遗产，能为公众提供丰富且可多样选择的环境。这一理念被联合国教科文组织所接受。1972 年，联合国人类环境会议通过《人类环境宣言》，强调人类既是环境的创造物，也是创造者，自然环境和人文环境对于人类而言都是必不可少的。该宣言通过五个月后，联合国教科文组织起草颁布《保护世界文化与自然遗产公约》，明确提出“自然遗产”和“文化遗产”等概念，这是“文化遗产”一词首次出现于国际法律文件中。

[1] 杨志刚．试谈“遗产”的概念及相关观念的变化．// 复旦大学文物与博物馆系编．文化遗产研究集刊（第二辑）．上海：上海古籍出版社，2001:3.

二、文化遗产内涵与外延

与“遗产”一样，“文化遗产”的内涵也经历了一个逐渐演变的过程。

“文化遗产”最初用“文化财产”指称。在联合国教科文组织早期的相关公约中，如1954年《武装冲突情况下保护文化财产公约》、1970年《关于禁止和防止非法进出口文化财产和非法转让其所有权公约》，用的都是“文化财产”。中国台湾地区将之译为“文化资产”，日本和韩国则称为“文化财”。直到1972年联合国教科文组织颁布《保护世界文化和自然遗产公约》，“文化遗产”一词才正式得以使用。该公约还对“文化遗产”的概念进行了界定。

（1）文物古迹：从历史、艺术和科学角度看，具有突出的普遍价值的建筑物、雕刻和绘画，具有考古意义的部件或结构、铭文、洞穴、居住区及各类文物的联合体。

（2）建筑群：从历史、艺术和科学角度看，在建筑形式、统一性及其环境景观结合方面，具有突出的普遍价值的单独或相互联系的建筑群体。

（3）遗址：从历史、美学、人种学或人类学角度看，具有突出的普遍价值的人类工程或自然与人类的共同杰作，以及考古遗址地区。该文件发布后，“文化遗产”的概念为国际社会广泛采用，并成为世界遗产遴选的重要依据。然而，该公约所界定的保护对象，范围仅限于部分不可移动的物质文化遗产。

此后，随着经济和社会的发展，国际社会对文化遗产的保护愈发关注。“文化遗产”在相关国际文件中已成为主要用语。在此期间，陆续颁布了数十份有关文化遗产保护的国际公约、宪章、宣言和建议等。文化遗产的概念不断完善，涵盖范围不断拓展，陆续增加了历史地区和城镇、乡土建筑、农业遗产、工业遗产、线型文化遗产、文化景观等遗产类型，文化遗产环境和20世纪遗产等的保护也开始受到关注，甚至列入世界遗产名单。其中，2003年颁布的《保护非物质文化遗产公约》中对非物质文化遗产的概念进行了界定：“被各社区、群体，有时是个人视为其文化遗产组成部分的各种社会实践、观念表述、表现形式、知识、技能及相关的工具、实物、手工艺品和文化场所。这种非物质文化遗产世代相传，在各社区和群体适应周围环境以及与自然和历史的互动中被不断地再创造，为这些社区和群体提供持续的认同感，从而增强对文化多样性和人类创造力的尊重。”

然而，截至目前，现行国际文件虽多，但都只是涉及某些特殊类型的文化遗产，而非整体意义上的文化遗产，对文化遗产内涵的阐释也仅限于这些特殊类型的遗产，文化遗产的一般概念仍缺乏界定。

在我国相关的法律文件中，最初使用“文物”这一相对概念。根据《中国大百科全书》，“文物”是“由人类创造或者与人类活动有关的一切有价值的物质遗存的总称”。21世纪以来，随着国际上“文化遗产”使用频率的提高，我国也越来越多地以“文化遗产”来泛指原来的

“文物”等概念。2005 年 12 月，国务院发布的《关于加强文化遗产保护的通知》指出：“文化遗产包括物质文化遗产和非物质文化遗产。物质文化遗产是具有历史、艺术和科学价值的文物，包括古遗址、古墓葬、古建筑、石窟寺、石刻、壁画、近代现代重要史迹及代表性建筑等不可移动文物，历史上各时代的重要实物、艺术品、文献、手稿、图书资料等可移动文物；以及在建筑式样、分布均匀或与环境景色结合方面具有突出普遍价值的历史文化名城（街区、村镇）。非物质文化遗产是指各种以非物质形态存在的与群众生活密切相关、世代相承的传统文化表现形式，包括口头传统、传统表演艺术、民俗活动和礼仪与节庆、有关自然界和宇宙的民间传统知识和实践、传统手工艺技能等以及与上述传统文化表现形式相关的文化空间。”这是至今为止中国法律文件中对“文化遗产”概念的最权威、最明确的解释。

20 世纪 80 年代以来，随着各种涉水文化遗产成功地列入世界文化遗产，水文化遗产开始走进人们的视野并日益受到关注。1985 年，西班牙塞哥维亚旧城及其输水道和法国加尔桥成功列入世界文化遗产名录。此后，有将近 30 余处以水和水利工程为主体的文化遗产列入世界文化遗产名录，其中包括我国的四川都江堰文化遗产、云南三江并流自然遗产、杭州西湖、云南红河哈尼梯田文化景观和中国大运河文化遗产等。这种背景下，2011 年，水利部颁布《水文化建设规划纲要（2012—2020 年）》，明确提出将“加强水文化遗产的保护与利用”作为水文化建设的重点任务之一，水文化遗产保护与管理步入新的阶段。

都江堰宝瓶口

云南红河哈尼梯田

三、水文化遗产的内涵

水文化遗产具有以下两个特点：一是有些水文化遗产仍在发挥灌溉、防洪、排涝、供水、航运和环境改善等效益，是“在用的”“活着的”文化遗产；二是有些水文化遗产是具有自然属性的水体。水文化遗产内涵与外延的界定应充分考虑这一特点。

基于国内外关于“文化遗产”的概念，结合其涉水的特点，可以宽泛地讲，水文化遗产是人类社会承袭下来的与水有关的，或反映人与水关系的一切有价值的物质遗存，以及某一族群在识水、用水、治水和护水等过程中形成的能够反映其特殊生活生产方式、世代相传的传统文化表现形式，包括口头传统、传统表演艺术、民俗活动和礼仪与节庆、民间传统知识和实践、传统手工艺技能等以及与上述传统文化表现形式相关的文化空间，是物质水文化遗产和非物质水文化遗产的总和。

四、水文化遗产的分类

如前所述，遗产首先分为自然遗产和文化遗产，这已得到包括联合国教科文组织在内的国际社会的普遍认可。毫无疑问，水文化遗产应是文化遗产中的一部分。那些具有自然属性的水体中，有人工活动痕迹的，如运河、护城河等；或虽未遭遇人类干预，但其水体离开所在区域后被人类加以利用的，如泉、湖泊等，也应归于水文化遗产类别。

就文化遗产而言，目前，包括我国在内的大多数国家都将其分为物质文化遗产（日本等国称有形文化遗产）和非物质文化遗产（日本等国称无形文化遗产）。鉴于此，拟将水文化遗产首先分为物质水文化遗产和非物质水文化遗产两大类，并具体阐述如下。

（一）物质水文化遗产

物质水文化遗产，是指那些看得见、摸得着，具有具体形态的水文化遗产，又可以分为不可移动水文化遗产和可移动水文化遗产。

1. 不可移动水文化遗产

不可移动水文化遗产是指不可通过外力移动，且移动后会影响其价值的水文化遗产。

我国是典型的农业国家，历朝各代善治国者必善治水，由此形成数量众多、类型丰富且各具特色的水利工程与设施。这些水利工程与设施不仅在科学技术上拥有许多独特的创造，有的甚至代表了当时的世界水平，而且有力地促进了所在区域经济社会的发展和景观的提升。因而，不可移动水文化遗产中，以水利工程与设施最能全面系统地阐释和体现其科技、历史和艺术等综合价值，是不可移动水文化遗产的核心组成。基于此，将不可移动水文化遗产首先分为水利工程遗产与非水利工程遗产，两类遗产具体细分如下。

（1）水利工程与设施。水利工程指为了控制、调节和利用地表水和地下水以达到兴利除害目的而修建的各类工程。

水利工程与设施类文化遗产主要依据水利工程的分类标准分类。就单体水工建筑物而言，可按其作用分为：① 挡水建筑物如坝、闸和堤等；② 泄水建筑物，如溢洪道、泄洪隧洞等；③ 输水建筑物，如引水隧洞、放水涵管、渠道及渠系建筑物等；④ 取水建筑物，如取水塔、渠首进水闸等；⑤ 整治建筑物，如丁坝、顺坝等；⑥ 用于发电、船只过坝等的专门建筑物。现存大多数水文化遗产由若干不同类型、协同工作的水工建筑物组成，既可按其功能和结构分类，也可按其服务对象分类。为在分析水文化遗产现状时能更为清晰地反映其时空分布特征，本文采用按服务对象分类的方式。据此，水利工程与设施主要包括如下类型。

1）灌排工程。指为防止旱、涝、渍灾而兴建的水利工程。中国灌排工程起源久远，规模也十分宏大。由于地形和气候多种多样，水资源分布各具特点，中国灌排工程形式各异，丰富多彩。灌排工程遗产主要包括各历史时期修建的用以蓄水的水库和塘坝；从河流或湖泊引水的渠首工程如引水坝、进水闸等，或指从区外引调水的渠道及附属建筑物；从低处向高处送水的抽水站；灌区内各级渠道及其构筑物，如隧洞、渡槽、倒虹吸、跌水、涵洞、节制闸、分水闸等；退泄渠内多余水量的泄水闸、泄水道、退水闸和退水渠等。

宁夏唐徕渠

福建天宝陂

黄河石坝

黄河丁坝

2）防洪工程。指为控制、防御洪水以减免洪灾损失而兴建的工程。治河防洪是中国水利事业中最古老的一项内容，从传说中的大禹治水开始，中华民族在与洪水抗争的漫长历程中积累了丰富的经验，形成了丰富多样的防洪思想和技术，创造了规模宏大、完善配套的治河工程，这些都是水文化遗产的重要组成。主要包括各历史时期修建的堤防如河堤、湖堤、海堤、挡潮闸等；河道整治工程如控导工程、护岸工程和护滩工程等；分洪工程和水库等。

3）水运工程。指为确保运道畅通而兴建的水利工程。我国早在 2500 年前已有发达的水运交通，不仅开凿了纵横交错的平原水运网，且创造了翻山运河，创造了世界最长的人工运河，这些水运工程是我国古代水利科技成就的有力见证。主要包括各历史时期修建的港口、码头、渡口、航道、防波堤、护岸、船闸和船坞等海岸、近海或内河工程。

灵渠渠首工程

内蒙古牙克石中东铁路车站水塔

4）供排水工程。指为工业和生活用水服务、处理和排除污水和雨水而修建的城镇供水和排水工程。分为给水工程和排水工程。其中，给水工程指各历史时期修建的为居民和厂、矿、运输企业等供应生活、生产用水的工程。主要包括给水水源、取水构筑物如进水管、集水井和水泵房等，输水道、水厂和给水管网等。排水工程指各历史时期修建的为排除人类生活污水和生产中的各种废水、多余的地面水而兴建的工程。主要包括排水管系（或沟道）、废水处理厂和最终处理设施等。

扬州瘦西湖五亭桥

5）景观水利工程。指各历史时期于特定区域内为营造优美自然环境和游憩境域而兴建的水利工程。如承德避暑山庄河湖水系、北京昆明湖、杭州西湖和扬州瘦西湖等。

湖南紫鹊界梯田借田输水

石谷坊群

吉林丰满大坝

6）水土保持工程。指具有防治山区、丘陵区、风沙区水土流失，保护、改良与合理利用水土资源，建立良好生态环境等功能的工程。主要包括山坡防护工程，如梯田、水平沟、水平阶和鱼鳞坑等；山沟治理工程，如沟头防护工程、谷坊、拦沙坝和淤地坝等；山洪排导工程，如排导沟等；小型蓄水用水工程，如小型水库和引洪漫地等。

7）水力发电工程。主要为水电站，如云南石龙坝、吉林丰满发电站和西藏夺底沟水电站等。

8）渔业水利工程。指为保护和增进渔业生产而修建的水利工程。

桑基鱼塘

9）滩涂围垦工程。指为围海造田、满足工农业生产或交通运输需要而修建的水利工程，如江浙海塘、福建海堤等。

10）其他水利工程。主要包括为军事攻击与防御而修建的水利工程，如南北朝时期建于淮河干流上的浮山堰；环绕城市、宫殿、寺院等主要建筑以防止敌人和动物入侵的护城河，如北京紫禁城护城河等；依据中国传统风水而修建的水利工程等。

杭州古海塘及镇海塔

11）综合利用水利工程。指同时为防洪、灌溉、发电和航运等多种目标服务的水利工程。

12）提水机具和水力机械。中国在水利机械方面使用较早，发明众多，大体可分为两类：一是提水机具；二是水力机械。提水机具又可分为两类：一是利用各种机械原理设计的省力或既省力又能改变运动方向的提水机具，如辘轳、翻车等；二是直接利用水能本身来提水的机具，如水转翻车、筒车等。水力机械除上述水转翻车等提水工具外，还有用于农产品加工和手工业作坊的，如水碓、水碾、水磨、水排和水转纺车等。

13）水利设施。指附属于水利工程的各种设施，如水尺、救生桩、分水口（分水仪）等。

提水机具（河套灌区）

水转筒车（贵州）

（2）水利机构衙署。水利机构衙署主要指各级水行政主管部门的办公场所。级别较高的古代水利管理机构有江苏淮安漕运总督部院遗址、山东济宁河道总督部院公署，以及河北保定清河道衙门、江苏苏州太湖水利同知署等，近代水利管理机构如天津顺直水利委员会旧址。级别较低的如民国年间修建的水文测站等。

天津顺治水利委员会旧址

（3）水利人物居住场所。居住场所主要指各级水行政主管官员和著名治水人物长期或临时居住过的场所。如江苏淮安河道总督居所清宴园、浙江嘉兴近代水利专家汪胡桢故居等。

（4）涉水祭祀建筑。主要指用来祭祀各种水神、祭拜治水名人的寺、庙、观、祠、坛、塔等建筑。如全国各地用来祭祀龙王的龙王庙、河南武陟为求黄河安澜而建的嘉应观等。用来祭拜治水名人的如祭祀大禹的禹王庙、四川都江堰用来纪念李冰的伏龙观等。

江苏淮安清宴园

山西龙门禹王庙

（5）涉水交通设施。主要包括桥梁、渡口和码头等。

苏州垂虹桥原貌（1915 年）

（6）水利人物墓葬。水利人物墓葬指为纪念治水名人而为其修建的坟墓。如浙江省绍兴市的大禹陵、山西浑源县的清道光年间河东河道总督栗毓美墓、陕西省咸阳市泾阳县王桥镇泾惠渠畔的近代水利专家李仪祉陵园。

（7）水文化雕刻。水文化石刻壁画指镌刻有与水有关的文字、图案的碑碣等石制品或摩崖石刻等。如历代刻有大量记录治水、管水、颂功、奖约或经典治水文章等内容的碑石，各种镇水神兽如镇水铁牛、镇水石兽等，治水人物雕像如大禹汉代画像等。

（8）水利纪念物。水利纪念物指承载纪念意义、与水有关的建筑或地点等，如河南省郑州市的黄河博物馆遗址、花园口决堤遗址等。

荆江大堤上的水兽

黄河博物馆遗址

2. 可移动水文化遗产

可移动水文化遗产是相对于固定的水文化遗产而言的，他们既可伴随原生地存在，也可通过外力移动，且移动后其价值和性能不会发生改变。主要包括各历史时期重要的水文化实物、艺术品、文献、手稿、图书资料和治水历史纪念物残片等。可移动水文化遗产主要包括如下4个方面。

竹笼

（1）水文化实物，一方面包括具有历史价值的水利建设过程中所用各种河工器具如水尺、各种水工构件如杩槎等，以及近代水利科研仪器、设施设备，治水通讯工具，如黄河上的羊皮筏子等；另一方面包括著名治水人物所用物品，以及具有历史价值的重大水利工程建设过程中勘测、规划、设计、施工、管理等人员所用物品。

（2）水文化艺术品，主要包括含有水元素的陶器、瓷器、玉器、铜器等器物，以及含有水元素或者与水有关的绘画、雕塑、书法等作品。

（3）水利文献、手稿和图书资料。主要包括与水有关的古籍、舆图、信札、奏折、报刊、历史档案、会议记录、讲稿、决定、日记、笔记、合同文书、手稿、标语、题词、统计数据等。

（4）治水历史纪念物残片即治水历史纪念物的破碎残片。

大禹像（山东武氏祠汉代画像石拓）

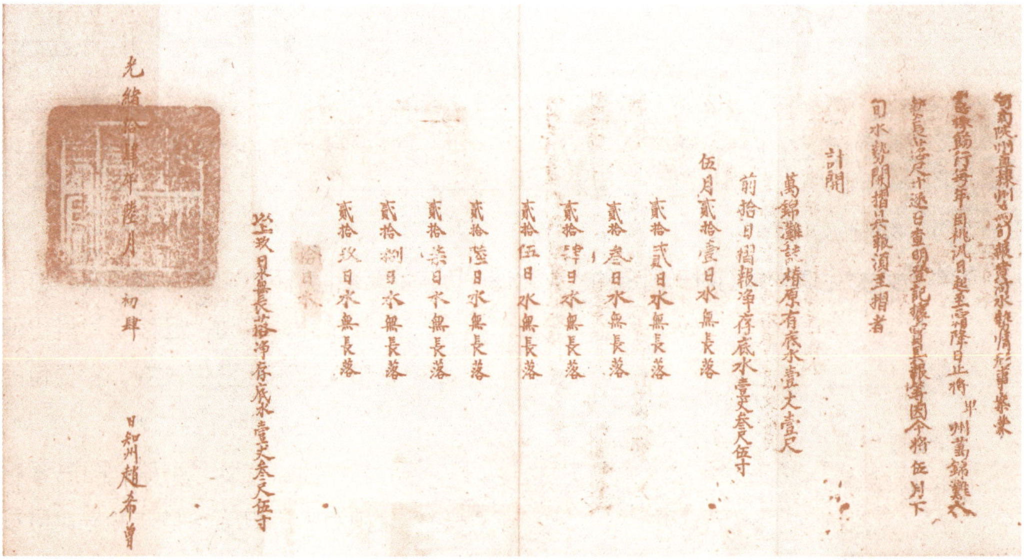

黄河报讯奏折

（二）非物质水文化遗产

非物质水文化遗产是指各群体世代相传并视为其水文化遗产组成部分的各种传统水文化表现形式，以及与传统水文化表现形式相关的实物和场所。笼统地说，它是一种包含了随时代迁移而容易湮没的水文化记忆，因而应加以重视。它主要包括以下六类。

（1）治水口头传统。如女娲补天神话，大禹治水传说、永定河传说，河伯娶妇故事，与水有关的歌谣与谚语等。

（2）传统水事活动表演形式。如川江号子、湖南澧水船工号子等；陕西蓝田普化水会音乐，山西文水鈲子，朝鲜族顶水舞等。

（3）传统水事活动、礼仪与节庆。如云南傣族泼水节、新疆塔吉克族引水节、四川都江堰放水节、赛龙舟、大禹祭典等。

烛龙戏水

（4）有关治水的传统知识与实践。如分水制度、水管理乡规民约等。

（5）传统治水工艺技能。包括提水机具和水力机械的制作技艺如拉萨甲米水磨坊制作技艺、兰州黄河大水车制作技艺，以及其他治水工艺如卷埽技术等。

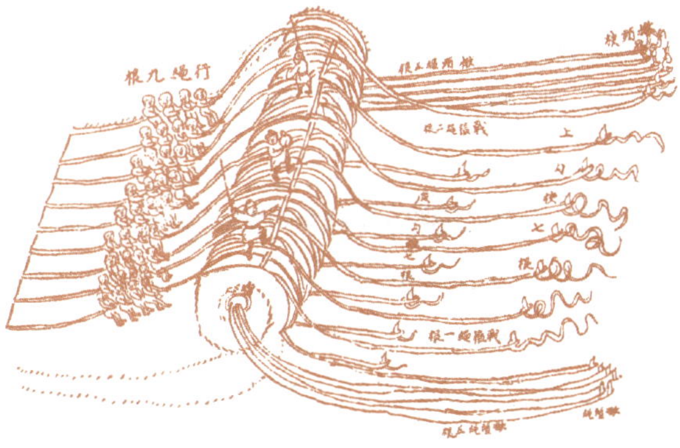

卷埽施工示意图

（6）与上述表现形式相关的文化空间。

第二节　水文化遗产现状及其面临的主要问题

随着水行政主管部门对水文化遗产的日益重视，为摸清水文化遗产的数量、分布、保护、使用和管理等方面的基本情况，水利部先后两次发文对全国范围内的水文化遗产进行调查。第一次是 2010 年水利部办公厅主持的关于在用古代水利工程与水利遗产的调查《关于开展在用古代水利工程与水利遗产调查工作的通知》（办规计〔2010〕11 号），此次调查重点为水文化遗产中仍在发挥效益的“在用的”古代水利工程；另一次是 2012 年 2 月水利部办公厅主持的关于水文化遗产的调查《关于开展水文化遗产调查工作的通知》（办秘〔2012〕22 号），第二次调查是在水利部颁布《水文化建设规划纲要》之后，调查范围不再局限于“在用的”古代水利工程，而是包括所有类型的水文化遗产。2009—2011 年，国家文物局开展第三次全国文物普查工作，将水文化遗产纳入其中。本章拟以水利部的两次调查结果为主要来源，辅以收集到的国家文物局第三次全国文物普查中及通过其他途径收集到的水文化遗产调查数据，对水文化遗产的时空分布特征、保护和使用现状及其面临的主要问题等进行总结分析。

一、调查分析基本情况

统计分析的范围为全国（不包括香港和台湾地区）不可移动的物质水文化遗产，时间下限为 1949 年。可移动的水文化遗产和非物质水文化遗产不在本文统计分析范围内。

为更清晰地了解水文化遗产的核心组成——水利工程的时空分布特征与我国自然条件和社会经济发展需求的相关关系，本文统计分析时，基于如下几方面的考虑。

（1）主要对水利工程与设施的时空分布特征进行统计分析，并按其功能分类，包括防洪工程、灌溉工程、水运工程、给排水工程、园林水利工程、水土保持工程、渔业水利工程、滩涂围垦工程、水力发电工程、综合利用工程、其他水利工程、水利机具与水力机械等类型。

（2）井泉池塘等虽是水利工程与设施的重要组成部分，但其现存数量几乎是其他类型水利工程与设施总数量的 10 倍，因而单独统计分析。

（3）一处水利工程与设施如有多种功能，按其主要功能算，不重复统计。

水文化遗产保存现状的统计分析主要基于以下两个方面的考虑。

（1）以真实性、完整性、延续性为基本标准进行判断，分为较好、残存、损毁和不详四种情况。

1）真实性。真实性表现在该水利遗产本身或体系中的各部分是否仍为某个特定时期兴建，评价因子如下：本体是否保存了原有的布局、结构、材料等历史信息；是否维持了典型时期的特征。

2）完整性。完整性对于单个水利遗产主要指其材料、形态和结构等外观的完整性或构件的缺损程度，对于体系主要指体系中的部分是否全部存在、功能是否完善、整个体系功能是否完善等，评价因子如下：本体是否完好；本体的附属设施是否完整；功能是否保持，或者发生了演变但保留了原有功能。

3）延续性。延续性一是评价水利遗产的外观和功能变化情况，是否仍沿用其最初的外观形式和功能，以及沿用和保存的时间长短等。主要选用功能的维系时间长短进行评价。

（2）以使用性为基本标准进行判断，分为在用和非在用两种情况。

数据统计分析过程中，考虑到水文化遗产中既有单一工程或建筑，也有工程体系或建筑群，因而统一以“处”为计量单位。那些位于同一分布范围内，具有同一性质或内在联系，且没有自然地理因素分割的各类水文化遗产体系，按一处整体遗产计量。

本次水文化遗产调查结果见表 7-1 ~表 7-4。

表 7-1　　全国各地各类水文化遗产分布情况表　　单位：处

地点	水利工程与设施	井泉池塘	水利机构衙署	水利人物居住场所	涉水祭祀建筑	涉水交通设施	水利人物墓葬	水文化石刻	纪念物中心与设施	合计
北京	43	44	6		90	71		42		296
天津	28	14	1		1	19				63
河北	51	141			366	307				865
山西	41	290			1291	338	1	2		1963
内蒙古	39	18			17	1				75
辽宁	52	89	1		50	35				227
吉林	32	15			5	6				58
黑龙江	42	5			6	10				63
上海	12	19	1		1	436				469
江苏	285	1726	3	1	9	1161		3		3188
浙江	392	2223	1	1	66	5931		3		8617
安徽	55	1318			7	1235				2615
福建	88	1220			11	1987		6		3312
江西	97	1873			11	3145				5126
山东	74	483			34	431				1022
河南	175	2431			222	1035		10	1	3874
湖北	186	1078			12	1726		5		3007
湖南	39	345			7	2004		3		2398

续表

地点	水利工程与设施	井泉池塘	水利机构衙署	水利人物居住场所	涉水祭祀建筑	涉水交通设施	水利人物墓葬	水文化石刻	纪念物中心与设施	合计
广东	115	1665	1		5	3261		4		5051
广西	58	242	1		2	1025		2		1330
海南	11	250			1	50		1		313
重庆	31	353			9	1438		4		1835
四川	160	1509			17	3575		5		5266
贵州	67	849			13	1428		1		2358
云南	117	196	1		36	726		8		1084
西藏						9				9
陕西	101	182	1		398	296	1	5		984
甘肃	74	19	1		32	33		3		162
青海	7	1			11	5				24
宁夏	40	29			21	11		1		102
新疆	825					1				826
合计	3337	18627	18	2	2751	31736	2	108	1	56582

表 7-2　全国各地各类水利工程与设施分布情况表　单位：处

地点	防洪工程	灌溉工程	水运工程	城市水利工程	景观水利工程	给排水工程	水土保持工程	水力发电工程	提水机具和水力机械	其他水利工程	合计
北京	14	7	9		4	8				1	43
天津	5	1	7			15					28
河北	19	15	9		1	4			3		51
山西	8	28	1	2		2					41
内蒙古	4	10				25					39
辽宁	7	12	1	2		29		1			52
吉林	1	12	1			16		2			32
黑龙江	2	21	2			15		2			42
上海	7		1	4							12
江苏	83	63	85	35		16				3	285
浙江	69	234	37	4	8	30		1	4	5	392
安徽	6	36	8	2	1				1	1	55
福建	8	63	1	3	1	8	1		1	2	88
江西	11	84	1		1						97

续表

地点	防洪工程	灌溉工程	水运工程	城市水利工程	景观水利工程	给排水工程	水土保持工程	水力发电工程	提水机具和水力机械	其他水利工程	合计
山东	26	5	35	2		5				1	74
河南	67	63	25	3	2	4	1	1	3	6	175
湖北	21	152	1			7		1		4	186
湖南	12	23	2			1			1		39
广东	22	81	2	3		5			1	1	115
广西	6	38	7	1	1	2			2	1	58
海南	1	10									11
重庆	2	18	2		1	4		2	2		31
四川	3	141	4	1		2		6	3		160
贵州	4	52			1	2			7	1	67
云南	1	99				6		1	4	5	117
西藏											
陕西	1	85	4			3	1		5	2	101
甘肃	5	66				1			2		74
青海	2	2							3		7
宁夏		37							3		40
新疆		823							2		825
合计	417	2281	245	6547	20	225	3	17	47	32	3337

表 7-3　　全国各地水利工程与设施时间分布情况表　　单位：处

地点	春秋战国	秦汉	三国两晋南北朝	隋唐五代	宋辽金	元	明	清	近代	不详
北京		1			6	6	4	11	8	7
天津					1			9	18	
河北		4		2	5		10	16	14	2
山西	2			2	1	1	8	16	11	
内蒙古		3						19	17	
辽宁	1						3	6	41	1
吉林				1	2				29	
黑龙江					1			3	38	
上海					1	2	1	8		
江苏	3	8	7	23	32	4	47	134	27	

续表

地点	春秋战国	秦汉	三国两晋南北朝	隋唐五代	宋辽金	元	明	清	近代	不详
浙江	3	6	6	24	35	15	77	187	35	
安徽	2	3	4	7	7		15	13	4	
福建				8	22	2	20	34	2	
江西			1	3	3	2	23	55	10	
山东	1	2	1	2	5	14	20	21	8	
河南	8	23		18	8	6	29	49	34	
湖北	2	1	10	2	6	1	19	125	20	
湖南				2	2	3	5	21	6	
广东		2	1		12		12	61	27	
广西		2		4	2	1	9	29	11	
海南				1			5	2	3	
重庆					1		4	16	10	
四川		5		2	2		20	98	33	
贵州				1		1	13	37	15	
云南		1	1	1		4	30	55	24	
西藏										
陕西	2	17		1	4	2	4	45	26	
甘肃		17	2	4	3	1	17	23	7	
青海				1			1	1	4	
宁夏		15		1	5		6	11	2	
新疆	3	3	1	3	9	16	50	740		
合计	27	113	34	113	175	81	452	1845	484	10

表 7-4　全国各地水利工程与设施保存与使用状况情况表　单位：处

地点	较好	残存	损毁	不详	在用较好	在用残存	在用损毁
北京	14	21		8	4	2	
天津	22	5	1		20	2	
河北	14	7	30		7	5	
山西	21	15	3	2	9	4	
内蒙古	32	7			22	2	
辽宁	33	17	2		17		
吉林	22	9	1		11		

续表

地点	较好	残存	损毁	不详	在用较好	在用残存	在用损毁
黑龙江	17	24	1		8	2	
上海	3	7	2		2	1	
江苏	117	156	12		48	67	
浙江	223	168	1		124	42	
安徽	29	26			15	11	
福建	53	34	1		34	12	
江西	19	76	2		7	42	
山东	27	46	1		14	2	
河南	69	94	12		21	17	
湖北	102	81	3		34	17	
湖南	25	13	1		7	2	
广东	52	63			26	24	
广西	34	24			12	9	
海南	7	4			4	2	
重庆	17	14			9	7	
四川	77	82	1		38	37	
贵州	27	35	4	1	19	11	
云南	57	57	2		37	27	
西藏							
陕西	42	50	9		27	15	
甘肃	41	32	1		27	6	
青海	4	3			1	1	
宁夏	29	11			23	8	
新疆	216	607	2		191	154	
合计	1445	1788	92	11	818	531	0

二、现状分析

据本次不完全调查统计，我国现存水文化遗产 56582 处。

按类型统计，水利工程与设施共计 3337 处，井泉池塘 18627 处，水利机构衙署 18 处，水利人物居住场所 2 处，涉水祭祀建筑 2751 处，涉水交通设施 31736 处，水利人物墓葬 2 处，水文化石刻 108 处，纪念物中心与设施 1 处。很明显，水利工程与设施、井泉池塘、桥梁码头和渡口等涉水交通设施，以及涉水祭祀建筑等的数量相对较多，而水利机构衙署、水利人物居住场所、石刻和纪念物等较少。

按省份统计，浙江省最多，共 8617 处，占总数量的 12.5%。超过 5000 处的省份有三个：四川 5266 处，江西 5126 处，广东 5051 处。超过 3000 处的省份有江苏、福建、河南、湖北、广东等 5 省。超过 1000 处但小于 3000 处的有山西、安徽、山东、广西、重庆、贵州、云南等 7 省（自治区、直辖市）。其余各省水文化遗产数量均低于 1000 处。

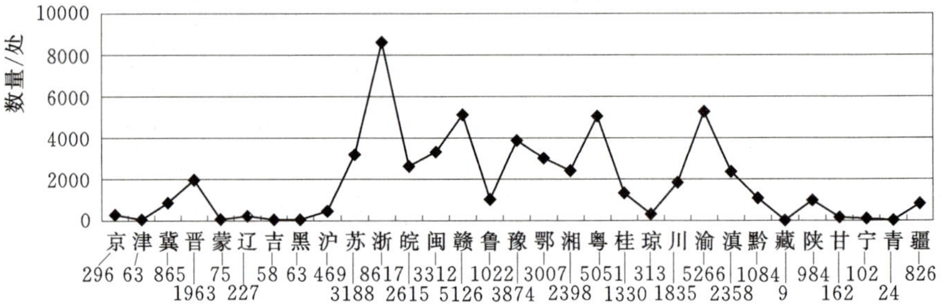

全国各省（自治区、直辖市）水文化遗产数量分布

（一）水利工程与设施现状

据本次不完全调查统计，水利工程与设施共计 3336 处。

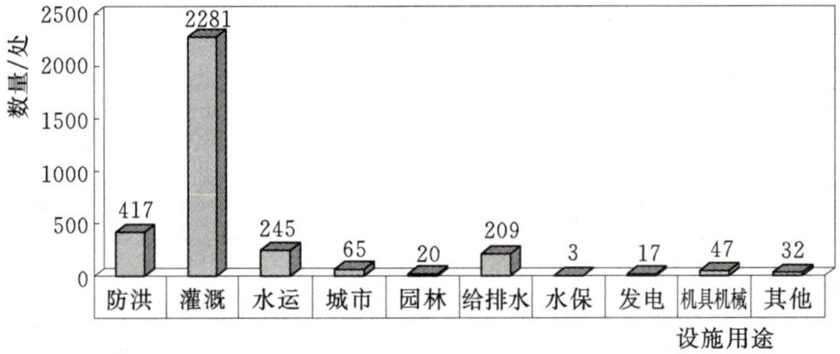

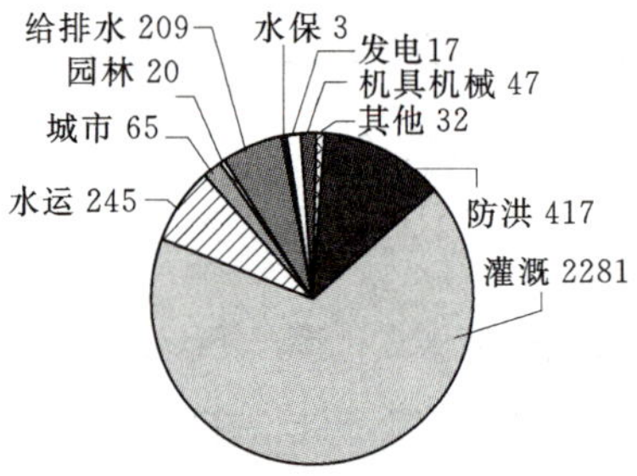

水利工程与设施数量分布图

按类型统计，防洪工程 417 处，灌溉工程 2281 处，水运工程 245 处，城市水利工程 65 处，景观水利工程 20 处，给排水工程 209 处，水土保持工程 3 处，水力发电工程 17 处，提水机具与水利机械 47 处，其他工程与设施 32 处。

其中，新疆最多，共计 826 处，但类型比较单一，主要为坎儿井及其输水渠道和涝坝等。其次是浙江省，共 392 处；再次为江苏，共 285 处。这三个省占总数量的 45%。在 100 ~ 200 处之间的，有河南、湖北、广东、四川、云南和陕西等 6 个省。其余各省水利工程数量均不到 100 处。

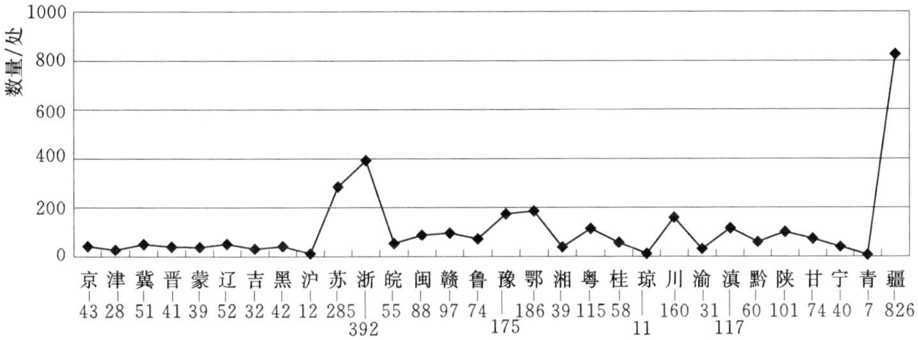

全国各省（自治区、直辖市）水利工程与设施数量分布

按始建时间统计，现存水利工程与设施中元明清时期兴建的最多，共 2387 处，占总数量的 71.5%；其次是近代，共 484 处，占 14.5%；再次是宋辽金时期，共 175 处，占 5%。其余春秋战国时期 27 处，秦汉时期 113 处，魏晋南北朝时期 34 处，隋唐五代时期 113 处，另有 10 处创建年代不详，有待进一步考证。

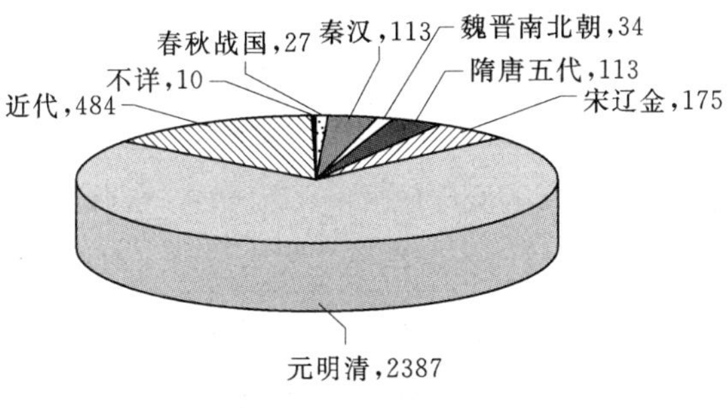

古近代水利工程始建年代分布

按保护与利用现状统计，保存较好的水利工程与设施共计 1445 处，其中，818 处仍在发挥效益，占保存较好的水利工程总量的 57%；残存的共计 1788 处，其中 531 处仍在发挥效益，占具有残存的水利工程与设施的 30%；损毁的 92 处。该调查结果显示，无论是保存较好的，还是具有残存的水利工程与设施中，都有仍在发挥效益的，且所占比重很大。

各类水利工程与设施的时空分布特征如下。

1. 灌溉工程

本次不完全调查结果显示，水利工程与设施中，灌溉工程数量最多，共 2281 处。其中，新疆最多，为 823 处；其次为浙江省，共 234 处；其次为湖北、四川、云南、广东和陕西，分别为 152 处、141 处、99 处、85 处和 81 处。

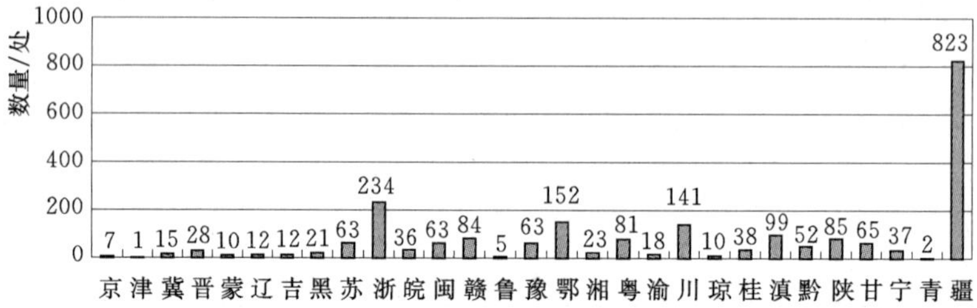

灌溉工程区域分布情况

现存灌溉工程类遗产的时空分布特点清晰地展现出，在自然和社会因素的共同作用下，中国古代灌溉工程具有显著的区域性和时代性。现存灌溉工程类遗产主要有 5 种类型：大型引水灌溉工程、陂塘堰坝工程、塘浦圩田工程、拒咸蓄淡工程和坎儿井工程。各类灌溉工程的时空分布特点如下。

（1）陂塘堰坝工程。本次调查结果显示，全国的灌溉工程中，小型陂塘堰坝工程数量最多。其特征如下：①主要分布于华东地区的浙江、江西、福建，以及中南地区的云南、四川、湖北和广东等省的村镇，大多集中于长江和淮河流域。浙江省的灌溉工程大多为小型堰塘，主要分布于钱塘江和曹娥江等流域；云南省的小型堰坝多称之为“海”，如品甸海、麻拉海、许长海、吴大海、先锋海等，主要分布于怒江、金沙江、大盈江、南盘江、澜沧江、滇池等流域；江西省的主要位于鄱阳湖流域；四川省的灌溉工程占该省水利工程总数量的 88%，主要为小型堰坝，分布于青衣江、大渡河、安昌河、潼江、盘江、涪江、绵远河等水系。另外，在汉水和淮河汝水一带的低丘地区，还有一种“长藤结瓜”工程，如鸿隙陂、六门碣等，他们利用陂渠串联，形成“长藤结瓜”式水库群，以有效利用库容，进行蓄泄调节；②陂塘工程始建于春秋时期，兴起于东汉。东汉建都洛阳，南阳地区陂塘工程开始兴起。此后直至隋末，这 600 年间是陂塘堰坝工程的发展时期。汝南陂塘、淮河流域陂塘，以及江南地区的鉴湖、东钱湖等大批水库蓄水灌溉工程纷纷兴建。明清时期，再次掀起建设高潮。本次调查所得陂塘堰坝大多为明清时期所建。他们有的拥有几十、几百年甚至上千年历史，且大多仍在发挥效益，是中国 2000 年来农村水利建设发展历程的有力见证；③现存陂塘堰坝中，有许多仍在发挥效益。但目前他们大多由县、乡等地方政府和村集体管理，由于缺乏经费支持和统一管理，大多面临年久失修的威胁。唯一例外的是四川省，其小型堰坝几乎全部由水利部门统一管理，因而较多得以保存且至今仍在发挥效益。

（2）大型引水灌溉工程。大型引水灌溉工程的分布范围较广，中南地区的都江堰、华北地区的陕西郑国渠、河北引漳十二渠等，以及内蒙古河套古灌区、宁夏古灌区、安徽芍陂、新疆古灌区等都是著名的大型引水灌溉工程。此类工程自春秋战国时期即得到发展，由于效益较高，历史时期一直得到良好的维护或改建，至今仍在发挥巨大的效益。

（3）塘浦圩田。塘浦圩田是湖区水利的特殊灌溉工程类型，主要包括太湖地区的塘浦工程、江南地区的圩田，洞庭湖和鄱阳湖地区的圩垸工程，以及珠江三角洲的基围。如本次调查江苏有相国圩、永丰圩、茅家圩等接近 40 处，大多数虽有残存，但都在发挥效益。浙江织里溇港圩田系统，广东肇庆市景福围、鹤山市沙坪河沿线越塘围、铁围、大埠围、独岗围和罗江围等防洪五围等。塘浦工程起源于唐宋时期，当时由于北方黄淮流域连年战争，南方相对稳定，北方人口大量南迁，并带来先进的技术，南方湖区水利迅速发展，长江和太湖流域成为中国的基本经济区之一。在湖区水利建设过程中，以太湖、鄱阳湖和洞庭湖滨湖各地的塘浦圩田工程最为著名。明清时期，长江流域水利得到进一步的开发。他们是历史时期湖区和滨江地区水利发展历程的有力见证，并在当时经济社会发展中发挥了重大作用。目前，这些传统水利工程仍在发挥效益。

（4）拒咸蓄淡工程。拒咸蓄淡工程是另一种特殊灌溉工程，位于东南沿海平原地区。它是为防止河流被海水咸潮倒灌而产生的。通过修建闸坝，拦蓄入海河道下泄的淡水，同时阻止海水咸潮的倒灌上溯。该类工程形式最迟起源于唐代，宋代以后迅速发展。其中，具有代表性的工程为浙江宁波的它山堰和福建莆田的木兰陂，这两个工程保存至今，且仍在发挥效益。

（5）坎儿井工程。坎儿井工程主要分布于新疆哈密和吐鲁番地区，它是内陆河沙漠地区的典型灌溉形式。本次调查所得，除湟渠等，新疆灌溉工程基本都是坎儿井，共 823 处。其中，仍然有水且在发挥效益的仅 345 处，尚不到现存总数量的一半。主要原因在于近年来，随着吐哈盆地工农业生产的快速发展，地表水超引，地下水超采，区域地下水位下降，使得坎儿井补给水量逐年减少，严重影响了其出水量，加上年久失修，大量干涸。

2. 防洪工程

本次调查所得防洪工程共 417 处，主要分布于黄河、长江、淮河、海河、钱塘江和珠江等流域。其中，江苏省最多，共 83 处。其次是浙江、河南和山东三省，分别为 69、67 和 26 处，其余省份均在 20 处以下，西藏和青海等地无。

治河防洪是中国水利事业的古老内容之一。古代防洪工程中，堤防是最主要的手段。自堤防产生以来，历代兴筑不已，规模越来越大，并遍及全国主要江河。黄河大堤、长江大堤、永定河大堤、淮河大堤、珠江大堤等相继出现。由于河流自然特性的差异和经济社会发展的需求不同，各主要江河堤防工程的出现与发展过程并不一致。此外，历史时期，还产生许多其他类型的防洪工程。

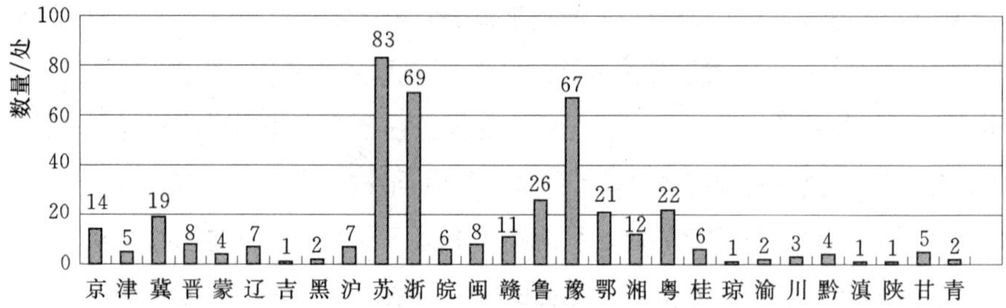

防洪工程区域分布情况

黄河流域堤防工程是各大江河堤防工程中规模最大、最为完备的工程体系。鲧障洪水至西周是初创期；战国时期，黄河下游齐赵魏等诸侯国开始出现规格、堤距皆不同的堤防。秦汉时期，对各诸侯国的堤防进行统一整治，许多河段改建成石工。北宋时期，埽工和堵口工程技术逐渐成熟。南宋建炎二年（1128年）黄河南徙夺淮后，为固定下游河槽，实行“束水攻沙”方略，明后期开始在徐州以下黄河两岸修建堤防，经过两百多年的努力，形成黄河下游系统堤防，即今天的明清黄河故道。另外，为实施“蓄清刷黄”策略，在今江苏淮安码头镇建洪泽湖－清口水利枢纽，它是黄河夺淮期间综合治理黄淮运的重要水利枢纽，形成的洪泽湖大堤长67.25km，是中国古代最大的砌石堰坝，包含大堤、二河、三河、老三河、草泽河、浔河等泄水渠，以及铁牛、康熙、乾隆御笔治河碑刻。

长江干流及其支流荆江和汉江等水系是华中和华东地区防洪工程集中的所在之一。长江的防洪问题自西汉时期已开始出现，那时襄阳附近开始修建堤防。此后，荆江段和汉水中下游成为历代防洪重点。东晋桓温开始创建荆江万城堤；唐代后荆江和汉江等支流上的堤防逐渐增多，往往与圩垸堤岸连成一片。明初开始在今武汉市筑堤，至明末武汉三镇基本形成系统堤防，清代进一步巩固。清代中期后，长江中下游干支流堤防系统逐渐完成。调查所得湖北省武汉市洪山区的武惠堤、武金堤，汉阳区的张之洞矶头，江岸区的张公堤，武昌区的月亮湾险工、黄花矶险工、红庙矶等大多位于长江干流及其支流汉水上。仙桃市的汉江右堤、复兴矶，潜江市的红军堤则位于汉水流域。这些防洪工程中，有的至今仍在发挥效益。

海河流域的永定河水系防洪工程创建于辽金时期，清康熙中期开始对永定河进行大规模整治，建成系统堤防，如十八蹬堤防。本次调查所得河北涿州市金门闸是永定河上著名的分水闸。承德市武烈河清坝则是滦河流域的著名防洪工程，至今仍在保护避暑山庄和承德市的安全。

珠江流域防洪堤防工程始建于宋代，珠江水系东、西、北江缺乏湖泊调蓄，下游三角洲平原易受洪水威胁，因于两岸修建堤围保护农田，临江一面即是珠江防洪堤。本次调查所得莆田市南北洋海堤、莆田镇海堤等都是现存防洪工程。

3. 水运工程

本次调查所得水运工程共计245处，主要为分布在京杭运河、通济渠和永济渠沿线，陕西、山西等省的黄河沿线，以及东北三省和广西等地的运河沿线。

4. 给排水工程

本次调查所得的给排水工程 209 处，主要为水源地、引水渠、水塔等工程，分布于 16 个省（自治区、直辖市）。除浙江 30 处外，东三省地区和内蒙古总体最多，如辽宁 29 处，吉林 16 处，黑龙江 15 处，内蒙古 25 处，大多为近代时期侵华日军和俄国修建的。

5. 城市与园林水利工程

城市水利工程 65 项，园林水利工程 20 处。城市水利中主要包括河湖水系、护城河、城濠、防洪墙等工程，园林水利主要包括城乡为提升景观而建的水利工程。

城市水利工程中，江苏省最多，共 35 处，主要为南京市城河水系，包括内秦淮河、南河、珍珠河、玉带河、杨吴城濠、玄武湖、莫愁湖和东水关等，始建时间自秦汉至明代不等，他们不仅是南京市的河湖水系，也是城市发展的重要支撑。

园林水利主要集中于北京和河北承德。北京市的城市水利，兼具园林水利功能，主要包括昆明湖和北海等，这些工程在元代京杭运河全线贯通后是通惠河的水源工程，明清时期成为皇家园囿，目前是北京城市河湖水系的主要构成，对 600 年来北京城市的发展产生了重要的影响。

6. 水力发电工程

本次调查所得水力发电工程共计 17 处，全部为近代所建。其中，四川、重庆的小型水电工程较多，共 8 处。另外，云南石龙坝是我国最早修建的水电站。

7. 提水机具和水力机械

本次调查所得的提水机具和水力机械共计 47 处，大多为水碾、水磨、水车遗址。

总之，由于中国自然条件和社会经济发展需求的不同，使得各个历史时期的水利建设类型各异，地域性、时代性显著，且数量众多。如北方多沙河流善淤、善决和善徙，水灾不断，历代重视治河防洪问题，防洪工程是其代表性工程。西北多为干旱地区，农田水利历代都有开发，以引河水的渠系灌溉为主。东南沿海多为拒咸蓄淡工程，海塘、海堤长达千余里。长江流域湖泊区则多为水网圩垸工程。淮河、汉水流域位于南北交界处，多为渠塘结合的灌溉方式。南方多丘陵山区，以塘堰为主。中国水利工程的这一特征，从本次调查分析中可窥见其大致。

（二）井泉池塘

井泉池塘是水利工程与设施的重要组成部分，但由于本次调查所得数量相对较多，因而单独进行统计分析。在 18627 处井泉池塘中，井的数量最多，共 17730 处，占总数量的 95.2%。泉 801 处，其余为池或塘。其中一些新石器时代的古井遗址，是我国早期井灌工程技术的有力见证。

（三）涉水祭祀建筑

涉水祭祀建筑共计 2751 处，主要包括如下几个方面：①数量最多的为龙王庙，共计 2439 处，占总数量的 88.7%。因为古人相信龙掌管“兴云布雨”事宜，所以我国农业地区大多建有龙王庙；②禹王庙，共计 74 处，多用来祭祀大禹并传承其无私奉献的治水精神；③祭祀各大江河河神的建筑，如永定河河神庙等；④纪念著名治水人物的祠堂等，如都江堰二龙庙等。这些涉水祭祀建筑中，保存较好的共计 763 处，占总数量的 28%。

（四）涉水交通设施

涉水交通设施共计 31736 处，是本次调查中数量最多的类型。主要包括如下几个方面：①桥梁，共计 28152 处，占总数量的 88.7%。其中，浙江最多，为 5931 处；其次是四川、广东和江西，分别为 3575 处、3261 处和 3145 处；②码头，792 处；③渡口，273 处。这些涉水交通设施，保存较好的为 13111 处，占总数量的 41.3%。

（五）其他

由于各种原因，本次调查中，有关水利机构衙署、水利人物墓葬、水利人物居住场所、水文化石刻、水利纪念物中心与设施数量都较少，有待补充完善。

三、主要问题

（一）水文化遗产面临各种破坏威胁

水文化遗产的保护迄今只在有限的点上展开，这与我国水文化遗产数量众多的现象极为不符。水文化遗产大多分布于野外，受自然界风霜雪雨的侵蚀，不利于保存和传承。近年来，随着区域经济和城镇化的发展，人为建设性破坏也加快了水文化遗产破坏甚至消失的速度。因而，水文化遗产破坏因素主要包括自然和人为两个方面。

自然因素对水文化遗产的破坏主要有两种：一是引起剧烈损害的自然灾害，如地震、洪水、海啸、雷击和火灾等，其对水文化遗产造成的破坏往往重大且难以预防；二是自然环境和生物的破坏，如气候剧烈变化、风蚀、水蚀、摩擦、光辐射、空气污染、虫蛀鼠咬、霉菌等引起的渐变。这种破坏作用虽缓慢进行，但日积月累，破坏程度也不能低估。与前者相比，通过采取有效的保护措施，这种破坏作用的速度是可以控制的。

人为损害因素主要包括如下四个方面。

1. 城市化过程中对水文化遗产的影响

近年来，在快速的城市更新改造和开发建设过程中，水文化遗产保护因未能像古建筑、历史文化街区等文化遗产那样纳入城市规划中，致使其大量被改建、拆除、挤占或填埋，遗产本体及其历史环境都遭到程度不同的破坏，形成所谓的建设性破坏。如北京的河湖水系是经过元明清三代不断建设完善而形成的，是城市景观的重要组成部分。然而在二十世纪五六十年代的城市建设中，护城河加盖的长度超过总长的 2/3；通惠河局部河段河道被盲目加宽，河堤被加高，不仅增加了河道置换水量和蒸发损失，且使区间雨水难以汇入；而城区湖泊湿地被填埋或挤占的结果是导致城市失去蓄滞洪水的场所，最近几年逢雨必涝。安徽广德县护城河兼具军事防御和防洪排涝等功能，由于覆盖严重，导致内涝不畅、河道淤积等结果。四川绵阳市一些渠道因城市发展的需要被封盖多处，导致维护难度增大。

2. 经济发展过程中对水文化遗产的影响

近年来，随着区域经济的快速发展，大量水文化遗产遭到程度不同的破坏，甚至消失。更令人担忧的是，一些拥有悠久历史且至今仍在发挥效益的水利工程，正在区域经济发展的浪潮中由“活着的”遗产逐渐变为“历史遗迹”。如山西太原晋祠引泉工程曾经是太原地区拥有近千年历史的水利工程，是该区工农业生产和城乡供水的基础设施。但是，自 1960 年代开始，由于在晋祠泉域范围内大量开发工农业井群，在泉域内采煤排水，使晋泉的补给系统遭到严重破坏，导致晋祠地区的天然环境严重恶化，区域经济可持续发展失去水资源保障。浙江丽水通济堰始建于南宋，至今保存完好且仍在发挥效益。2006 年浙江丽水市在通济堰核心区兴建工业园区，使其水利系统遭到严重破坏，3000 多亩优质农田灌溉保证率降低。河南禹州古水堨原长 10km，因公路建设和农田开垦，今仅存局部夯土堤。

新疆吐鲁番、哈密地区的坎儿井在吐哈盆地 2000 多年的发展过程中，已成为当地人民生产、生活、生态环境保护和人文形态中不可缺少的部分，形成了独特的绿洲文化。目前坎儿井出水量占总水量的 12%以上，控制灌溉面积 13.75 万亩，有约 5 万人、10 万头牲畜饮用坎儿井水，另有 7 万多亩生态区依靠坎儿井生存。另外，大量坎儿井的冬闲水汇入艾丁湖，对保持艾丁湖的自然生态平衡也起到了相当大的作用。近年来，随着吐哈盆地工农业生产的快速发展，地表水超引，地下水超采，区域地下水位下降，使得坎儿井补给水量逐年减少，加之没有维修保护资金，年久失修，严重影响了坎儿井的出水量。据统计，吐鲁番盆地的坎儿井已从 1957 年的 1237 条下降到 2003 年的 404 条；2009 年剩下 243 条；哈密地区坎儿井从 1943 年的 495 条下降到 2003 年的 195 条，2009 年剩下 161 条，可见坎儿井后期的消亡速度惊人，对坎儿井的保护已迫在眉睫。

3. 保护措施不当而导致的破坏

近年来，在对一些水文化遗产尤其是仍然在用的古代水利工程的保护过程中，由于专业缺乏或调查研究不充分等原因，也会因操作不当而导致程度不同的破坏。

4. 管理不善或年久失修破坏

调查过程中发现，那些位于村镇的小型堰坝陂塘等工程主要由村镇集体管理，无固定经费，由于年久失修，大多面临程度不同的破坏威胁。如水利部 2010 年的调查统计中，福建共有陂塘堰坝 18 处，因年久失修而存在各种问题的有 9 处，占 50%。湖北省堰坝 11 处，全部存在年久失修、堰体部分垮塌或渗漏严重、渠道老化等问题，有的甚至完全破损，无法利用。广东省陂塘 9 处，除 1 处保存状况不详外，其余 8 处全部由于年久失修而存在程度不同的损坏。

在广大的农村，凡是拥有至今仍在发挥效益的古代水利工程的地方，往往也是自然环境维持较好的地区。然而，长期以来，由于缺乏维护资金，许多水文化遗产遭到程度不同的破坏，一些水文化遗产尤其是适合区域自然特点、河流特性的在用古代水利工程正濒临消失，这往往使得所在区域的生态、景观和文化形态等发生蜕化。科学保护与合理利用水文化遗产已刻不容缓。

（二）法律保障体系有待完善

我国现行的文化遗产法律保障体系中，无论是《中华人民共和国文物保护法》（以下简称《文物保护法》），还是水利、文物等部门法规政策中，都缺少针对水文化遗产保护的专门规定。目前以《文物保护法》为核心的法律体系，对文化遗产主要采取“指定”保护制度，导致许多现实问题难以得到妥善解决。这主要体现在如下两个方面。

（1）对文化遗产采用“冻结式”的保护方法，难以满足涉水文化遗产保护的需求。文化遗产是前人留给我们的具有历史、文化价值的遗产，科学地加以保护与传承是我们的责任与使命。然而，水文化遗产中有些是“在用的”“活着的”文化遗产，对他们的管理，既不应等同于普通的水利工程，也应有异于一般意义上的文化遗产。应综合考虑其历史与现在，将保护与利用有机结合起来，从而使其得以永续利用，持续为所在区域经济社会的发展和环境的改善发挥作用。但是目前这些“在用的”古代水利工程的管理主要涉及水利、交通、城建和文物等部门，尤其是水利和文物两个部门，各部门都没有针对水文化遗产的法规政策。文物部门主要依据《文物保护法》来管理，该法强调对文物的修缮、保养和迁移等“必须遵守不改变文物原状的原则”，这种仅强调“保护”而限制“利用”的理念，可能导致许多“在用的”古代水利工程因无法按要求修缮保养而由“活”遗产变成“死”遗产；而水利部门相关法规规范的建立健全又相对滞后，从而使许多“在用的”的水利工程无法按照文化遗产保护的要求进行管理。

（2）文化遗产保护对象和范围仅限于“国宝”“精英”类遗产，导致大量文化遗产得不到应有的重视与保护。根据现行的法律法规，文化遗产的保护对象和范围仅限于那些列入国家级、省级、区级和县级保护名录的文化遗产，类型也仅限于目前国家文物部门公布的“文物”种类，这使得大量在此范围和种类之外的文化遗产，尤其是那些与我们日常生产生活息息相关的文化遗产逐渐被忽视、被遗忘，在区域经济和城市化的迅猛发展中被有意无意地破坏，甚至消失。水文化遗产便是其中的典型。

就水文化遗产保护行业标准与规范而言，截至目前，无论文物部门，还是水利部门，都缺乏针对水文化遗产保护与管理的标准或规范，这导致许多有价值的水文化遗产因难以得到切实有效的保护而逐渐受损甚至消失。

（三）管理体制机制有待完善

水文化遗产具有多种功能和服务对象的特点，使其保护工作涉及多个部门，这可能导致如下两个方面的问题：一是各部门基于不同的管理目标而制定的管理制度可能存在冲突和矛盾之处；二是各部门之间缺乏紧密衔接，甚至相互推诿掣肘。

水文化遗产中“在用的”古代水利工程，根据其功能和服务对象的不同可能涉及水利、交通、城建、文保和地方政府等，整合相关部门的力量，加强相互间的协调配合，方能对水文化遗产保护过程中遇到的问题进行综合协调解决。目前，在用的古代水利工程中，列入世界文化遗产的有中国大运河、西湖和哈尼梯田等；列入国务院公布的全国重点文物保护单位的，前六批共 80 余处，第七批达 100 余处。这些在用的水文化遗产在管理上分属水利、交通、文保、城建和地方政府等部门，这使其面临各部门尤其是水利与文保部门协调管理的挑战。

目前相当数量的仍在发挥作用的小型水利工程属于乡镇政府或村委会管理。由于农村土地所有制的改变，基层公共工程管理缺失，使这类水利工程处于自生自灭的状态。如贵州安顺地区在明初“屯垦戍边”时兴建了大量小型灌溉工程，但在 1978 年实行土地承包制后多数失效。只有少数在宗族意识较为浓厚的村镇管理下，方得以完好保存，如安顺鲍屯村的小型灌溉工程等。

除“在用”的古代水利工程外，还有大量不再发挥水利功能的水文化遗产。这些水文化遗产或分布在水利部门管辖范围内，或分布于文保、城建、交通等部门管辖范围内，由相应的部门负责管理，但更多此类水文化遗产由于不再发挥作用而处于无人管护的尴尬境地。就那些分散于各部门管辖范围内的水文化遗产而言，除文物部门外，大多数部门尚未认知到其价值，从而未能将之视为文化遗产而加以保护。

（四）基础研究相对薄弱

截至目前，水文化遗产基础理论研究相对薄弱，具体体现在以下三个方面。

（1）水文化遗产调查有待进一步开展。本次调查虽汇总了水利部两次调查和部分国家文物局第三次全国文物普查中有关水文化遗产的数据，但仍有许多工作有待进一步开展。就水利部主持的两次调查而言，第一次调查重点仅集中于在用的古代水利工程；第二次调查类型虽全，但当时水文化建设工作刚刚开展，各地对水文化遗产的价值认知和保护意识各不相同，导致调查成果质量不一。就文物部门的三普而言，各地普遍重视涉水文化遗产的保护状况，而对其使用和管理等状况重视程度不一。因此，调查成果中有关水利工程、水利设施等文化遗产的使用和管理等状况大多缺乏；有关水利机构衙署、水利人物居住场所、水利人物墓葬、水文化石刻等调查工作则有待系统深入地开展。

（2）水文化遗产基础理论体系有待建立完善。目前，水文化遗产体系框架构建工作有待深入，有关概念、外延、分类和评估指标等内容尚未达成共识，不足以为水文化遗产的认定、评估等提供坚实的基础支撑。水文化遗产的考古发掘、保护规划编制、监测、宣传、教育、展示、传播等的系统研究有待开展；水文化遗产的保护、修缮和修复等技术尚不成熟；水文化遗产保护的专业人才缺乏，专业保护队伍尚未建立，专业教育培训体系尚待完善，这使得许多水文化遗产因缺乏相应的基础理论支撑而难以得到切实有效的保护。

（3）具体水文化遗产的相关研究大多处于起步阶段。目前，很多具体水文化遗产的历史沿革、工作机理等内容有待进一步研究。一些水文化遗产具有区域大、历史长、涉及面广和情况复杂等特点，如京杭大运河等，这一方面使得对他们的历史和现状研究较单体工程更为困难；另一方面因涉及水利、历史、地理、文保、考古、交通、城市等学科和领域，亟须开展跨学科、跨领域的研究。

第三节　国内外水文化遗产管理模式与经验

随着世界各国逐渐认识到水文化遗产同其他类型的文化遗产一样，也是不可再生的文化资源，且正遭受着程度不同的破坏，许多国家开始探讨有效保护和科学管理的模式。通过对这些国家文化遗产管理模式的分析总结，可为我国水文化遗产的保护与管理提供借鉴与启示。

一、水文化遗产保护措施

截至目前，世界各国文化遗产管理模式中可供借鉴的保护措施主要包括以下四个方面。

（一）指定制度与登录制度相结合

指定制度与登录制度相结合，是欧美和日本等发达国家普遍采用的文化遗产保护方法。

1. 指定制度

指定制度针对的是“精品”“国宝”级类型的文化遗产。指定的基本程序严谨、公开和透明，政府部门通过指定制度确立不同级别的保护对象。指定程序一经完成，政府行政主管部门即依据相应的保护法律采取各种必要的政策与措施，对文化遗产从严管理，严格控制其现状变更，同时给予优厚的资金资助。

在我国，指定制度的保护对象主要是国家、省级和市级文物保护单位，依据《文物保护法》及相应的地方法规实施“冻结式”保护。

2. 登录制度

登录制度针对是那些尚未纳入指定名录但又具有一定价值的文化遗产。登录程序各国规定不同，有的需要政府认定，有的不经政府同意亦可，遗产所有者可接受也可拒绝。保护要求相对宽松，允许适度的现状变更，提供的资金资助较少或没有。其目的在于通过登录制度认定文化遗产的资格，确定其历史文化价值，并通过大众媒体公布于众，进行舆论宣传，进而提高公众的保护意识，推动文化遗产的保护。

文化遗产的登录制度肇始于欧洲。早在 1913 年法国就通过《历史古迹法》，建立登录制度与指定制度双重并举的保护体系。此后，英、美、日等国先后采用该制度。目前，我国文物部门也在逐渐探讨实施文化遗产的登录制度。

（1）英国的历史建筑登录制度。英国于 1944 年和 1947 年的《城乡规划法》中确立了历史建筑登录制度框架，明确规定城市规划的公共权优先于建筑所有者的财产权，不经所有者同意、无相应的补充措施，可以进行历史建筑的登录。1990 年的《城乡规划法》中，增加开发、改建、拆除、公众参与、产权关系、财政资助等内容。目前，在英格兰和威尔士已登录的历史建筑多达 50 万件。

登录程序：先由建筑史专家对候选建筑进行现场调查，将认定的登录建筑列入“临时清单”公开发表，听取地方政府、保护团体和一般市民的意见后，由国家遗产部正式认定，将通知文书下达地方政府，再由地方政府通知建筑所有者或使用者。

保护与管理规定：主要依据《城乡规划法》中关于登录建筑“规划许可”制度，除改建、扩建、拆除、变更建筑物的外观及内部结构均须得到地方规划部门的许可外，允许进行适当的其他改变。

（2）美国国家登录制度。美国只有 200 多年历史，一般人常以为它没有多少文化遗产可以保护。其实不然，早在 1966 年美国联邦政府就制定了《国家历史保护法》，确定了对历史性场所进行国家登录的制度，并在此后逐渐成为对美国国家历史及其环境进行保护的重要手段之一。根据国家登录制度，由国家公园局负责对文物古迹进行登录。目的在于通过国家登录，唤起全民的关心，也促使联邦政府在地区开发、公用事业建设时能够对历史环境的保护更加关注。

登录类别。登录文物分为地段、史迹、建筑物、构筑物和物件五个类别。

登录程序。登录文物申请，一般由财产所有者或城市历史保护组织负责，不需要地方政府的同意，财产所有者也可以拒绝登录。

登录标准。在美国的历史、建筑、考古、工程技术及文化方面有重要意义，在场所、设计、环境、材料、工艺、氛围以及关联性上具有完整性的地段、史迹建筑物、构筑物和物件，具有 50 年以上历史并具备下列条件之一者：①与重大历史事件有联系的；②与历史上的杰出人物有联系的；③体现着某一类型、某一时期或某种建设方法的独特个性的作品或大师的代表作，或具有较高艺术价值的作品，或具有群体价值的一般作品；④从中已找到或可能会发现史前及历史上的重要信息的。但是，因迁建而失去了历史环境真实性的文物一般排除在登录范围之外。

审议制度。依据《国家历史保护法》106 条规定，审议制度是对登录文物进行保护的有效手段。联邦政府直接参与、提供补助金、批准许可的建设项目，经过州历史保护官员（State Historic Preservation Officer，SHPO）与历史保护咨询审议会（The Advisory Councilon Historic Preservation，ACHP）审查，若认为对国家登录的文化遗产可能产生不良影响时，须采用消除影响的替代方案。在修改方案期间，由开发商、SHPO、ACHP 以及其他相关团体进行协商，但最终的决定权在开发商、建设许可部门及计划执行部门。

（3）日本文化财登录制度。1996 年 6 月，日本对《文化财保护法》进行了修订，导入了在欧美广泛应用的“登录制度”。

登录优惠政策：①为保存、利用而进行必要的修理（修缮、整治），其设计、监理费的 1/2 由国家补助；②宅基地的地价税的 1/2 可减免（地价税法施行令第 17 条第 3 项）；③改建等必要的资金，日本银行可提供低息贷款。

登录标准。建成后经过 50 年的建造物，具备以下三个条件之一即可：①有助于国土历史性景观之形成者；②已成为造型艺术之典范者；③难以再现者。

登录对象。主要包括住宅、工厂、办公楼等建筑，桥梁、隧道、水闸、大坝等构筑物，以及烟囱、围墙等工程物件。

上述英国、美国、日本三国的文化遗产登录制度虽在标准、登录对象、优惠政策等方面存在一定程度的差别，但实践证明指定制度与登录制度相结合是一种行之有效的管理方法，具体体现如下。

1）指定制度依据国家法律对管理那些“精品”“国宝”级文化遗产进行切实有效的保护；登录制度则通过放宽判定标准和扩大登录对象范围，使大量以往不被注意的、非“精英”类的文化遗产开始走进人们的视野。

2）指定制度通过使公众了解那些“精品”“国宝”级文化遗产的重大或特殊价值而自觉进行保护；登录制度则通过广泛调查和目录公开，使公众可以了解到其周围究竟存在哪些类型的文化遗产，其数量、分布和保存情况如何，并将重新审视那些因与其日常生活息息相关而被忽视甚至遗忘的文化遗产的价值。

3）无论是指定制度还是登录制度，进入名录的文化遗产被改建或拆除之前须向有关部门申报，这样就可以避免在遗产改建、拆除规划已定或正在改建、拆除，甚至拆除之后方才知晓的局面，从而使其得到及时有效的保护。

4）指定制度通过“冻结式”保护使那些具有重大或特殊价值的文化遗产得到保护；登录制度则改“冻结式”保护为允许适度利用，可打消遗产所有者或使用者不同意登录的疑虑。

5）指定制度通过给予优厚的资金资助，使具有重大或特殊价值的文化遗产得以切实有效的保护；登录制度则通过给予一定的优惠政策，有效推动了那些一般文化遗产所有者和使用者自觉保护、修缮的积极性。

鉴于此，文化遗产登录制度目前已被世界各国广泛采用，甚至联合国教科文组织的“世界文化和自然遗产”保护也采用这种方法。

（二）保护与利用相结合

随着水文化遗产价值认知的逐渐提高，国际社会开始探讨水文化遗产的保护与管理，尤其是那些正在发挥效益的“在用”的水利工程类遗产及其保护理念。

自1985年后，陆续有30余处以水与水利工程为主体的文化遗产列入世界文化遗产名录，水文化遗产开始作为文化遗产的重要组成部分而备受关注。1996年，国际古迹遗址理事会（ICOMOS）和国际工业遗产保护委员会（TICCIH）联合编制《国际运河遗迹名录》，对世界各国著名的在用古代水利工程之一——运河遗产及其价值进行了评价。该报告认为：运河不同于一般的文化遗产，是仍然“在用”的遗产，应在保护的基础上，充分尊重为确保其主要功能而进行的维修或改建工作。这是国际文件首次就仍在发挥效益的水文化遗产的保护与利用关系进行的阐释。

其实，早在20世纪70年代，欧美一些水利、地理、生态和社会学家在对亚洲国家的传统水利工程考察与研究后指出，从传统水利工程技术中汲取智慧是现代水利建设的创新之路。其中，美国人格罗恩菲尔德在对无坝引水工程研究后指出：这种传统的分水工程从规划上看有利于水资源的公平分配，从时间大尺度上看有利于生态的维持，从管理机制上看是有效与科学的，建议当地政府和民众，“如果没有坏，就不要取代它”。这是科学工作者对仍在发挥效益的水利工程类文化遗产保护与利用关系的较早思考。

（三）传统技术的传承与传播

水文化遗产中一些传统水利工程形式和技术因其因地制宜的特点和蓬勃的生命力而得以

传承与传播。

地中海沿岸是世界水利文明的主要发祥地之一，现在仍然保留很多古代水利工程遗址。意大利、西班牙、葡萄牙等沿岸国家，通过现代的水力学、土力学、结构力学等实验，揭示了这些工程在自然环境下的破坏机理，从而使其得以较好的保护，并从农学、生态学、水资源管理等角度，研究这些水利工程的科学价值，进而为现代水利建设提供历史借鉴。

在 2000 年国际灌溉与排水委员会历史工作组上，各国学者提议，古代水利工程研究不应局限在土木工程的范畴，还应从建筑构件和材料、施工工艺等方面，到文化建筑整体保护方面进行综合研究，这为水文化遗产的保护提供了新思路。不仅如此，日本、韩国等国的现代水利实践中，传统的竹笼、杩槎等水工构件依然被广泛使用。

以色列的内盖夫沙漠夏季气温高达 38℃，年均降雨量不足 20mm。但在 2000 年以前，纳巴泰人利用当地特有的暴雨和洪水，将之储藏在水渠内，通过灌溉系统引入梯田，同时提供饮水。在中东地区可找到数千计的储水池。目前，内盖夫的专家学者正把这项技术传授给发展中国家。

（四）修复与展示

水文化遗产尤其是古代水利工程的修复与展示，是近年来世界各国普遍关注的一个方面。

韩国清溪川位于首尔市中心，是贯穿该城南北、拥有 600 多年历史的河流。20 世纪 60 年代，由于经济增长与城市发展，清溪川曾被覆盖，成为暗渠，水质恶劣。20 世纪 70 年代，更在清溪川上面兴建高架道路。2003 年 7 月起韩国庆北大学与日本学习院大学合作，对清溪川进行了考古发掘，重新挖掘河道，拆除高架桥，恢复了覆盖于路面下的广通桥、水标桥、五间水门、石构筑等古代水利工程，再现首尔历史水系原貌。

秘鲁印加古道上的 Patallacta 古城周围有古代的人工梯田，梯田位于两条河流的交汇处。印加的祖先用石头构建了弯曲的渠道，将冰川汇流成的小溪水引向较低的山坡地。全盛时期，古城有 115 座建筑，5000 余人。目前，秘鲁已经清理并重建了这些水渠中的两条，使 $60hm^2$ 的农田得到灌溉，附近其余灌溉系统的修复工作正在进行。

大阪是日本最古老的城市之一，是在湖泊、河流入海口的沼泽地区围垦发展起来的，其土地利用、交通运输和工业等方面无不与水关系密切。在规划发展新城时，早期修建的抽水站、水门和老桥等都得以保留，并新建水利纪念馆，修复一座具有历史意义的抽水站，以展现大阪历史时期的供水系统。

日本神户水科学博物馆、大阪水道纪念馆、大阪海洋动物博物馆、琵琶湖博物馆，明石海峡大桥科学馆、神户港海洋科学馆、鬼怒川水库大坝展览馆和西阵织物博物馆等都以水与水利为展陈主题，从不同的角度表现水科学与水文化。其中，著名建筑师安藤忠雄设计的大阪狭山池历史博物馆，将古代遗址与现代建筑完美结合，展现了人与自然和谐相处的理念，成为这方面的范例。

二、法律保障体系的建立健全

无论欧美还是日本等国，都有针对文化遗产保护的法律法规体系，而且根据时代发展的要求不断加以修订完善。我国 1982 年颁布的《文物保护法》是文化遗产保护的根本之法。但截至目前，世界各国包括我国尚未出台针对水文化遗产的法律法规，因而拟对我国已开始关注并保护本部门文化遗产的住建部和农业部的相关法规体系进行梳理分析，以期有所启示。

（一）住房和城乡建设部有关历史文化名城名镇名村保护的法律体系

住房和城乡建设部历史文化名城的保护工作起步较早，始于 1982 年，经历了从历史文化名城保护兴起、历史文化街区深入保护和历史文化名城名镇名村全面保护三个阶段。无论是保护管理，还是有关评估和规划编制工作方面的法规规范，都在不断修订完善。

（1）法律法规方面。1982 年，《文物保护法》颁布，正式建立我国历史文化名城保护制度。1989 年，《城市规划法》颁布，强调城市规划中应保护历史文化遗产。1997 年，建设部转发《黄山市屯溪老街区历史文化保护区保护管理暂行办法》，明确了历史文化街区的重要地位和保护原则。2008 年，国务院颁布《历史文化名城名镇名村保护条例》，标志着历史文化名城名镇名村保护全面进入法制化轨道。

（2）有关评价指标体系的法规规范。1986 年在国务院批转的《关于请公布第二批国家历史文化名城名单报告》中，提出将现存状况、格局风貌和分布范围三个指标作为国家历史文化名城评选公布的基本标准。2004 年，建设部和国家文物局联合制定下发《中国历史文化名镇（村）评价指标体系（试行）》，将包括价值特色和保护措施两部分共 24 项指标作为名镇名村评选公布的基本标准。2010 年住建部和国家文物局联合颁布的《国家历史文化名城保护评估标准》，制定了定量评估标准和定性评估标准。

（3）有关保护规划编制的法规规范。1994 年，住建部和国家文物局联合颁布《历史文化名城保护规划编制要求》，对历史文化名城保护规划的编制提出原则性要求。2001 年，《文物保护法》修订时，明确规定历史文化名城和历史文化街区、村镇所在地县级以上人民政府应当组织编制专门的历史文化名城和历史文化街区、村镇保护规划，并纳入城市总体规划。

（二）农业部有关农业文化遗产保护的法律体系

农业部对文化遗产的保护始于 2012 年。是年，农业部颁布《农业部关于开展中国重要农业文化遗产发掘工作的通知》，标志着中国重要农业文化遗产发掘工作的正式启动。2013年，开始编制《中国全球重要农业文化遗产管理办法》，对经联合国粮农组织认定的全球重要农业文化遗产的申报程序、申报条件、保护与管理要求、利用与发展的要求等进行了规定。2014 年 5 月，颁布《中国重要农业文化遗产管理办法》，对中国重要农业文化遗产的申报程序、申报条件、保护与管理要求、利用与发展的要求等进行了规定。

三、管理机制的建立完善

水文化遗产的保护管理是复杂的系统工程，是一项跨部门、跨地区的工作，需要相互协调、相互合作。

（一）多部门合作管理——加拿大里多运河案例

加拿大里多运河是国家历史地、世界遗产和遗产运河，其管理体制框架充分体现了它的这种三重身份特性。

里多运河位于安大略省东南部，最北端在首都渥太华市北面的渥太华河上，自北而南贯穿渥太华市后向西南延伸，沿途沟通多处水系，最后到达安大略湖的金斯敦，全长约202km。里多运河始建于 1828 年，1832 年建成。为减少开挖量，里多运河通过修建高坝将运河沿线的自然水聚集起来，抬高水位，消除急流与浅滩；通过 47 座船闸，使里多河和卡塔拉奎（Cataraqui）河得以连接；通过人工开凿运渠，在渥太华河和安大略湖之间创建通航水道；通过与泰运河相连，提供了通向佩斯的航路。运河沿线比较脆弱的地区修建了军事设施，如具有防御作用的闸站、城堡和碉堡等。目前，里多运河主要用于娱乐旅游。

里多运河由联邦、省和地方三级政府共同管理。加拿大政府通过加拿大公园管理局管理里多运河沿线的闸、坝和城堡等；通过自然资源部管理运河廊道的捕猎和渔猎行为；通过环境部管理地方污水处理；通过交通部保障河道的安全和完整性；通过文化部为博物馆和遗产组织提供支撑。里多运河沿线周围土地主要由省和地方市政当局管理，拥有土地规划和发展的全权。但是，当地方需要进行规划及其相关政策的调整时，加拿大公园管理局、省和地方政府都参与其中，以保证调整后的规划和政策能够满足各级政府的需要。可以说，不同的部门有不同的保护重点和目标需求，各部门相互协调、相互合作，共同促进大运河的整体保护。

加拿大里多运河的管理是一个整体综合的遗产保护体系，联邦、省和地方三级政府在保护运河遗产特性、确保其合理利用方面都担负有一定任务，各级政府各有其明确的管辖和责任地区。值得注意的是，加拿大公园管理局直接参与地方政府规划及其相关政策的制定。当地方的土地利用需要调整时，要采取高度合作、联合管辖的方式开展，即加拿大公园管理局、安大略省和各地方政府一起参与讨论，以确保调整后的规划和政策能够满足各级政府的需要。因为构成大运河整体的各个地区是相互联系、相互影响的，又统一在大运河整体效益的框架下。各地区在制定规划和政策时，要从大运河整体出发，统筹安排不同河流水系与河段的功能定位和保护、利用、开发任务，促进局部与整体的协调互惠。这一点值得我们借鉴。

（二）行业主管部门的专业化管理

除文化遗产由国家文物局及其各级主管部门管理外，我国的历史文化名城（镇、村）和农业文化遗产等均已在有关部门设立专管机构，实行专业化管理。

1. 住房和城乡建设部——历史文化名城（镇、村）的保护与管理

住房和城乡建设部由“城乡规划司”承担“历史文化名城（镇、村）保护和监督管理的有关工作”，许多工作与国家文物局共同开展，如关于国家历史文化名城名镇名村名单的发布、相关法规规范的颁布等。

历史文化名城的申报，由省级人民政府提出申请，经住建部会同文物局组织有关部门、专家进行论证，提出审查意见，报国务院批准公布；历史文化名镇名村的申报，由所在地县级人民政府提出申请，经省级人民政府确定的保护主管部门会同同级文物主管部门组织有关部门、专家进行论证，提出审查意见，报省级人民政府批准公布。

“十五”期间，国家设立“历史文化名城保护专项资金”，用于补助国家历史文化名城中具有重要价值的历史街区的保护整治工作。2012 年，用于历史文化街区保护的专项资金达 2 亿元。

2. 农业部——重要农业文化遗产的保护与管理

农业部由乡镇企业局（农产品加工局）承担“中国重要农业文化遗产”和“全球重要农业文化遗产”的保护监督管理工作。至 2014 年 5 月，已先后公布 2 批“中国农业文化遗产名单”，共计 39 个。其中，江苏兴化垛田传统农业系统、云南红河哈尼梯田、湖南新化紫鹊界梯田、新疆吐鲁番坎儿井农业系统、河北涉县旱作梯田系统、浙江湖州桑基鱼塘系统、江西崇义客家梯田系统、广西龙胜龙脊梯田系统等，均属涉水文化遗产。

中国重要农业文化遗产评审程序：在省级主管部门初审推荐的基础上，经农业部中国重要农业文化遗产专家委员会的评审，在中国农业信息网公示后，认定公布。进入名单的遗产，要求所在地省级农业主管部门按照“在发掘中保护，在利用中传承”的原则加强工作指导，加大宣传推介，做好动态管理，持续推进遗产的保护工作；同时要求所在地政府按照制定的规划和管理措施，做好保护与传承，实现遗产地文化、生态、经济、社会全面协调可持续发展。

全球重要农业文化遗产的申报，由县市级人民政府提出，经省级人民政府农业行政主管

部门初审后报农业部；农业部组织专家对申报项目进行书面审核和实地考察，审查合格的，确定为全球重要农业文化遗产候选项目，列入全球重要农业文化遗产预备名单，并予以公布；农业部根据联合国粮农组织全球重要农业文化遗产的申报要求与标注，从预备名单中选择符合条件的候选项目加以推荐；经联合国粮农组织认定的全球重要农业文化遗产，由农业部列入全球重要农业文化遗产名单并公布。

（三）公众参与

日本关于德岛市吉野川第十堰问题的争论，充分显示了社会公众对保护仍在发挥效益的水文化遗产意义的认识。

吉野川是位于日本西南部四国岛上的大河，入海口附近建有一座引水拦河坝，即“第十堰”。该堰建于 1752 年，后来在坝的上游加建一座斜向坝，形成上堰和下堰二段坝形式。坝体全部采用当地石材和木材等传统施工方法建造。1982 年，日本建设省编制“吉野川工程基本规划”，考虑到河道防洪和堤防安全的需求，决定拆除第十堰。此举遭到当地专家、群众的反对。为此，2000 年德岛市居民投票表决，投票率为 55.00%，超过半数，其中反对票占 91.6%。拆堰的工程计划因此被搁置，第十堰得以保护。

第八章　水文化教育与传播

第一节　水文化教育

一、水文化教育的现状与问题

2006 年世界水日的主题是“水与文化”。联合国教科文组织发布的世界水日主题宣言中这样说道：“人们在不同的地区、国家总是基于他们对水的理解、价值、宗教、习俗、政治、经济去认识与管理水。这就是一种水管理的文化基础。”这一论述精辟地概括了人类社会中对待水的基础和出发点，那就是植根于不同社会中的文化。目前关于水的知识大部分被糅杂在环保教育、资源、能源等教育的书籍里，从我国国情及水情和实际情况出发组织编写的水文化教育的书籍甚少；尽管水资源、水环境形势严峻，针对公众对水的宣传较多、对水环境的问题也非常关注，但是系统地进行水文化教育的活动非常少，水文化教育还没有被纳入学校的人文素质教育中。

目前水文化教育面临的主要问题有：① 水文化教育知识体系不完善，还缺乏完备的水文化教育教材；② 水文化教育还没有成为学校人文素质的必备课程；③ 学生对水文化教育的情感体验和社会实践载体简单、手段单一；④ 学生的节水意识非常薄弱，浪费水的现象随处可见；⑤ 水文化教育广泛适应中小学、大专院校、企事业单位、社会公众，但让水文化教育进教材、进课表、进课堂还局限于个别水利行业学校本身，没有引起其他高校的共鸣；⑥ 水文化教育活动进社区、进社会、进田间、进地头还停留于世界水日及中国水周等特殊活动中，没有形成一种长期有效的态势。

在欧美一些国家，政府及行业非常重视水的教育，关于水的教育已经比较系统和相对成熟，有完备的教学任务和实践领域，并在公众参与水资源管理、为水利管理者实施监督等方面起到重要的作用。与发达国家的水文化教育相比，我国的水文化教育刚刚起步，还处于启蒙阶段，仅以引进、借鉴、模仿为主要手段。总而言之，发达国家的水文化教育水平较高，而发展中国家相对落后，目前我国关于水文化教育的研究几乎是空白。要让水文化教育走进校园、走进社会，使水文化教育的核心、理念、内涵、行动等融入学生的学习与生活中，通过水文化教育把用水、管水与现代文明、人类文化发展融入人们的生活与工作中，既是当务之急，也是时代赋予我们的使命与责任。

二、水文化教育的意义

《水文化建设规划纲要 (2011—2010 年)》指出，“把水文化教育列入水利院校教育课程体系，并作为水利系统职工教育培训的重要内容”“针对不同对象，分层次、有重点地开展水文化教育。”中共中央非常重视水利事业的发展，尤其是 2011 年中央一号文件《中共中央 国务院关于加快水利改革发展的决定》中指出“加大力度宣传国情水情，提高全民水患意识、节水意识、水资源保护意识，广泛动员全社会力量参与水利建设。把水情教育纳入国民素质教育体系和中小学教育课程体系，作为各级领导干部和公务员教育培训的重要内容。”这说明在水资源、水生态、水环境不断恶化的今天，人们已经认识到水危机产生的根源就在于缺乏水文化教育或水文化教育发展滞后。

解决我国日益严重的水问题，不仅要充分利用现代科学技术，同时也需要从水文化教育的角度审视我们的思想和观念、目标和行动、政策和方略，正确认识水的功能，注重水文化教育建设，全面发挥水文化教育的作用。学生、教师、社会公众都是水文化教育的对象，尤其青少年是未来社会的主人，是未来进行节水型社会建设的中坚力量，是进行水文化教育发展计划实施的重点对象。

水文化教育最终必将凸显水利与社会、水利与经济、水利与文化、水利与历史、水利与环境的相辅相成。水文化教育对形成人人“安全用水、节约用水、生态用水、文明用水”的良好氛围，促进资源节约型、环境友好型社会建设的意义重大。尤其是水文化教育中的文学艺术成分具有良好的美育功能，有利于提高人们的审美情趣，陶冶情操和武装头脑，对人们的精神文化有潜移默化的推动作用。全面实施水文化教育已成为高校大学生素质教育的重要内容，尤其水利院校更应积极探索水文化教育的实施途径，努力为构建人水和谐的文明社会做出积极贡献。

党的十八大以来，习近平总书记提出了实现民族复兴中国梦的重大战略思想，从实现中国梦的战略高度对中国特色社会主义建设事业的各个方面提出了战略要求。与此同时，总书记多次强调，中华优秀传统文化是中华民族最深沉的精神追求，最根本的精神基因，最深厚的文化软实力，是我们在世界文化激荡中站稳脚跟的根基。中国的文化是从水文明开始的。水文明是中国文化的母体。而中国水文明最初的启蒙，又是以“治水文化”开始的，同时圣贤智者开启的“智水文化”不仅是中华传统文化的重要组成部分，也是全人类文化的瑰宝。

青少年是祖国的未来，民族的希望，加强对青少年的水文化教育，对于培养中华优秀传统水文化的继承者和弘扬者，推动水文化传承创新，建设社会主义先进水文化具有基础作用。加强水文化教育，对于引导青少年学生更加全面准确地认识中华民族的水历史传统、水文化积淀与基本水情，具有重大而深远的意义。加强中华水文化教育，是落实立德树人根本任务的重要基础。

三、水文化教育的概念与功能

广义的水文化教育是人们在水事活动中进行的以水为载体的各种教育的总和，是文化教育中以水为核心的教育集合体。一切打上了与水有关的印记的自然界物质和行为活动都属于水文化教育的范畴。把水文化的教育作为公民品德与社会教育的重要内容，既传播了中华民族的优秀文化，又使学生及社会公众在以“爱水、护水、节水”为主题的水文化教育中，从心灵上得到启示、品德上得到提升。

水文化教育的重要内涵是人与自然相处的哲学和价值观。水文化教育概念提出的初衷是实现人与自然的永续相处，所以说人水和谐是水文化教育的核心价值观。有了对水的深刻理解，人们才会亲水、爱水、节水、护水，注重协调水与社会可持续发展之间的关系。在当代的水资源开发、保护、利用中，需要强化全社会的水文化教育意识，这种意识是当代社会保护水资源，人类社会可持续发展的文化基础。从表面看，水危机的产生是人类社会不断向水与自然过度索取的结果。而从更深的层面分析，水危机的产生是水文化教育发展滞后和缺失所至，水文化教育是解决水危机的基础性工作。通过在全社会范围内广泛、深入、持久地开展水文化教育，可以达到以下目的。

第一，通过水文化教育，增强亲水爱水的意识；第二，通过水文化教育，建立节水护水的机制；第三，通过水文化教育，培养治水管水的人才；第四，通过水文化教育，深化人水和谐的理念；第五，通过水文化教育，提升学生及社会公众的文化素养。水文化教育的推行不仅对提高全社会“知水、爱水、节水、护水”意识和行为具有促进作用，也对实施有效的水资源管理、建设节水型社会具有重大的推动作用。要通过水文化教育培育人、塑造人，提升人的精神境界和综合素质，改善人水关系，实现人水和谐。

四、水文化教育的内容

（一）建立水文化教育知识体系

水文化教育作为文化教育的内容之一，被赋予了更为丰富的、更为广泛的内容与涵义。水文化教育的体系即由我国的水历史、水文化、水资源、水警示、水法规、节水知识、水利科技、社会实践等构成，并以教化、存史、熏陶、怡情、传播等功能演绎水文化教育。

水文化教育资源包括流域及流域上的水利工程；江、河、湖、湿地等自然资源；分蓄洪工程；护城河、水利风景、水利遗址等名胜古迹。这类水文化教育资源具有认知、启智、审美、怡情、思想政治教育和实习实训等教育功能。

水文化教育资源包括历代管水治水的文献资料，新中国成立以来有关水事活动的政策法规、管理办法，以及与水有关的乡规民约等。这类水文化教育资源具有培养民主精神，进行法制教育，形成自律意识，加强行为约束，引导探究学习等教育功能。

水文化教育资源包括人们在利用水、治理水、开发水、保护水和欣赏水的社会生活实践中形成的思想观念、价值体系、科学知识、文学艺术、民间故事、杰出人物、民族精神等。这类水文化教育资源具有品德教育、习惯养成、情感熏陶、精神激励等教育功能。

水文化教育资源包括工业节水、农业节水、生活节水的方法及节水的法规，这类水文化教育资源具有提高学生的节水意识，培养节水习惯等教育功能。高等院校作为培养人才的基地，与社会经济的发展紧密相连，在节水型社会建设中更要发挥应有的作用，为节水事业扬帆领航。

（二）建立四位一体的互动合作教学模式

“四位一体”指的是集教学欣赏、情感体验、社会实践、服务社会于一体。在强调通识教育的今天，开展水文化教育是学生进一步提升自身文化素养、培养高尚的理想情操和爱国情感的迫切需要。水文化教育不只是简单地讲授、传播水情、水文化等，更是一项以水利社会实践为主，与当代水利事业发展紧密结合的开放式教育方式。将环境模拟法、情景模拟法、任务驱动法、案例教学法、项目教学法、赏中做等方法贯穿在学习领域中。

将课堂搬进水文化教育基地，该基地以声、形、图、文、视频、场景、道具等，将场面的写实与真实的效果图融为一体，让学生身临其境的感受中华几千年的水历史、水文化的脉络。采取环境模拟法、情景模拟等方法培育学生“爱水、惜水”的情怀，培养“亲水、乐水”的情操。

教学内容针对“知水、懂水”常识，“节水、用水”的规范，“水多、水少、水混、水脏”的状况，通过项目教学法、案例教学法等方法加强教学的真实性、演练性。以项目任务中的典型工作任务为载体安排和组织教学活动，由教师提出要求，组织学生进行活动，注重“教”与“学”的互动，让学生在活动中学习，在学习中提高人文素养。

学习情境的设计体现学习领域标准的特色与设计思想，突出“人水和谐”的理念，将人文素养作为一个整体化的行为过程进行分析，将知识点和情景点有机地联系起来，在培养目标中体现熏陶能力的培养。学习情境内容的选择体现欣赏性、先进性、实用性和趣味性。

在教学过程中注重创设水的情境，让学生在领悟水文化教育的过程中感受大自然的水环境，学生受到特定的水文化教育意识的熏陶和影响，就会在社会实践中形成与优秀的水文化教育共识的文化品格。

将任务驱动等方法应用在世界水日、中国水周、节能环保日、低碳经济等活动日，到广场、社区、学校、企业、农村等进行现场调查及宣传，要求学生团队组合拿出社会实践报告。

将项目教学等方法应用到饮水工程、河道工程、城防工程、千库保安工程、水土保持工程、生态水利建设、节水型社会建设中，学生团队组合进行实训，并要求学生写出实训报告。

与企业合作，建立生产现场、教学合作、管理参与、文化融入的校企合作模式，在学校安装节水、节电设备，学生参与节水设施的安装、调试，并负责运行和考核。培养学生节水、爱水的意识和实践能力。

五、实施水文化教育的对策

针对我国现阶段水文化教育的特点，实施水文化教育必须实现以下方面的转变：由响亮的口号转变为切实的行动；由专业的知识转变为易学的科普；由简单的了解转变为系统的学习；由零散的活动转变为广泛的参与。在全社会中小学、大专院校开展有重点、有步骤的水文化教育。实现水文化教育融入人才培养方案、融入课程教学体系、融入学生第二课堂；水文化教育进课堂、进课表、进教材、进社区、进街道、进工厂。在全社会普及水文化知识，提升水文化认知，推广水文化，营造爱护水、珍惜水、保护水的社会意识。实现教育当代人，培育下代人的水危机意识，培养人水和谐理念，形成一种与水环境友好的文化氛围；实现人与水、人与自然、人与环境的和谐发展。

（一）学校分学段有序推进中华优秀传统水文化教育

开展水文化教育要有广泛性。教育对象要广泛，知识面要广，并且针对不同年龄段的学生，采取不同的教育手段。

（1）小学低年级，以培育学生对中华水文化的亲切感为重点，开展启蒙水文化教育，培养学生热爱中华水文化的感情。认识常用的与水相关的汉字、成语，初步感受汉字的形体美；诵读浅近的水诗歌，获得初步的情感体验，感受水文学语言的优美；了解一些古代治水的故事，知道中华民族重要的治水事件，了解家乡的水习俗、水环境。

（2）小学高年级，以提高学生对中华优秀传统水文化的感受力为重点，开展认知水文化教育，了解中华优秀传统水文化的丰富多彩。熟练书写与水相关的正楷字，理解与水相关的文化含义，体会与水相关的优美的结构艺术；诵读古代水诗文经典篇目，理解作品大意，体会其意境和情感；了解中华民族历代治水先人抗击洪涝灾害，为国家富强作出的牺牲和贡献；知道重要传统节日的水文化内涵和家乡生活水习俗变迁；感受水文化的丰富表现形式和特点。

（3）初中阶段，以增强学生对中华优秀传统水文化的理解力为重点，提高对中华优秀传统水文化的认同度。引导学生认识我国水文化传统和基本水资源国情。诵读古代水诗词，阅读浅易的与水相关的文言文，提高欣赏品位；知道中国水历史的重要史实和发展的基本线索，认识中华水文明的历史价值和现实意义；参加水文化节庆活动，了解传统水习俗的文化内涵。

（4）高中阶段，以增强学生对中华优秀传统水文化的理性认识为重点，引导学生感悟中华优秀传统水文化的精神内涵，增强学生对中华优秀传统水文化的自信心。阅读篇幅较长的传统水文化的经典作品；认识中华水文明形成的悠久历史，感悟中华水文明在世界历史中的重要地位；了解水艺术的丰富的表现形式和特点，感受不同时代、地域、民族特色的艺术风格，接触和体验祖国各地的风土人情、水民俗，了解中华民族丰富的水文化遗产。

（5）大学阶段，以提高学生对中华优秀传统水文化的自主学习和探究能力为重点，培养学生的水文化创新意识，增强学生传承弘扬中华优秀传统水文化的责任感和使命感。深入学习中国古代水文化思想的重要典籍，理解中华优秀传统水文化的精髓，强化学生水文化的主体意识和创新意识。

（二）水利高等院校建立“三融”的水文化教育体系

1. 水文化教育融入人才培养方案

我国自古重农兴水利，水利建设已有几千年的历史，灵渠、都江堰，京杭大运河等一大批水利工程闻名于世。尤其是21世纪以来，对“水利”的理解已跳出了既定思维，不再只是传统意义的灌溉防洪，而是往更深层次的资源水利、生态水利、人文水利甚至文化水利来发展。而水利类综合院校作为国家水利人才的培养基地，肩负着为国家输入大批水利行业中坚力量的责任，因而其教学理念的先进性与贯彻度对整个中国水利行业的发展走向起着至关重要的作用。

水利高等院校，将水文化教育纳入人才培养计划，坚持将水文化教育的内涵、知识及其核心理念，以及“水利精神、水的品质”为核心的职业素养和“献身、负责、求实”的水利行业精神作为对人才基本素质的内在要求，强调“以水育人”“以文化人”的人才培养理念，通过水文化教育进一步使学生增强水之诚信，树立水之和谐，勇于水之创新，厚积水之实践。

2. 水文化教育融入课程教学体系

水利高等院校以教化、存史、熏陶、怡情、传播、服务等为目标，将水文化教育纳入教学体系，开设一定学时的必修课，拓宽水文化选修课覆盖面。让水文化教育进课堂、进教材、进课表。让治水精神入眼、入心、入脑。重点建设一批中华优秀传统水文化精品视频公开课。

3. 水文化教育融入学生第二课堂

积极组织开展水文化教育相关的第二课堂，成立以水文化教育为特色的学生社团。利用每年的“世界水日”“中国水周”“环保日”“低碳日”“水法宣传日”等纪念日，举办各种专题水教育活动。组织开展水文化教育知识竞赛、举办节水成果展览，注重运用板报、公益广告、宣传标语，充分利用寒假、暑假开展水资源、水生态、水历史、水文化、水环境、水法规、水科普和科学节水等水教育。让水文化知识深入街道社区、深入大中小学、深入厂矿企业、深入乡间田头。

（三）着力增强水文化教育的多元支撑

水文化教育是全社会的一项系统工程，是学前教育、学校教育、社会教育的多元集合体。水文化教育贯穿到经济社会与群众生活的全过程，尤其应当加强青少年对我国水资源短缺的国情和水情教育，让孩子认识水、热爱水、保护水也是家长、学校和社会的共同责任和义务，家长、学校和社会应该营造起这种氛围。通过小手牵大手，才能使亲水、爱水、节水、惜水意识深入人心，真正成为全社会的自觉行动。

1. 打造"属水"校园文化品牌

各个学校要以"水文化"为载体，全面加强少年儿童思想品德教育，打造"属水"校园文化品牌。以水文化为载体，依托水文化教育来传播优秀的中华传统文化，唤醒青少年儿童的水意识，认识水的价值，树立水的形象，践行爱水和护水的品质，发扬水的精神。在"水"的观念文化、"水"的行为文化、"水"的环境文化、"水"的课程文化、"水"的制度文化等方面进行规划与设计。将水的谦逊、博学、恒毅、奉献等精神渗透到学校的物质文化、精神文化、行为文化中去，努力在师生的心目中树立起一面"水文化"的精神旗帜。

2. 建立水文化教育科普基地

以水利博物馆、水文化博物馆，水利风景区、水生态保护区、水生态示范地、水工程、水遗迹、水公园、水工具、水文化长廊等方式，全方位的建立具有教化、怡情、体验、服务、传播的水文化教育科普基地。

在全社会进行节水、爱水、护水、亲水教育，把水文化教育与培育公民树立良好的资源道德观念结合起来，与节水型社会建设结合起来，发挥水文化的引导功能和自律意识。让学生和社会公众接受水文化的熏陶，感悟水文化的魅力，欣赏水文化的史略，体验水文化的情怀，结识水文化的情缘，弘扬水文化的精神。

3. 建立互动式的水文化教育方式

创造互动式的水文化教育方式，通过举办各种参与性的水文化教育活动、庙会、节日、社团活动、志愿者服务、青少年社会实践等多种形式丰富的水文化教育和普及活动，改变影响人水关系的陋习和观念，培养全社会亲水、爱水、节水、惜水的意识，养成良好的水文化行为，实现人水和谐。同时，要注重公众对于水文化活动的参与热情和宝贵意见，最终拓宽公众获取水文化知识的渠道，带动群众参与节水型社会建设。

4. 举办水文化教育研修班

定期举办水利机关干部水文化教育研修班，水利行业专业技术人员水文化教育培训班和水利系统一般职工水文化教育学习班。通过水利行业开展水文化教育，使水利行业广大职工了解行业的文化和历史，提升水利行业广大职工的水文化素养，更重要的是使水利行业广大职工树立人与自然和谐的生态建设新理念，并以其指导治水、管水、设计、施工、建设的全过程。建设法治水利、体现文化水利、营造生态水利。

5. 引导社会公众广泛参与水文化宣传教育活动

科学家、水利工作者、政府部门要关注水文化宣传教育，加强合作、多管齐下，全方位推行水文化宣传教育。各级政府要经常性举办水文化宣传教育活动，如通过文学、影视、戏剧、书画、美术、音乐等多种形式，大力普及水文化知识，增强民众的水文化意识，树立水文化伦理和品德，大力宣传水文化在加强生态建设、维护生态安全、弘扬生态文明中的重要的地位和作用。举办水利建设成就摄影展、水文化书法摄影大赛、水文化风景画展、节水器具展、水文化专场文艺晚会；创作水文化主题歌、诗歌，制作宣传水文化建设的专题片、画册；利用报纸、电视、广播等新闻媒体广泛宣传，让更多的人了解我国的水历史、水文化、水资源等。引导社会公众广泛参与水文化宣传教育活动，理解自己和他人之间涉水方式的不同，了解自己作为社会一员与水这种自然环境重要因素的关系，养成“节水、爱水、知水、护水”的价值观念，学习推进水资源可持续利用所要求的行为和生活方式。

面对当今时代滚滚而来的传承中华文化的浪潮，水文化教育也到了焕发青春和活力的时候。从战略的高度思考水文化教育发展的方向和未来，沉淀传统水文化的精髓，点亮古老水文化的光芒，激活历史长河中水文化的神韵，拓展现代水文化教育的视野，丰富未来水文化教育的内涵，制定科学的、与完善中华优秀传统文化教育指导纲要相适宜的水文化教育发展战略，构建水文化教育的战略发展体系，培养可持续水利和现代水利发展需要的人才显得尤其重要和紧迫。惟其如此，我们才能赢得水文化教育大发展与大繁荣的美好明天。

第二节　水文化传播

一、水文化传播的教育内涵

20 世纪人类最大的嬗变是文化传播对人类社会和人类生产生活的全面渗透，文化在传播过程中有着一种文化增值现象。水文化传播可以定义为在人类水事活动中产生的以水为载体的各种水文化信息的传递。传播水文化的功能主要是传承和弘扬水文化、选择和创造水文化、积淀和享用水文化。大禹治水的故事流传几千年，家喻户晓，是中华水文化传播的经典。

水文化的内涵是随着水文化的实践而不断丰富和发展的，也是随着人们对水文化的认识提高而加深的，而认识的提高得益于水文化信息的传播，艺术表演中精神水文化内涵的创新，是人们在长期的水事活动中形成的一种心理积淀，具有历史的继承性和相对的稳定性。

这种文化一旦形成，对人们行为的指导和维系水利事业的连续性具有十分重要的作用。

不同时代赋予了水文化不同的时代内涵，当今水文化传播的时代内涵主要体现在以下几个方面：① 水文化传播是和谐的水文化传播；② 水文化传播是发展着的水文化传播；③ 水文化传播是生态文明的传播；④ 水文化传播是形式多样的传播；⑤ 水文化传播更多依赖大众传播媒体；⑥ 水利风景区建设与水文化传播相互促进。突出水文化元素、重视水文化传播是水利建设和管理的关键，应在水文化的挖掘、水生态与水环境的保护、水资源整合、水文化宣传、水利旅游、水利休闲与娱乐、水文化传播途径、水文化教育与培训等方面进一步加强。

二、水文化传播的意义

传播决定影响，文化的影响不仅取决于内容和形式的独特魅力，还取决于传播能力的强弱。通过大众传媒传播有关爱水、亲水、节水的新思想，人们从中了解到物质水文化的同时，也知晓社会道德和水文化规范，体会到社会认可赞同或贬斥的规范、信仰、价值、行为等是什么，这种日积月累、逐渐渗透到受众头脑中的东西对受众产生着潜移默化的影响，促使其协调自己的行为，使之能够合乎社会规范，得到社会文化的共同认可。由大众传媒所传播的水文化被受众接收并内化，从而使水文化得以延续和发展。这种大众传媒对水文化和社会的影响是长期的，潜在的。只有不断创新水文化的传播手段，才能使水文化的理念和价值观念影响人们的心灵。

中华水文化历史久远、博大精深，它的传承对于中华民族实现人水和谐的福祉境界有着重要意义。我们应该站在社会的角度审视水文化发展，用文化的眼光看待水，遵循水的自然规律，并且要通过各种媒介大力有效地传播水文化，使水文化家喻户晓，深入人心，增强全社会爱水、亲水、节水的意识，普及水知识，提高水意识，转变水观念，形成良好的社会风尚和社会氛围，建设资源节约型、环境友好型社会。水文化要实现内铸魂、外树形的功效，重在建设、成在传播。水文化只有传播才能承前启后、推陈出新；才能潜移默化、聚气凝神；才能去伪存真、固本强基。

水文化的主体是水利文化，而水利文化建设与传播的主体理所当然是水利人。立足水利行业，面向水利职工传播水文化建设成果，使之既成为业务精通、技术精湛的水利人，又成为情操高尚、情感丰富的文化人；既成为水文化建设的实践者，又成为水文化传播的受益者。这既是水利事业的发展之所需，也是广大水利职工之所盼。然而水与全人类息息相关，水利与全社会密切相连，这就决定了水文化不是仅仅限于水利的行业文化，而是全社会性的。正如联合国 2008 年“水会议”中提出的“水文化是人民的文化”，每一个社会成员每时每刻都与水发生联系。不同的联系方式，体现着不同的文化内涵。许多浪费水资源、污染水环境的行为，最深层、最根本的原因，都与落后的水文化理念、愚昧的水文化意识和贫乏的水文化知识有关。因此，面向全社会对全体公民开展科学的水文化知识教育，进行先进的水文化成果传播，也是水利宣传面临的现实而紧迫的任务。

三、水文化传播的载体

所有的文化都有它的外在表现形式，也就是它在传播过程中的载体，水文化也不例外。大体上可将水文化的传播载体分为物质形态和精神形态二类。

1. 水文化传播的物质形态

水文化的物质载体是水文化的物质形式，是人们水观念、水意识的外在表现，它主要通过水利工程、水环境和水景观等阵地来体现。水环境只有突出文化品位，才能满足人们的精神文化生活需要；水景观只有注入文化内涵，才能展示水的个性与魅力；水工程只有发挥审美效应，才能更生动、更和谐、更富有活力，河流只有健康地存在，才能积极地启示、影响和塑造人类的精神生活。另外，各种以水为主题的博物馆，如北京自来水博物馆、杭州中国水利博物馆；各种以水为主题的展览馆，如北京的节水展馆、上海城市自来水发展史展览馆以及各种以水为主题的展会、论坛、水产品推广会等都是水文化得以表现和传播的物质载体。

2. 水文化传播的精神形态

水文化的精神形态主要是指人们对水的价值与作用的认识、情感、审美等。主要通过水文化理论的研究、水专业的课程设置包括高等院校水工、水文等专业的学习；中小学生以爱水、亲水、节水为主题的教学课；社会上举办的各种爱水、亲水、节水、赏水、游水的活动；大众传媒包括新闻出版、报纸、广播、电视、网络、广告等对人们有关水的生产生活方式的报道和宣传。

通过这些水文化外在表现形式的列举，可以明显地看出水文化在人们日常生产生活中的特殊地位。思想决定行动，正是人们对水的态度以及对水重要性、稀缺性的认识程度决定了人们在爱水、亲水、节水等方面的具体行为。如今，我国正在致力于建设和谐社会和节水型社会，如果能够从人们的思想源头入手，通过传播先进的水文化去影响人们的生产生活方式，让爱水、亲水、节水成为人们的自觉行动。同时配合技术、经济、法律等手段，多管齐下，一定会取得更大的成果。尤其是文化在传播过程中会有一种放大效应，在潜移默化中传递符合社会发展方向和要求的信息。

四、水文化传播的媒介

水文化基本传播媒介的社会功能主要有传播治水思想与理念、实施水文化教育、交流水文化信息、沟通水事情感、水事事件报导、水事社会监督、娱乐休闲、文化传承，水艺术、水文学欣赏等功能。根据大众传播的主要功能和公关活动所涉及的主要传播种类，我们可以明确，在水文化活动中所使用的传播媒介主要有言语媒介、印刷媒介、电子媒介和其他媒介。

2009 广州亚运会传媒论坛上，来自全国各地的媒体高管、传媒界专家、学者以及知名网友围绕“亚运传播与跨媒体整合”的话题进行了充分的研讨和交流。论坛嘉宾们一致认为，通过“亚运会”这个大舞台，媒体在报道赛事的同时，更重要的是向全世界展示广州、广东乃至中国的良好形象和深厚的文化底蕴，而本次亚运会的主题是“水”文化，亚组委也针对水文化传播做足了文章。

传播媒介是水文化信息传播的载体。充分利用报刊杂志、广播影视、网络电信等大众传媒资源，注重宣传的针对性、广泛性、多样性，使先进的水文化进城市、进农村、进学校、进企业、进社区。充分利用“世界水日”“中国水周”，组织开展群众性水文化活动，深化群众对水的认识，逐步建立水文化传播的意识，积极参与国际活动，不断增强中国水文化的国际影响力。

五、水文化的传播主体

水文化具有它独特的地域性，以它的本土性为生存的根基。水文化的发展不仅需要继承自己祖先的水文化智慧，还需要吸收借鉴各种外来的水文化精髓。而如何传播水文化影响决定了本地域文化的发展方向和速度。水文化的传播主体包括个人和群体行业的大众传播媒介，其中大众传播媒介是推动水文化构建和发展的主要力量，是水文化传播最为重要的主体。由于大众传播媒介具有左右公共舆论生成的能力，借助于公共舆论的强大力量，“媒体公共舆论”取得了公共性的权威地位，大众媒介使得原本在人与人之间口耳相传的文化传承关系跃上了社会性传播的新层面。尽管人际相互的直接传播并未因此消失，其社会辐射力和包容性却已远逊于大众传播。在水文化的宣传中，可以水利旅游景区开发建设的宣传和市场营销工作，加强与新闻媒体的沟通和联系，通过电视、报刊、网络等多种形式宣传展示水文化产品。加大水文化品牌的宣传力度，在宣传中深化品牌意识，把水文化品牌和资源地人文品牌紧密结合。如在每年的世界水日、中国水周、节水周、环境日等广泛开展活动，以社会化的方式开发、利用，政府搭台、群众唱戏，让“水文化”走入社区和社会。又如，上海世博会中国馆设计中，以“水”来贯穿 3 个楼层的展示，让观众在馆内体验上下五千年，上海世博会杭州城市实践展馆通过“五水共导、品质生活”主题活动来反映杭州治水兴城的理念。奥运会的游泳馆取名为水立方，构造如许多水分子，北京召开的 APEC，再一次把象征生命之水的蓝色水立方介绍给世界。而各国继北京奥运会之后，由又一次在国际盛会上认识到的水立方的形象，这绝不仅仅是一座作为游泳中心的国家建筑，而是一种代表民族精神的文化内涵。这就是“水”在中国文化中的德性意义。正如习近平主席特意说给世界听的：“水在中国文化中具有重要的象征意义。2000 多年前，老子说‘上善若水，水利万物而不争’，意思就是说最高境界的善行就像水一样涓涓细流，泽被万物。”

从古今融合的水立方到淡泊宁静的雁栖湖，从君子大观的中南海到沟通世界的太平洋彼岸，中国的水文化彰显于全世界。开展丰富多样、健康有益的涉水民间民俗文化传播活动，例如傣族、阿昌族的泼水节、藏族的沐浴节、壮族的汲新水、白族的春水节、傈僳族的澡堂会、湘西苗族的抢头水等民族习俗，又如这几年在苏州河、浦东张家浜等河上开展的龙舟赛，许多涉水单位以此为媒介，宣传河道治理和节水知识，在这个过程中做足水文章，使爱水、护水、管水效应不断放大。

六、水文化传播的主要途径

当今以数字化、网络化为代表的信息技术推动了传播方式的巨大变化。因此，水文化的传播除了运用传统的报纸、刊物、图书的同时，应该更加重视互联网的作用，发挥覆盖广泛、快捷高效、影响巨大的优势，拓展水文化的传播渠道、丰富水文化的传播手段，提高水文化的传播效率，扩大水文化的影响。为把我国从文化大国变为文化强国贡献力量。从实践上讲，当前水文化的传播主要有以下几种形途径。

（一）新闻出版

通过新闻出版传播水文化的研究成果。水利要繁荣发展，需要文化元素的注入与催化，大力加强水文化建设，是实现水利事业科学发展、推进传统水利向现代水利转变的迫切需要，同时也是精神文明建设的重要组成部分。水利部与各地市创刊的水文化刊物将为广大水利工作者和关心水文化的社会各界提供一个探讨、研究、互动的窗口平台，对弘扬水文化，推动水利事业发展具有深刻的现实意义。

《中国水利报》作为水利行业最权威的新闻媒体在宣传水文化中发挥了不可替代的作用。不仅举办过水文化知识的竞赛，还大量刊载了水文化文章。《人民长江报》《人民黄河报》还有水利院校的学报和校报也都发表了不少水文化的文章。1996 年，在北京市水利局的大力支持下，《人民日报》（海外版）组织了水文化专题的连续报道，在国内外产生了一定的影响。

除了前面提到的出版了一批水文化报刊外，还创办了水文化的刊物。1995 年由中国水利文协和松辽委创办了《水文化》刊物，2007 年，由中国水利职工思想政治工作研究会、水利部精神文明建设指导委员会办公室主办的《水利职工思想政治工作研究》更名为《中国水文化》。除此之外，还有《大江文艺》《三峡论坛》《浙江水文化》《江西水文化》《广东水文化》《江河》、《东西南北水文化》等杂志的创刊。还有许多刊物都先后开辟了水文化专栏。

《中国水利》《水利发展研究》《水利经济》《河海大学学报》（社科版）、《华北水利水电学院学报》（社科版）、《三峡大学学报》（社科版），南昌工程学院校报专设“水文化”栏目，浙江水利水电学院学报专设“水文化”栏目，《治淮》《海河水利》《北京水务》《江苏水利》等杂志和报纸都开辟了“水文化”专栏。

长期以来，这些水文化刊物坚持正确的办刊方向，宣传党的方针政策，宣传可持续发展治水思路，宣传水利发展改革成就，宣传“献身、负责、求实”的水利行业精神，弘扬主旋律，唱响正气歌，建设水文化，发挥了十分重要的作用。

（二）举办研讨会、论坛等活动

举办研讨会、论坛等活动逐步扩大水文化影响力。除中国水利文协先后召开了五次全国性的水文化研讨会之外，许多省市也先后成立了水文化研究组织，举办了各种形式的水文化研讨会、论坛等活动。长江水利委员会每年的“长江之春艺术节”都把征集水文化论文，开展水文化研讨作为重要内容。还有河南黄河河务局、陕西渭河流域管理局、陕西宝鸡市水利局、山东水利厅、宁波原水集团、浙江省水利厅等都先后举办水文化论坛。不仅在水利行业，而且在社会上都产生了良好影响。

（三）水文化节

开展水文化节，推出“水文化”节专题活动。2006 年世界水日的主题是：“水与文化”，拉开了我国水文化的序幕，我国“水文化”节专题活动层出不穷，推陈出新。如山东聊城“水文化”节推出“水文化”节旅游推介会，“水文化”节商品博览会，“水文化”节“乐水”活动，“水文化”葵花节，“水文化”节激情欢乐运动会，“水文化”啤酒节，“水文化”节系列活动等 16 项专题活动；泰州举办的水城水乡国际旅游节，桂林国际山水文化旅游节，常州“留住一桶水——节水达人”水文化节系列活动；上海首次以水文化形式开展“世界水日”宣传活动“生命之源——水”系列美术作品创作活动，上海迎世博——中国七夕节大型水文化联谊活动；杭州大运河文化节，平湖新埭泖水文化节，都江堰清明放水节暨“多彩都江堰快乐四季游”等。

（四）水文化主题广场

建设水文化广场，打造水文化长廊，彰显水文化的魅力与胜景。都江堰水文化广场、浙江绍兴护城河的文化广场、天津海河文化广场、渭河水文化长廊、南京秦淮河风光带建设、贡水文化长廊、泰安市天平湖公园水文化长廊、江苏泰州市区水环境建设等都融入了水文化的丰富内涵，大大提高了水利工程的文化品位，成为传承水文化的重要载体。运河杭州段是江南水文化遗产的长廊，其本身就是一件古老的文物———两岸古老的街巷建筑，名人史迹、风俗掌故、神话传说等，构成了一个庞大的运河历史文化群落，成为杭州文化历史宝库中不可或缺的组成部分。如今，运河的古街古巷、民宅公建、文物古迹、民风民俗正在一天天老去，对运河历史文化的整理、发掘和保护，是杭州这座历史文化名城守护城市记忆的着力之作。渭河水文化长廊在西安草滩建设渭河博物馆，将渭河流域名胜古迹展览、水利科技、治水精英、水景园林、民俗文化、生物化石、农林渔业、物理模型等纳入其中；周围构建西北奇石市场，与西咸一体化的生态园区、北经济技术开发区的生态园区相映成趣；在渭南大坝附近构建以雕塑、石刻、防洪工程组成的渭河水文化集中展示群。全国最长的水文化浮雕墙亮相天津，这座浮雕全长 99m，分为《潞河督运图》和《三岔河口记》两部分，是现今全国最长的以水文化为主题的浮雕墙。其中，《潞河督运图》为清代乾隆年间画家江萱所绘的国画长卷，原作高 48cm，长 690cm。潞河就是清朝时的北运河，画家江萱以写实手法，描绘了清乾隆末年座粮厅使冯应榴乘官船经潞河前往天津三岔河口一带视察漕运的情景，有各种人物 798 人，各式船舶 64 艘。

（五）加入高科技载体

让高科技成为传播“水文化”的重要载体。2005 年王荣华创办了中国水文化网站。2007 年，由中国水利职工思想政治工作研究会创办了中国水文化网。为满足广大水利新闻宣传工作者的需求，畅通水利宣传与水文化传播信息渠道，及时传达中央和水利部有关水利新闻宣传及水文化建设的信息与要求，加强各地水利新宣传和水文化传播工作交流，传递水利新闻宣传新理念、新知识，展示水利宣传工作者的精神风貌，沟通彼此工作感悟，由水利部新闻宣传中心主办的水利宣传与水文化网于 2012 年 11 月 1 日正式开通，还有中国水网和各地的网站中都有水文化的栏目。目前在全国涉及到水文化内容的网站已达 30 多个，初步估计约有十万项水文化的选项，受众的覆盖面和内容的辐射面是传统媒体难以做到的。要把“水文化”的丰富资源与现代数字、网络技术结合起来，充分利用网上即时通讯群组、对话链、虚拟社区、博客、播客、搜索引擎、简易聚合、短信、电子邮件等互动平台的功能优势，使高科技成为传播“水文化”的重要载体。

（六）建立相应的主题博物馆

水利博物馆、水文化博物馆成为传播水文化的重要阵地。为了宣传人民群众治水的历史功绩和伟大成就，弘扬水利精神，传承水利文化，普及水利知识，促进水利事业可持续发展，全国各地建设了一批水利博物馆、水文化博物馆。如中国水利博物馆、黄河水利博物馆、京杭运河博物馆、宁夏水利博物馆；扬州水文化博物馆、上海黄浦江水文化博物馆、长江水文化生态博物馆、滨州水文化馆等，将水利博物馆、水文化博物馆建设成“全国青少年爱国主义教育基地”“全国节水示范基地”“大中专院校教学实习基地”“环境保护示范基地”“文化产业发展示范基地”。

（七）水利风景区

水利风景区成为水文化传播的重要渠道。截至 2013 年全国水利风景区有 588 家，这些水利风景区在维护工程安全、涵养水源、保护生态、改善人居环境、拉动区域经济发展诸方面都发挥着重要作用，实现了生态环境效益、经济效益和社会效益的有机统一。“以开发促保护，以保护促发展”的水利风景区建设与发展理念，越来越被社会认可。

水利风景区吸引人的地方还在于在这里人们能够触摸到由人与水和谐共处所形成的水文化。不论是体现人类改造自然、驯服水害的宏伟的水利工程，还是供游人休闲娱乐的优雅舒适的人工景观；不论是风景区地关于水的各种传说逸闻，还是当地各种特有物品和特有工艺都具有无可比拟的人文价值。把这些治水文化、工程文化和当地的特色文化深度挖掘、巧妙组合，展示给旅游者，必然会给游客留下深刻印象，使水文化得到有效的传承。传播水文化能够使游客感受到中华水文化的多姿多彩，能够自发地形成水文化的意识和观念，增进对水资源的情感，落实到行动上就是更加的亲水、爱水、节水、护水，这样对于我们的整个生态环境维护而言具有十分积极的意义。通过建造博大精深的水文化旅游项目，达到启迪、学习、教育、旅游融为一体的目的。

（八）借力文化创意产业

借助文化创意产业传播水文化。在传媒信息产业如此发达的今天，水文化的传播可以融入到影视业、出版业、游戏业、动漫业、文化会展业、信息业等多个行业，充分发挥文化行业的特殊优势进行宣传，同时可以将资源纳入水文化产业链中，使其在与旅游、环境、流通、信息、艺术等的交融中产生边际效应，维持自和相关产业的可持续发展，并在其中获得经济价值的实现。当然文化的产业化，特别是对于水文化的产业化来说，产业化本身并不是目的，而是通过产业化这种方式，加大水文化自身的传播，使之发挥更大的效应。

总之，古老而悠久的水文化，是我国人民劳动和智慧的结晶，是历史上人类对水的讴歌和赞美，是人水和谐人水相亲的记载和见证，因此，把优秀的水文化传播好，应用于当今时代，可以鼓舞人、督促人、教育人，对于历史文化遗产的保护，人们爱水、护水、节水意识的培育，工作热情的激发，生命的安顿和陶冶，具有极大的现实意义和深远的历史意义。

第九章　国际视野中的水文化

第一节　国外水文化的概况

水文化是在国际上近年来备受关注的一个学科领域，同时也是在水利建设和水管理过程中，在水可持续利用的当代推动过程中受到广泛关注的一种文化。水文化是人类文明的重要基石，也是人类文明的主要构成，在人类自古以来利用水、管理水，治理水的过程中就已经存在，同时水文化也是人类进一步利用、治理、管理水的重要基础，是人和水之间不可缺少的纽带，扮演着文化动力学的角色。因此水文化在国际上不论研究还是应用都在受到广泛的关注。

一、水文化的概念

国际学术界普遍认为人类在利用水，治理水和管理水的过程中必然形相关的文化，与此同时人们利用水、管理水和治理水总是从不同文化的立场出发的。由于人类社会中存在的文化多样性，因此不同民族、国家甚至一个国家中不同地域的人都会站在自己的文化立场去看待水、治理水、管理水。自古以来人类对水都是有一定文化认同的，这是水文化重要的核心理念。这种理念可以通过联合国教科文组织（UNESCO）所传达的有关信息反映出来。

2006 年世界水日的主题是“水与文化”。在联合国教科文组织发布的世界水日主题宣言中这样说道:“全世界有多少种文化传统就有多少看待、使用、赞颂水的方式。从神圣的角度讲，水处于很多宗教的核心，并被用于不同的典礼与祭祀中。水是具有强大魅力的，在不同国家中都被表现在艺术中，诸如音乐、绘画、文学、电影等，同时它也是很多科学探索的基础要素。世界上每一个地区都有一种崇敬水的途径，但是共同的是都认可它的价值及其在人类生活中的核心地位。文化传统、土著的实践及社会价值决定了在世界上不同地区的人们如何理解与管理水。”“人们在不同的地区、国家总是基于他们对水的理解、价值、宗教、习俗、政治、经济去认识与管理水，这就是一种水管理的文化基础。”联合国教科文组织总干事松浦晃一郎也指出:“管理水就是尽可能地将技术文化化，反映出人们及社区如何将自己与自然联系起来。”这些论述精辟地概括了人类社会对待水的基础和出发点，那就是植根于不同社会中的文化。

这些信息代表了国际社会中关于水和文化的关系的认识，基于这些认识，人们在制定水的政策、利用水资源、治理水环境、建设水工程等的过程中都会尊重已经存在的水文化，或者将水文化运用到水管理中，建设起一条人与水之间牢固的、多姿多彩的纽带。没有水文化的社会、水利建设工程以及水环境治理、水资源管理都是不完美的、不能持续的。

水文化首先是根植于人类社会中的。这在国际环境中被理解为水与文化多样性。水与文化多样性可以分为两个方面，一方面是由于人们居住在不同的地理环境中，水的形态各有不同，比如河流、湖泊、泉水等以及在森林茂盛的地区、干旱或者半干旱地区水供应的不同，造成了人们利用水的差异，这种差异也形成了人们不同的对水的理解、使用水的方式、社会关系、生产方式和生活方式等。这是由于人们生存环境中的水形态影响到了人类社会而产生的差异性。在这一点上，水是一种促进人类文化形成的动力学因素，人们因为使用水而形成了不同地区、不同民族的文化，水推动了人类文化的产生、形成和发展。

另一方面，人们根据自己对水的理解、使用水的地方性知识、当地的社会组织形态、人们的生产形态和生活方式等的地方性的文化去使用水、治理水、管理水，从而使文化成为水管理的动力学因素，不同的国家、民族、社会中的人们根据自己的文化价值和文化传统去管理水，使用水，因此世界上形成了丰富多彩的和水相关的文化，也就形成了水文化多样性。

从以上两个方面来看，水和人类文化之间的关系是一种互动关系，一方面人们通过使用水形成了不同的文化，另一方面人们总是根据自己的文化传统去使用水和管理水。首先是人们形成了关于水的文化，才形成了和水相关文化的不同构成要素，包括知识上的、宗教的、艺术的、建筑的，社会关系等方面的水文化构成要素。因此在国际上，水文化的差异性被凸显，人类社会中没有统一的水文化。人类丰富多彩的水文化，也就是水的文化多样性不仅是客观存在的，而且是应该获得尊重的。尊重不同民族的水文化和水文化、水资源管理的价值，在国际学术界是一种共识。

由于在人类社会中水文化多样性的存在，因此水文化有民族性和地方性的特质，简单来说就是不同民族有不同的水文化，不同地区也有不同地区的水文化。与此同时，水文化也具有时代性。不同时代的水文化的表现形式也是不同的，这反映了人类发展过程中与水的关系的变化。在历史上不同民族和不同地方形成了不同的水文化，但是在当代人类面临共同的水问题和可持续发展的利益诉求时，人类必然会形成很多一致的水文化现象，因此很多文化现象都被理解为水文化的范畴。例如现代居住环境中的水景观的建设，在美化城市的同时也提供了市民亲近水的机会，节约水的社会规范的养成、社会中保护水环境的思潮和运动、水教育活动、和水教育相关的设施建设都属于当代新的水文化范畴，使当代的水文化内涵获得了较大的拓展。

在很多国家，由于人们对于水文化的深刻认识，因此在当代的水管理和政策制定中也非常尊重水文化，尤其是一个地域（农村社区或者城市）、一个民族的水文化，在制定水政策和进行水管理的过程中会将水文化融入其中。因此水文化在国外往往也带有明显的政治色彩，成为人们维护自己对水资源管理权力的一个重要因素，因此国外有水文化权和水文化政策等概念和实践活动。

二、人类社会中的水文化多样性

在人类使用水、改造水环境的过程中，产生了和水相关的文化。一方面水的使用对人类社会的发展产生了深刻的影响，促进了人类相关文化现象的产生和发展，包括人类使用水和改造水环境的技术、人类生活方式的变化、新的社会关系、管理水的制度和社会规范的产生等。另一方面人类也是按照自己的文化观念和社会规范来看待水、管理水的。因此理解水文化在不同国家、民族中的多样性是非常重要的。

首先，人类对水有不同的观念与认识，对水的认识典型地反映了人类水文化的多样性。世界上不同的民族对水的认识都具有一致性，即水是人类的基本生存资源，同时又往往都把水放在各种文化的核心地位。这一点从一些宗教现象中就可以反映出来。基督教、佛教、伊斯兰教等对人类影响较大的宗教都把水作为神圣的物质。基督教入教者的洗礼要通过水来完成。佛教中，水是一种超自然的介质，很多重要的宗教仪式都要通过滴水来显示人和佛之间的沟通。在南传上座部佛教中，如果没有滴水的仪式，那么就表示人们所举行的仪式还没有和佛达到沟通。在信仰南传上座部佛教的缅甸、泰国、老挝、斯里兰卡等国的信徒每年都要在特定的时间在河流中放水灯，表示消灾祈福。信仰印度教的人们将恒河水视为神圣的物质，每年都要到恒河中沐浴，每年到河中沐浴的时节，成千上万信仰印度教的人们都会汇集到恒河边沐浴，洗去生活中的不如意，获得福气。人死后，也要在恒河边进行火葬或水葬。此外在世界各民族中普遍都有水神灵的传说与信仰以及相关的祭祀活动。人们将水作为一种神圣的物质，或者人和神之间沟通的媒介，赋予其特殊的意义和价值。这种现象在人类社会中普遍存在。

水的使用对人类社会产生了重大的影响。由于使用水，人类社会的很多文化现象因此产生，世界上不同的地区和民族都有使用水和管理水的技术，而技术的进步是人类社会发展的重要标志。例如古代希腊是人类水技术发展较早的地区。史前的古希腊（约公元前3200—1100 年）米诺斯文明时期，已发展起了与水相关的技术，包括引水沟渠、雨水收集系统以及位于克诺索斯宫殿地板下用陶土制作的管网系统；废水和雨水下水道系统，比如在在克诺索斯、扎克罗斯和菲斯通盘宫殿里发现的相关系统以及卫生用水系统，如厕所、浴室冲洗系统。这些技术都与后来的水利技术直接相关。再例如在中东和非洲北部的干旱和半干旱地区，人们发展起了坎儿井技术，通过修建地下引水渠将水从山脚引到生活区进行农业灌溉、绿洲维护和日常生活的使用。坎儿井因为设计精巧、建设的技术要求高、引水效率高而成为人类利用水的奇迹，目前在世界上还存在 3.7 万处坎儿井。对水的使用也改变了人们的生活方式，促使人类生活品质的提高和新的生活方式的形成。例如在古代的希腊和罗马，由于水的使用使得人们在城市中建设了冲水厕所，提高了卫生水平，降低了疾病的传播。古代希腊是世界上较早使用冲水厕所的地区。罗马城市在公元 1 世纪后由于修建了引水渠，同时也使得厕所的使用在城市中出现。另一重要的现象就是沐浴场所的出现，在古代的希腊和罗马都修建了供市民使用的公共沐浴场所，沐浴成为一种重要的城市文化，人不仅提高卫生水平，沐浴的场所也成为一种公共社交场所，沐浴成为人们的公共社交方式和新的生活方式。事实上在罗马帝国统治的各个地区，沐浴文化俨然成为罗马帝国文化的一种象征。沐浴文化在土耳其奥斯曼帝国时期达到高峰，在今天的伊斯坦布尔，历史上就修建了大量的公共沐浴场所，不仅有男性专用的浴室，也有女性浴室，沐浴成了人们生活中不可缺少的一种生活方式，带动了和沐浴相关的文化现象的产生。由此可见水的使用带来了人们文化的变化，尤其是生活方式和社会文化的变化，成为人类社会发展的一种动力。

不同地区、民族在使用水时形成的生活方式是不同的。水与人类的生活密不可分，人们的生活一天都离不开水。但是人们在使用水的时候也形成了和水的特殊氛围，形成了特殊的生活方式和文化。世界上不同的民族都有自己和水相关的生活方式，例如在东南亚信仰南传上座佛教的泰国、缅甸、老挝等国的民众中，每年的新年也就是我们通常说的泼水节，在这个节日中，人们不仅泼水狂欢，同时还要互相泼水表达祝福，水成为每年新年最重要的元素，人们很多社会生活都是围绕着水而展开的。新年的第一天，人们最重要的活动是在寺庙中进行浴佛像活动，将寺庙中的一尊佛像请出，然后用清水为佛像沐浴。日本是一个火山较多的海岛国家，形成有大量的温泉。日本民族的社会生活中，也因此和温泉结下了不解之缘，温泉成为日本人的生活中重要的内容，同时也形成了丰富多彩的温泉文化。不仅有各种各样的沐浴方式，温泉建设也各具特点，有的建在室内；有的则建在室外，和自然环境融为一体，温泉中融入了环境、艺术、人类的生活与健康观念、社会关系等要素，已形成了一种典型的水文化。一些民族中，水的使用依托于人们的社会生活习俗和文化。例如，在阿曼苏丹国的农村中，水的使用反映了人们社会生活中的文化规则，水经过水渠进入村子之后的使用顺序是：首先修筑一个水池让村民们取饮用水，然后水流进入清真寺，在清真寺中被分为两个流向，一条被引入男人净身的地方，另外一条被引入妇女净身的地方，水从清真寺中流出后被用于洗涤，随后到农田中或者果园之中作为灌溉用水，用不了的水则排入河道。这种用水的方式不仅反映了当地的文化，同时也形成了人们相应的社会生活规则。总之，世界各地因为水的使用形成了丰富多彩的生活文化。

水不仅仅影响着人们的生活方式，同样也是影响着人们的社会组织和社会关系。在非洲的很多农村里，畜牧业是当地重要的生计来源，每个村子都有一个水井或者地下引水渠的取水点，上面修建有供牛、马、羊饮水的水池，每天村民们都会让自己的牲口到饮水池饮水。但假如牲口的主人不是这个村子的村民或没有尽到应尽的义务，那么他将失去这一权利，也就有可能丧失生计。在一些当地的村子中，井水需要从地下几十公尺深处由人梯向上传递，每天清晨去水井提水是每户人家最重要的义务，如果大家不去，人梯不能形成，则整个村子的利益都将受到影响。因此围绕提水，形成了相关的社会规范和关系，人梯数百年不断工作，不仅维持了人们的生计，也维持了当地的社会关系。事实上这种通过水而展开的社会关系普遍存在。

第二节　国外水文化的典型案例

一、古代罗马的水利工程和水文化

古代欧洲的大多数城市并不像中国一样建立在河流岸边，而是建立在商业和军事要道之上，古代城市的水供给有着先天不足的问题，必须通过水供给工程来保障城市的水供给和排水，也正因为如此，欧洲城市的水供给工程发展水平较高。由于水供给的发展，不仅解决了城市居民的生活用水问题，丰富的水供给也带来了城市水文化的繁荣，包括城市水景观的建设、人们生活用水设施的发展，如日常生活用水设施、公共和私人沐浴设施、厕所等卫生设施的发展，进而带来了人们生活方式的变化。与此同时，水的分配制度、管理制度等社会规范和法律法规也随之形成，围绕着水的分配、使用和管理形成了相应的社会规范系统，使得水与人们的政治生活、经济生活和社会生活甚至艺术创作活动都联系在了一起，延伸出丰富的水文化，在当代仍然是一笔宝贵的文化遗产。在这里我们以古代罗马的水利工程和水文化为例。

古罗马以完备的引水渠网建设闻名世界。古罗马的供水系统被认为是古代历史最辉煌的奇迹之一。不仅仅是在首都罗马城，罗马帝国扩展所到之处也是引水渠建设的所到之处，这几乎成了罗马帝国向外扩展的标志。因此古代罗马的水利工程首先是建立在引水渠之上的。古代罗马城市建立在第伯尔河边，但是河流供水有限，在公元 1 世纪以前，罗马城市的居民主要依靠第伯尔河水和城市中的井水作为生活用水。但是在罗马城不远的地方就有终年被雪覆盖的高山，并且山区降水丰沛，由此也形成了丰富的地下水和众多的山泉，成为罗马城市可以获得的重要水资源，因此通过修建引水渠调水入城就成了城市供水的重要来源。公元前 312 年，罗马城第一条引水渠修建，到公元 1 世纪末期，罗马城中已经有 11 条引水渠，提供这一城市 $9m^3/s$ 的水量，当时的罗马城大概有 50 万居民，每天每个居民拥有 1500L 水，远远高于当前的 200L 的水供给量。引水渠的水进入城市以后，通过大量的相关设施再把水分配到了城市不同的用途中，因此在这个时期还修建了 700 个城市水库，130 个用于分水的水池，500 个喷泉，让水在城市中发挥最大的效益。也因为如此，罗马丰富的城市水供给不仅解决了市民的日常需要，同时也使城市用水方式得以拓展，改变了人们的生活方式，使罗马城的新文化因水而生，水不再是一种消费品，而是一种文化的基础。修筑引水工程时负责水利工程的执政官不仅仅考虑到解决民众的用水困难，而是让水成为这个城市的灵魂、让市民能够享受到水带来的快乐，使罗马城因为水而变得更加美丽。

供水方式的变化首先是和政治制度结合起来的。古代的罗马注重用水的公平，引水渠供给城市里的水大约 17% 被用来供给皇宫和公共浴室使用，39% 供给城市居民生活用水，44% 用于城市的公共用途，如喷泉。这些制度是水供给推动的，反映社会和水的新关系的重要侧面。

罗马的执政官注重让水来提升其居民的生活。不仅修建了宏大的引水渠，更注重的是水在居民的生活中得到便捷的使用，因此修建了大量的水分布管网设施，居民可以在自己的生活区便捷地使用水，例如在大街上修建大量的公共水池，供市民取水，这在罗马帝国的城市都一样。例如考古证明，在庞贝古城的大街上每间隔 100m 就有一个取水池，人们走路不超过 50m 就可以取到水。庞贝古城水池最简便之处在于喷泉水源源不断地跌落在配备好的椭圆形石盆里面，这样石盆里的水应该时时都是满的，让市民使用。这样的情况在古代罗马城中也是一样的。

丰富的水资源供给，为城市水景观文化的繁荣打下了坚实的基础。罗马城中出现了大量的景观喷泉，成为罗马的象征。喷泉不仅美化了城市，也为市民享受水、亲近水提供了条件，在欧洲没有任何城市能像罗马一样拥有这样大量的喷泉，使罗马城成为名副其实的喷泉城市，2000 多年来人们能够在这个城市中充分享受水带来的快乐。在 1 世纪，罗马城中建设了 500 个喷泉，到 4 世纪，已有 1352 个喷泉，目前罗马城中已有超过 3000 个喷泉。今天漫步在罗马城中，不仅到处可以看到古代罗马人修建的宏伟壮观、造型艺术绝顶的喷泉，也能看见很多充满现代气息的新的喷泉，让城市充满水的灵魂。

水供给同样使罗马市民的生活方式发生了较大的变化。在引水渠修建以后，罗马执政者就考虑到卫生状况的改善对于这个城市的重要性，而丰富的水资源供给正好可以解决相应的问题。由此，罗马城市中沐浴和厕所得到了很快的发展，这其中最重要的是公共沐浴场所和厕所的发展，它为市民，尤其是普通市民卫生状况的改善提供了重要的条件，也是罗马统治者对市民最重要的贡献。在 1 世纪后，罗马城市中修建了很多公共的浴室，人们可以自由地免费前往公共浴室沐浴，同时在城市中也修建了很多公共厕所，沐浴之后的废水就可以直接用来冲洗厕所，改善了当地的公共卫生条件。罗马的公共浴室和厕所不仅是卫生设施，同时它也带来了人们新的生活方式的产生，形成了一种新的生活方式，公共沐浴的场所不仅仅为沐浴，也成为人们一种重要的社交场所，甚至很多达官贵人都常常前往沐浴场所，很多事务都是在沐浴场所进行商谈的。罗马的公共沐浴成为一种罗马文化的标志，在罗马帝国统治的各个地区都有很多公共沐浴场所，有的设施在今天的非洲北部国家仍然存在。由此可见，水利工程的公共性自古以来就受到重视，水利发展惠及了这个城市中的大多数人，也推动了文明的进步。事实上，在国外的城市中，水景观的建设，尤其是喷泉建设是城市不可缺少的一个部分，同时也是一项公共服务，尽管成本很高，但是它标志着人们有机会公平地享受水。

二、日本大分县灌溉发展与水文化的形成

日本大分县是阿苏火山熔岩地区，因此自然条件较为恶劣，在历史上土地没有河流可以

灌溉。此地年平均降雨量约 1800mm，气温相对较低，平均气温 14℃，同时这一地区经常受到梅雨和台风的侵扰，自然灾害也较为频繁，更为严重的是由于在溶岩地区很难对水进行自然的保存，因此在过去，干旱就成了这一地区最大的问题。在过去由于缺水，土地条件非常恶劣，土地干旱贫瘠，在一百多年以前当地只有 20% 的农业用地是水田，能够从村寨附近的山泉中获得灌溉用水。

这一地区修筑水利设施的计划自 1151 年，当时竹田市的成原井路水渠已经开始进行计划，但是并没有完工，一直到 1661 年，这一计划才完工。随后灌溉工程在当地不断展开，到 19 世纪末期在这一地区已经有一系列的灌溉渠道修建完工，改善了当地的灌溉条件。在 1899 年明治时期，日本的《耕地整理法》制定颁布，当地开田的热情也大大的高涨，大分县的土地资源获得了有效的利用，一系列的水利灌溉工程也随之而展开并且逐渐完工，在这些过程中克服了种种由于溶岩地区恶劣的自然条件所带来的困难，修筑了一批著名的灌溉水渠，形成了今天遍布整个地区的水渠基础网络。在诸多灌溉工程中修筑了大量的地下水道，也架设了很多宏大的引水桥梁，有的水渠长度超过 10km。目前由于水道的改良，整个阿苏溶岩地区农业灌溉条件有了较大的改善，在竹田直入地区，人们穿山架桥从河流中引水建成的引水渠及隧道长达 236km，其中干线 128km，支线 108km，形成蔚为壮观的灌溉网络，使农田的灌溉条件得到了极大的改善，在整个地区土地灌溉受益面积达 2550hm^2，其中水田 2010hm^2，山地 540hm^2。[1]

水利工程的建设与发展，也促进了当地文明的进步，形成了相关的水文化。

灌溉水渠的大量修建见证了人们智慧与艰辛劳动的成果，是当地文明的基础。日本大分县山区是火山溶岩地区，因此水渠的修建需要打通大量的穿山隧道并架设引水桥梁，桥梁大多数用当地的岩石料造成，一些引水桥梁工程十分浩大，大量的穿山隧道、石桥跨越山涧、河流，成为诸多水渠道上蔚为壮观的人工建筑。引水的石桥是水渠建设中重要而宏大的工程，在竹田直入地方管辖内有长 116m 长的八孔耶马溪桥，长 78m 六孔相连的明正进路第一石拱桥等 34 座较大规模的石拱桥，而大小桥合计 500 余座，在数量上堪称日本第一。这些石桥完全用于引水，不少大桥造型十分壮观。其中，堤高 14.1m，长 87m 的白水溜池大坝，是日本公认的最为壮观、最具有造型美感、最具有设计想象力的一座大坝，之所以用美感来形容这一座大坝，是因为这座大坝的高度低于水面，使水能够慢慢溢出坝顶，顺着坝的缓坡圆形坝身向下形成一个巨大而壮观的白色水瀑，站在坝底观看整个水坝形成的水瀑，确实令人赞叹。这一大坝的修建形成了白水水库，储水量达 60 万 m^3，有效地改善了当地的水供给条件，而这座大坝本身也成为人们智慧与辛劳的象征，在 1990 年 5 月 13 日被日本指定为国家级重要文化遗产。

除了诸多雄伟的引水石桥及大坝以外，在大分县值得人们骄傲的还有分水的设施。在过去

---

[1] 《大分县土地改良史》

水渠修通后由于难以协调水的公平分配，因此不断引起由于分水带来的纷争，为了解决这一问题，人们发明了门形分水池，将水引入地下，再在地面修筑一个圆形的石围墙，在围墙上开凿不同的门孔，在水通过地下渠从地下涌出后就会从圆形井墙上的门孔中流出，这样水就可以按人们的要求的分到不同的水道中，从而解决了水分配中的纷争。著名的音无井路水渠门形分水池建于 1934 年，分水池四周有 20 个出水门孔，其中有 5 个门孔的水注入 1 号水道，8 个注入 2 号水道，7 个注入 3 号水道，这样水就被根据用水量的多少以及负担的多少被公平的地分成了不同的份数。门形分水池被认作是当地人们智慧的象征，在大分县有数十个之多。

水利灌溉设施的修建形成了相关文化。一方面，由于水利设施的修建凝聚人们艰辛的劳动与智慧、创造，因此人们将精神世界的很多因素也很融入了水利设施，对水设施的崇拜就是其中最典型的文化现象。人们认为水中有水神，而新修建的水设施中也有神，因此在各地的水设施中人们每年都要进行水神庆典，这是当地每年一度的重要节日活动，每年人们都要在节日期间身穿节日盛装、举行两天的活动，让人们记住水利对人们生计的贡献，感恩先人的贡献，同时也获得快乐。

水利灌溉设施成为当代文化遗产。经过百年数代人的艰辛努力，灌溉设施在历史上起到了促进当地农业发展、支撑着人们的生存，促进了文化的进步，同时这些水利设施不仅仅凝聚着人们艰辛的劳动，也凝聚着人们的智慧与创造。在当代这些设施由于凝聚着人们改造自然的艰辛历史、记录着当时的文明、包容着深刻的文化与智慧而成为一笔不可多得的文化遗产，这是在当代显现出的新的价值，这一点也许是当时修筑这些水利设施的人们并没有想到的。很多灌溉设施不仅仅有引水灌溉的功能，同时也有科技、艺术、文化、历史内涵，作为重要的文化遗产在当代产生着新的价值，同样也是地方文明的重要的组成部分，是当代地方文明不可缺少的重要因素。很多设施都已经受到了外界的承认，大分县白水溜池在 1999 年成为国家指定的重要文化遗产 2003 年当选土木遗产最高奖。世无田石拱桥建造于 1901 年，由于桥的周围有很多座与此桥相同的引水桥组成桥群，因而被誉为“石桥博物馆”。石岩井路水道渠在 1996 年被国家列为有形文化财产，建于 1934 年的音无井路水渠门形分水池成为了当地水设施的典型代表而受到广泛的称道。上面提到的日本获选的 100 个梯田台地景观中，大分县就有 6 处入选，此外还有很多灌溉设施如水渠、大小石桥、纪念碑、水坝、寺庙等被不同的县、市、地区等指定为当地的重要文化财产。这些与灌溉设施的发展相关的丰富的文化遗产，共同构成了大分县地方文明中一个亮点，使大分县成为日本改造贫瘠地区、发展农业的典范。这一发达的灌溉文化也为当地带来巨大的经济收益，影响到了当地的经济发展，加之当地有丰富的温泉资源，这一地区成为了远近闻名的旅游地区。

从这个例子可以看出，水利建设不仅改善了当地的供水与人们的生计，促进了当地社会的发展，也形成了相应的水文化现象，成为重要的文化遗产。水文化的形成与发展往往是人们改造利用水环境的结果。

第三节　国际间对水文化的推动与研究、应用

一、国际间对水文化发展的推动

国际间对水文化的关注与推动是有组织的，这是水文化能在国际间得到积极推动的重要原因。客观而言，水文化在国际上受到广泛的重视至今不足 20 年，也就是说虽然水文化已客观地存在于人类社会中数千年，但它被上升到一个国际层面上加以研究与应用性的推动和受到关注只有十余年的历史。

1999 年在联合国教科文组织国际水文项目（政府间水文理事会，UNESCO-IHP）的倡导和协调下，国际水历史学会（International Water History Association，IWHA）正式成立。这是全球性水文化对话和研究、推广平台建设的开始。在此之前欧美国家已普遍成立了国家层面的水历史学会，国际水历史学会的成立为协调各国相关学术组织，开展全球性水历史研究与教育提供了平台。学会的宗旨在于推动和加深对于人类文明发展过程中水所扮演的角色的认识，促进人类对于水的理解和关注。国际水历史学会由水利专家、水环境工程师，关注水话题的艺术家、历史学家、人类学家、政府官员和民间组织的人士构成了一个以水历史的研究和对话为主题的国际空间。学会所关注的话题不仅是人类改造水环境的历史过程，更关注水在人类文明形成中的作用、水与不同民族、不同国家、不同文化背景的人的社会、经济、文化发展之间的关系。国际水历史学会成立以来已先后与联合国教科文组织以及有关国家政府和科学组织合作，在英国、挪威、埃及、法国、丹麦等国举办了多次全球性国际会议以及一系列的地区性会议，通过提供奖学金、短期培训、编辑出版系列丛书、出版《水历史》杂志、拍摄影视片等方式推动水历史研究和普及，是联合国教科文组织的长期战略合作伙伴，也是国际上最有影响力的有关水研究的人文组织。国际水历史学会的影响力之所以迅速扩大，并且在学会中有来自于不同学科的人们的热心参与，尤其是很多水工程师的参与，原因就在于今天对水的关注和理解、对于水危机的化解已经不仅是一二个学科，或者是工程技术能够解决的，它必须在多学科的基础上，尤其是文化学科。因此，2005 年 12 月国际水历史学会与联合国教科文组织合作举办的第四次全球大会的主题是“水与文明”，同时本次会议上也举行了庆祝国际政府间水文理事会成立 30 周年典礼并将 2006 年国际水日的主题确定为“水与文化”。这一切都表明了国际上对水和文化之间的关系有着越来越深入的关注。

由于水文化的重要性，自 2000 年起，联合国教科文组织展开了关于水与文化多样性的讨论，并且于 2007 年正式设立了“水与文化多样性项目”（Water and Cultural Diversity）。并提出了“水的文化多样性是可持续的关键”的理念。这一项目主要的议题集中在四个方面：一是水与文化多样性的含义和价值；二是致力于水的文化实践和科学技

术问题；三是水利用管理的社会、文化、政治和制度问题；四是与文化多样性相关的、涉及利用、获得和控制水的合作与冲突问题。目前已开展了关于世界各地水文化多样性，即与水相关的文化数据库建设，2009 年 10 月 1—4 日在日本京都召开了“水与文化多样性国际研讨会”，并且在积极致力于将水与文化多样性问题纳入到政府间的正式对话中。以上所介绍的两个例子都涉及联合国教科文组织相关的组织活动，在全球层面上具有代表性及导向性，这些组织和项目的活动将会影响到世界各国有关水文化活动和政策制订的走向，因此具有典型性。

除了联合国层面上水文化建设活动之外，水文化相关研究在越来越多的国家受到关注和重视，有越来越多的学者致力于其中的教育、研究和推广工作。在美国，很多大学都开有水历史、水和人类文化多样性的教学课程。一个重要的信号是美国人类学家协会已经成立了水人类学分会，水人类学的概念已经正式成为一个相对独立的人类学领域，《美国人类学进展》2009 年曾出版“水人类学”特刊，一些美国学者已经将水人类学纳入到大学的教学体系中。在瑞典，斯德哥尔摩大学的学者近年来将水和欧洲国家形成、城市文明的研究领域构建起来，并取得了突出的成效。联合国教科文组织环境教育研究所已经决定将水历史与文化的相关教育作为系统性的教育内容，开展有关的学位教育。在日本，各地都经常性地举办和水文化相关的教育活动，例如 2009 年 8 月在日本大阪举行的水教育周，包括公共教育、学术研究等多种丰富的形式。法国水科学院是一个将水文化的研究与应用纳入其工作目标的有影响的科学机构，这一机构已对世界很多地区的水文化进行了数十年的研究并积极推动水文化的保护与应用。

二、水文化的研究与关注热点

在今天水问题和水危机成为人类生存及可持续发展的一个巨大的挑战，在过去的几十年中所形成的这种挑战在人类历史上表现出前所未有的严峻性，人类为治理水环境，应对水危机，化解水问题做出了种种努力。不同国家推动了水科学的发展、强化了水管理法律法规、建设了无数的水利工程，但是人类面临的水问题仍然没有得到根本的化解，水危机仍然是影响到人类可持续发展的最严峻的环境危机。为什么人类的科技进步、制度建设、工程建设在积极推进的时候，水问题仍然在加重，除了工程技术的进步及制度建设外，我们是否还有什么更为根本的手段？答案是肯定的，一个重要的因素被忽略了，这就是水文化在当代水治理中的价值。因此不得不深入地认识水在人类生存以及人类文明形成的过程中所扮演的重要角色，尊重不同地区和民族、文化背景中的水文化在当代水环境治理中的重要价值，建设和当代发展相适应的水文化。也正是基于此，近年来水文化在国际上不论研究还是应用都受到了广泛的关注。

在国际上对水文化的研究已经有了深厚的基础，并且是一个广阔的领域，包括历史学、文化学、哲学、宗教学、建筑学、社会学、人类学等众多的领域。虽然说很多研究并不直接标明自己是做的水文化研究，但事实上属于水文化研究的范畴，包括了人们从历史角度去研究水在人类历史发展过程中的角色、水是如何对一个民族、一个国家、一个区域的文明、发展以及文化多样性的形成产生影响。很多学者研究不同国家的水神，加深人们对于水这一种特殊物质神秘性的理解。很多人类学家研究不同民族和不同地域的人们和水的关系，包括人们对水的理解和认识，使用和保护水的社会规范、对水的宗教祭祀，社会合作等。水文化的研究也得到了包括联合国教科文组织、国际水历史学会等有国际影响力的组织的积极推动。目前最重要的成果是国际水历史学会拍摄的大型纪录片《世界水历史之旅》(IWHA)，最新出版的重要成果包括了挪威学者特吉·特沃地教授主编的9卷本大型丛书《水的历史》等，这一丛书既是水历史研究的重大成果，也是世界水文化研究的集大成之作，其内容包括了水与人类社会方方面面的关系，如水与观念、宗教、社会、习俗等。日本也是一个重视水文化的国家，除了出版大量与水文化相关的著作外，一个显著的特点就是注重水文化的普及，如2009年出版的《水与人》丛书，虽然是一套科学普及丛书，但作者都是有影响的专家。目前对水文化研究的重点关注包括水与文化多样性的问题、水伦理问题、水文化和水可持续利用的问题，水文化与应对气候变化等问题[1]。

那么在国际视野中的水文化包括了哪些主要领域，有哪些主要的关注点呢？尽管对水文化在国际上有不同的理解，但概括而言，目前在国际视野中，水文化主要包括以下5个方面。

（1）有关水和人类文明形成的关系，水在人类文明发展过程中的角色，也就是水的文明史、利用史。

（2）世界不同民族、国家以及不同文化背景中的人们对水的观念、认识、宗教信仰，使用和利用水的社会规范、行为模式等文化要素。

（3）人类在改造水环境的过程中形成的有文化内涵的物质结果。

（4）当代人类的水文化价值观、观念、使用和管理水的行为模式、社会规范等。

（5）水教育体系的构建，包括学校与公众教育。

就水文化研究的关注而言，根据笔者近年来在国际合作和研究中所了解的情况，国际上目前在水文化方面主要关注以下问题。

（1）关于水文化的内涵和价值。水文化的研究在近年来才上升到全球层面上，因此关于文化、水文化、水与文化多样性等概念的定义仍然是人们关心的问题。关于水文化的内涵仍然需要认真研究，并且获得一致性的认可。水文化既然成为一个相对独立的学科或者是领域，那么独立的学科体系是什么，同时水文化在水资源的管理中、在化解水危机、解决水问

[1] Water, Cultural Diversity and Global Environmental Change. Edited by B.R.Johanston, etc. UNESCO, Springer, 2012.

题、改善水环境的过程中究竟有什么样的价值，尤其这种价值如何获得不同学科的学者、公众、政府官员理解，通过什么途径来实施水文化的教育，仍然值得深入探讨。

（2）关于水文化和人类文明的关系。在人类的文明形成和发展过程中，水文化扮演了什么样的角色、起到了什么样的作用，水文化和人类文明形成发展的关系如何，这是世界各地学者们普遍关心的问题。在世界各地不同民族、不同国家及不同文化背景的人群中所存在的水文化如何促使文明的形成，并且成为人类可持续发展的重要基石。如果我们能够理解水文化和人类文明之间密不可分的关系，我们就可以在今天让公众理解水文化的价值和重要性。例如欧洲很多学者就水与欧洲城市发展与文明形成的关系、历史及水管理等进行了深入的研究。

（3）现在存在于世界各地、各民族中的关于水与资源管理、保护、利用的土著知识和传统文化的价值问题。学者们相信，植根于不同民族中的风俗习惯、宗教信仰、世界观、价值观、传统智慧对水的保护作用，土著知识和传统文化对于世界各地的温泉、湿地、河流、湖泊的保护起到积极的作用，在今天这其中往往包含了应对气候变化、环境危机的可持续的途径。因此认识世界各地关于水文化的传统文化、并加以保护和利用有重要的现实价值。如何发掘、保护、尊重传统不同民族中相关水的文化，值得深入研究。不少学者都已就传统社区中传统知识与社会规范之间的关系进行了深入研究。

（4）关于水文化的应用。水文化的价值已经受到越来越多的关注，但是如何将水文化应用在今天的发展过程中，尤其是能够进入到政府的决策过程中、并且在各种发展建设项目中得到广泛的应用，仍然是非常艰难的，需要寻找可行的途径和方法。水文化并不仅仅是传统，如何将水文化应用到今天的发展过程中，使之成为可持续发展的重要基础，才能真正显示其价值。

（5）关于水文化政策。水文化政策是一个较为前沿深刻的问题，它所关注的是在政策制定过程中、当代的发展环境中如何尊重水文化、将水文化作为一种必需的构成要素来加以看待。水文化如何在相关水的决策过程、规划过程、项目实施和国民教育中产生影响，让水文化成为一种政治因素，是今后要考虑的问题。

（6）水文化权。水文化权所表达的内涵是不同地区的人们有权力依据自己的传统文化和管理水的土著知识对当地的水资源和水环境进行管理。在当代的发展中，很多传统社会的民众对水的管理被政府和一些企业等利益集团所取代，因此争取对水资源的自主管理权力涉及深刻的政治和利益关系，受到广泛的关注。

（7）水文化教育问题。要使水文化在当代的发展环境中产生真正的作用、现实应有的价值，很重要的就是实施水文化的教育，通过什么样的途径和方法实施水文化教育，这是水文化建设中面临的一个艰巨的挑战，包括教育的方式、内容等。

（8）水文化与气候变化问题。很多国家的科学家都在探讨通过水文化的建设以应对当前的气候变化，因为应对气候变化一个有效的方法就是从一个区域的环境改善开始，而当地的土著知识和技能，也就是当地人对于当地环境的认识、保护的技能是对当地环境保护与改善最有效的动力和保障，这一切正是水文化的构成。运用好水文化，将对应对气候变化起到积极的作用。

三、水文化的应用

水文化不仅在科学研究中受到关注，在现实中也被广泛地加以运用，这是国外水文化重要的现实。水文化的运用主要表现在以下两个方面。

（一）水文化遗产的继承

在很多国家中，对水文化的尊重和认识往往都反映在对历史文化遗产的态度和继承之上，因此在很多国家不论社会生活中存在的制度层面还是行为层面的水文化都被人们所看重并加以继承，尊重水文化在水管理过程中的作用，同时水文化的物质建设层面也同样受到重视，大量的水利工程发挥的不仅是水利功能，同时也发挥着重要的文化功能，成为当代重要的文化遗产。

在社会生活中的例子，我们可以以泰国清迈的曼堤河的水祭祀为例。这条河流流经多个县，是当地数十万民众的母亲河，因此人们认为这条河流中的河神是保佑当地民众生计的神灵，每年都要在这条河流的水源地进行隆重的祭祀活动，在祭祀活动期间，不仅当地的老百姓会积极地参与，当地的各级政府官员和公务员、学校的教师和学生也都要参加，每年都有几万人参加这个活动。今天对于河神的祭祀活动除了表示对于传统的尊重，当地的政府更希望通过这个活动来加强人们水环境保护的意识和行为。在越南，对红河河神的祭祀活动也是每年隆重的民间活动，当地的政府官员和公务员、教师学生也都参加这个活动。这些活动反映了民间对水文化传统的珍重和继承。

物质层面上的水文化遗产是容易被人们所看见的文化，对水的物质文化遗产的珍重在欧洲国家是表现得最典型的。在欧洲国家从农村到城市随处可见各种各样的古代的水建筑物，包括饮水设施、城市排水建筑、喷泉等景观建筑等。这些古代的水利设施很多今天仍然被很好地保护着，甚至还在使用中，显示了人们对水文化遗产的继承。例如我们在前面论述到的罗马城，今天还存在并在运作着的3000余个喷泉中大多数都是古代的作品。对水文化遗产的继承反映了人们对水文化的重视，同时水文化遗产和今天的运用往往也结合得很好，大量的水利工程建筑物在今天仍然是人们生活中不可缺少的部分，尤其是作为一种文化存在，在这些历史遗产进行了新建设也很多见[1]。

[1] Water Fountains in the Worldscape. Edited by A. J. Hynynen. P. S. Juuti. T. S. Katko. International Water History Association Publishing, 2012.

（二）水文化和水利工程建设

从很多国家成功的水利工程建设来看，在水利工程中融入更多的文化不仅仅表现在这个水利工程有视觉艺术上的效果，使得该项工程不仅是一个单纯针对某一方面水问题的工程，而是一个和当地社会、文化可能发生密切关系的工程，是一个对当地社会可能产生深远影响的工程。尤其是大型水利工程，更是这样，它不仅用于解决人们的用水问题，也可能影响到当地民众生活品质的提高、社会的进步，甚至文明的发展，人们不仅能够方便地使用水，也能够让人感受到水对一个城市、对自己社会生活方方面面的改善，包括便利用水的设施建设和城市水景观建设等。水利工程建设中的水文化，体现在水利工程建设不仅是一个土木工程项目，它也能体现治水的思想、艺术，体现这项工程和当地的社会和文化需求之间的关系，体现一个地方长期的发展利益。

将文化融入水利工程中，也表现在水利工程能够体现对环境的关爱和保护，因此在水利工程建设中应该更多地体现环境保护的理念，这是当代水利工程建设重要的文化内涵。包括考虑到水利工程相关地区的文化多样性、保护当地的生物生存环境、使水利工程和当地的环境相协调。例如日本的很多河流治理过程中都体现了对生态环境的关爱，考虑到鱼类洄游的自然需求等。

通过文化的手段保护水资源和水利工程成果，也是当代水文化的重要发展趋势。很多重要的水利工程都通过文化手段加以保护，使水利工程具有文化内涵，不仅有利于水利工程的保护，体现水利工程的价值，也能够让老百姓从中体验到水利文化，加深对水文化的认识，进而保护水环境。

那么如何通过文化的手段保护水利工程。在日本的东京，水源主要来源于地下泉水，今天在东京仍然有几十处地下泉在涌水，这些泉水有一部分作为宗教场所的一部分保护起来，比如在神社、佛寺中的泉水，他们被赋予宗教内涵。其他的很多被列入政府的文化遗产保护名录加以保护。在日本的日光市，为了治理河流的沙石流灾害，自 100 多年前至今，人们在河流上建设了十余座阻挡沙石流的大石坝。由于这些大石坝工程巨大、功能重要、历史价值高，但是同时保护这些大石坝困难也较大。当地政府通过文化的手段使这些大石坝的保护获得了新的资源，其中的六座大坝先后被列为国家级文化遗产和地方文化遗产，受到国家法律的保护，成为人们了解水环境治理的重要场所，每年都吸引大量的学生和游客前往参观。

（三）文化的公众教育

对公众开展水的相关知识教育，让公众拥有对水的深刻认识、自觉形成爱护水资源、保护水环境的行为并加以实践，也是当代水文化建设的重要方面，这是很多国家都非常关注的，并已成为国外水文化建设的重要内容。在国外，水的公众教育有不同的层次，它包括民间组织的教育活动、政府的教育活动、专家的学术研究交流活动和学术演讲等。宣传教育的方式也是多种多样的，包括公众展览、博物馆、公众活动等不同方面。在国外每年都有很多相关的国际会议涉及水文化的研究，有大量的公众的水文化教育活动。例如日本大阪市每年都会举办“大阪水周”，在这个以“水城大阪”为主题的活动周中，活动的主办者以丰富多彩的活动向市民展示了大阪市的水历史、水资源的状况、科学用水的知识，同时也包括了全球水资源的状况、水和人类历史文明发展的关系等。活动的内容包括国际会议、专家学者进行的面对公众的演讲、摄影图片展、分发宣传册、青少年的水主题绘画比赛等，在活动周的过程中营造起浓郁的水知识和水保护的氛围，有关的宣传资料从飞机场的出口到街头上随处可见。这是一个将文化的手段运用于公众教育的例子。相同的例子日本还有很多，大量的水设施被列为文化遗产加以保护，与水相关的博物馆，经常性的水知识的公众教育活动，节约和保护水资源的宣传和广告随处可见，这些都表明了日本社会中水文化应用得到了较好的普及。例如在东京有一个东京都水道博物馆，展示了东京城市供水和排水的历史过程、文献和很多实物，用现代化的声光电及实物向人们展示了水利设施建设是如何在当时影响到东京的城市发展和民众生活的，博物馆每年都吸引了大量的参观者，尤其是中小学生，起到了很好的教育作用。总之，水文化的研究和建设，丰富人们对水的科学认识，最终的目的还是实现水资源可持续利用，建立人水和谐关系，保护水资源和水环境。

综上所述，国外水文化的状况包括了从政策、研究、继承、应用到教育不同的层面，是一个博大的领域，因此水文化不能仅从一个简单的角度去理解。这一点也是最能给人以启发的，那就是水文化跨越历史的时空、融合在我们社会生活的方方面面，是一种不能割断的传统，这在国际空间中已是一种共识。我们今天需要继承人类优秀的水文化传统，使当代人拥有对水的深刻认识和友好的行为模式，同时也使得水利工程建设更多具有文化的内涵，这就是在保障水供给的同时能够有助于社会的发展、民众生活品质的提高、当地文明的进步及生态环境的保护。通过水文化的研究与应用，将人类优秀的水文化继承下来，结合我们的时代需要，创造出新的水文化，贡献于当代化解水危机、实现人类的可持续发展。

第四节　水文化发展的几点比较与启示

一、水文化发展的比较

水文化的产生与发展都是根植于不同的地域特征与文化背景中的，也与不同民族与国家的历史发展过程有直接联系。因此中国和其他国家的水文化具有很多的相同之处，也有较大差异。为了更深入地认识中国水文化的特点与发展，我们从以下几个方面做些简单的比较。

尽管世界各国的水环境有较大的差异，但是有一点是相同的，那就是对水的认识都处于一种文化的核心地位，将水放在精神层面的核心之处，甚至是宗教的一部分。因此不论是基督教、伊斯兰教、佛教、印度教、道教等世界上有重大影响的宗教中还是很多民族的本土宗教之中，水都处于核心的地位，都表现为一种具有超自然内涵的物质，尽管它的表现形式不同，但都反映了人类对水和自身的生存关系之间的深刻认识。在中国，龙文化对中国文化产生了深刻的影响，而龙在现实中并不存在，作为具有具体形象的神，龙实质上就是水神。由此可见人们对水的认识已经内化到了中华文化核心的精神层面中，水不仅对中国的现实社会发展产生了重大的作用，同时在构筑中国人的精神世界中扮演了重要的角色。这一点是中外水文化最重要的共同点。

水文化受到地域的影响较大，从而形成了水文化的差异，形成不同民族、国家的水文化特征。不同的水文化总是根植于不同的地域特征中的。在非洲北部的尼罗河流域，5000 年前的古代埃及人就利用河流的泛滥发展起了较高的农业文明、进而建立起了强大的古代埃及帝国，同时也发展起了较高的文明。埃及人对尼罗河的利用史也是一部河流水文化史，通过对河流的认识与利用发展起了相关的科学技术、艺术、社会制度等。在欧洲，尤其是中欧和南欧等处于喀斯特地貌的地区，通过河流为城市供水较为困难，因此自古以来欧洲的城市供水主要依靠修建大规模的引水渠。在中东、北非地区，由于当地地处沙漠地区，水分蒸发较大，因此以坎儿井为代表的地下引水渠成为这个地区最典型的水利工程，相关的水文化也在这个基础上而形成。亚洲河流众多，气候湿润，因此河流与相关的水生态系统成为生产生活主要的水资源来源。中国也是对河流依赖较大的国家之一，不论是精神层面、行为层面还是物质层面，中国水文化的形成与河流有着最直接的关系。因此中国的水文化是一种基于河流生态系统之上的水文化。当然由于中国的地域广大，基于地域特征所形成的中国的水文化也呈现丰富多样的特征，包括在新疆干旱半干旱地区的坎儿井、沿海地区的海洋水文化等。由此可见，世界各国的水文化形成和这个国家的地理特征直接相关，中国的水文化有自己鲜明的特征，那就是以河流生态系统为主体、兼容不同地域特征而形成的水文化。

中外社会经济发展的差异导致了水文化发展的差异。在欧洲发展史上，城市发展成熟较早，城市大多发展于商道上，而不是河流边，因此城市供水发展同样较早，较为完善；加之欧洲民主制度的影响，使得城市供水和市民之间的关系较为密切，城市水供应对于市民的社会生活影响巨大、水在社会中体现出来的公共性特征明显，因此城市水文化也较为发达。这一点在前面介绍的意大利罗马的城市水文化就是一个典型：城市有完善的市政供水设施、供水的制度、供水带来的市民生活方式的变化、喷泉等城市水景观建设等，通过城市供水而形成了相关的水文化，水甚至推动了西方资本主义制度的发展与基督教社会的构建❶，早已具有了自然物质之外的文化属性。中国社会自古就是一个以农业为基础的社会，城市发展缓慢，在城市中也不具有欧洲城市中的供水制度安排。因此中国的水文化是典型的反映农业社会为主体的水文化，不论是水文化的精神层面、制度层面还是物质层面都典型地反映了中国的农业社会特征。以欧洲城市为代表的城市水文化更多地体现在对水的开发利用、消费和水的商品性，以及水资源利用的制度性安排。以中国为代表的农业社会中的水文化，更多地体现了人类对水的自然属性的理解、对水的崇拜、感情的表达、对水的控制和开发利用。因此欧洲的城市水文化更多地体现了水的社会属性，中国的水文化更多地反映了水的自然属性。

在欧洲国家以及文明发展较早的中东地区，典型的水管理主要体现在通过工程手段改善城市和居民区的水供给以及灌溉条件。历史上大量修建的引水渠、坎儿井等引水设施正是体现了改善供水的目的，在城市和居民区大量和城市居民生活相关的公共供水设施的修建，体现了供水的民生基础。中国由于长期受到封建专制社会的影响，以及中国以河流为基础的农业社会，在水管理方面和西方国家有明显的不同。中国自古以来强调治水，首先是要治理水患，防止和消除来自河流泛滥、海水涨潮带来的对城市和农村的洪涝灾害，因此中国历朝历代大量的人力物力都花费在水患治理上，黄河的治理就是中国历史上治理江河最典型的范例。水患治理是否成功考验着政府的效能及城市、农村的安危，为此不仅修建了大量的水利工程，同时也影响到了政府的制度安排，和水相关的社会运行以及民众的社会生活方式。在另一个方面，国家通过治理水来强化国家的权力、达到国家稳固、扩张、统治、提升灌溉效率、发展农业生产。郑国渠、灵渠、运河等的伟大水利工程的修建，主要的目的都与国家治理有直接关系，通过治水来达到国家治理的目的，不仅体现在中国统一之后的各个朝代，同时也体现在中国统一之前的各个诸侯国家中。在中国历史大的层面上，自古以来治水的责任主要是政府的责任，中央政府到各级政府主导了水的治理工作。与欧洲国家相比，水管理在民生层面上显得非常不足，水设施的修建，包括城市供水系统的建设并没有更多地考虑到民众的用水，而是首先考虑城市的防护、皇宫的供水和景观等。现存的和考古发掘中发现的古代城市供水、排水技术较为先进的设施大多集中在皇宫相关区域。因此历朝历代城市居民主要都是依靠井水来解决生活用水（古代罗马等欧洲城市在公元一世纪后就已渐渐以市政供水取代了水井），居民生活用水设施的修建往往并不在政府的财政支出范围之内，居民总体上享受不到政府的供水安排，这一点和古代欧洲国家相反。民间的水利更多地体现在民间的自主的建设和管理上，形成一个和国家治水层面不同的民间水社会层面。因此中国古代的水文化在制度层面上是一种典型的政府主导的治水文化。

❶ Terje Oestigaard. 水、基督教与资本主义的兴起［M］. 英国：L.B.Tauris.2013.

当代水文化建设中，很多国家尤其是发达国家都注重水文化的传承。水文化不仅在观念层面上得以继承，古已有之的工程建设成就至今仍能得到较好的保存。城市中很多用水的设施已失去了它的功能（尤其是在管道自来水普及之后），但是仍然作为文物得到了较好的保存，典型的是古代罗马的引水渠今天大部分已经没有了使用价值，但是作为历史遗迹仍然受到国家的重视和保护，同时大量的历史水利建筑今天仍然存在，甚至还在被利用，包括欧洲城市中存在的大量古代的喷泉、城市引水渠、古代的河道等，在城市改造和重建过程中，古代的水利工程设施都被尽可能地保存下来。历史上的水文化作为一种文化遗产受到人们的重视，包括了这其中的物质文化和非物质文化的内容，例如水管理的制度、关于水的历史文献、古代水利设施等。人们通过历史遗迹的现场保护、保护制度的建设、博物馆保存和展示、国际会议、公众教育等的不同的途径去继承和保护水历史遗产，使水文化能够自古至今一脉相承。在中国，尽管有数千年的水历史文化遗产，但是没有获得很好的继承和延续，尤其是在当代的城市化建设过程中，很多城市历史上建成的水系统，包括河道和景观、水井等水设施已经被破坏，很多城市的河流都被填埋掉，大量的水历史遗迹没有得到保护。城市的重建和新建过程中没有考虑和历史水系统的结合。这一点是当代中国和国外发达国家在水文化上明显的差距。

国外在当代的水文化建设过程中非常注重公众的水文化教育，提升水文化建设的社会性，让公众具有水文化知识。很多国家都通过学校、非政府组织、博物馆等渠道，通过知识竞赛、展览、专家讲座、举办专题的水教育活动，例如城市水周等活动普及水文化知识，让公众增强对水和人类生存之间的关系的认识，尤其是通过水在人类发展史中所扮演的重要角色去认识水和人类当代、未来的关系的认识。这也反映在关于水文化的相关科学研究活动中，包括每年都举办很多国际学术会议、发表很多学术研究成果、举办很多学术讲座等活动。同时在美国、日本和欧洲国家都有大量的水主题博物馆，其中仅日本涉及水的博物馆就有 160 余座，使得民众有机会去接受关于水的知识。由于这种背景，很多国家民众对水的传统与对水的关爱意识都较强。相对而言，中国水文化的公众教育非常不足，水文化教育渠道和活动也较为单一，水文化的社会性不强、公众的水知识不足，这些已经满足不了当代水文化建设的要求。

二、国外水文化发展的几点启示

通过上面对中外水文化发展的一些侧面简单的比较，我们可以得到一些启示。

不同国家、民族的水文化总是与其所处的环境、历史发展过程有密切关系，中国的水文化在长期的历史发展过程中和中国的地域特征、历史发展特点以及民族文化直接相关。因此在当代水文化的建设中应该保持自己本民族的特色，构建起一个契合本国自然环境、民族文化和历史发展特点的水文化体系，将水文化作为我们民族文化一个重要的有机组成部分。新的水文化的建设不可能脱离这些特点，这也就是传承传统水文化在当代水文化建设中的重要意义所在。

由于水文化和一个民族的历史和文化有密切的关系，因此当代水文化的建设必须要注重水文化的一脉相承，不能够放弃中国水文化的传统内涵。换言之，当代的水文化建设必须是在中国几千年来优秀的水文化传统基础上进行的，这样才能建设出一种根植于中华民族传统和历史之中、吸收现代文化建设成就、契合时代的发展的水文化。因此对中国的传统水文化中精神层面到物质层面的构成要素都应该认真加以清理、保护和传承，要将历史上形成的水文化作为重要的文化遗产加以继承。

要注重水文化的时代创新。水文化有时代性，因此在继承传统水文化的基础上要进行创新，水文化的建设要契合时代发展的要求、契合保护水环境和水资源、实现可持续发展的要求。同时，也要有全新的理念、制度和技术手段去支撑水文化的创新。例如城市水景观建设、水利工程建设、水文化教育都可以创新观念、创新形式、创新手段，建设一种符合时代要求的具有中国民族特色的水文化体系。

水文化的公众教育是新时代水文化建设的重要环节。水文化不是某个行业的文化，也不是某种单项的文化，它和民众的生计和未来密切相关，因此水文化必须体现在社会生活中，这就要求公众要成为水文化的承载者、建设者和实践者，具备基本的水文化知识和应用水文化的能力。因此水文化的公众教育本身也是水文化建设的一个重要内容。要创新形式、建设平台、拓展渠道、大力开展的水文化的公众教育，大力提升公众的水文化意识和知识，使民众在社会生活中主动地践行水文化。大力开展水文化教育进各级学校、大力提升水文化的研究，应用各种新媒体和新技术促进水文化传播，创新形式如举办专家讲座、水文化教育周活动、水文化作品创作竞赛的活动，广泛开展水文化教育。

要提升水文化在水资源和水环境保护建设、可持续利用中的应用水平。在涉及水的各种工程建设中应该更多地体现文化内涵，体现艺术性、可持续性、和当地环境的协调、社会贡献率等新的理念。在社会生活中，通过水文化提升民众的保护水环境意识和关爱水环境、水资源的行为养成，科学利用水资源、节约水，创造出一个水环境友好型社会。总之，水文化的社会性越强、公众的水文化知识越丰富、水文化在水事实践中的应用越广泛，越有利于水文化的建设和发展。

参 考 文 献

[1] 赵伟 . 推进水利法制建设，保障水利持续发展 [J]. 中国水利，2008，24.

[2] 柯礼丹 . 新中国水利法制建设为水利事业发展奠定了基础 [J]. 中国水利，2009，7.

[3] 周魁一 . 中国科学技术史（水利卷）[M]. 北京：科学出版社，2002.

[4] 乔清举 . 河流的文化生命 [M]. 郑州：黄河水利出版社，2007.

[5] 董文虎 . 泰州市水利现代化理论研究 [M]. 哈尔滨：黑龙江人民出版社，2000，9.

[6] 刘冠美 . 水工美学概论 [M]. 北京：中国水利水电出版社，2006，6.

[7] 董文虎 . 水利发展与水文化研究 [M]. 郑州：黄河水利出版社，2008，4.

[8] 董文虎 . 凤凰河凤祥泰州 [M]. 郑州：黄河水利出版社，2008，11.

[9] 董文虎，刘冠美 . 水工程文化内涵与品味的提升途径 [M]. 苏州：苏州大学出版社，2011.

[10] 董文虎 . 乐水集 [M]. 苏州：苏州大学出版社，2011，7.

[11] 史念海. 河山集 [M]. 北京：生活 · 读书 · 新知三联书店，1963.

[12] 王亚华，胡鞍钢. 中国水利之路：回顾与展望 (1949—2050)[J]. 清华大学学报（哲学社会科学版），2011(5).

[13] 顾浩. 中国治水史鉴 [M]. 第二版. 第五篇“坎儿井的创造与发展”. 北京：中国水利水电出版社，2006.

[14] 胡敏，姜垠. “运河之于城市，不是生母便是乳娘”[N]. 扬州日报，2007-09-27.

[15] 李宗新. 水文化文稿 [M]. 内蒙古：远方出版社，2002.

[16] 刘宁. 文化视野中的中国水资源问题 [J]. 求是，2006，23.

[17] 普列汉诺夫. 论艺术（没有地址的信）[M]. 北京：生活 · 读书 · 新知三联书店，1964.

[18] 卡尔 · A · 魏特夫. 东方专制主义 [M]. 徐式谷，奚瑞森. 邹如山，译. 北京：中国社会科学出版社，1989.

[19] 唐耕耦，陆宏基. 敦煌社会经济文献真迹释录 [M]. 北京：书目文献出版社，1986.

[20] 周魁一. 二十五史河渠志注释 [M]. 北京：中国书店，1990.

[21] 周魁一. 中国科学技术史（水利卷）[M]. 北京：科学出版社，2002.

[22] 范天平. 豫西水碑钩沉 [M]. 太原：山西人民出版社，2001.

[23] 严文明. 中华文明史：第十卷 [M]. 北京：北京大学出版社，2006.

[24] 冯天瑜，等. 中华文化史 [M]. 上海：上海人民出版社，2010.

[25] 任美锷. 中国自然地理纲要（第三版）[M]. 北京：商务印书馆，2009.

[26] 马尔萨斯 (Malthus，T.R.). 人口原理 [M]. 黄立波，译. 西安：陕西人民出版社，2007.
[27] 雷庆主. 中国兵学文化名著 [M]. 北京：北京大学出版社，1995.
[28] 赵林. 农耕世界与游牧世界的冲突融合及其历史效应 [J]. 武汉大学学报，2002，6.
[29] 高翔，刘凤云. 论古代中国北方的农耕与游牧——对两种文化关系及发展趋向的探讨 [J]. 中国人民大学学报，1995，1.
[30] 杨志刚. 试谈“遗产”的概念及相关观念的变化. // 复旦大学文物与博物馆系编. 文化遗产研究集刊 (第二辑). 上海：上海古籍出版社，2001 : 3
[31] B.R.Johanston，etc.Water，Cultural Diversity，and Global Environmental Change[M].UNESCO，2012.
[32] A.J.Hynynen，P.S.Juuti，T.S.Katko.Water Fountains in the Worldscape[J].Water History Association Publishing，2012.
[33] Terje Oestigaard. 水、基督教与资本主义的兴起 [M].L.B.Tauris，2013.